가자,
길이

않아도

보이지
보이지
보이지
보이지
보이지

성공담보다 실패담이 더 훌륭한 교훈이 된다는 믿음 때문이었다.

책을 쓰는 내내 이민화라는 타자(他者) 속에서 살았다. 그의 영혼이 내게 깃들기라도 한 것처럼 그가 되어 생각하고 꿈을 꾸고 행동했다. 그를 따라가는 동안 자주 허덕거렸다. 그는 그만큼 큰 사람이어서 걸음은 빨랐고 보폭은 넓었다. 이민화를 기록하는 것은 한 사람의 삶을 기록하는 것이 아니라, 이 시대에 드리워진 빛과 그림자를 기록하는 일이었다. 그가 지고 걸었던 것은 한 개인의 삶이 아니라 이 나라의 역사였다.

대한민국 벤처 대부, 벤처신화 메디슨 창업자, 사회 혁신가, 발명가, 교육자, 학자…. 숱한 서술어와 호칭으로 불린 이 시대의 거인 이민화. 그는 늘 길 없는 곳에 길을 만들었고, 자신이 닦은 길을 앞장서서 걸었다. 운명처럼 도전했고 숙명처럼 앞날을 열었다. 때로는 아픔을 겪었고 때로는 좌절했다. 하지만 잠시도 그 자리에 서서 머뭇거린 적은 없었다. 뒤를 돌아본 적도 없었다. 이민화에게 실패는 한 단계 더 올라가는 사다리였을 뿐이다.

평전과 자서전은 다르다. 자서전(自敍傳)은 말 그대로 자신의 생애를 스스로 기술하는 것이다. 솔직한 기록을 요구하지만, 자신만의 기억과 생각으로 살아온 날들을 쓰는 것이기 때문에 과장이나 미화를 배제할 수 없다. 하지만 평전(評傳)은 기록 방식부터 다르다. 대상 인물을 구체적으로 형상화하되 행적을 전(傳)하는 데 그치지 않고 평(評), 즉 평가해야 한다. 작가만의 가치판단 기준이 필요하지만, 평가의 결과는 주관성보다 객관성을 요구한다. 대상 인물의 행동이나 사상, 업적을 냉정하게 평가할 수 있는 시각을 가져야 한다. 한 사람의 생애를 진술하는 증언을 모아 객관화하는 과정은 조심스럽고 지난하다.

이민화 평전을 쓰면서 끝까지 놓지 않은 화두는 '냉정'과 '객관'이었다. 객관성을 확보하기 위한 유일한 방법은 많은 사람의 이야기를 듣는 것이다. 본인이 남긴 기록을 뒤진 것은 물론이고, 여러 사람의 입을 통해 그의 삶을 거듭 확인했다. 그중에는 가족도 있었고 친구도 있었고 선후배도 있었다. 성공담에만 귀를 기울이지 않았다. 이민화에게 문제는 없었는지, 실패는 왜 겪었는지, 그 실패는 어떤 교훈을 남겼는지에 대해 더 많이 물었다. 성공담보다 실패담이 더 훌륭한 교훈이 된다는 믿음 때문이었다.

같은 사람을 기억하는 것이지만 이민화의 모습은 다양하게 그려졌다. 같은 사안을 놓고도 그를 적극 옹호하는 사람이 있는가 하면 아주 냉정하게 평가하는 사람도 있었다. 의도적 왜곡이 들어 있지 않는 한, 가능하면 들은 대로 전하려고 노력했다. 호흡 하나까지 함부로 재단하고 가위질하지 않았다. 따옴표를 많이 활용한 것도 그런 이유 때문이다. 기록자가 개입해서 결론을 내리기보다는 독자가 스스로 결론을 내릴 기회를 주고 싶었다. 애써 미화하지 않아도 충분히 차고 넘치는 사람이 이민화였다.

본인의 진술을 직접 들을 수 없었기 때문에, 이민화가 책에 남긴 기록과 당시의 신문기사를 많이 활용했다. 특히 골격을 세우고 이야기를 끌어가기 위해 그의 자서전 『끝나지 않은 도전』(창조경제연구회)의 내용 중 많은 부분을 차용하고 인용할 수밖에 없었다는 사실을 사실을 밝힌다.

원고에 마침표를 찍어 놓고도 아쉬움이 남는다. 나름대로 최선을 다했지만 짧은 시간 내에 이민화의 삶과 철학을 책 한 권에 담는 것은 불가능했다. 그만큼 그는 많은 일을 했고, 그가 두고 간 것들은 크고 무거웠다. 훗날 연구자들에 의해 그가 남긴 기록과 그에 대한 기록이 전집으로 나올 수 있기를 기대한다. 현재는 물론이고 10년, 20년, 100년 뒤까지 그의 선구자적 혜안과 통찰력이 빛날 것으로 믿는다. 이민화가 품었던 꿈 그리고 치열했던 도전은 이 땅의 젊은이들에게 뼈가 되고 살이 될 것이라고 확신한다.

평전의 상례(常例)대로 등장인물의 직위나 직책, 존칭은 생략했다. 끝으로 이 책이 나오기까지 도움을 주신 분들께 감사를 전한다. 특히 인터뷰 대상자 선정 등에 벤처기업협회 이정민 사무국장님과 박태근 팀장님, 문희준 부장님, 신수진 비서님의 도움이 컸다. 자료를 모으고 인터뷰를 진행한 꽃길의 김선남 이사님, 방수진 팀장님, 최다영 매니저님의 노고에 위로와 감사를 보낸다. 바쁜 중에도 인터뷰에 기꺼이 응해준 분들께도 진심으로 감사의 말씀을 드린다.

2022년 봄

이호준

Contents

거인이 떠나던 날

2019년 8월 4일. 조간신문들은 일제히 한 사람의 타계 소식을 실었다. "한국 벤처업계의 큰 별이 졌다" "벤처 1세대 이민화 교수 별세" "영원한 '벤처대부' 이민화 회장 별세" "한국 벤처기업 산증인 이민화 KAIST(한국과학기술원) 교수 별세"…. 기사의 제목이나 고인을 지칭하는 직책은 조금씩 달랐지만, 한결같이 이민화라는 한 '거인'과의 이별에 대한 아쉬움이 진하게 묻어 있었다. 충격이 더 클 수밖에 없었던 것은 누구도 그의 죽음을 예상하지 못했기 때문이다. 향년 66세. '100세 수명'을 부르짖는 이 시대에 66년은 너무 짧은 시간이었다. 부정맥이라는 지병이 있었다고는 하지만 그의 활동은 왕성했고, 그에게 거는 세상의 기대는 여전히 높았다. 그렇게 허무하게 떠나면 안 되는 사람이었다.

대한민국 벤처의 대부로 불린 이민화 KAIST 교수, 창조경제연구회(KCERN) 이사장, 벤처기업협회 명예회장이 별세한 것은 기사가 실리기 하루 전인 2019년 8월 3일이었다. 타계 하루 전만 해도 그가 그렇게 허무하게 떠날 것이라고 생각한 사람은 아무도 없었다. 심지어 부인도 짐작조차 못 한 일이었다.

이민화가 지상에서 보낸 마지막 시간을 함께한 부인 이사랑의 말을 통해 타계 전후를 재구성해 본다.

이민화는 부인과 함께 7월 29일 동해로 여름휴가를 갔다가 별세 이틀 전인 8월 1일 집으로 돌아왔다. 그리고 2일 대전으로 가서 KAIST의 3개 연구과제에 대한 제안서 발표를 했다. 가는 길에는 빡빡한 일정을 감안해 부인이 운전을 했다. 그날 굳이 불행의 전조를 찾는다면 KAIST에서 발표가 진행되는 동안 잠깐 나와서 부인에게 "심장이 안 좋으니 평소에 먹던 약을 달라"고 했던 것이 전부였다. 평소에 앓던 부정맥 증상이었지만 그때까지도 심각한 상황을 인지할 정도는 아니었다.

별문제 없이 발표를 마치고 돌아오는 길에 안성의 어머님 댁에 들러서 저녁을 먹은 뒤 에어컨 비용을 드리고 선풍기도 사 드렸다. 거기서부터 서울 자택으로 올 때는 이민화가 직접 운전했고, 오는 길에는 부인과 여행 이야기를 나눴다. 세 딸 모두 나가서 살기 시작한 뒤 이들 부부는 12년 동안 둘이서만 살았다. 그날도 집에 돌아와서 여행지에서 찍은 영상을 딸들에게 보냈다. 이민화에게 무슨 예감 같은 게 있었던 것일까? 늦은 시간인데도 굳이 보내주라고 했다고 한다. 두 시까지 서재에서 대화를 나누다가, 피곤할 테니 그만 자라며 이사랑이 먼저 일어나 자신의 방으로 갔다. 그게 두 사람이 이승에서 나눈 마지막 인사였다.

6시간 뒤인 3일 아침 8시 30분, 이민화가 자는 서재에 들어가 보니 선풍기가 여전히 돌아가고 있었다. 원래 그는 선풍기를 켜고 자는 것을 싫어해서 항상 타이머를 맞춰두고 잠들었는데, 그때까지 선풍기가 돌아가고 있으니 이상한 일일 수밖에 없었다. 얼른 몸을 흔들어 봤지만 이미 의식을 잃은 뒤였다. 이사랑은 서울아산병원에서 13년 동안 자원봉사를 해 왔기 때문에 응급조치를 할 수 있었다. 급하게 심폐소생술을 시도했지만 의식은 돌아오지 않았다. 곧바로 119를 불러 성심병원으로 달렸다. 의사는 30분 안에 깨어나지 않으면 회생이 어려우니 마음의 준비를 하라고 일렀다. 하지만 이민화는 이미 돌아올 수 없는 강을 건넌 뒤였다. 주변 사람들에게 연락하라고 했다는 의사의 말이 그 사실을 증명한다. 처음 병원에 도착했을 때부터 이미 회생 불가능하다는 판단이 섰는데 부인에게 여유를 주려고 한 모양이었다. 결국 예고했던 30분이 지났고, 이 시대의 거인 이민화는 영영 세상과 작별하고 말았다.

유언도 없었고 운명하는 순간을 지켜본 사람도 없었다. 사인은 부정맥이었다. 부정맥(不整脈)은 말 그대로 '고르지 않은 맥박'이라는 뜻이다. 불규칙한 리듬이나 비정상적인 심박동수를 보이는 병으로, 두근거림 정도를 유발하는 약한 증상에서부터 급사(急死)할 수도 있는 중증까지 다양하다. 이민화는 1998년에서 1999년 사이에 부정맥 진단을 받았다. 2004년에는 집에서 실내자전거를 타다가 쇼크가 오는 바람에 쓰러진 적도 있었다. 갑자기 소리를 질러서 부인이 달려갔더니 몸 왼쪽에 마비 증상이 있다고 해서 즉시 병원으로 가 응급처치를 받고 입원치료를 했다. 그 뒤 서울아산병원에서 주 1회씩 관리를 받았다. 본인은 부정맥이 심각한 상황이라는 것을 알고 있었지만, 평상시 엄살을 부리지 않았기 때문에 주변 사람들은 잘 몰랐다.

이민화는 2010년부터 부인에게 자신이 오래 못 살 것이라고 말했다고 한다. 이사랑은 그 말을 들은 뒤 긴장하며 살다가 4~5년 동안 아무 일도 일어나지 않아 '이대로만 가면 큰 문제는 없겠구나' 싶어서 마음을 놓았다고 한다. 하지만 이민화 본인은 자신의 건강이 나빠지고 있다는 사실을 알고 있던 듯하다. 발병 이후 부지런히 책을 내고 강의도 하고 다른 사람의 몇 배로 일을 한 것이 이를 방증한다. 떠날 준비를 한 것이다. 다른 사람들은 수명이 수십 년씩 남았다 하더라도 자신에게는 허락된 시간이 별로 없다는 것을 알기 때문에 모든 것이 급했는지도 모른다. 많을 땐 한 해에도 몇 권씩 책을 쓴 것 역시 그런 이유에서였을 것이다.

이민화는 오래 살고 싶다는 욕망을 보인 적이 없었다고 한다. 오래 살지 못한다는 것에 대한 아쉬움보다는 자신이 구상한 일들을 주어진 시간 내에 마무리하고 싶다는 생각에 남들보다 몇 배 바쁘게 살았을 듯하다. 아내에게 "언제까지 살지 모르니까… 빨리 해놔야 한다"는 말을 여러 차례 했다는 게 바로 그런 마음이 겉으로 드러난 징후였을 것이다.

그가 생의 마지막 순간까지 놓지 못한 일들은 여럿이다. KAIST 영재기업인 육성, 4차 산업혁명과 기업가정신 등 강연, 창조경제연구회 활동… 말 그대로 눈코 뜰 새가 없었다. 하루는 이사랑이 요즘 하는 일 중 가장 시간을 많이 쓰는 곳이 어디냐고 물었더니 "전체 시간의 70%를 창조경제연구회에 쓰고 있다"고 대답했다고 한다. 창조경제연구회는 정부에 정책을 제안하기 위해 2009년에 설립한 정책연구소다.

이민화가 자신의 강연자료 등을 모아서 유튜브에 공유한 일도 본인이 떠나고 없는 세상을 위한 봉사였을 것이다. 그처럼 그의 머릿속에는 마지막 순간까지도 대한민국의 벤처와 경제와 미래가 숨 쉬고 있었다. 그래서 더욱 스스로를 다그쳤을 것이다. 주변에서 건강 좀 챙기라고 해도 쉬지 않고 일했다. 심지어 자꾸 쉬라고 종용하면 화를 내기도 했다.

이민화가 평소 아내에게 당부한 일이 또 하나 있었다. "혹시 내 상태가 악화돼도 연명 치료는 절대 하지 마." 인간으로서 아무 역할도 못 하는 상태는 의미가 없다고 판단했던 것이다. 깔끔하게 떠나는 모습을 보이고 싶다는 생각을 읽을 수 있다. 이민화가 남긴 자신의 마지막 흔적은 2019년 7월 31일 페이스북(https://www.facebook.com/mhleesr)을 통해 확인할 수 있다.

"낙산 해변에 쌍무지개가 떴네요. 앞 사진의 뒤편에 먹구름이 보이더니 소나기 오고 등장한 쌍무지개랍니다. 페친님께 복을 전합니다."

그가 세상에 남긴 인사였다. 강원도 양양 낙산 해변에서 부인과 찍은 사진을 함께 올렸다. 이별이 그렇게 빨리 올 줄 몰랐던 듯, 사진 속 고인의 얼굴은 행복해 보인다.

이민화의 갑작스러운 타계는 준비되지 않았던 세상에 충격을 던졌다. 신문의 표현대로 지상의 '큰 별'이 떨어진 것이었다. 그만큼 그가 남긴 발자취는 크고 깊고 무거웠다. 길지 않은 삶이었지만 남들이 하나도 하기 어려운 일을 열 개, 스무 개 하고 떠났다.

그는 벤처라는 말조차 낯설던 1985년에 의료기 업체 메디슨을 창업하면서 세상의 주목을 받았다. 1995년에는 벤처기업협회를 설립하고 초대 회장을 맡아 벤처생태계 조성에 앞장섰다. 1996년에는 벤처기업 자금조달 시장을 조성하기 위해 코스닥 설립을 주도했고, 1997년에는 벤처기업특별법 제정을 통해 벤처의 양대 인프라를 만들었다. 2009년에는 차관급인 기업호민관에 취임해 중소기업 규제 철폐 등에 많은 노력을 기울였다. 이 밖에도 한국기술거래소 이사장, 한국디지털병원사업수출협동조합 이사장, 창조경제연구회 이사장 등을 맡아 활발하게 활동했다. 또 모교인 KAIST 교수로 재직하며 후학 양성에 힘썼고, KAIST 영재기업인교육원을 이끌며 청소년들에게 특허출원의 동기부여와 창업 노하우를 전수하는 데 심혈을 기울였다.

이민화가 얼마나 많은 일을 하고 얼마나 큰 업적을 남겼는지는 그가 받은 상 등이 증명한다. 제1회 벤처기업대상(1991), 전자공업대상(1995), 생산성대상 대통령상(1995), 인사조직학회 창업기업인상(1996), 제1회 기술경영인상 중소기업 최고경영자 부문(1997), 금탑 산업훈장(1997), 제2회 한국공학기술상 특별상 젊은 공학인상(1998), 한국경영자 대상(1999), 제2회 KAIST 발전공로상(2019) 등을 받았고, 사후인 2020년 5월 19일에는 국민훈장 모란장이 추서됐다. 또 '아시아위크'지의 아시아 밀레니엄리더 20인(1999), '비즈니스 위크'지의 아시아스타 50인(2000), 한국을 일으킨 60인의 엔지니어(2006), 한국의 100대 기술인(2010), 광복 70년 70대 기업인(2015) 등에 선정됐다.

현장 경제의 다양한 경험과 통찰력을 가진 그는 정권이 출범할 때마다 입각 후보로 거론되기도 했다. 미래창조과학부(현 과학기술정보통신부) 장관 하마평에 오르내릴 적에는 "내가 좋아하는 일도 아니고 짜인 규격 안에 들어가는 것도 맞지 않는다"라면서 거부 의사를 분명히 밝혔다.

이민화의 타계 소식이 전해지면서 SNS에는 애도의 목소리가 이어졌다. 페이스북 '벤처대부, 이민화의 벤처에세이(https://www.facebook.com/koreaventure)'를 통해 고인을 추모하는 댓글이 이어졌다. 고인의 빈소가 차려진 서울아산병원 장례식장에도 경제인과 제자 등의 추모 발길이 끊이지 않았다.

이민화의 장례식은 벤처기업인장으로 치러졌다. 안건준 벤처기업협회장(크루셜텍 대표)이 장례위원장을 맡았고, 고영하 한국엔젤투자협회장, 박미경 한국여성벤처협회장, 정재송 코스닥협회장, 정성인 한국벤처캐피탈협회장, 차기철 KAIST 총동문회장이 공동위원장을 맡았다. 이 외에도 부위원장 9명, 장례위원 51명, 고문 4명 등 모두 70명이 장례를 진행했다. 2019년 8월 5일 오후 7시, 서울아산병원에서 영결식이 진행된 뒤 6일 오전 7시 발인해서 이천 에덴추모공원에 안장됐다.

영결식은 안타까움과 슬픔이 흐르는 가운데 진행됐다. 안건준 벤처기업협회장은 추도사에서 "지금 이 순간에도 내가 왜 여기에 서 있어야 하는지 도무지 실감이 나지 않는다"라면서 "당신은 세상에서 가장 큰 등을 가진 선배님이자 위대한 사회운동가였다"라고 고인을 추억했다. 또 "지금 대한민국을 대표하는 수많은 벤처인을 길러냈고, 그토록 목이 터져라 설파한 기업가정신은, 벤처생태계의 영역을 뛰어넘어 대한민국과 한민족의 비전까지 확장했다"라고 업적을 기렸다.

이민화가 따로 남긴 유언은 없었다. 하지만 그가 쓴 수많은 저서에는 그가 세상에 전하고 싶었던 말들이 밀알처럼 담겨 있다. 누구보다 많은 일을 했고 많은 수확을 거뒀던 그는 자신이 뿌린 밀알들이 싹을 틔우고 성장해서 후손들의 삶을 더욱 윤택하게 하기를 바랐다. 기업가였지만 그가 평생 추구한 것은 개인의 부가 아니라 좀 더 나은 인간의 삶이었다.

"도전했으므로 행복했노라"며 한 시대를 거침없이 질주했던 도전자, 개척자, 선구자, 사상가이자 한순간도 현실의 안락 속에 자신을 맡기지 않았던 거인 이민화는 그렇게 우리 곁을 떠나 영면에 들었다.

가자,

길이

보이지

않아도

가자,

길이

보이지

않아도

원칙에 충실하고

미래를 내다보고

세상에 베푸는 가르침이

되라는 아버지 말씀은

이민화에게

평생 나침반 같은

역할을 했다.

그리고 그 말을

고스란히 실천하며

살았다.

I

도전과 혁신의 DNA를 심다

01

조용히 책을 읽던 아이

• "한시도 손에서 책을 놓지 않았어요. 어렸을 때는 자신을 드러내지 않는 편이었습니다." 이민화의 큰누나가 전하는 말이다. 어릴 적 이민화는 조용히 앉아서 책을 읽는 아이였다. 위인전이나 영웅담에서 흔히 나오는 '싹이 남달랐다'라거나 '동네 아이들을 이끌고 골목을 누볐다' 같은 수식어와는 거리가 멀었다.

이민화는 6·25전쟁의 비극이 채 가시기 전인 1953년에 태어났다. 예나 지금이나 전쟁은 창조와 생성보다는 파괴와 소멸을 안고 시작된다. 침략한 쪽이든 침략을 당한 쪽이든 그 끝에는 상처가 남기 마련이다. 하지만 포성 속에서도 새싹이 돋고 꽃이 피고 아이들이 태어난다. 이민화가 태어난 날은 1953년 9월 22일(음력)이었다. 그해 양력으로 환산하면 10월 29일이다. 대외적으로 알려진 프로필에는 1953년 12월 8일로 적혀 있지만 큰누나 이영희는 음력 9월 22일이 정확한 출생일이라고 증언한다. 6·25전쟁이 끝나고 휴전협정이 맺어진 것이 7월 27일이었으니, 휴전선이 막 그어진 전방 어느 고지에는 미처 흩어지지 못한 포연(砲煙)이 떠돌고 있었을 것이다. 전쟁은 필연적으로 피폐와 굶주림을 가져온다. 이민화가 태어났을 때도 전쟁의 여파는 고스란히 남아 있었다. 그가 태어난 곳은 대구 동인동의 작은 피란 셋집이었다. 이민화의 아버지는 아들이 태어나는 것을 볼 수 없었다. 군인으로서 미국에서 교육을 받고 있었기 때문이다.

이민화는 자서전 『끝나지 않은 도전』의 첫 문장을 "나는 전국구다"라고 썼다. 정치적 의미를 지닌 '전국구'가 아니라 어릴 적 전국 각지에서 살았다는 점을 이야기한 것이다. 잦은 이사는 군인 아버지를 둔 아이들의 운명이었다. 하지만 누가 그에게 "고향이 어디냐?"라고 물으면 대구라고 대답했다. 거기서 태어났기 때문이다. 태어난 지 얼마 안 돼서 군위군 효령면 중리라는 곳에 있는 할아버지 댁으로 갔기 때문에 대구에 대한 기억은 없다. 군위에서 살았던 기간 역시 길지는 않았다. 어머니는 이민화의 형과 누나를 할머니에게 맡겨둔 채 어린 민화만 데리고 남편이 있는 강원도 속초로 갔다가 다시 원주로 이사했다.

원주에서 살던 유아 시절, 이민화의 뇌리에는 세 들어 살던 집의 흙벽을 파먹었던 기억이 남아 있었다. 큰누나 이영희도 어린 민화가 벽에 덧칠한 횟가루를 떼어내고 그 안의 황토를 손가락으로 찍어 먹는 것을 좋아했다고 들려준다. 벽에 침을 발라서 누진하게 녹인 다음 조금씩 파먹었던 모양이다. 먹을 게 없어서 그랬던 것은 아니었을 듯싶다. 배가 고파서라기보다 우연히 시작된 습관이었거나 가족이 눈치채기 어려운 정서적 결핍 같은 것이 작용했을 수 있다.

어머니는 늘 바빠서 어린 민화를 제 누나에게 맡기고 일을 보곤 했다. 그러다 보니 주로 업어서 키운 이는 누나였다. 그와 관련해서 웃지 못할 일화도 있다. 큰누나 이영희는 1949년생으로 이민화보다 네 살 위다. 하루는 친구하고 놀고 싶어서 아기를 집에 두고 몰래 밖으로 나갔다고 한다. 그사이 이웃에 살던 집안 어른이 장난으로 민화를 자신의 집에 데려다 놓은 뒤, 누나에게 가서 아기가 없어졌다고 거짓말을 했다. 한바탕 소동이 벌어진 것은 뻔한 일. 이영희는 지금도 그 순간을 가슴 쓸어내리며 돌아본다.

원주에서 다시 이사를 간 곳은 경남 진해였다. 그 역시 군인인 아버지의 근무지를 따라서였다. 이민화의 아버지 이수영은 1925년생으로 일제강점기에 대구 농림학교에 입학했지만 강제 징집으로 일본 병기학교에서 훈련을 받고 1942년에 태평양 솔로몬제도로 파병됐다. 거기서 고생을 많이 했다. 미국이 솔로몬제도의 보급로를 차단하고 일본 본토로 진격하면서 섬에 남은 군인들은 식량을 공급받을 수 없었다. 물고기로 연명한 것은 물론 심지어 죽은 병사들의 해골 속에 사는 낙지를 잡아먹었다고 한다.

그 고난 속에서 살아온 뒤에는 평생 우리나라 국방기술 향상에 이바지한 군인으로 살았다. 국군 창단에 참여해서 병기학교 교관으로 활동했으며, 1968년 육군 대령으로 예편했다. 별을 달지 못하고 전역한 것을 안타까워한 이민화의 어머니는 "네 아버지가 너무 깨끗해서 장군이 되지 못했다"라고 한탄했다고 한다. 예편 후에는 충북·부산·대구 병무청장 등을 지내고 퇴임해서 1973년 국방과학연구소(ADD) 창설에 참여했고, 1984년 별세했다.

이민화는 성장 과정에서 아버지의 영향을 많이 받았다. 그의 아버지는 따뜻하고 가정적이었다. 특히 '원칙에 충실하고 미래를 내다보고 세상에 베푸는 가르침이 돼라'는 아버지 말씀은 이민화에게 평생 나침반 같은 역할을 했다. 그리고 그 말을 오롯이 실천하며 살았다.

1929년생인 이민화의 어머니는 억척같은 분이었다. 원래의 성품이기도 했겠지만, 청렴한 군인의 아내로서 정착할 수 없는 삶을 일구며 고생을 많이 했기 때문이기도 했다. 한마디로 굳건하고 알뜰한 분이었다. 밥을 할 때는 쌀을 푼 뒤 거기서 한 줌을 덜어서 다른 항아리에 모아두었다. 그렇게 모은 쌀은 다시 팔거나 저축했다가 특별한 일을 위해 썼다. 이민화의 어머니에 대해서는 긴 설명보다는 일화로 성품을 설명하는 것이 나을 듯하다.

이민화의 중앙고등학교와 서울대학교, KAIST 선배이자 훗날 처남이 되는 이재성(전 현대중공업 회장)의 기억 속에 있는 한 장면이다.

"대학 때, 어느 가을날 도봉산으로 야유회를 간 적이 있었습니다. 계곡에서 자리 잡고 식사 준비를 하는데 갑자기 이민화가 외마디 비명을 지르는 겁니다. 깜짝 놀라서 보니 계곡으로 달려가 얼굴을 파묻더라고요. 알코올 연료가 잘못 분사돼서 얼굴에 불이 붙은 것이었지요. 제가 화상을 입은 이민화를 데리고 도봉산에서 홍은동 집까지 갔습니다. 저는 가면서 처음 뵙게 되는 민화 어머니께 어떻게 죄송한 말씀을 드릴까 걱정했지만, 막상 우리가 들어가자 어머니께서는 말없이 바라만 보셨습니다. 자초지종 상황 설명을 들으시더니 조금의 동요도 없이 '민화가 더 조심했어야지. 그나저나 여기까지 동행해 준 선배에게 고마워요'라고 말씀하시더군요. 아들이 화상을 입고 돌아왔는데도 동요 하나 없는 어머니의 모습을 보며 그때 속으로 그런 생각을 했던 것 같습니다. 아! 이민화의 강직한 성격이 어머니를 많이 닮은 것이었구나."

이민화는 어머니에 대한 효심이 지극했다. 아버지가 지병인 천식으로 돌아가신 뒤 항상 홀로 남은 어머니의 말벗이 되려고 노력했다. 어머니 역시 이민화에 대한 자부심이 굉장했다. 어머니는 이민화가 세상을 뜬 지 5개월 뒤인 2020년 별세했다.

이민화는 진해로 이사한 뒤 첫 교육과정인 유치원에 입학했다. 그는 진해를 무척 아름다운 도시로 기억하고 있어서 훗날 그 시절을 자주 회고했다. '국민학교'라고 불렀던 초등학교에 입한 것은 서울에서였다. 중구 신당동에 있는 청구국민학교였다. 하지만 입학한 지 1년도 안 돼서 아버지가 전근을 가는 바람에 부산으로 전학했다. 아버지는 금정산 어귀에 있는 차량재생창 청장으로 부임했는데 관사가 무척 넓어서 집안에 놀이언덕도 있고 그네가 달린 놀이터와 작은 강당도 있었다.

자주 이사를 한 탓에 놀 만한 친구가 없어서 그랬는지, 이민화는 유치원 때부터 책이란 책을 닥치는 대로 섭렵했다고 한다. 자신을 잘 드러내지 않은 편이었고, 형제에게도 항상 자기 것을 양보했다. 특히 강아지를 좋아했는데, 함께 살기도 하고 유년 시절 자주 만났던 두 살 아래 사촌동생 이경희는 "함께 놀다가 사라져서 오빠를 찾아보면 강아지 집에서 강아지를 끌어안고 자다가 부스스한 모습으로 나오기 일쑤였다"라고 회고한다.

이민화 가족은 1963년, 그가 초등학교 4학년 때 다시 서울로 이사했다. 집은 서대문구 홍은동이었는데, 이민화는 중구 장충동에 있는 장충국민학교로 전학했다. 당시는 중학교 입학시험이 치열할 때였는데, 교육열이 지금보다 더 뜨거웠다. 부모들은 학군을 위반하면서까지 아이들을 명문 초등학교에 넣으려고 애썼다. 이민화가 홍은동에서 장충동까지 다닌 것도 그런 풍조와 무관하지 않았을 것이다. 장충국민학교도 명문 가운데 하나였다. 홍은동에서 장충동은 어른들도 걸어 다니기 어려운 먼 거리다. 이민화가 날마다 집에서 받는 돈이 5원이었는데, 교통비는 편도 2원이었다. 왕복 4원을 쓰고 나면 1원이 남았다. 보통 그 1원을 용돈이라고 여겨 군것질하느라 바빴지만 이민화는 그것을 꼬박꼬박 모았다. 모은 돈으로 무엇을 했다는 이야기가 없는 사실을 보면 특별한 목적이 있었던 것은 아니고, 성격이 꼼꼼하고 알뜰한 데다 돈 모으는 재미에 푹 빠져 있었던 것 같다.

이민화는 부산 금정국민학교에서 공부를 잘해서 심심찮게 '천재' 소리를 들었다. 하지만 서울로 전학한 뒤에는 놀림감이 되고 말았다고 한다. 부산에서 살 때 입에 익은 사투리 때문이었다. 자꾸 사투리가 튀어나오는 것이 부끄러워서 더욱 말을 하지 않는 아이가 됐다. 그런 영향 때문이었는지 성적이 중간에 그쳐서 가족들이 충격을 받을 정도였다고 한다. 물론 부산에서 천재 소리를 듣던 본인의 충격은 더 컸을 것이다. 하지만 충격의 시간은 길지 않았다. 6학년 때는 전국학력경진대회에서 우승을 차지할 정도로 다시 '공부 잘하는' 아이가 돼 있었다. 부상으로 중학교 전액 장학금이 지급됐다. 장충국민학교에 다닐 때는 글도 잘 써서 백일장에 나가면 상을 받아오곤 했다. 평생 글쓰기를 놓지 않았고, 수많은 책을 남길 수 있었던 토양이 그때부터 마련된 것으로 보인다.

02

좌절로 시작한 중학교 시절

초등학교 6학년 때 전국학력경진대회에서 우승하고부터 이민화에 대한 기대치는 하늘을 찌를 정도로 높았다. 당시 최고 명문이었던 경기중학교에 합격할 것을 의심하는 사람은 없었다. 하지만 결과는 낙방이었다. 본인은 물론이고 주변에서도 이해할 수 없다는 반응이었다. 이민화에게는 인생에서 처음 맞이하는 좌절이었을 것이다. 집안 분위기 역시 무겁기 짝이 없었다. 특히 어머니의 상심은 말할 수 없이 컸다. '천재' 소리를 듣는 아들에 대한 기대가 워낙 높았기 때문에 실망도 그만큼 컸을 것이다. 어머니는 민화가 초등학교 6학년 때 경기중학교 건너편에 있는 집으로 주소를 옮겼을 정도로 학구열이 대단했다. 현대판 '맹모삼천지교(孟母三遷之敎)'라고 할 수 있었다.

이민화가 후기 모집으로 합격한 곳은 중앙중학교였다. 중앙중학교도 명문 중 하나였다. 이민화의 동기들이 그런 사실을 입증한다. 나중에 대학입학시험에서 전국 수석과 고득점을 차지한 친구들이 즐비했기 때문이다.

중학생이 된 이민화는 엉뚱한 '사건'으로 세상에 이름을 알렸다. 1학년 때 고교입학자격 검정고시에 도전한 것이었다. 자신은 '경기중학교 낙방이 죄송해서' 그랬다지만, 보통 아이들이라면 생각도 못 할 일이었다. 시험을 친 것으로 끝이 아니었다. 본인의 표현대로 '운이 나빠서' 합격자 중에 유일하게 신문에 이름이 공개됐다. 그해 수석합격이었기 때문이다. 그 소식이 알려지자 학교에서는 한바탕 소동이 벌어졌다. '이민화를 잡아라' 작전이 벌어진 것이었다. 검정고시로 빨리 가는 것보다 제대로 학교생활을 하는 것이 좋다고 설득해서 간신히 주저앉힐 수 있었다. 그러지 않았다면 남들보다 2년 일찍 고등학교에 진학했을 수도 있었다.

이민화는 왜 중학교에 들어가자마자 중졸 검정고시를 봤을까? 가족들은 경기중학교에 떨어지고 중앙중학교에 간 것이 내심 성에 차지 않았기 때문이라고 짐작한다. '내가 이것밖에 안 돼?' 하는 생각과 자신의 실력을 가늠해 보고 싶다는 심리도 있었을 것이다. 이왕이면 남들보다 앞서가고 싶다는 욕심이 작용했을 수도 있다. 하지만 막상 학교에 다녀보니 선생님의 기대와 사랑을 한몸에 받는 것은 물론 금방 학교에 정이 들면서 마음을 접었을 것이다.

중앙중학교에서의 성적은 단연 톱이었다. 게다가 검정고시를 준비하면서 1학년 때 이미 중학교 3학년 전 과정을 독학한 덕에 2~3학년은 설렁설렁 보낼 수 있었다. 게다가 여전히 사투리가 튀어나와 말을 잘 하지 않다 보니 친구가 별로 없었고, 그만큼 혼자 조용하게 지냈다. 그렇게 해서 번 시간을 역사와 과학에 투자했다. 삼성출판사에서 발행한 『대세계의 역사』 12권을 몇 번씩 정독했다. 특히 고대사 부분에 관심이 많았는데, 이는 훗날 '유라시안 네트워크' 활동의 바탕이 되기도 했다. 학원사에서 간행한 더 두꺼운 책 『과학백과사전』도 몇 번씩 독파했다. 뒤에 물리와 화학의 천재 소리를 듣게 된 결정적 배경이 그때 만들어졌다.

그때까지만 해도 이민화는 친구 폭이 넓지 않았는데, 그나마도 아이답지 않게 본인이 친구를 선택하는 타입이었다. 중학교에서 고등학교까지 가장 친했던 친구 은세윤(의사)이 들려주는 이야기다. 중학교 2학년 어느 날 이민화가 찾아오더니 친구를 하자고 청하더란다.

"너, 나하고 친구 하자."

"왜 나하고 친구 하고 싶은데?"

"IQ 시험 결과가 네가 제일 높더라고."

참 독특한 발상이었다. 하지만 IQ 높은 아이의 덕을 보자고 친구를 청한 것 같지는 않다. 은세윤은 "민화가 좋은 것들을 나누며 같이 올라가자는 생각을 갖고 있었다"라고 전한다. 또 이민화는 남들보다 생각이 앞서 있어서 중학교 때 이미 고등학생 수준의 생각을 했다고 한다.

이민화는 중학교에 다닐 때, 방학이 되면 아버지가 충북 병무청장으로 근무하는 청주에 내려갔다. 가까운 보은 속리산에 텐트를 치고 한 달씩 살기도 했다. 어지간한 아이들은 무서워서 엄두조차 못 낼 일이었다.

03

중앙고등학교 엘리트클럽

• '고집'이나 '직진'은 이민화의 성격을 말할 때 곧잘 쓰이는 단어들이다. 그런 특성이 뚜렷하게 나타나기 시작한 것은 고등학교 때부터였다. 그가 내린 결정이나 행동을 좇다 보면 그때부터 이미 자아가 확고하게 서 있었던 것으로 보인다.

이민화가 고등학교에 진학할 때도 '경기'라는 두 글자는 선망의 대상이었다. 중앙중학교에서도 공부 좀 한다는 아이들은 당연히 경기고등학교를 지망했다. 하지만 중앙중학교를 수석 졸업한 이민화는 무슨 생각이었는지 동계(同系) 진학을 선택했다. 즉 중앙고등학교에 지원한 것이다. 경기고등학교 시험에 자신이 없어서였을까? 그렇지 않다는 사실은 여러 정황이 설명해 준다. 훗날 본인은 '영웅심의 발로'였다고 당시의 심정을 밝힌 적이 있다. 또 '중앙'이라는 학교에 대한 애교심으로 해석하는 시각도 있다.

친구 은세윤이 전해 주는 말은 그런 '애교심'설(說)을 뒷받침한다. "민화는 경기고등학교에 충분히 붙을 성적이었지만 본인이 가지 않았습니다. 제게 '중앙고등학교의 창립이념이 좋아서 선택했다'고 말한 적이 있습니다. 중앙고는 민족학교로 불렸는데, 그런 점이 마음에 들었던 것 같습니다."

집에서도 당연히 경기고등학교에 갈 줄 알고 있었는데 중앙고등학교에 가겠다니 당혹스러웠을 것이다. 하지만 본인의 고집을 꺾을 수는 없었다. 한번 뜻을 세우면 바꾸기 어려운 것이 이민화의 고집이었다.

동계 고교 진학으로 중앙고등학교에 입학한 첫날, 그는 반장으로 지명됐다. 수석입학생에 대한 '예우'였을 것이다. 하지만 자부심으로 똘똘 뭉친 고집쟁이자 훗날 강연장을 휘어잡는 명강사 이민화에게도 약점은 있었다. 그는 그때를 돌아보며 "반장 수락 인사를 하러 교단에 올라간 순간 눈앞이 캄캄하고 다리가 떨리고 얼굴이 붉어져서 한마디도 못 하고 내려왔다"라고 고백한 적이 있다. 게다가 수업 시간마다 하는 "차렷, 경례!"도 너무 힘들었다고 한다. 계속 그래서는 안 되겠다 싶었던 그는 홍은동 집 뒷산에 올라가서 연설 연습을 시작했다. 목소리 키우는 연습, 생각을 전달하는 연습 등 소위 '말하기 연습'이었다. 말하기 연습의 핵심은 문제를 단순하게 정리하고 대안을 제시한 후 최선의 선택이 무엇인가 결론을 도출해 나가는 것이라고 스스로 정리했다. 평생 그와 함께한 '문제의 단순화 → 대안 제시 → 결론 도출'의 구조는 이때부터 훈련됐다고 볼 수 있다. 그리고 그때 시작한 말하기 훈련은 '말 잘하는 이민화'를 만든 토대가 됐다.

반장은 전교 학생회에 참석하게 돼 있었다. 학생회에서는 여러 가지 학교 관련 사항들을 토의하고 상당 부분 자율성을 가진 활동을 한다. 이민화는 학생회 활동에 적극적으로 참여했는데, 나중에는 연설을 가장 잘한다는 평을 들었다. 덕분에 졸업 때까지 학생회의 주축을 이루면서 각종 활동을 했다. 그 밖에도 영자신문반과 바둑반 등에서 활동했다. 그는 훗날 거의 유일한 취미가 바둑이라고 할 정도로 바둑을 좋아했다. 좋아한 것뿐 아니라 탁월한 재능을 보였다. 중학교 때 바둑을 두기 시작했는데 1년 사이에 급수가 14~15

급에서 매달 한 급씩 올라서 1급이 됐다. 이후에도 바둑을 꾸준히 두어서 아마 공인 5단까지 올라갔다.

이민화는 또 문학에도 관심이 많았다. 문학의 밤 등에 즐겨 참여한 것은 물론 친구 은세윤과 함께 『청포도』라는 시집을 내기도 했다. 그 당시 은세윤은 아버지가 교장 선생님이어서 관사에서 살았기 때문에 집에서 등사가 가능했다. 흔히 '가리방'이라고 부르던 등사기가 있어서 이민화가 은세윤 집에서 며칠씩 자면서 함께 100부 정도의 시집을 만들었다. '청포도'라는 이름을 붙인 이유는 두 사람 모두 이육사의 시를 좋아했는데, '청포도'라는 시를 보고 영감을 받아 시집 이름으로 썼다고 한다.

중앙고등학교에는 '엘리트클럽'이라는 학생 서클이 있었다. 대한민국의 벤처시대가 어쩌면 이 엘리트클럽에서 싹을 틔웠는지도 모른다. 서클의 취지는 중앙고등학교의 엘리트들이 모여 미래의 역군이 되자는 것이었다. 이민화는 이 엘리트클럽에서 평생의 우군들을 만나게 된다. 동기였던 정성훈·이원흠·김광민·박찬종·이창희·김정래 등과 송문섭·이재성 등의 선배 그리고 이명성·고정식 등의 후배가 그들이다. 특히 2년 선배인 이재성과의 인연은 서울대학교와 KAIST를 거쳐 훗날 그의 여동생 이사랑과 결혼하면서 처남·매제라는 인연으로까지 이어지게 된다.

이재성은 엘리트클럽에 이민화를 영입하는 과정이 썩 순조롭지는 않았다고 전한다. "제가 고3 때 이민화를 처음 알게 됐습니다. 새 학기가 시작된 뒤 신입회원을 영입해 오라는 서클의 미션이 주어졌는데, 그 서클이 바로 엘리트클럽이었습니다. 신입생 명단에 이민화라는 이름이 있었는데, 도통 만날 수가 없었습니다. 어디 가면 이민화를 만날 수 있는지 수소문했더니 중학교 옆 바둑실에 가면 볼 수 있다는 정보가 들어오길래 그곳을 찾아갔지요. 봄비가 내리는 날이었습니다. 체육관 처마 밑에 서서 처음 이민화를 봤습니다. 첫인상이 그리 친근해 보이지는 않았습니다. 고3 선배면 처음 봤을 때 자세를 낮출 법도 한데 그런 태도가 보이지 않았거든요. 그에게 '너를 서클에 영입하자는 여러 사람의 추천이 있었다. 함께하자'고 했더니, '못 하겠습니다. 바쁘기도 하고 바둑서클에 들어서 다른 것은 못합니다'라며 단박에 거절하더군요. 그다음에 2차 시도를 했지만 역시 먹히지 않았습니다. 두 번 딱지를 맞고 나서 자연스레 잊었습니다. 그리고 가을쯤 이민화가 클럽에 가입했다고 후배들이 전해 주더군요. 의외라는 생각이 들었습니다."

여기서도 이민화의 고집이 드러난다. 남자들은 흔히 '군대 고참보다 더 무서운 것이 고등학교 선배'라고 한다. 그 무섭다는 고등학교 2년 선배가 두 번이나 찾아왔으면 고집을 꺾을 법도 한데 끝까지 거절했다는 사실이 이민화의 강단을 말해 준다.

이민화는 엘리트클럽 7기였다. 엘리트클럽이란 이름은 10대 고등학생들이 순수한 마음에서 지은 것이었겠지만, 사실 엘리트라는 이름이 주는 부담도 만만치 않았을 듯하다. 서클 안에서 이민화의 행보는 남달랐다. 가입하자마자 새로운 아이디어를 쏟아냈다. 누가 시킨 것도 아니었는데, '회칙'이 있어야 한다며 회칙을 만들어서 선배들에게 제안하고, '로고'도 있어야 한다며 스스로 기안했다. 이민화의 그런 노력 덕에 엘리트클럽은 뭔가 체계를 갖추기 시작했다.

그렇다고 이민화가 늘 엘리트다운 행동만 한 것은 아니었다. 본인의 표현대로 '오버 액션'도 곧잘 했다. 그중 하나가 1인 시위였다. 어깨에 '담배를 피우지 말자!'라는 띠를 두르고 점심시간이면 화장실 앞에서 혼자 서 있었다고 한다. 화장실에서 담배를 피우는 친구들에게는 정말 밉상이었을 것이다. '너 혼자 잘났냐?' 하는 눈총이 쏟아졌을 것 같다. 요즘이라면 '왕따'를 당하거나 소위 '일진'에게 구타를 당했을지도 모른다. 하지만 그런 일은 일어나지 않았다. 그렇게 튀는 행동을 종종 했지만 미움을 받지는 않았다고 한다.

그때부터 평생 이민화를 따라다닌 특성이 또 하나 있었다. 가족들은 이민화가 거의 잠을 안 잤다고 회고한다. 남들보다 덜 자고 그렇게 아낀 시간을 자신이 해야 할 일, 하고 싶은 일에 쏟아부었다. 물론 고등학교 시절에는 주로 공부를 했을 것이다. 그때부터 홍차를 무척 즐겼는데, 그것을 꾸준히 마시면서 공부도 하고 무언가 연구도 했다고 한다.

사촌동생 이경희가 들려주는 이야기를 통해 '고등학생 이민화'를 그려볼 수 있다.

"얼마나 홍차를 많이 마셨는지, 오빠가 고등학교에 다닐 때 집에 가면 홍차를 끓여서 새까맣게 그을린 주전자가 있었던 기억이 나요. 한번은 오빠의 동생인 수복이에게 민화 오빠에 관해 물어보니 '우리 오빠는 공부를 너무 많이 해서 입이 비뚤어질 지경이야'라고 하더라고요."

이민화가 또 한 번 '사고'를 친 것은 고등학교 3학년 때였다. 대학입학시험을 한 달 앞두고 문과에서 이과로 전과한 것이었다. 상식적으로는 도저히 납득하기 어려운, 말 그대로 사건이자 사고였다. 이민화가 전과하겠다고 선언하면서 주변에서는 난리가 났다. 특히 가족들이 펄쩍 뛰었다. 공부를 잘했기 때문에 당연히 집에서는 판검사가 될 줄 알았고 그렇게 되길 원했다. 그런데 느닷없이 이과로 가겠다고 고집을 피우니 집안이 발칵 뒤집힐 수밖에 없었다. 가족뿐 아니라 친구들도 모두 반대했다. 설득하다 지친 친구는 졸업한 선배들을 찾아다니며 이민화를 말려 달라고 부탁하기도 했다.

이재성도 그런 부탁을 받은 선배 중 하나였다. "이민화가 고3이었고 제가 대학교 2학년일 때였는데, 이민화의 친구 하나가 찾아와서 '선배! 이민화, 이 미친놈 좀 말려 주세요' 하는 겁니다. 무슨 일이냐고 물으니 '갑자기 공대를 가겠다는 거예요. 전자공학과를 가겠답니다. 좀 말려 주세요' 하는 것이었습니다. 왜 그런 생각을 했을까 궁금해서 이민화를 만났지만 특별한 이유를 말해 주진 않았습니다. 문과에서 이과로, 그것도 입시 한 달을 남기고 바꾸겠다는 생각, 결정 자체가 보통 있는 일은 아니잖아요. 정말 불리하거든요. 그래서 '그러다 대학에 떨어질 수도 있지 않을까?'라고 물었더니 '물론 떨어질 수도 있겠지만, 그렇다고 마음먹은 걸 포기할 수는 없잖아요'라고 대답하더군요. 대학 합격과 불합격이라는 계산만으로 결심을 바꾸는 것은 이민화 스타일이 아니었던 거지요. 자신의 진로는 입시와는 별개라는 생각이 딱 정해져 있었던 겁니다."

이민화의 행동을 결정짓는 잣대는 유불리를 가늠하는 '저울'이 아니라 스스로 세운 의지였던 것이다. 입시 한 달을 앞두고 진로를 변경하게 된 데에는 분명한 이유가 있었다. 훗날 이민화는 그런 결심을 하게 된 배경을 『끝나지 않은 도전』에서 이렇게 적었다.

『끝나지 않은 도전』 中

엘리트클럽을 통해 세상의 본질적 가치가 무엇이냐는 화두를 달고 살던 나에게 1971년 일어난 사법파동은 엄청난 충격을 주었다. 사법파동은 정권에 반대하는 판결을 내린 법관을 제주도에서의 작은 회식을 문제 삼아 징계한 사건이다. 이를 보고 어린 마음에 이 정권에서 법을 공부한다는 것은 의미가 없다는 결론을 내리고 법대를 가려던 계획을 포기했다.

이민화에게 법관의 꿈을 포기하게 만든 사건은 대체 무엇이었을까? 보통 '1차 사법파동'이라고 부르는 사건이 그것이다. 1971년 서울지검의 공안부 검사 이규명이 피고인 측 변호인으로부터 향응접대를 받았다는 이유로 이범렬 부장판사 등 3명의 구속영장을 청구한 일이 발단이었다. 그런 일이 일어나자 시국사건과 공안사건 관련 재판에서 무죄판결을 내린 판사들을 제거하려는 음모라는 의혹이 일었다. 이와 관련 전국 법원 판사 455명 중 150여 명이 '판사 개인의 비리가 아니라 검찰이 기소한 공안사건에 대해 법원이 무죄판결을 내린 것에 대한 보복 조치'로 간주하고 집단으로 사표를 제출했다. 파장이 커지자 박정희 대통령이 직접 사태 무마에 나섰는데, 물의를 빚은 검사는 문책 인사를 당했고 향응을 받은 판사는 사퇴한 사건이었다.

그런 일이 있었다고 해도 고등학교 3학년, 더구나 대학 입시를 한 달 앞둔 학생이 그 이유로 진로를 바꿨다는 것은 선뜻 이해하기 어렵다. 하지만 이는 보통 사람들의 상식을 전제로 한 의문이고, 이민화에게는 진로를 바꿀 만한 분명한 이유가 됐을 것이다. 그만큼 자신이 옳다고 판단해서 결정한 것에 대해서는 타협이 없었다. 타인에게도 마찬가지였다. 연장자라고 무조건 자신을 낮추거나 무조건 긍정하지는 않았다. 평생 바뀌지 않은 그런 태도가 때로는 타인을 불편하게 하고 서걱거리는 관계를 만들었을지도 모른다.

이민화가 법대를 포기하고 그 대안으로 처음 선택한 진로는 순수과학이었다. 다행히 물리와 화학은 그가 고등학교 시절 가장 잘하던 과목이었고, 문과였지만 문제를 틀린 적이 거의 없었다. 하지만 가족의 격렬한 반대 앞에서는 고집 센 이민화도 무조건 밀어붙일 수는 없었다. 아버지와 대화를 나눈 끝에 서로 양보한 선이 법학도 순수과학도 아닌 전자공학이었다.

부인 이사랑은 자신이 들은 이야기를 이렇게 전한다.

"남편은 판검사가 자신의 소신대로 결정을 못 하고 위에서 시키는 대로 하는 것이 싫었다고 해요. 그때부터 '난 물리학 공부를 하겠다. 과학과 수학도 잘할 자신이 있다'고 전과 의사를 밝혔지만, 아버님은 '그런 분야는 재력이 있어야 한다'고 말리셨답니다. 하지만 워낙 뜻이 분명하니 학교도 안 가고 반항한 모양이었습니다. 마침 아버님 친구분이 서울대 공대 교수님이어서 중재에 나섰답니다. '그렇다면 전자공학과를 가는 것이 어떤가'라고 조언을 해주셨고 결국 전자공학과로 진학한 것입니다."

이민화는 진로를 전자공학으로 바꿀 때까지도 전자공학이 무언지 몰랐다고 한다. 당시 서울대 전자공학과는 의대보다 입학이 어려웠으며 대부분의 수석 합격자는 전자공학과에서 배출됐다. 훗날 그들이 한국 IT산업을 이끈다. 과정이야 어떠했든 이민화는 고3 때 이과로 전과한 덕에 문과와 이과 친구들 모두와 교류할 수 있었다. 고교 동창은 주로 문과고 대학 동기들은 이과다. 양쪽을 넘나든 교류는 훗날 메디슨을 일구고 이끌어가는 자산이 된다.

04

인문학도, 서울대 공대생 되다

1972년 3월, 이민화는 서울대학교 공과대학 전자공학과에 입학한다. 고등학교 내내 파고들어도 들어가기 어렵다는 서울대 전자공학과를, 문과에서 이과로 전과한 지 한 달 만에 거뜬히 합격한 것이었다. 당시 서울대 공대는 공릉에 있었다. 지금의 서울과학기술대학교가 있는 자리다.

이민화의 대학 생활은 다른 친구들과 다르지 않았다. 공부에만 매달리지 않고 미팅도 하고 친구들과도 잘 어울렸다. 신입생 때 친구들이 기억하는 이민화는 '독특한 친구' 혹은 '별난 애'였다. 흔히 이민화를 천재라고 하지만 모든 것을 잘하지는 못했다. 특히 노래에는 별 재주가 없어서 '음치'에 가까웠다. 하지만 그런 것을 못 한다고 기가 죽는 법은 없었다. 이런 일도 있었다. 신입생 환영회 때 이민화가 느닷없이 일어서더니 당시 유행하던 조미료 CM송을 부르더란다. '미원~ 미원~' 하는 노래였는데, 본인의 이름으로 개사해 '민화~ 민화~' 하고 부른 것이었다. 보통은 '쪽팔린다'고 생각해서 피하는 것을 이민화는 별로 개의치 않았다. 아무튼 그런 식의 자기소개가 처음 만나는 친구들에게 이름을 각인시키는 데는 확실히 효과가 있었을 것 같다.

이민화는 막걸릿집이나 경희대 인근 곰장어(아나고) 집 같은 곳에서 친구들과 잘 어울렸는데, 술집에서도 항상 자기 생각을 쏟아내곤 했다. 서울대 전자공학과가 워낙 비범한 학생들이 모이는 곳이니 공부 잘하는 친구가 많았지만, 이민화는 그중에서도 에너지가 남달랐다. 이민화가 펼친 이야기의 주제는 공학에 국한되지 않고 국가, 인생, 철학, 역사 등 다양했다. 대학교에 입학한 지 얼마 되지도 않았는데, 워낙 다양한 주제가 거침없이 쏟아지니 공부에만 매달려 왔던 친구들은 신기한 눈으로 바라볼 수밖에 없었다. 대학 친구들은 "마치 스티브 잡스가 아이폰을 처음 설명했을 때와 비슷한 느낌이었다"라고 그 시절을 회고하기도 한다. 또 "대학교 때부터 사회를 크게 변화시키려는 혁명가적 기질이 엿보였다"라고 회고하는 친구도 있다. 그 시절 친구들은 아는 것이 많고 자신의 지식을 전파하는 데 주저하지 않는 이민화에게 '개똥철학을 한다'고 놀리기도 했다.

대학 1학년생 이민화를 가장 강하게 끌어당긴 것은 미팅이나 학교수업이 아니라 과외였다. 물론 본인이 과외를 받은 것은 아니고 과외선생으로 나섰다. 과외를 시작하고 얼마 지나지 않아 이민화는 유명 과외선생으로 이름을 날렸다. 서울대 전자공학과라는 배경이 뒷받침된 데다 가르친다는 것 자체가 체질에 맞은 것도 과외에 빠진 이유 중 하나였다. 그런 기질이 훗날 많은 강연을 하고 교육자로서 자리매김하는 바탕이 됐을 것이다. 처음에는 모교인 중앙고 엘리트클럽 후배들에게 물리와 화학을 무료로 가르쳤다. 그게 그 서클의 전통이었다고 한다. 그런데 이민화에게 과외를 받은 학생들이 시험에서 늘 최고 점수를 받았다. 이민화 스스로는 '혁신적 학습기법'을 개발해서 가르친 결과였다고 자랑하기도 했다. 그런 소문이 퍼지면서 과외 요청이 밀려들었다. 이민화가 대학 1학년 때 가르친 제자들이 100명에 육박했다니

거의 학원급이라고 해도 좋을 것 같다. 그중 3분의 1은 무료로 가르치고 3분의 2에게만 과외비를 받았는데도 수입이 엄청났다.

말 그대로 '대학생 재벌'이 탄생하는 순간이었다. 집에 등사기를 마련해 '출판'시스템까지 갖춰 놓고 본격적으로 과외에 매진했다. 과외로 버는 수입이 얼마나 많았으면 당시 국방과학연구소 실장이었던 아버지가 버는 것보다 많았다고 한다. 이민화는 그렇게 번 돈을 주로 어디에 썼을까? 본인 말로는 친구들에게 밥과 술을 자주 사 줬다고 한다. 하지만 그 정도는 버는 것에 비하면 푼돈이었을 것이다. 남은 돈은 어머니에게 맡겼고, 어머니는 그 돈을 차곡차곡 저축했다. 그렇게 모은 돈으로 나중에 집을 살 정도였으니 수입이 상상을 초월할 만큼 많았다는 것은 쉽사리 짐작할 수 있다.

하지만 이민화의 '청년재벌시대'는 1년으로 끝나고 말았다. 어느 날 아버지가 그를 불러 엄중하게 말했다.

"이제 과외는 그만두거라. 학생이 공부를 해야지, 어린 나이에 돈에 빠져들면 안 된다."

이민화가 아버지의 뜻을 순순히 받아들이면서 과외 재벌의 꿈은 막을 내렸다.

이민화는 학교에 열심히 다니거나 수업에 꼬박꼬박 참석하는 스타일은 아니었다. 강의를 듣기보다는 혼자 공부하는 것을 더 좋아했다. 더구나 당시에는 박정희 독재에 항거하는 시위가 계속됐기 때문에 수업이 제대로 이뤄지지 않았다. 수업에 흥미가 없던 이민화에게는 시위가 학교에 가지 않아도 되는 좋은 구실이 됐다. 1년에 두 달 정도 학교에 가면 많이 가는 편이었고, 그나마 그 두 달도 대부분 수업에 들어가지 않았다. 책에 있는 것을 가르치는 수업에 흥미를 못 느끼는 체질이었던 것이다.

그러다 보니 친구들이 그를 볼 수 있는 곳은 대개 서울대 공대 입구에 있는 공릉동 막걸릿집이었다. 모든 면에서 모범적이긴 했지만, 일반 모범생과는 다른 번득이는 천재성을 보여주곤 했다는 것이 친구들의 기억 속에 있는 이민화다.

이민화는 사실 고등학교 시절에도 자주 결석했다. 교과서에 있는 내용을 가르치는 수업은 굳이 들을 필요가 없다고 판단했기 때문이다. "혁신을 추구하는 사고는 청소년 시기부터 나타난 나의 인생관이었다"는 그의 말에서 이유를 찾을 수 있다. 틀에 박힌 수업방식으로는 그를 붙잡아 둘 수 없었던 것이다. 대학이라고 다를 리 없었다. 출석을 부르면서 "이민화가 왔으면 전원 출석"이라고 하는 교수도 있을 정도였다고 한다. 물론 수업을 제대로 안 들었다고 이민화가 공부를 내팽개친 것은 아니었다. 친구들은 "수업을 열심히 들으며 진도를 따라가는 성격이 아니었을 뿐 혼자 열심히 공부했다"라고 전한다. 그 증거가 바로 우등생으로 서울대 공대를 졸업했다는 사실이다.

이민화가 대학 4학년이 되던 해도 사회는 여전히 혼란스러웠다. 시위가 계속되면서 수업은 거의 중단상태였고, 그런 까닭에 시간이 남아돌았다. 그때 이민화의 아버지는 국방과학연구소에서 155㎜ 화포를 개발하는 중이었는데, 포탄의 초기 발사속도를 측정하는 데 골머리를 앓고 있었다. 기계 쪽은 전문가였지만 전자 쪽에 취약했기 때문이었다. 아버지의 고민을 지켜보던 이민화가 어느 날 제안했다.

"아버지! 그 문제 제가 해결해 드리겠습니다."

전자공학을 공부했다고 해 봐야 어차피 전자 쪽에는 초보인 그가 고난도의 문제를 해결하겠다고 나선 것이다. 이민화는 그때까지도 전자공학에 대해서 별 흥미를 느끼지 못했고, 심지어 납땜조차 할 줄 몰랐다. 다행히 전자공학과에 능력 있는 친구들이 있었다. 그들을 믿고 155㎜ 포탄 속도 측정 프로젝트에 뛰어든 것이었다. 하지만 쉽지 않은 문제였다. 대포에서 발사되는 포탄의 초기 속도를 어떻게 잴 수 있을까? 지금 같으면 그리 어려운 문제가 아니지만 1970년대 중반은 집적회로(IC)의 초창기 시절이었다. 마침 TI사가

TTL(Transistor Transistor Logic)이라는 것을 처음 발표한 때였는데, 이민화는 그 TTL을 이용하면 문제를 풀 수 있을 것이라고 생각했다.

TTL IC를 사용해 포탄을 자화(磁化)시켜 자장을 감지하는 코일을 만들고, 코일 두 개를 통과하는 시간을 측정해 초기 속도를 측정하려는 것이었다. 그때만 해도 국내에는 그런 설계에 관한 책들이 없었다. 마침 미국과 일본에 적절한 책들이 있어서 공부하면서 회로를 설계하고 시스템을 만들었다. 그 결과 포탄의 발사속도를 측정하는 데 성공했다. 이민화는 아버지의 고민을 해결했다는 기쁨과 함께 또 다른 부산물도 얻을 수 있었다. 문제를 해결하는 과정에서 공부한 책을 번역 출판한 것이었다. 이민화와 친구들의 이름으로 대학 4학년 때인 1975년에 『TTL IC의 설계와 응용』이라는 번역서가 나왔다. 이민화의 이름이 들어간 첫 책이었다.

이민화의 대학과 대학원 동창 친구인 백만기(김앤장 법률사무소 변리사)는 그때의 상황을 이렇게 기억한다.

"하루는 이민화가 책을 한 권 들고 오더니 같이 번역을 하자고 하더군요. 『TTL 쿡북』이라는 책이었는데, 마침 여름방학이라 아르바이트라고 생각하고 열심히 번역했던 기억이 납니다. 그 후 후배 하나를 만났는데, 그 번역서를 읽고 공부를 많이 했다는 말을 들은 적이 있습니다."

155㎜ 대포는 이민화에게 특별한 추억을 남기고 삶의 자세를 일깨워준 소중한 경험이 됐다. 훗날 그는 "청계천을 뒤지기도 했고 아버지와 함께 동두천·마산 등을 다니면서 현장에서 직접 일을 한 체험은 나에게 큰 자산이 됐다. 또 문제에 부딪혔을 때 그것을 풀어나가는 방법과 자신감을 터득한 것도 소중한 소득이었다"라고 그 시절을 돌아봤다.

이민화가 개발에 참여한 155㎜ 곡사포는 박정희 대통령이 국방과학연구소를 설립한 후 첫 결실이었다. 대통령이 직접 시연에 참여해서 관계자들을 치하했다. 이민화의 아버지는 그 개발 책임자로서 훈장을 받았다.

대학 친구들은 그런 이민화를 대단하게 생각했다고 한다. 서울대 전자공학과는 이론에는 밝지만 실전은 약한 부분이 있었기 때문이다. 대학생이 대포 개발 프로젝트에 참여한다는 것이 평범한 일은 아니었다.

05

KAIST에서 공부에 빠지다

1975년은 이민화가 대학 4학년이 되던 해였다. 대학생이라면 누구나 졸업을 앞두고 진로에 대해 가장 많이 고민하는 시기다. 자의식이 분명했지만, 이민화라고 그런 현실적 고민에서 자유로웠을 리는 없다. 특히 군대 문제가 걸려 있었다. 마침 진로와 군대 문제를 단방에 해결할 수 있는 기회가 생겼다. 1974년 박정희 대통령은 한국과학원(Korea Advanced Institute of Science: KAIS/KAIST의 모태)을 만들어서 입학생들에게 군 면제 혜택을 주었다. 과학 입국, 기술 입국을 외치던 시절이었다.

이민화는 망설이지 않고 지원해서 합격했다. 전기공학과 합격생은 채 20명이 안 됐는데, 서울대 공대가 대부분을 차지했고 그 외 출신은 4명에 그쳤다.

이민화는 KAIST에 입학한 뒤 비로소 서울대에서 미처 하지 못한 공부를 시작했다. 본인 스스로 "서울대에서 4년 동안 배운 공부는 과학원에 입학해서 한 달 동안 배운 것보다 훨씬 적었다"라고 했을 정도였다. 당시 서울대는 시설이 낙후된 편이었는데, KAIST는 미국에서 투자를 받았기 때문에 거의 미국 대학 수준의 좋은 환경이었다. 무엇보다 최첨단 시설과 최고의 교수진이 포진돼 있었다. 한마디로 공부하기에 최적의 조건이라고 할 수 있었다. 서울대 공대와 KAIST는 근본적으로 달랐다. 서울대 공대가 800명을 뽑았다면 KAIST는 140명만 뽑았다. 또 KAIST에서 배우는 학문이나 기술 그리고 장학금이 만만치 않았기 때문에 국가에 도움이 돼야 한다는 마음이 저절로 생길 정도였다고 한다. KAIST에서도 "너희는 사회와 산업을 일으켜야 한다"고 강조하곤 했다.

KAIST에서는 그만큼 공부를 치열하게 해야 살아남을 수 있었다. 입학 후 첫 학기는 코피가 터질 정도로 공부하는 분위기였다. 모두 밥 먹는 시간을 제외하고는 공부만 했다. 강도 높은 공부로 번아웃돼 병원에서 치료를 받는 학생이 있을 정도였다. 이민화는 『끝나지 않은 도전』에서 그 시절의 분위기를 이렇게 적었다.

『끝나지 않은 도전』 中

> 한 달이 지나자 어렴풋이나마 학문의 길이 보였다. "아! 나도 학문을 할 수 있구나!"라는 희열을 처음으로 느꼈다. 3개월 동안 불철주야로 정신없이 공부만 하다가 속세의 친구들을 만나러 내려왔다. 그런데 말이 제대로 나오지 않았다. 그사이에 인간의 언어를 잊어버릴 정도로 몰입한 것이었다.

이민화가 그렇게 치열하게 공부하기는 처음이었을 것이다. 그는 그런 스파르타식 환경 속에서 2년 동안 공부에 매달렸다.

하지만 그런 중에도 이민화의 인생에 큰 전기가 되는 일이 일어났다. 뒤에 부인이 되는 이사랑을 만난 것이었다. 이사랑은 이민화의 중앙고등학교 엘리트클럽, 서울대학교, KAIST 선배인 이재성의 동생이다. 이사랑과의 인연도 이재성과의 관계에서부터 시작됐다. 이민화는 이사랑을 만난 것이 KAIST 생활에서 가장 큰 성과였다고 '자랑'하기도 했다. 두 사람의 만남은 우연과 필연의 교직처럼 드라마틱한 데가 있었다. 이민화가 KAIST 2학년일 때였다. 이사랑은 처음 이민화를 만나던 때를 이렇게 기억한다.

"하루는 오빠 친구가 휴가를 나와서 집으로 찾아왔더라고요. 그런데 그때 오빠는 KAIST 기숙사에 있었거든요. 거기로 가보라고 하니까 저보고 같이 가자는 거예요. 함께 기숙사에 갔더니 거기에 오빠의 룸메이트였던 이민화가 있었어요. 그게 첫 만남이었지요. 오빠가 서로 인사하라길래 인사를 하고 난 뒤 저는 따로 할 일이 없어서 집으로 갔어요. 그런데 다음 날 갑자기 이민화가 전화를 걸어서 '왜 나한테 전화를 했어요? 묻는 거예요. 저는 전화를 한 적이 없는데…. 결국 능청을 떨어서 저하고 통화할 구실을 만든 것이었지요. 처음엔 '별 이상한 사람이 다 있구나' 하는 생각이 들더라고요. 그 뒤부터 오빠를 보러 온다면서 집에 자주 찾아왔어요. 그러다가 영화도 몇 번 보게 되고…."

오빠 이재성의 기억으로는 동생과 이민화가 처음 만났을 때부터 대화가 잘 통했다고 한다. 서울대 음대 출신인 이사랑은 뛰어난 재원이었고 그만큼 인기도 좋았다. 두 사람이 기숙사에서 처음 인사를 나눴을 때도 이사랑에게는 만나는 남자가 있었다. 평생 이민화와 함께한 '직진' 기질은 연애에서도 어김없이 나타났다. 이사랑의 회고가 이어진다.

"이민화를 만나기 전에 다른 사람과 사귀고 있는 상태였어요. 일찍 결혼하라는 아버지 뜻에 따라 결혼하기 직전이었는데 이민화를 알게 된 것이지요. 만나는 사람이 있다고 돌려서 거절했는데, 자기도 만나보고 6개월 뒤에 결정하라는 거예요. 굉장히 적극적이었어요."

말은 쉬워 보이지만, 이민화의 그런 행동은 아무나 할 수 있는 일은 아니었다. 어찌 보면 뻔뻔하기까지 한 연애 스타일이야말로 이민화의 성격과 행동 양식을 고스란히 보여주는 사례라고 할 수 있다. 이사랑의 기억 속에 있는 이민화의 첫인상은 곱게 생긴 미소년이었다. 피부도 좋고 깨끗해 보였다.

술과 담배에는 근처도 안 갈 것 같은 얼굴이었다고 한다. 하지만 실상은 그게 아니었다. 술도 잘 마시고, 담배도 하루 두 갑씩 피우는 것이 그의 실체였다. 또 책을 많이 읽어서 굉장히 박학다식했고, 필요한 지식을 그때그때 활용했다.

그의 데이트 스타일도 독특했다. 그야말로 '이민화다운' 데이트였다. 이사랑은 "그전에 만났던 사람들과는 완전히 달랐다"라고 전한다. 다른 남자들은 깔끔하게 갖춰 입고 주로 레스토랑 같은 곳에서 데이트를 했는데, 이민화는 실험실에서 방금 나온 것 같은 복장으로 등장했다. 데이트 첫날 포장마차로 데려가더니 곰장어와 닭발을 시켜서 굉장히 놀랐다고 한다. 이사랑은 그때나 지금이나 곰장어 같은 것은 못 먹는다. 그러다 보니 호감도는 거의 0점에 가까웠다. 하지만 여러 번 만나고 대화를 나누면서 호감지수가 조금씩 올라가기 시작했다. 무엇보다 똑똑하다는 느낌이 좋았다고 한다. 두 사람은 KAIST에서 멀지 않은 경희대 인근에서 자주 데이트를 했고, 홍릉·대학로·퇴계로로 영화를 보러 다녔다.

이민화와 이사랑은 1978년 4월 18일 결혼식을 올렸다. 만난 지 1년 반 만이었다고 한다. 이민화는 훗날 "이사랑에게 완전히 콩깍지가 씌어 있었다"라고 고백했다. 그 콩깍지는 아마 그가 눈을 감을 때까지도 벗겨지지 않았을 것 같다. 그만큼 아내를 사랑했다. 결혼까지 골인하게 된 데에는 선배 이재성의 지원이 큰 역할을 했다. 어쩌면 중앙고등학교 엘리트클럽의 힘이었을지도 모른다. 이재성은 여러 매제 후보 중에 '똑똑하고 괜찮은' 이민화를 끝까지 밀었다. 하지만 두 사람의 결혼은 이사랑에게 '고생 문'이 열린 것이기도 했다. 그녀는 결혼할 때까지만 해도 이민화가 박사학위를 받고 대학교수가 되는 길을 갈 것이라고 믿었다. 그런데 그 기대는 몇 년 뒤 이민화가 메디슨을 창업하면서 뿌리째 어긋나고 말았다.

다시 석사과정의 이민화로 돌아간다. 그의 KAIST 졸업은 동기들보다 한 학기 늦었다. 특별한 문제가 있었던 것은 아닌데 스스로 고집을 부렸다. 어느 날 박송배 지도교수를 찾아가 좀 더 공부하겠다고 결심을 밝혔다.

"교수님, 석사논문이 완벽하지 않아서 반년 더 공부해야겠습니다."

"괜찮은데 그래? 논문 자격이 충분히 있어."

하지만 지도교수도 이민화의 결심을 바꾸지는 못했다. 빨리 졸업하는 것보다 제대로 하는 것이 중요하다고 계속 고집을 피웠기 때문이다. 그렇게 졸업을 늦추고 한 학기 동안 밤을 꼬박 새우며 공부했다. 하나의 목표를 정하면 잠을 포기하고라도 달성하는 것이 '이민화 스타일'이다. 결국 예정보다 6개월 늦게 코스모스 졸업을 했다.

KAIST는 석사논문을 쓰고 바로 박사과정에 들어가지는 않는다. 박사과정을 밟기 전에 꼭 기업을 키우고 오라는 사명감을 심어서 산업계로 인재들을 내보냈다. 그래서 대개는 일반 회사에서 어느 정도 일한 후에 박사학위를 받았다. 초창기 이름있는 기술자들은 모두 KAIST에서 나왔다는 말이 거기서 나왔다. 이민화 역시 이 원칙에서 벗어날 수 없었다. 박송배 지도교수는 바로 박사과정에 진학하지 말고 현장 경험을 쌓고 오라고 권했다. KAIST의 혹독한 석사학위 과정을 마친 이민화는 1978년 대한전선 중앙연구소에서 첫 사회생활을 시작했다.

06

첫 사회생활 대한전선

● 이민화의 생애에서 대한전선 근무 경력은 특별한 의미를 갖는다. 그의 처음이자 마지막 직장생활이기 때문이다. 훗날 메디슨에서 물러난 뒤 기술거래소 이사장과 기업호민관 등을 지내지만 그 과정을 직장생활이라고 할 수는 없었다. 첫 직장이라는 점 말고도 또 하나의 의미가 있다. '도전하는 사람은 반드시 실패하게 돼 있다' '실패를 지원하지 않는 구조에서는 도전이 나오지 않는다'는 '실패 지원 경영'의 논리적 근거를 대한전선 근무 경험에서 얻었기 때문이다.

이민화가 입사할 당시 대한전선은 우리나라 가전산업의 3대 축 가운데 하나였다. 금성전자(현 LG전자)와 대한전선이 쌍두마차를 이루고 있었고 그 뒤를 삼성전자가 따라갔으니 얼마나 위상이 높았는지 짐작할 수 있다. 그러다 1983년 대한전선의 가전 부문을 대우가 인수하면서 대우전자로 바뀌었다.

1970년대 말, 우리나라 전자산업은 일본에서 설계 도면을 도입해 조립생산만 하던 단계에서 벗어나 자체 연구개발을 막 시작한 때였다. 대한전선도 연구개발을 전담하는 중앙연구소를 설립하는 등 통 큰 투자를 시작한 시점이었다. 하지만 당시 중앙연구소의 실상은 무엇을 개발해야 할지 몰라 우왕좌왕하는 수준이었다고 한다. 이민화가 소속된 부서는 정보처리연구실로 마이크로프로세서를 활용한 정보기기 개발을 담당했다. KAIST에서 익힌 마이크로프로세서 기술로 이민화가 개발을 주도하게 된 것이 당시 한국의 현실이었다.

대한전선 중앙연구소는 첨단제품 개발을 맡았다. 당시 국내의 첨단제품은 반도체와 팩스 그리고 컴퓨터 단말기 등이었고, 우리나라 제1 수출품이기도 했다. 특히 컴퓨터 단말기는 이민화가 개발부터 수출까지 담당했다. 단순 연구개발에서 벗어나 바이어의 제품을 직접 연구하고 영업과 영어 프레젠테이션까지 진행하는 일인다역이었다. 그렇게 경험한 업무가 개발 및 마케팅 영업에 눈을 뜨는 계기를 만들어 줬다. 이민화에게는 한국 최초의 한글 단말기를 만든다는 자부심이 있었다. 한국의 정보산업이 발전하기 위해서는 한글을 입력하고 출력하는 단말기와 프린터 개발이 필수라는 사명감도 갖고 있었다. 이민화의 오랜 동지 이장우(경북대 교수)는 그때의 상황을 이렇게 설명한다.

"이민화라는 사람이 아니면 할 수 없는 일이었습니다. 혼자서 개발·영업·수출을 다 했고, 나중에는 신제품 사업계획까지 직접 했으니 지금도 대단하다는 생각이 듭니다."

1978년 어느 날 이민화 팀이 개발한 최초의 한글 프린터가 드디어 한글을 인쇄하기 시작했다. 경쟁사를 압도한 이 결과는 중앙연구소의 대표적인 성공사례가 됐다. 이민화는 오스트리아 빈에서 열린 유엔 포럼에서 한글의 원리와 개발 결과를 영어로 설명하기도 했다.

중앙연구소는 한글 프린터에 이어 당시는 모두 불가능하다고 여겼던 대형 컴퓨터용 스마트 단말기 연구에 착수했다. 이민화는 팀원들을 독려해 연구를 완료한 뒤 개발부에 이관했다. 하지만 얼마 후 개발부에서 돌아온 회신은 '도저히 생산으로 이관이 불가능해 개발을 포기한다'는 문서였다. 실망스러웠지만 어쩔 수 없었다. 대안은 오직 하나, 이민화 자신이 양산 개발까지 완료하는 것이었다. 직접 개발에 착수해서 생산 부서로 이관했다. 하지만 이번에는 생산 부서에서 비관적 회신이 왔다. '도저히 양산이 불가하다'는 것이었다. 거기까지 갔는데 멈출 수는 없었다. 이민화는 자원해서 생산부로 근무지를 옮겼다. 하지만 생산 부서 사람들과 함께 일하면서 살펴본 결과는 그들이 보낸 회신이 맞는다는 것이었다. 이민화 팀이 개발한 것은 양산의 개념이 없는 제품이었던 것이다.

이민화는 그 당시 자신의 위상을 "중앙연구소의 자랑이 아니라 문제아로 전락하고 있었다"라고 평가했다. 그렇다고 거기서 포기할 이민화는 아니었다. 몸으로 때우고 문제를 해결해서 드디어 생산을 완료하고 미국 수출 영업 계약을 기다리는 단계까지 진행했다. 하지만 수출까지는 또 하나의 고비가 남아 있었다. 이번엔 미국에서 회신이 왔다. '도저히 제값에 팔 수 없는 제품'이라는 것이었다. 이민화의 다음 선택은 미국으로 직접 건너가서 현장 영업에 돌입하는 것이었다. 연구하고 개발한 사람이 제품을 들고 해외에 가서 파는 일까지 맡는다는 것은 요즘 같으면 상상하기도 어려운 일이었다. 결과는 놀랍게도 제값을 받고 팔 수 있었다. 대형 컴퓨터용 스마트 단말기는 이익률 30%의 고수익을 올리는 한국 최고가의 수출용 전자제품이 됐다. 자신이 개발한 제품에 대한 열정과 자부심이 이룩한 성과였다. 또 영업 현장에서 확인한 고객의 니즈(Needs)와 연구개발 역량을 결합한 경험의 소산이었다. 당시 상황을 이장우는 이렇게 전한다.

"이민화는 신제품을 개발해서 기존에 있는 기술적 문제를 해결하면서 물건 파는 것을 동시에 진행했습니다. 보통은 부서마다 맡는 파트가 다르고 담당자도 달라 여기서 성공 여부가 갈리는데, 이민화는 그 모든 걸 혼자 해낸 것입니다."

이민화는 이러한 실전 경험을 바탕으로 새로운 정보처리 사업을 기획하고 추진하는 실질적인 책임을 맡게 됐다. 개인용 컴퓨터, 미니컴퓨터, 네트워크 장비, 각종 단말기 등 개인용 컴퓨터 시대의 거의 모든 사업을 수행할 기회를 갖게 된 것이다. 그런 업무를 처리하는 과정을 통해 많은 것을 배울 수 있었다.

맡은 일을 성공적으로 해냈다고 대한전선이 이민화의 평생직장이 될 수는 없었다. KAIST 박사과정으로 돌아가야 했기 때문이다. 그러려면 자신이 벌여 놓은 사업을 맡아 줄 인재들이 필요했다. KAIST에서 직접 스카우트해 온 네 명의 후배들을 그 자리에 앉혔다. 그들이 아니더라도 이민화는 대한전선에서 일하는 동안 분야마다 많은 인재를 양성했다. 이런저런 경험은 이후 사업을 하면서 기업가정신을 불어넣는 데 좋은 밑거름이 됐다. 훗날 그는 "사람은 자기의 비전과 기회가 주어지면 힘들다고 포기하지는 않는다는 인간 정신도 배우게 됐다"라고 그 시절을 돌아봤다.

물론 늘 좋은 것만은 아니었다. 통금을 간신히 맞춰 퇴근한 직원들에게 아침에 몇 분 늦었다고 시말서를 받는 관리제도, 인간관계만 있을 뿐 아무 성과도 없는 사람이 열심히 일하는 사람보다 먼저 승진하는 인사제도, 열 가지에 도전해 한 가지 실패를 했다고 '실패자'로 매도하는 조직구조 등이 이민화를 맥 빠지게 했다. 하지만 그런 조직 속에 있었기 때문에 얻는 깨달음도 있었다. 생산적 괴짜보다 사랑스러운 바보가 인정을 받는 것이 일반적인 조직의 풍토라는 것을 알게 됐고, 그런 경험은 훗날 메디슨을 경영하는 데 반면교사로 삼을 수 있었다. 이민화는 그때의 생각과 깨달음을 『끝나지 않은 도전』에 이렇게 적었다.

『끝나지 않은 도전』 中

도전하는 사람은 실패할 수도 있는데, 실패를 지원하지 않는 구조에서 도전이 나올 수 있는가. 신뢰를 깨뜨리는 불공정 행위가 얼마나 조직에 손실을 가져오는가. 묻고 답하는 과정에서 메디슨 정신의 기초인 도전 철학이 탄생하게 됐다. 실패는 나쁜 것이 아니라 성공으로 가는 학습 과정이다. 실패에 대한 지원이 혁신의 근간이다. 대한전선에서의 경험은 공유된 문화가 핵심역량이라는 인식하에 메디슨 문화를 만드는 기초가 됐다.

이민화는 대한전선에서 일하면서 배운 소중한 경험을 안고 다시 KAIST로 돌아갔다. 결과적으로 대한전선은 그에게 엔지니어에서 사업가로 도약할 수 있었던 인큐베이팅 역할을 해줬다고 할 수 있다.

07

기록은 나의 힘

• 앞서 걸어간 사람들의 발자취는 그 자체가 교과서다. 흔들리지 않고 반듯하게 걸어간 사람들은 말할 것도 없지만 비틀거리며 걸어간 사람들의 족적(足跡)에서도 반면교사라는 교훈을 얻을 수 있다. 하물며 이민화처럼 큰 자취를 남기고 간 사람에게서는 걸음걸음에서 배울 것이 많다. 한 사람이 세상에 남기는 성과의 징후는 대개 일찌감치 나타난다. 소년과 청년 이민화에게는 어떤 특징이 있었을까? 그 특징들은 훗날 어떤 결과로 나타났을까?

어릴 적 이야기에서도 나오지만, 이민화는 타고났다고 할 만큼 다독가였고 메모광이었다. 그는 평생 수많은 책을 섭렵했고, 그 책들 속에서 스펀지가 물을 빨아들이듯 지식을 흡수했다. 어려서부터 읽은 책들은 두고두고 삶을 견인하는 자산이 됐을 것이다. 읽는 것뿐 아니라 쓰는 것 역시 게을리한 적이 없다. 부인 이사랑은 이민화가 젊어서부터 일기와 독후감을 꾸준히 썼고, 여행을 다녀오면 꼭 느낀 점을 적어두었다고 전한다. 그런 습관은 말년까지 이어졌다.

순간순간 메모하는 습관도 평생 놓지 않았다. 책을 읽다가, 혹은 길을 가다가도 뭔가 떠오르면 곧바로 적어 놓았다. 그런 습관 역시 또 하나의 큰 자산이었다. 기록에서 그치는 것이 아니라 그것을 정제된 글로 표현하는 문학적 소양도 남달랐다. 앞에서 밝힌 것처럼 고등학교 때 친구와 함께 시집을 낸 것도 그의 문학에 대한 관심을 뒷받침한다. 이민화의 문학 사랑은 계속 이어져 2000년 시(詩) 전문 사이트 '포엠토피아(Poemtopia.co.kr)'를 만들고 후원하는 것으로 나타나기도 했다. 포엠토피아는 시인과 기업 경영인들이 손잡고 개설한 시 전문 포털 사이트였다. 사이버 공간에 시의 유토피아를 짓겠다는 목적으로 만들었다. 웹사이트에 시를 올리면 회원들의 평가도 듣고 강의도 하고 시인 신인상도 선정하는 식이었다. 문예 계간지 《시와 시학》 주간인 김재홍 경희대 국문과 교수, 이민화 메디슨 회장, 홍윤선 네띠앙 대표가 함께했다.

기록을 남기는 습관은 메모하는 데서 그치지 않았다. 나중에는 영상물을 직접 만드는 데까지 발전했다. 영상물 역시 그에게는 메모이자 기록이었다. 이민화를 곁에서 보좌했던 신수진 비서는 그의 그런 습관을 이렇게 전한다.

"회장님이 자주 하시던 습관은 메모, 기록입니다. 새로운 의견이나 아이디어가 생각나면 스마트폰에 모두 메모하셨고, 새로운 프로그램이나 앱이 나오면 하나같이 사용해보셨습니다. 직원들이 해외 출장이나 해외로 휴가를 간다고 하면 도움이 되는 앱을 추천해 주시곤 했습니다. 직원들과 해외 워크숍에 갔을 때도 돌아오는 비행기에서 영상을 직접 만들어서 공유하셨지요."

그의 독서와 기록 습관은 훗날 방대한 논문과 저서를 남기는 결과로 이어졌다. 그가 쓴 글들은 보통 사람들이라면 상상도 하기 어려울 만큼 많다. 그가 낸 저서의 숫자를 헤아리는 것조차 쉽지 않을 정도다. 제목만 봐도 엄청나게 많은 주제를 체계적으로 정리해 냈다는 것을 알 수 있다. 그전에는 말할 것도 없고 2010년부터 2019년 타계할 때까지 10년 동안 단독이든 공저든 이민화의 이름이 들어간 책의 제목만 열거하기에도 숨이 가쁠 정도다.

『스마트 코리아로 가는 길 : 유라시안 네트워크』(2010), 『호모 모빌리언스』(2012), 『끝나지 않은 도전』(2012), 『지금, 당신의 스타트업을 시작하라!』(2012), 『창조경제』(2013), 『Creative Economy @ Korea』(2014), 『벤처에세이』(2014), 『창조경제 어디로 가는가』(2015), 『메디슨 마피아 이야기』(2016), 『기업가정신 2.0』(2016), 『4차 산업혁명으로 가는 길』(2016), 『하드웨어 스타트업』(2017), 『대한민국의 4차 산업혁명』(2017), 『공유 플랫폼 경제로 가는 길』(2018), 『포용적 성장의 길』(2018), 『자기조직화하는 스마트시티 4.0』(2018), 『디지털 트랜스폼에서 스마트 트랜스폼으로』(2019), 『대한민국을 위하여』(2019)….

어지간한 사람은 평생 읽고 가기도 어려울 만큼 방대한 분량의 저서다. 위 책들의 내용을 살펴보면 새로운 기술과 기업경영에서 그치지 않는다. 미래세대의 교육과 국가전략, 사회구조 혁신에 대한 통찰을 망라한다. 또 미래사회의 설계는 물론 미래형 인간에 대한 철학적 성찰까지 아우르고 있다. 그는 누구보다도 바쁜 삶을 살았다. 그러니 이런 저작물이야말로 '틈틈이' 기록한 결과물이다. 그 뿌리가 어려서부터 들인 독서와 메모 습관에서 나왔다는 것은 두말할 나위도 없다.

이민화는 이러한 저서들 외에도 의료 및 모바일 분야 특허 200여 건과 다수의 논문을 남겼다. 역시 평소에 쉬지 않고 기록하는 습관이 큰 역할을 한 것이다. 그에게는 기록도 끊임없는 도전 가운데 하나였을 것이다. 그가 남긴 자료와 저서들은 곧 이 시대의 역량이고 미래 세대에게 넘겨주는 유산이다. 기록이야말로 이민화의 진정한 힘이었다.

08

워커홀릭, 도전홀릭

● ‘선천적으로 타고난 남보다 훨씬 뛰어난 재주. 또는 그런 재능을 가진 사람.’ 천재(天才)의 사전적 의미다. 하늘이 내린 재능을 가진 사람을 우리는 흔히 천재라고 부른다. 이민화는 그런 의미에서의 천재였을까? 아니면 남들보다 더 열심히 공부하고 일한 노력파였을까? 장충초등학교 6학년 때 전국학력경시대회에서 우승한 것이나, 중학교 1학년 때 중졸 자격 검정고시를 봐서 수석으로 합격한 것이나, 대학입학시험 한 달을 남기고 문과에서 이과로 전과해서 서울대 전자공학과에 거뜬히 합격한 일련의 ‘사건’들을 보면 천재라는 의미와 맞아떨어진다. 단순히 공부를 열심히 하는 것만으로는 이룰 수 있는 성과들이 아니기 때문이다. 그렇다면 이민화는 천재가 맞다.

이민화를 가까이서 지켜본 이들에게 ‘이민화가 천재였는지’ 물어봤더니 사람마다 의견이 달랐다. 즉 천재였다는 사람도 많았지만, 노력파였을 뿐 천재와는 거리가 멀었다고 기억하는 사람도 있었다. 그들의 판단을 옮긴다.

● 백만기 김앤장 법률사무소 변리사

입시 한 달 전에 문과에서 이과로 전과해서 혼자서 수학2를 독학하지 않았나. 그것만 봐도 천재성이 번뜩였다고 생각한다. 자기 소신이 분명했고 모든 것을 독학해 학문을 섭렵하는 사람이었다. 나도 들은 이야기인데, 이민화가 수학을 얼마나 잘했느냐 하면, 선생님이 문제를 내면 정석과 전혀 다른 방식으로 답을 도출했다고 하더라. 사고의 흐름이 그만큼 독창적이었다는 뜻일 것이다.

● 은세윤 의사

보통 말하는 천재가 아닌 아주 특별한 개념의 천재였다. 세상을 꿰뚫어 보고 앞일을 예측하고 대응하는 데 있어서 아주 뛰어난 천재였다고 생각한다.

● 주강진 창조경제연구회 이사

천재라는 말에 전적으로 동의한다. 나보다 어른이지만 감히 총명하다고 말하고 싶다. 전에 중기부와 프로젝트를 함께했는데 내가 보고서를 마무리 지을 때까지 중기부의 관련 담당자가 내용을 이해하지 못했다. 2~3시간에 걸쳐 몇 번을 직접 설명해도 이해하지 못했던 것이다. 반면에 이사장님은 내가 하는 설명을 딱 15분 들은 후 바로 이해하고 핵심을 짚으셨다. 심지어 앞으로 정책이 어떻게 나아가야 할지를 간단하게 표로 만들어서 보여주셨다. 그때 굉장히 놀랐다. 제도뿐 아니라 기술에 대해서도 총명함을 가지고 계신 분이라 생각했다.

● 최승욱 아이알엠 대표

나는 천재라고 표현한다. 미래에서 온 것 같았고, 무언가를 엮어내는 능력이 뛰어났다. 기가 막힌 통찰력을 갖고 있다고 생각했다. '대체 머릿속에 뭐가 들은 거지?' '어떻게 저런 생각을 하지?' 이런 생각을 많이 했다.

● 박지웅 서울대학교 국제보건연구센터 연구원

회장님은 천재가 확실하다. 사고의 흐름이 정말 빠른데 그냥 지나가는 것이 아니고 생각을 재조합한다. 차를 타고 이동하면서 자신의 생각을 매일 녹음하고, 아르바이트를 통해 타이핑을 시킨 것은 얼마 후 책이 된다. 그렇게 책 찍어내는 기계처럼 책이 나왔다. 그리고 대화 중에도 떠오르는 아이디어를 적거나 녹음하는 메모광의 모습도 있었다.

● **김현기 한국전자정보통신산업진흥회 전 병원수출사업단장**

다중인격체라고 생각한다. 천재, 성격이 시원한 사람이자 저돌적이면서 낭만적인 사람. 그 외에도 다양한 인격체를 가졌다. 이것도 천재의 특성이라 할 수 있다. 천재들의 특징은 말이 간결한 것이다. 상황에서 느껴지는 주제를 빠른 속도로 잡아내는 능력이 있다. 그리고 상대방에 대한 배려가 있어서 자신의 언어로 대화하는 것이 아니라 상대의 언어로 얘기한다는 것도 특징이다. 이민화 회장님과 업무회의를 하면 5~10분이면 끝난다. 이런 부분을 불편해하는 사람도 있었다.

● **이재성 전 현대중공업 회장**

나는 이민화가 천재라고는 생각하지 않는다. 천재라는 것은 손흥민이나 박태환처럼 한 분야에서 일가견을 이룬 사람이 아닐까? 이민화는 한 분야에 뛰어난 사람이라기보다, 여러 분야를 융합하고 모으는 데 특기가 있는 사람이라고 할 수 있다.

● **임형규 전 삼성전자 사장**

천재라기보다는 비범한 사람이었다. 의지나 추진력이 강해 뭔가를 해낼 수 있는 실행력이 있었다. 하고 싶은 일을 생각만 하는 것이 아니라 실제로 추진해 나가는 에너지가 느껴졌다.

이상의 대답을 종합해 보면 천재라는 주장도 많지만 그렇지 않다는 의견도 있다. 그러니 '이민화=천재'라는 규정만으로는 그를 설명하기 어려울 것 같다. 단순히 공부 잘하는 사람을 천재라고 한다면 이민화는 천재가 아니었을 수도 있다. 결국 '이민화'를 만들어 낸 뒤에는 천재를 뛰어넘는 그 무엇이 있을 것이라는 궁금증이 일었다. 그가 한 일들을 살펴보면 단순히 천재이기 때문에 이뤘다고 할 수 없는 것들도 많기 때문이다. 그렇다면 이민화에게는 어떤 특별한 것이 있었을까?

시인 서정주는 "나를 키운 것은 8할이 바람이었다"는 말을 남겼다. 그렇다면 이민화를 키운 것은 무엇이었을까? 답은 간단하다. 언뜻 생각해 봐도 8할은 노력과 도전이었을 것이다. 노력과 도전의 기질은 청소년기부터 뚜렷하게 나타났다. 이민화가 가장 좋아한 것도 공부였고, 가장 재미있어 한 것도 공부였고, 가장 많이 한 것도 공부였다. 그 사실을 뒷받침할 만한 증언들은 많다.

● 이경희 이민화 사촌동생

오빠는 잠을 잘 안 잤다. 남들보다 잠도 덜 자고 시간 투자를 굉장히 많이 하는 사람이었다. 집중력이 대단했다.

● 은세윤 의사

민화는 공부를 열심히 했다. 공부를 함께 할 때, 나는 오후 10시쯤 되면 졸려서 잤는데 민화는 새벽 1시까지 공부했다. 민화는 생각 또한 특출났다. 나만 공부를 잘해야 한다는 생각보다 다 같이 잘해야 한다는 생각을 갖고 있었던 것 같다. 나는 중학교 2학년 때까지는 공부에 별로 관심이 없었는데 민화가 그런 나를 학원으로 데려가서 공부를 시켰다. 내가 학원을 땡땡이치면 우리 집에 와서 엄마에게 이르기까지 했다. 특히 나더러 밤에 자지 말고 공부하라며 당시에 구하기 힘들었던 Lipton 홍차를 2년 정도 가져다주었다. 서로의 집에서 난로로 물을 끓여 홍차를 마셨던 기억이 난다.

● 이재성 전 현대중공업 회장

내가 대학 4학년이었고 이민화가 2학년이었을 무렵, 하루는 후배들과 식사를 하고 어울려 다니다가 통금 가까운 시각이 됐다. 집에 갈지 여관에 갈지 고민하다가 내가 우리 집에 가서 자자고 제안하고 후배들을 모두 데리고 갔다. 다른 후배들은 자주 갔지만 이민화는 처음 우리 집에 간 날이었을 것이다. 평소에도 말수가 별로 없었던 이민화는 그날도 말없이 따라왔다. 집에 들어간 뒤 다른 후배들은 자기 바쁜데, 이민화는 갑자기 가방에서 책을 꺼내서 보기 시작했다. 얼굴은 정말 피곤해 보였는데, 그는 어떤 신념이 있는 모양이었다. '저렇게까지 할 필요가 있나?' 의문이 들 정도였다.

이런 말들을 종합해 볼 때 분명해지는 것은 그의 남다른 노력이 선천적인 재능을 더욱 빛나게 했다는 점이다.

워커홀릭이라는 말이 있다. 말 그대로 일중독자나 업무중독자를 일컫는다. 다른 모든 것보다 일이 우선이어서 오로지 일에만 몰두하며 사는 사람을 말한다.

이민화야말로 대표적 워커홀릭, 조어(造語)로 표현하면 스터디홀릭이었다. 친구가 잠잘 때 공부하고 피곤한 상태에서도 책을 꺼내서 보는 모습은 천재라기보다 노력하는 수재에 더 가깝기 때문이다. 남들보다 좀 더 많이 공부하고 좀 더 많이 연구하는 습관은 고스란히 청년기와 장년기로 이어지면서 평생 놓지 않은 습성이 됐다. 이장우는 그런 그를 이렇게 기억한다.

"이민화가 어떻게 공부하는지는 모르겠지만 세계 최신이론이나 동양의 역사 지식을 누구보다 빠르게 섭렵하고 정리했습니다. 그 분야의 공부만 하는 교수들도 어떤 부분에서 이민화의 속도를 따라가지 못했습니다. 개인적인 생각으로는 너무 많은 지식을 한 번에 흡수하다 보니 깊이는 부족하지 않았나 싶습니다."

무엇이 이민화를 그렇게 치열하게 만들었을까? 단순히 좋아서 공부하고 연구하고 성취를 이룬 것은 아닐 듯싶다. 그는 태생적 도전자였다. 늘 새로운 것에 호기심을 갖고 그것을 성취하기 위해 과감히 뛰어들었다. 도전에도 중독자라는 말을 붙일 수 있다면 이민화야말로 '도전중독자' '도전홀릭'이었다.

그의 그런 도전정신은 어려서부터 나타난 것으로 보인다. 뭐든지 궁금한 것을 참지 못하고, 스스로 연구해서 해결하고, 끊임없이 새로운 영역을 찾아 나선 징후는 곳곳에서 발견된다.

● 이장우 경북대학교 교수

워커홀릭이 바로 내가 이민화처럼 살 수 없는 지점이다. 본인이 명예로움을 중요하게 여겼기 때문에 일도 열심히 하지 않았나 생각한다. 계속 자신을 불태워서 세상에 자신의 생각을 알리고자 했던 것을 삶에 대한 초월이라 표현하고 싶다. 이민화 본인의 명예를 위해 현재의 건강도 포기할 수 있는 강력한 의지가 있지 않았나 생각한다.

● 이정민 벤처기업협회 사무국장

내가 세상에서 본 사람 중 제일 공부를 많이 하는 사람이자 워커홀릭이었다. 이민화 회장은 당시 메디슨과 벤처협회를 동시에 이끌고 있었는데 보통 메디슨에서 6시까지 근무하고 그 이후에는 벤처에 대해 고민했다. 이민화 회장이 오후 10시 정도에 벤처 쪽으로 메일을 보내면 나는 확인하고 퇴근하곤 했다. 다음 날 새벽 1시쯤 내가 다시 메일을 보내면, 3~4시쯤 이 회장의 코멘트가 달리고, 아침에 조찬포럼 스케줄까지 소화하는 것을 보며 대체 이분은 언제 자는지 궁금할 정도였다. 일에 대한 코멘트도 단순한 것이 아니라 모두 읽어본 후 나온, 정곡을 찌르는 내용이었다.

● **이사랑 이민화 부인**

메디슨 이후 당뇨폰을 생산하는 헬스피아를 만들었다. 그 당시 나라에서는 핸드폰에 의료기기를 탑재하는 것을 승인해 주지 않았다. 하지만 지금 시대에는 당연한 것이 됐다. 지금 생각해 보면 그 기계를 2004년에 생각한 것이 아쉽기도 하다. 남편은 카드를 지갑 안에 넣고 다닐 필요 없이 핸드폰에 기능이 탑재될 시대가 올 거라고 2000년 초부터 말해 왔었다.

남들보다 앞서 걸어가면서 끊임없이 도전과 모험을 하는 사람은 앞서가는 만큼 비바람을 먼저 맞을 수밖에 없다. 하지만 도전은 이민화에겐 선택이 아니라 숙명이었다. 하늘이 그에게 천재성을 주었다면, 거기에 더해진 공부와 일과 도전이야말로 스스로 일군 재능이었다.

가자,

길이

보이지

않아도

신화(神話)의 시작이

늘 거창한 것은 아니다.

메디슨의 출발도

'거창'이라는 단어와는

거리가 있었다.

농담처럼 창업한 작은 기업 하나가

상상을 초월할 정도로

커진 것이었다.

그 중심에 도전정신으로 무장한

이민화가 있었다.

II

메디슨,
그
빛과
그림자

01

초음파 진단기와 만나다

● 대한전선에서 KAIST로 돌아온 이민화를 만나기에 앞서 궁금증 하나를 풀어야 할 것 같다. 이민화는 왜 해외 유학을 가지 않았을까? 그 당시 KAIST 졸업생들은 외국으로 박사과정을 밟으러 가는 것을 당연하게 여겼다. 하지만 이민화는 그 대열에 합류할 마음이 전혀 없었던 것으로 보인다. 그의 자서전에도 해외 유학에 대한 고민의 흔적이 한 줄도 없다. 이민화의 선배이자 처남인 이재성은 그 이유를 대세 추종형이나 대세에 순응하는 사람이 아니었기 때문이라고 설명한다.

"그때(석사과정을 마치고 대한전선에 다닐 때) 제가 매제인 이민화를 찾아가 유학을 가는 것이 어떻겠냐고 설득했습니다. '네 동기들도 다 가는 데다 국내 사정도 어수선하니 같이 미국에 가자'고 했지요. 하지만 이민화는 단칼에 거절했습니다. 그때 대답이 '저는 유학을 안 가겠습니다'도 아니고 '유학은 필요 없어요'였습니다. 일반인과 생각의 발아 자체가 다른 사람이었던 것이지요."

이민화가 유학을 가지 않은 것은 환경이나 여건 때문이 아니라 자신의 의지에 의한 결정임이 틀림없다. 본인 스스로 선택의 배경을 밝힌 적은 없지만, 공부하는 여건이 아니라 자신이 어떻게 노력하느냐가 더 중요하다고 판단했을 것이다.

대한전선에서 퇴직한 이민화는 1982년 다시 KAIST로 돌아와 박송배 교수의 지도로 박사과정을 시작했다. 대한전선에서 4년 동안 한글 프린터 등 각종 단말기와 미니컴퓨터, 개인용 컴퓨터, 컴퓨터 운영체계를 개발하며 다양한 경험을 쌓고 온 이민화는 나름대로 대한민국 최고의 IT 실전 개발 경험자라는 자부심을 갖고 있었다. 그런 실무 경험을 바탕으로 IT 분야의 내공을 심화시켜서 세계적인 학자가 돼 보겠다는 야망도 품고 있었다.

그렇게 목표가 분명하다 보니 박사과정을 시작할 때까지만 해도, 훗날 메디슨을 설립하게 되는 초음파진단기 연구는 염두에 없었다. 박송배 지도교수 역시 자신이 수행하고 있는 의료용 초음파 연구를 강요하지 않고 이민화에게 자유로운 연구를 허용했다. 이민화의 KAIST 후배이자 훗날 메디슨 기조실장을 지낸 김영모(건양대 교수)는 그 당시 환경을 이렇게 전한다.

"저는 이민화 선배와 같은 KAIST 랩실 출신으로 박송배 교수님 연구실에 함께 소속돼 있었습니다. 1982년에 저는 KAIST 석사 1년 차 과정이었고, 이민화 선배는 박사과정 중이었습니다. 그때 연구실 파트는 두 개로 나누어져 있었는데 이민화 선배는 캐드(CAD : 컴퓨터를 이용한 도면 작성) 파트였고 저는 의료기기 시스템 파트였습니다. 이민화 선배는 캐드를 하기 위해 연구실에 들어왔습니다."

즉 이민화는 박사과정을 시작할 때까지만 해도 의료기기 개발과 무관했다는 뜻이다. 김영모는 그 당시의 이민화를 '헬프맨'이었다고 기억한다. 모르는 것이 없어서 무엇이든 해결해 주는 사람이라고 해서 헬프맨이라고 불렀다는 것이다. 이민화는 자신의 연구를 하면서도 후배들이 잘 모르는 것을 많이 도와줬다. 김영모의 이민화에 대한 또 다른 기억은 '말로는 그를 이길 수 없었다'는 것이다.

"머리가 좋았기 때문에 이해해서 암기하는 것을 엄청나게 잘했어요. '이과쟁이'들은 깊게만 생각하는데 문·이과를 모두 섭렵했던 이민화 선배는 폭넓게 생각하고, 접근하는 방식이 우리와 달랐습니다. 말로는 이민화를 이길 수가 없었어요. 대부분은 자기 분야에서 정해진 것만 아는데 선배는 밖의 이야기들도 가지고 와서 설득하니 이길 방법이 없는 거지요."

이민화가 초음파진단기 연구에 참여하게 된 계기는 자의가 아니었다. 박송배 지도교수는 '산업과의 연계'가 학생 지도의 철학이었다고 한다. 한국이 세계적인 경쟁력을 가지려면 KAIST가 산학협력을 주도해야 한다는 신앙에 가까운 신념을 갖고 있었다. 결국 그 신념은 이민화를 끝까지 '자유롭게' 놓아두지 않았다. 어느 날 박 교수가 이민화를 호출했다.

"자네는 초음파 연구는 하지 않아도 되네. 다만 시스템 설계의 귀재이니 핵심 부분 설계만 해주게. 그러면 다른 학생들에게 실제 실험을 하도록 하겠네."

이민화는 컴퓨터 분야 연구를 자유롭게 하도록 해 준다면 그 정도 지원하는 것은 괜찮다고 생각해서 그러겠다고 대답했다.

"경쟁업체 제품을 분석하고 그보다 훨씬 뛰어난 설계를 해드리겠습니다."

대한전선 근무 경험을 바탕으로 '대한민국 최고의 IT 실전 개발 경험자'라는 자부심이 큰소리를 치게 했을 것이다. 실질적으로 다음날부터 분석과 설계에 착수해서 두 달 만에 회로와 시스템을 박 교수에게 전달했다. 그때까지만 해도 할 일을 했으니 이제부터 본격적으로 학문을 쌓으면 다가올 IT 시대의 선도자가 될 것으로 믿었다.

그렇게 생각할 만도 한 것이 1982년 후반에 박 교수가 국제 프로젝트로 초음파진단기 개발을 따왔을 때만 해도 이민화의 선배인 김진하가 주도적으로 진행했다고 한다. 초음파진단기 개발팀은 아날로그·디지털·소프트웨어 파트로 나눠져 있었다. 김진하는 아날로그의 거장으로 이론에 밝아서 훗날 지멘스 부사장을 지냈다. 하지만 운명은 이미 이민화에게도 손길을 내밀고 있었다. 드디어 박 교수가 이민화를 끌어들였다. 아날로그 파트는 김진하에게 맡기고, 이민화에게 디지털 파트를 맡긴 것이었다.

이민화는 훗날 자신이 디지털 파트를 맡게 된 과정을 "박 교수의 신공에 빠져들었다"라고 토로했다. 회로와 시스템을 전달하고 본격적인 학문에 빠져드는 꿈을 꾸고 있던 어느 날 박 교수가 다시 이민화를 호출했다.

"자네가 설계한 대로 학생들에게 구현을 시켜 보았는데, 작동이 안 된다는 보고가 왔네. 어쩔 텐가?"

이민화로서는 직접 구현하는 수밖에 없었다. 그렇게 얼떨결에 초음파진단기 연구팀에 합류했다. 선임 박사과정이던 김진하와 프로젝트를 양분해 추진하는 책임을 지게 된 것이었다. 하지만 그때까지만 해도 학문에 대한 꿈을 놓은 것은 아니었다. 처음 박 교수가 이민화에게 디지털 파트를 맡아 달라고 했을 때만 해도 1~2년 정도 도와주면 그 뒤에는 캐드를 마저 할 수 있도록 해주겠다고 했기 때문이다. 하지만 세상일이 꿈이나 약속대로만 될까? 이미 '수렁' 속에 한쪽 발을 디딘 뒤였다.

여러 사람의 노력 끝에 1985년 완성된 초음파진단기 시스템은 경쟁사에 비해 탁월한 성능을 보였다. PC의 10배 이상 규모로서, 당시 한국에서 개발된 최대의 전자장비라고 자부할 만했다. 경쟁사 제품과 비교했을 때 시스템의 크기를 무려 4분의 1로 축소한 획기적인 신개념 제품이었다. 애초에 이민화가 설계한 시스템은 작동하지 않는 것이 아니라 구현시키는 데 조금 시간이 걸렸을 뿐이었다. 이 회로는 메디슨 창업 이후 경쟁력의 한 축이 됐다.

KAIST는 산학협동 프로젝트만으로 박사학위를 주지는 않는다. 세계적인 SCI(Science Citation Index : 과학기술논문 인용색인)급 저널에 논문을 두 편 이상 게재해야 했다. 이민화는 초음파진단기 프로젝트에서 얻은 아이디어로 논문을 쓰기 시작했다. 그렇게 쓴 논문이 진짜 논문이고, 이러한 과정에서 나오는 특허가 바로 기업의 경쟁력을 좌우하는 원천특허라는 것이 박 교수의 철학이었다.

의료용 초음파기술은 신호처리 분야, 영상처리 분야로 크게 나뉜다. 이민화는 무엇을 주제로 논문을 쓸까 고심하다가 어느 날 시스템 설계인 영상처리 분야에서 획기적인 아이디어가 떠올랐다. 부채꼴 모양 초음파신호를 모니터에 왜곡 없이 표시하는 기술이었다. 이 새로운 개념은 당시 기술의 한계를 뛰어넘는 것이었다. 기술적 아이디어를 추가해 1년 후 실제로 구현해 비교한 결과는 10만 달러가 넘는 최고가의 미국 장비보다 간결한 구조로 월등한 성능을 보였다.

이 새로운 개념은 이 분야 최고 저널인 국제전기전자공학회(IEEE)가 발행하는 의료영상분야 국제학술지(IEEE transactions on medical imaging)에 게재돼 'Excellent' 평을 받았다. 또 변환 클럭이라는 회로기술은 Instruments & Instrumentation 분야 국제전기전자공학회의 학술지인 IEEE TIE에 실려서 박사학위에 필요한 요건을 충족하게 되었다. ULA라 명명한 이 기술은 훗날 메디슨 경쟁력의 핵심이 된다. 이민화는 이어 초음파신호 처리에도 도전하기로 했다. 인체에서 반사되는 많은 수의 초음파를 집속(集束)하는 기술은 꿈에서나 가능한 경지였다. 그는 이러한 꿈의 기술을 어느 날 현실에 떠올렸다. 기존의 신호처리 순서를 바꾸면 가능하다는 착안이었다. 더구나 이 기술의 구현은 기존의 복잡한 아날로그 기술이 아니라 단순한 디지털 기술로 가능하다는 장점이 있었다.

이민화의 박사논문이 어느 정도의 가치를 지니고 있었는지 후배 김영모가 설명해 준다.

"논문 제목은 '초음파 B-scan 시스템 성능 향상에 대한 연구'였습니다. 초음파진단기는 흑백, 컬러, 도플러라는 세 종류가 있습니다. 여기서 흑백 영상을 보는 방법 중 하나가 빛을 쏘아서 보는 b(brightness) 스캔입니다. 이전까지만 해도 초음파를 쏘고 받는 것이 리니어(직선)는 쉬운데 컨벡스(부채꼴 모양으로 퍼지는) 타입은 좌표 전달이 어려웠습니다. 그래서 다른 회사들은 2차원 보간법(Interpolation)이라는 전달법을 썼어요. 보간법이란 두 점 사이의 임의의 점에 대한 값을 계산하는 방법입니다. 그 방법은 2차원의 값을 계산해 넣어야 해서 계산할 양이 많은 데다 수기로 입력하기에 번거로움이 많았습니다. 이민화는 이 문제를 깨닫고 2차원 중에 한 차원의 위치를 이용해 해당 좌표에 직접 집어넣는 방식을 고안했습니다. 이 논문은 결국 특허를 포함하고 있었는데, 특허는 논문을 작성한 후 6개월 안에 내든지 논문 전에 내야 하는데, 시기를 놓쳐서 모두가 공용으로 쓰는 기술이 되고 말았습니다. 지금의 초음파기기와 관련한 많은 회사는 이민화가 최초로 고안한 방식으로 하고 있습니다.“

김영모는 이민화 논문의 특허와 관련한 다른 일화도 전해 준다.

“오스트리아에 있는 초음파기기회사 크레츠 테크닉(Kretztechnik AG)를 인수하는 중이었는데, 그 회사에서도 이민화의 논문 방식을 쓰고 있는 겁니다. 그만큼 귀한 정보였는데 이민화 선배는 아쉽게도 특허를 내지 못했어요. 논문을 내고 특허를 내려다보니 창업 도중이라 너무 바빠 시기를 놓친 것이었지요.”

이민화의 연구실적들은 단순히 학문적 성과로 그치지 않고 훗날 모두 산업현장에 적용됐다. 이민화는 『끝나지 않은 도전』에 ‘학문’과 ‘산업’의 연관성에 대해 자신의 생각을 이렇게 적었다.

『끝나지 않은 도전』 中

학문적 수월성이냐, 산학 프로젝트냐? 이 두 가지 목표를 두고 지금도 KAIST는 고민 중이다. 아니 모든 대학이 고민 중이다. 나는 이 두 가지 목표는 서로 상충되지 않는다고 생각한다. 산학협동 과제를 통해 현장의 문제를 발굴하고, 극복하는 과정에서 좋은 논문이 나온다.

이민화의 연구는 '나'에서 그치지 않았다. 같이 공부하는 후배들과 아이디어를 공유하고 연구를 독려했다. 지식 나눔을 실천한 것이었다. 그의 내면을 들여다볼 수 있는 또 하나의 단서이기도 하다.

김영모의 회고다.

"이민화는 다양한 논문을 발표하기도 했지만, 주변 사람들에게 아이디어를 많이 퍼주기도 했습니다. 저에게도 아이디어를 주며 논문을 쓰라고 권했습니다. 저는 제가 원하는 것을 쓰겠다는 고집이 있어 거절했고, 결국 1년 더 유예해서 5년 만에 졸업했습니다. 이민화는 우리를 빨리 졸업시키고 자신과 함께 일하기를 원했던 것 같습니다."

02

멋모르고 창업한 메디슨

● 신화(神話)의 시작이 늘 거창한 것은 아니다. 산속의 작은 옹달샘이 넘쳐흘러 내가 되고 그 내들이 합쳐 도도한 강을 이루고 끝내 바다에 이르듯이, 거대한 역사도 아주 사소한 것에서부터 시작된다. 훗날 세계적인 의료기 업체로 성장하는 메디슨의 출발도 '거창'이라는 단어와는 거리가 있었다. 좀 과장해서 말하면 농담처럼 창업한 작은 기업 하나가 상상을 초월할 정도로 커진 것이었다. 그 중심에 도전정신으로 무장한 이민화가 있었다.

운명은 아주 엉뚱한 곳에서부터 손길을 내밀었다. 1985년 4월이었다. KAIST 초음파 연구실 박송배 교수가 교환교수로 1년 동안 미국에 가게 됐다. 그는 선임 박사과정인 이민화에게 연구실 운영을 맡겼다. 이민화와 석박사 과정의 학생들에게는 '행복한' 사건이었다. 담임선생님이 휴가를 가는 바람에 자율학습을 하는 고등학생들처럼 해방감에 들떠 있었다. 하지만 마냥 행복을 즐기고만 있을 수는 없었다. 뜻밖의 위기가 닥쳐왔기 때문이다. 초음파

진단기 연구 프로젝트의 후원기업인 남북의료기에서 사업철수 의사를 밝힌 것이었다. 프로젝트 자체가 좌초될 위기였다. 파급되는 문제는 단순하지 않았다. 연구 프로젝트가 사라지면 석박사 과정 학생들의 보조금이 사라진다. 두 손 들고 있을 수 없는 형편이었다.

시선은 임시 책임자이자 선임 박사과정인 이민화에게 쏠렸다. 초음파 진단기 프로젝트의 새로운 후원기업을 찾는 것이 그가 해야 할 일이었다. 대한전선 근무 시절 연구개발에서 생산·영업·기획까지 경험했으니 어느 정도 자신도 있었다. 일단 큰소리부터 치고 후원기업 찾기에 뛰어들었다.

"내가 책임지고 해결할 테니 여러분은 연구에 전념하면 돼."

대한전선의 경험을 바탕으로 그럴듯한 사업계획서를 작성할 때까지만 해도 희망에 부풀어 있었다. 하지만 현실은 냉정했다. 후원할 만한 기업과 어렵게 약속을 잡고 방문해서 사업을 설명하면 모두 좋은 사업이고 좋은 기술이라고 고개를 끄덕였다. 하지만 다음에 나오는 질문이 문제였다.

"좋은데… 경쟁기업은 어딘가요?"

"미국의 제너럴일렉트릭(GE), 유럽의 지멘스, 필립스입니다."

대답이 떨어지는 순간 분위기는 돌변했다. 그들과 싸우겠다는 기업은 없었다. 후원이 저만치 멀어져 간 것이었다. 그런 상황의 반복이었다. 결국 만난 기업인 가운데 단 한 명도 설득하지 못하는 참담한 결과를 낳았다. 이민화는 자신만 기다리고 있을 석박사 과정 학생들과 남북의료기 파견 연구원들의 얼굴을 떠올리며 자괴감에 빠져들 수밖에 없었다.

한 달이 지나도록 돌파구가 열릴 기미가 보이지 않았다. 모두 초조해하던 5월 어느 날 이민화의 머리에 운명의 계시 같은 생각 하나가 떠올랐다. '남들에게 좋은 사업이라고 설명하면서, 왜 스스로 해볼 생각은 안 하는 거지? 그래! 직접 창업하는 거야.'

메디슨이 탄생하는 순간이었다. 이민화는 즉시 연구실로 달려가 석

박사 과정 학생들과 파견 연구원들을 소집했다. 후원기업 섭외에 성공했나 싶어서 모두 기대에 찬 눈으로 바라보는 순간, 그의 입에서 기상천외한 제안이 나왔다.

"우리가 직접 창업해 보자."

창업에 동참했던 김영모는 그 상황을 이렇게 전해 준다.

"메디슨은 1985년 7월 2일에 만들어졌습니다. 그해 5월쯤 삼성, 현대, 대우 등 대기업에 가서 우리의 초음파진단기 개발 아이디어를 들려주며 '만들어 보라'고 제안했습니다. 하지만 그들은 쟁쟁한 외국계 경쟁회사를 두고 사업에 뛰어드는 것을 부담스러워했습니다. '그렇게 좋은 거면 너희가 하지 왜 우리보고 만들라는 거야?' 그런 반응이 돌아왔습니다. 그 말을 들은 이민화가 직접 창업해 보겠다고 마음먹은 거지요. 랩실에 와서 우리에게 같이 창업하자고 권했습니다. 저는 그때 박사학위를 마치면 부산대 교수로 갈 예정이었습니다. 그렇지만 학교에서 바로 학교로 이동하는 것보다 기업에서 실무를 쌓고 학교로 가는 게 더 나을 것이라는 생각이 들었고 이민화 선배도 3년만 일해 달라고 요청하여 흔쾌히 수락했습니다. 결론적으로는 30년이 지나서야 교수가 됐습니다."

김영모의 말에 따르면, 박송배 교수의 프로젝트에 참여했던 멤버들이 모두 창업에 동의한 것은 아니었다고 한다. 아날로그와 소프트웨어 파트는 아무도 참여하지 않았고 디지털 파트였던 이승우와 김영모·박용헌 등이 즉각 참여 의사를 밝혔다. 그리고 생산 이관을 위해 뽑았던 3명의 엔지니어도 합류하면서 7인의 창업자가 탄생했다. 이민화 역시 심사숙고 끝에 사업을 시작한 것은 아니었을 듯싶다. 대한전선에서 다양한 업무를 진행한 경험이 있다고는 하지만, 회사 구성원으로 프로젝트를 수행하는 것과 직접 창업하는 게 얼마나 다른지는 심각하게 고려하지 않았을 것이다. 메디슨은 그렇게 얼떨결에 탄생했다.

이민화의 '창업 선언'은 여러 가지 파문을 불러왔다. 그는 자서전에 "아내와 부모님 모두 두 손 들고 반대했다"라고 썼다. 하지만 부인 이사랑이 전하는 말은 조금 다르다. 시간이 만들어 낸 기억의 왜곡일 수도 있다.

"처음에는 저도 남편이 대학교수로 갈 거라고 생각했고 그걸 원했어요. 어느 날 엉뚱하게 창업을 하겠다고 해서 놀라긴 했지만, 남편의 기질을 알고 있으니 그대로 받아들였습니다. 자신이 하려고 하는 일에는 확고한 성향이라 꺾을 수 없을 거라고 생각한 것이지요. 그리고 친정과 시댁 모두 '알아서 잘하겠지'라는 믿음 같은 것이 있었어요. 그러다 보니 양가에서는 일절 경제적 지원이나 간섭이 없었습니다."

설령 누가 막았다고 한들 '직진'하는 이민화를 돌려세울 수는 없었을 것이다. 미국에 있던 박송배 교수에게 의견을 물었지만 적극적 반대가 없었다. 이민화는 그런 반응을 찬성이라고 해석하고 창업 준비에 돌입했다. KAIST 박사과정 학생의 신분이었지만, 졸업에 필요한 국제학회 논문 게재가 몇 편 확정돼서 학업의 부담도 없었다.

얼떨결에 결심했다고 이민화가 주먹구구로 메디슨을 창업한 것은 아니었다. 창업을 결정한 뒤 먼저 한 일은 사업의 양대 요소인 시장과 핵심역량에 대한 분석이었다. 당시 초음파진단기 시장은 10억 달러 규모로 연간 20% 성장을 기록하고 있었다. 또 하나의 장점은 경쟁사가 많지 않다는 것이었다. 일단 매력적인 시장이라는 분석 결과였다. 기술 장벽은 높았지만, 자신이 쓴 논문의 주제들이었던 디지털 초음파기술, 연속 집속 기술, 획기적인 디스플레이 기술 등을 상용화하면 충분한 비교우위가 가능하다는 결론을 내렸다. 돛만 올리면 될 것 같았다.

그렇지만 사업이 시장의 진입 가능성과 기술의 비교우위만으로 될 리는 없었다. 당장 배를 띄울 자금이 문제였다. 대학원생들에게 돈이 있을 리 없었다. 선장인 이민화도 마찬가지였다. 맨 먼저 눈을 돌린 것이 대치동 자신의 아파트였다. 재미있는 게 이 아파트를 마련한 종잣돈은 서울대 전자공학과에 다닐 때 과외로 번 돈이었다. 당시 국비 박사과정이었던 이민화는 결혼은 했지만 수입은 없었다. 생활비는 부인이 바이올린 과외 수입으로 해결하고 있었다. 이사랑은 그 시절을 담담하게 돌아본다.

"제가 어릴 때라 세상 물정을 몰랐는지 크게 겁이 나지는 않았어요. 바이올린 레슨으로 돈을 벌고 있었으니, 대출 이자도 크게 부담으로 느껴지지 않았고요. 저와 남편이 살면서 갚아 나가면 될 테고, 안 되면 집을 줄여서라도 하자는 결심이 있었어요. 남에게 의지하지 말고 둘이 함께 헤쳐 나가자는 마음이었습니다."

이민화가 거침없이 일을 저지를 수 있었던 배경에는 이사랑이라는 든든한 후원자가 있었기 때문일 것이다. 이사랑의 지원은 '돈'에서 그치지 않았다.

"남편을 대신해서 365일 인감도장을 들고 서류를 떼러 다녔어요. 딸들 시험공부를 봐주다가도 남편이 부르면 그곳으로 달려가곤 했지요. 고생스러웠지만 제가 뒷받침한 일의 결과물이 잘돼 가는 걸 보면 뿌듯했습니다. 그런 제 노력을 남편도 충분히 인정해 주었습니다. 어디를 가든 전용기사 겸 왕회장님으로 불리기도 했습니다."

대치동 아파트를 담보로 대출을 받아서 초기 자금을 확보했으니, 이제 사무실과 제품을 생산할 공장이 필요했다. 경기도 안성공단 허름한 자동차 수리공장의 2층 한구석을 빌렸다. 사무실은 강남구 논현동 경복빌딩에 얻었다. 이제 회사 이름을 지을 차례. 메디슨(MEDISON)이라는 그럴듯한 이름을 작명했다. 역시 이민화의 아이디어였다. 'MEDIcal(의료용)+SONics(초음파)'라는 원래의 뜻에 'MEDical+SON', 'Medical+EDISON' 등의 해석을 덧붙였다. 메디슨 창립 멤버이자 훗날 메디슨 대표를 맡았던 이승우(리솔 연구소장)는 작명의 배경을 이렇게 전한다.

"메디슨이라는 이름은 이민화 회장이 지었는데, 우리가 가장 중요하게 생각했던 점은 누가 읽어도 정확하게 발음할 수 있는 영어 이름을 만들자는 것이었습니다. 삼성이고 현대고 외국인들이 모두 똑같이 읽지 못하는 상황이니, 그렇게 하지 말고 누가 읽어도 똑같이 메디슨이라고 읽힐 수 있는 영어 이름을 만들자는 취지였던 거지요. 메디슨에는 '메디컬 에디슨' '메디컬의 아들' '메디컬 소닉' 등의 의미도 있었습니다."

이름에 이어 회사 로고도 초음파가 퍼지는 모양으로 디자인하고 창의·책임·조화라는 사훈도 만들었다. 그리고 1985년 7월 2일 장맛비가 내리는 가운데 고사를 올리고 메디슨호의 출항을 알렸다. 이민화의 나이 32세 때였다.

03

맨땅에 헤딩한 젊은이들

『끝나지 않은 도전』 中

메디슨의 창업은 세상 물정 모르는 젊은이들의 불장난이었다. 그러나 세상은 그들의 불장난을 냉혹하게 바라보았다. 당연히 등장할 것이라 생각했던 투자가는 나타나지 않았다. 당시에는 벤처기업특별법도, 코스닥도 없었다.

● 메디슨 출범 당시를 돌아보는 이민화의 소회는 냉혹한 세상에 대한 현실 인식에서부터 시작한다. 메디슨의 출범을 알렸지만 누구도 투자하겠다고 나서지 않았다. 코스닥이 출범하기 10년 전이니 벤처 투자 인프라는 극히 취약한 실정이었다. 창업투자회사들이 없는 것은 아니었지만 투자라기보다는 융자만 하는 형편이었다. 즉 무늬만 투자회사였다. 뭔가 되겠지 싶어서 맨땅에 헤딩하는 식으로 시작했지만 저절로 되는 일은 하나도 없었다. 자금 구하기가 얼마나 어려웠으면 훗날 이민화는 창업 동지들에게 그런 말을 했다고 한다.

“그렇게 힘들 줄 알았다면 창업한다고 안 했을 텐데.”

하지만 이미 돌아서기는 늦은 뒤였다. 이민화 자신이 뛰어서 해결하는 수밖에 없었다. 주변을 설득해 개인 투자를 유치하기 시작했다. 소위 ‘엔젤 캐피털리스트’를 끌어들이는 전략이었다.

“제가 이번에 첨단기술회사를 설립하는데, 투자할 기회를 드리지요.”

“투자 조건이 어떻게 되는데요?”

“1,000만 원을 투자하면 액면가 500만 원 지분을 드립니다.”

소위 프리미엄 할증투자였다. 할증투자가 무엇인가 하면 기술을 투자하는 메디슨 연구원들의 지분을 자본만 투자하는 사람들이 부담해야 한다는 것이었다. 소위 배짱 투자 권유였다. 투자해 주는 것만 해도 고마울 판에 할증투자라니. 이민화다운 발상이었다. 그래도 여러 지인이 알고도 넘어가 줬다. 알면서도 속아준 개인 투자자 중에는 처남인 이재성도 있었다. 그는 메디슨에 투자하던 상황을 이렇게 기억한다.

“미국에서 유학할 때, 이민화로부터 연락이 왔어요. 자신이 의료기기인 초음파진단기 회사를 창업하려고 하는데, 주주를 모집하고 있으니 출자를 하라는 것이었습니다. 속으로는 ‘말도 안 된다. 이게 어떻게 되겠는가’ 생각했지만, ‘그래, 어차피 날릴 돈이라고 생각하자. 그리고 이민화가 하는 일이니 성패와 관계없이 이 정도 돈은 투자할 만하지’ 생각하고 1,000만 원을 출자했습니다. 당시로는 꽤 큰돈이었지요. 메디슨을 5,000만 원으로 창업한 것으로 알고 있는데, 그중 1,000만 원은 제가 낸 것이었습니다. 그때 이민화는 ‘형! 제가 5년 안에 10배로 돌려드릴게요’라고 호언장담했지만 저는 내심 1%도 기대하지 않았습니다. 오히려 ‘살아남는 게 이상할 것이다’라고 생각할 정도였지요. 하지만 이민화는 항상 새로운 일에 도전하고 개척정신을 보여주는 사람이니 투자할 만하다’고 생각했던 것 같아요.”

이민화는 창업 초기 메디슨을 어떻게 끌고 갔을까? 경영방식에도 분명 '이민화 스타일'이 있었을 것이다. 역시 이재성의 회고를 통해 들여다본다.

"투자한 뒤 잠시 귀국했을 때 메디슨을 방문하게 됐는데, 메디슨이 이민화 그 자체였습니다. 그때 대기업에 다니던 제 친구 중 한 명이 메디슨 창업에 동참했습니다. 그런데 그 친구가 '내가 대기업 시스템을 여기에 도입하려는데, 하지 말라는 것이 너무 많아서 뭘 할 수가 없다'고 하소연하는 것이었습니다. 형식에 얽매이지 않으려 무척 애쓰는 것 같았습니다. 그러니 메디슨은 이민화가 자기 마음대로 100% 이끌고 가는 회사라는 느낌이 들었습니다."

주변의 개인 투자자들을 끌어들이고 난 뒤 이민화의 다음 공략 목표는 벤처 투자 전문회사들이었다. 여러 벤처캐피털을 찾아다니며 설득했다. 하지만 경쟁상대가 세계적인 기업인 GE나 지멘스라는 대답만 나오면 물러섰다. 단 하나 남은 게 KTDC(한국기술개발주식회사 : 현 KTB의 전신)라는 곳이었다. KTDC는 특별법에 의해 전국경제인연합회와 과학기술부가 설립한 특수법인이었다. 찾아가 설득했지만 역시 쉽게 넘어오지 않았다. 2억 원의 투자와 융자를 결정하는 데 무려 6개월이 걸렸다.

드디어 개인 투자자와 KTDC의 투자로 최소한의 자금이 준비됐다. 그래 봐야 초음파진단기 10대만 사면 없어지는 규모에 불과했다. 자금은 그럭저럭 마련했지만 또 하나의 걸림돌이 있었다. 이민화의 법적 지위가 문제였다. 사업가가 됐기 때문에 KAIST의 국비 장학생으로 계속 남아 있을 수는 없어서 지원받은 국비 전액을 상환했다. 그때까지 사업을 후원한 남북의료기에도 투자금액의 전액인 9,000만 원을 돌려주고 일체의 권리를 이양받았다. 드디어 법적으로나 재무적으로 사업을 시작할 준비가 끝났다.

이제 작지만 큰 걸음을 하나씩 내디딜 차례였다. 창업한 해인 1985년 9월에 키메스(KIMES: Korea International Medical & Hospital Equipment Show)라는 국제의료기·병원설비전시회가 열렸다. 키메스는 의료기기를 전시함으로써 국내 병원의 의사들에게 제품을 알리고 해외 바이어들에게 소개하는 행사다.

의사들은 전시회를 통해 병원 개업 정보와 전체적인 데이터를 파악할 수 있고 업체에서는 기기를 홍보할 수 있다. 막 돛을 올린 메디슨도 전시회에 참가하기로 하고 준비에 착수했다. 하지만 경험이 없으니 모든 일 처리가 엉성할 수밖에 없었다. 김밥으로 끼니를 때우며 두 달간 밤샘 작업 끝에 전시 시작일 새벽에 간신히 출품할 수 있었다.

하지만 전시회의 성과는 참담했다. 의사들이 관심을 보이긴 했지만 대화는 대개 서너 단계를 넘지 못했다.

"이게 무슨 기계예요?"

"첨단 초음파진단기입니다."

"흠, 초음파 비슷하기는 한데…."

비슷하긴 하지만 초음파진단기일 리는 없다는 반응이었다. 결국 메디슨에서는 초음파진단기 '비슷한' 기계만 전시한 셈이었다. 그런 판이니 그것을 사겠다는 사람이 있을 리 없었다. 시장의 벽이 얼마나 높은지 절감하는 순간이었다.

하지만 실패에서 도전의 실마리를 찾는 것이 이민화의 철학 아니던가. 멤버들이 모여서 고민을 시작했다. 왜 외면당했는지 근본적인 문제부터 풀어야 했다. 그리고 여기에서 포기할 것인가, 계속 앞으로 나아갈 것인가를 결정해야 했다. 그들은 토론 끝에 '못 먹어도 가자'는 결론을 내리고 생존 전략을 세웠다.

전략1: 정면승부는 피하자. 경쟁자가 오면 우리는 숨는다.

전략2: 경험 있는 고객에게는 판매하지 않는다.

전략3: 모르는 고객을 가르쳐서 팔자.

요즘 말로 '웃프다'는 표현이 딱 어울리는 생존 전략이었다. 어떻게라도 시장에 진입해야 살아남을 수 있다는 절박성을 고스란히 읽을 수 있다. 이

전략을 만들어 놓고 멤버 중 하나가 한마디 했다고 한다.

"중국 마오쩌둥의 전략과 흡사하네요."

'정면승부를 피하고 경쟁자가 오면 숨는다'는 전략이 '역량이 뒤처질 때는 적의 주력과 대결을 피하고 주변부부터 장악한다'는 마오쩌둥의 전략을 연상시킨 모양이었다. 그 후 메디슨은 자신들이 세운 전략대로 경쟁자가 없고 초음파진단기를 경험해 본 의사가 드문 해안과 산간벽지를 파고들었다. 전남 여수·진도·해남과 경북 청송 등이 주된 공략 대상이었다. 그런 곳에서 제품을 팔아 근근이 연명했다. 그때 메디슨에서 생산한 제품의 별명이 '신기루 초음파'였다고 한다. 화면이 '보이다, 보이지 않다'를 반복하다가 발로 차면 다시 보이는 그런 수준의 제품이었기 때문이다. 그래도 애프터서비스는 열심히 했다. 고장 신고가 들어오면 밤을 새워서라도 내려가서 원장님이 출근하기 전에 병원 문 앞에서 머리 조아리고 기다렸다. 그러다 보니 나중에는 메디슨 직원을 식구로 받아주는 병원이 점차 늘어났다. 최선을 다한 문제 해결을 통해 감동을 주는 전략이었다.

실질적인 영업 첫해인 1986년, 메디슨은 그렇게 경쟁상대들이 신경조차 쓰지 않는 시장에 숨어서 열심히 뛰었다. '신기루 초음파'로 불린 SA-3000은 더 다듬어서 1년 늦게 출고했어야 했다. 하지만 메디슨에는 그럴 만한 여유가 없었다. 파느냐, 문을 닫느냐가 문제였던 것이다. 그래도 최악은 아니었다. 영업 첫해에 30대를 팔아서 모양상으로 흑자를 달성했다.

1987년에는 SA-3000A를 출시했다. 이승우·조영신·김국진 등이 피땀으로 개발한 것이었다. 이 제품으로 그해 10억 원의 매출을 올렸다. 또 영업 대상도 시골을 벗어나서 중소도시까지 진출했다. 그곳에서도 초음파진단기를 사용해 보지 않은 의사들을 가르쳐서 판매했다.

조금 나아지긴 했지만, 여전히 세계적 기업들과 상대하기에는 역부족이었다. 계속해서 숨어다니는 영업을 할 수밖에 없었다. 그런 상황을 극복할 유일한 돌파구는 제품의 혁신이었다. 2년 동안의 뼈를 깎는 노력 끝에 1988년 드디어 수도권과 대도시에 진출했다. 힘 있는 해외 경쟁자들은 메디슨이 나타나자마자 싹부터 자르기 위해 무자비한 공세를 펼쳤다. 단숨에 제품가격을 30% 이상 낮췄다. 메디슨도 가격 인하로 맞섰다. 피 튀기는 전쟁이었다. 유혈이 낭자한 영업 전쟁 속에서 메디슨은 그해 3배의 영업 신장을 기록했다. 드디어 대도시 공략에 성공한 것이었다.

1990년에는 신제품 SA-4500을 투입해 시장에서 선두로 부상했다. 메디슨 신화의 첫 번째 작품이 세상에 나온 것이었다. 제품에 자신이 붙으면서 영업전략도 다양화했다. 회사에 상담 및 교육을 할 수 있는 시스템도 구축했다.

당시에는 의사들이 지방에서 근무하면 높은 수입이 보장됐다. 그래서 지방에서 3~4년 근무하다가 서울로 올라오는 순서를 밟는 의사들이 많았다. 메디슨은 그 점을 노려 1991년 회사 1층에 키메스를 압축시켜 놓은 히포크라테스관을 설립했다. 개원(開院)을 고민하는 의사들이 찾아오면 개원 대상지 상담, 인테리어 상담, 진료과목별 의료장비 구매, 의료정보기기 안내, 개원자금 상담 등의 원스톱 서비스를 제공했다. 개원에 필요한 장치를 전시하는 것은 물론 어떤 인테리어 공간과 제품을 써야 하는지까지 추천해 주는 전략이었다. 히포크라테스관을 시작으로 메디슨의 이름이 병원들 사이에서 부각되기 시작했다. 메디슨에서는 의사와 병원의 전체적인 케어가 가능하다는 인식을 심어준 것이었다. 메디슨의 국내영업 담당 상무이사를 지낸 권용기(리솔 마케팅 책임자)는 당시 영업전략을 이렇게 이야기한다.

"내과 쪽은 강하지는 않았지만 임상을 통해 제품 판매가 가능했고, 1991년 당시 엄청난 속도로 성장하고 있었던 산부인과 영역은 세계적 초음파진단기의 알로카(ALOKA)라는 경쟁상대가 있어서 장벽을 넘기가 어려웠습니다. 한 달에 3~4대 정도 겨우 파는 수준이었지요. 이민화 회장님과 저는 일본 제품이 장악하고 있는 산부인과 시장을 국산으로 대체하겠다는 강력한 의지를 갖고, 1991년 5~6월 두 달 사이에 50대를 팔아 보자는 '50v-바지날작전'을 세웠습니다. 한국에서는 메디슨이 최초로 바지날 프로브(vaginal probe : 질 내 초음파탐촉기)를 개발했습니다. 그전에는 임신부가 복부 초음파를 하려면 방광을 확대하기 위해 물을 많이 마시고 소변을 참아야 했는데, 이 문제를 해결하고 정밀하게 태아를 진료하기 위해 바지날 프로브를 개발한 것입니다. 국내 최초로 시험관아기(IVF)를 성공시킨 서울대학교 문신용 교수가 전국적으로 바지날 임상 세미나를 해주면서 바지날 프로브의 유용성을 산부인과 의사들이 인식하게 됐고, 그 결과 50대 목표 중 44대 계약을 달성할 수 있었습니다. '작전'이 끝난 뒤 80~90명 정도의 가망 고객 명단을 받아서 꾸준히 관리했습니다. 그런 과정을 거치면서 메디슨이 점차 산부인과 시장을 장악하게 됐습니다. 이후 산부인과 진단 영역이 3D(입체영상 진단), 4D로 이어졌고 매출이 급성장하게 됐지요. 국내 산부인과 시장의 성공은 해외시장으로 연결돼서 세계3D초음파학회를 결성하고 제1차 세미나를 미국 라스베이거스에서 개최하는 등 글로벌 시장을 적극 공략해서 좋은 성과를 얻었습니다."

또 한 달에 한 번씩 의사 50~60명을 대상으로 임상시험 강좌를 열었다. 그들과의 유대관계가 형성되면서 기기가 많이 팔렸고, 시장 확장에도 도움이 됐다. 그뿐 아니라 격월간으로 초음파 전문잡지 《소노에이스》:SONOACE를 발간했는데, 잡지에는 초음파와 관련된 여러 가지 세계적 논문, 도입 사례(증례), 교육 내용 등이 게재됐다. 그런 것들을 통해 '메디슨은 선두 회사'라는 인식을 심어줬다.

제품판매 초기에는 품질 관련 문제가 자주 발생했다. 제품에 대한 불만이 높아지자 대당 2,000만 원인 제품 30대를 원가로 보상해 주기도 했다. 회수한 제품은 공장에서 전량 파기해서 이런 제품이 나가면 안 된다는 의지를 보여줬다. 그리고 그 뒤에 나가는 제품은 전보다 질을 높였다. 해마다 신제품을 내면서 고객 맞춤 서비스를 진행했다. 이런 과정을 거치면서 메디슨과 고객의 신뢰가 구축됐다.

권용기가 또 다른 영업전략을 이야기해 준다.

"이민화 사장은 영업사원끼리 경쟁을 시키기도 했어요. 과장급 정도 되면 대리점을 만들어 사장으로 나갈 수 있는 기회를 주었습니다. 경기도, 충청도 등 각지에서 메디슨에서 배웠던 다양한 영업전략을 바탕으로 세미나를 여는 등 마케팅을 펼쳐 나갔습니다. 이렇게 영업사원에 대한 동기부여와 주인의식을 심어주다 보니 대리점 매출도 올라가고 회사 전체 매출도 올라갈 수밖에 없었지요."

궤도에 올라선 메디슨은 삼성과 세계 최강 의료기 업체 GE의 합작사인 삼성GE를 압도적 차이로 누르고 국내 시장 1위를 고수한다. 승리를 이끈 것은 브랜드도 기술도 제품도 아니었다. 모든 조건이 열악한 메디슨이 선두주자를 누르고 초음파 시장을 석권할 수 있었던 요인은 바로 치열한 도전정신이었다.

04

세계 시장을 두드리다

『끝나지 않은 도전』 中

메디슨 창업 5년 후인 1990년, 국내 시장에서 선두자리를 차지했다. 이 과정이 험난하기는 했으나 세계화로 가는 길에 비해서는 연습게임에 불과했다. 세계화를 통해 3차원 초음파진단기 시장의 선두에 올라선 과정은 한마디로 '불가능에 대한 도전의 역사'였다.

● 이민화는 메디슨의 초음파진단기가 세계시장에서 인정받기까지 과정을 '불가능에 대한 도전'이었다고 회고했다. 얼마나 힘들고 많은 시행착오를 거쳤으면 국내 시장에서 선두자리를 차지한 과정이 '연습게임'에 불과했다고 할 수 있을까. 창업 3년째가 되던 1988년, 메디슨은 세계시장의 문을 두드리기 시작했다. 그를 위해 공장도 새로 지었다. 첫 공장이었던 경기도 안성 자동차 수리공장의 2층에서 벗어나 강원도 홍천 농공단지에 번듯한 공장을 지었다.

해외 진출의 첫 단계로 세계 의료기 업체들의 주 무대인 독일의 메디카(MEDICA)에 참가했다. 메디카는 1963년부터 매년 독일 뒤셀도르프에서 열리는 세계 최대 의료기 전시회다. 16개 참가국 국기와 더불어 태극기가 휘날리는 광경을 보며 이민화는 가슴 떨리는 경험을 했다. 하지만 감동은 거기까지였다.

코엑스보다 더 넓은 전시장의 한구석에 자리한 대한민국 메디슨의 부스에 가끔 눈길을 주던 바이어들이 지나가는 말로 물었다.

"이건 얼마에 파는 거요?"

"2만 달러입니다."

"한국이 대단하네."

대화는 딱 거기까지였다. 그저 지나가다 물어봤을 뿐 상담까지 할 생각은 없는 바이어들이었다. "한국이 대단하네"라는 말은 한국은 1만 달러가 넘는 제품을 수출하는 나라가 아닌데 어떻게 여기까지 왔느냐는 빈정거림이었다. 'Made in Korea'가 팔리려면 1만 달러 이하의 제품을 내놓아야 한다는 결론을 내릴 수밖에 없었다. 당시 한국의 가장 비싼 수출품인 포니 승용차가 5,000달러에 못 미쳤다는 점을 감안하면 국가 브랜드가 얼마나 중요한지 절감하는 계기였다.

이민화는 귀국한 뒤 사내 관계자들을 불러 놓고 화두를 던졌다.

"1만 달러 이하의 제품 생산이 가능할까?"

"많이 팔면 가능합니다."

"어떻게 하면 많이 팔 수 있을까?"

"가격이 저렴하고 모든 면에서 경쟁사보다 30% 이상 압도하면 됩니다."

결론은 나와 있는데, 실행 방법은 쉽지 않았다. 그렇다고 해외시장을 포기할 수도 없으니 해결책을 찾아야 했다. 협력업체에 "많이 팔 테니 가격을 대폭 내려 달라"고 간청했다. 못 팔면 배상한다는 조건으로 가격 문제를 해결했다. 브랜드는 88 서울올림픽의 이미지를 빌려서 '팔팔하게 날아오른다'

는 88로 정했다. 드디어 저가 설계의 글로벌 소형 모델을 출하하기 위한 작전명 '팔타세'(88타고 세계로)의 출정식을 가졌다. 중화권에서는 8이 좋은 숫자이니 88은 무조건 팔릴 것이라는 기대도 한몫했다. 하지만 가격이 저렴하고 의미가 좋다고 무조건 잘 팔리는 것은 아니었다. 어떤 방식으로든 알리고 찾아다녀야 했다. 영업사원들이 많이 뛰는 수밖에 없었다. 메디슨 해외영업부 담당 이사와 유럽 현지법인 대표이사를 지낸 유영종(유니텍의료기 대표이사)은 당시의 해외 영업전략을 이렇게 이야기한다.

"'Gold Quality, Silver Price, Royal Service'가 전략이었는데, 말 그대로 후발주자로서 어려움이 컸던 상황에서 쟁쟁한 글로벌 선두주자들과의 격차를 빨리 좁히기 위해 선택한 전략이었습니다. 고품질의 제품을 20~30% 싼 가격에 팔고 신속한 기술서비스로 격차를 돌파하고자 했습니다. 1988년 당시에는 영어 잘하는 해외 영업사원이 많지 았았습니다. 그래서 대학교 영자신문 출신들을 영업사원으로 뽑았지요. 그렇게 뽑힌 사원들이 신속한 통신으로 해외 대리점과 소통했고, 〈메디슨 웨이브스〉라는 영어신문을 3개월마다 만들어서 해외에 메디슨 문화와 기술을 꾸준히 소개했습니다. 웨이브는 그 자체로 추세라는 뜻도 있지만 '울트라사운드', 즉 '초음파'라는 뜻도 있습니다. 우리는 〈메디슨 웨이브스〉를 해외 대리점과 고객들에게 메디슨 문화와 기술의 전달창구로 이용했습니다."

조금씩 시장 상황이 나아지면서 영업 매니저들은 해외 출장 때마다 SA88 제품을 하나씩 들고 갔다. 후발주자인 메디슨으로서는 반드시 물건의 퀄리티를 직접 보여줘야 했기 때문이다. 무거운 기기를 들고 의사와 대리점을 찾아다니는 것도 고역인데, 비용 문제 때문에 한 번 나가면 여러 나라를 들러야 했다.

시장 지향적으로 설계된 소형 초음파기기 SA88은 FDA 승인 이후 본격적으로 수출되기 시작했다. 1991년에는 드디어 국내 시장 매출을 넘어섰다. 이어서 소형 초음파기기 시장의 결정적 모델인 SA1500과 SA600 등이 완성되면서 세계시장 진출에 박차를 가할 수 있었다. 완벽한 경쟁사 분석, 영업 현장의 목소리를 신속히 반영한 기술과 영업의 소통능력이 메디슨 경쟁력의 뿌리였다. 사장이 영업 현장을 뛰면서 진두지휘하니 연구부서가 따라올 수밖에 없었다. 현장에는 늘 이민화가 있었다. 그 결과 해외 경쟁사들의 현장 요구가 제품에 반영되는 데 1년이 걸린다면, 메디슨은 3개월 내에 고객 요구를 충족시킬 정도로 시장에 빠르게 대응했다.

당시 해외 영업맨들 모두 메디슨이 첫 직장이었지만, 사장이 자신의 관할 지역을 관여하는 것을 거부할 정도로 시작부터 '내가 사장'이었다고 한다. 그들은 실패를 두려워하지 않고 젊은 패기로 전 세계의 백전노장들과 일전을 겨뤘다. 유럽에서 미주, 동남아 정글에서 중동의 사막까지 누비면서 제대로 된 대리점을 확보하는 데 평균 2회 이상의 실패를 겪었다. 24시간의 비행을 거쳐 아프리카에 도착한 뒤 쉴 틈 없이 상담하고, 두 끼를 굶고 저녁은 두 번 먹을 때도 있었다. 일주일 만에 김치를 보고 눈물을 흘리기도 했다. 그렇게 하지 않으면 세계시장은 바늘 하나 들어갈 틈이 없었다. 유영종의 회고는 그들이 어떤 악조건 속에서 시장을 개척했는지 생생하게 전해 준다.

"대리점 발굴 초기, 연구소는 미국과 유럽을 희망 국가로 삼았지만 제가 보기에는 남미나 아프리카가 우선 개척 대상으로 더 나을 것 같았습니다. 특히 남미가 1순위였습니다. 당시 남미는 커피를 마시러 들어갈 때 가격과 나올 때 가격이 다를 정도로 극심한 인플레이션을 겪고 있었습니다. 남미지역의 그런 경제적 문제 때문에 경쟁사들이 등한시하고 있지 않을까 하는 기대도 있었습니다. 일부 중역들이 반대하는 분위기도 있었지만, 저는 반대를 무릅쓰고 지역 담당자와 함께 SA88 데모장비를 들고 30일 넘게 장기출장을 떠났습니다. 남미국가를 모두 방문하는 일정은 완전히 강행군이었지요. 한 나라에 3~4일 머무는 동안 20여 개 대리점 후보를 만나서 누가 메디슨 제품을 잘 팔 수 있을지 파악해야 했습니다. 중점적으로 본 것은 대리점 후보의 재정 능력이나 회사 규모가 아니라 메디슨 제품 판매에 집중할 수 있는 집중력, 열정과 적극성이었습니다. 남미 시장에서 성공적인 첫걸음을 할 수 있었던 것은 그렇게 타깃마켓을 남미로 정했던 점과 독특한 대리점 선정 기준 덕분이었습니다. 그때 만들었던 대리점들이 대부분 성공적이었습니다."

주로 국내 마케팅을 담당했던 권용기도 해외 영업 경험을 이야기한다.

"저도 1~2년 정도 해외 영업을 맡았었는데, '바지날 프로브'를 25개 모크업(Mockup : 실물모형)으로 만들어 아시아·호주 등에서 영업을 했습니다. 이민화 회장님과 함께 다녔는데 태국·베트남 쪽은 산부인과 회장단과 미팅하면서 바지날 프로브가 왜 필요한지 현장 세미나를 했습니다. 당시 그쪽에는 바지날 프로브는 처음이었고 모크업을 갖고 현장에서 라이브로 설명해 주는 곳이 없었기 때문에 그런 아이디어가 주목을 받았습니다."

메디슨은 무수한 시행착오 끝에 전 세계 70개국에 대리점을 확보한다. KAIST 논문에 바탕을 둔 기술 역량에다 전 세계에 걸친 의료 영업망이라는 또 하나의 핵심 역량을 가지게 된 것이다. 국내에서는 먼저 세계로 나간 의료기 회사가 없었기 때문에 메디슨은 스스로 세계시장을 개척할 수밖에 없었다. 불과 10만 달러를 팔기 위해서 24시간 비행기를 타고 간다는 것은 정상이라고 할 수 없다. 소위 가성비가 나오지 않기 때문이다. 하지만 이민화는 그런 계산을 내려놓고 끊임없이 세계로 나갔다. 전 세계 70개국을 누빈 이민화의 당시 항공 마일리지는 모두 합쳐 250만 마일이 넘었다고 한다. 미국을 200번 왕복할 수 있는 거리다. 이민화가 얼마나 부지런히 세계를 누볐는지 유영종이 증언한다.

"저와 에어리아 매니저들은 이민화 회장님과 함께 해외 70여개국을 날아다녔습니다. 회장님은 본인이 기술자이지만 영업과 전략에 대한 센스도 대단했습니다. 우리는 영업하는 사람이라 기술 분야를 잘 모르는데 회장님이 동행하면서 부족한 부분을 많이 보완해 주셨습니다. 메디슨에서 가장 많이 출장을 나간 사람이 회장님이었습니다. 항상 현장에서 진두지휘하셨습니다."

세계 70개국을 어떻게 개척했는지 유영종이 전한다.

"한국 의사들과 중국·중동·남미 등을 함께 다니며 임상교육과 제품데모를 진행했습니다. 3D 초음파를 개발할 때는 세계초음파학회에서 우리를 후원하기도 했습니다. 또 해마다 인터내셔널 세일즈 미팅을 개최했는데 초창기에는 한국에서 모였습니다. 마지막 날 파티 땐 막걸리를 마시며 독특한 한국식 화합을 이뤘습니다. 대리점과의 밀접하고 친밀한 소통이 우리의 장점이었습니다."

세계시장 개척 비용은 연구개발비보다 훨씬 많이 든다. 시장은 공짜로 얻어지는 것이 아니기 때문이다. 하지만 이민화는 세계시장을 여는 것이 오히려 기술보다 더 중요한 가치라고 여겼다. 중동·동남아·남미에 이어 북미와 유럽에 입성함으로써 대부분 세계시장 진입에 성공한 직후인 1992년, 메디슨은 전 세계 대리점회의를 한국에서 개최한다. 시기를 일부러 의료기기 전시회 기간에 맞췄다. 대리점회의가 끝난 뒤 바이어들을 전시장에 풀어놓음으로써 한국 제품을 발굴해서 돌아가도록 했다. 이후 한국의 의료기산업 전체 성장률이 연간 7%에서 21%로 급상승한다. 2000년에는 한국 의료기 수출의 70% 이상을 메디슨 대리점들이 담당하게 됐다. 시장 선도 업체가 전체 산업의 성장을 견인한다는 사실을 입증한 것이다. 이민화는 훗날 그때 그린 청사진을 자서전『끝나지 않은 도전』에 이렇게 적었다.

『끝나지 않은 도전』 中

이제 한국의 의료기산업 미래 성장 전략을 그릴 수 있게 됐다. 메디슨이 전 세계 영업을 담당하고 수많은 벤처 기업들이 신제품 개발을 나누어 추진하는 것이다. 새로운 의료 벤처 기업들이 메디슨과 같은 생고생을 반복할 이유는 전혀 없지 않은가. 시장 시너지를 극대화하는 것이 한국 벤처의 유일한 생존 전략이다. 전 세계는 단일 기업 간 경쟁이 아니라 기업생태계 간의 경쟁으로 변화했다. 생태계에서는 시장을 담당하는 선도 기업과 기술을 담당하는 혁신 기업의 역할이 있다. 이제 메디슨에는 세계시장 개척을 통해 새로운 역할, 즉 생태계의 주춧돌(Keystone)을 담당하는 공정한 전문상사의 역할이 부여된 것이었다.

05

메이저리그에 진입하다

● 전 세계 70개국을 개척하고 국내 의료 산업의 전문상사로서 수출의 견인차 역할을 담당하는 것으로서 메디슨은 성공적으로 세계시장에 진출했다. 그러나 완전한 성공이라고 하기에는 한참 부족했다. 따지고 보면 변방의 강자에 불과했다. 중저가 이하의 초음파진단기를 내세워 'Gold Quality, Silver Price, Royal Service'라는 슬로건하에 주로 마이너리그인 개업의 시장을 공략하고 있었던 것이다. 메이저리그인 병원급 시장은 여전히 GPS라고 불리는 GE·필립스·지멘스 3대 강자들이 독과점하고 있었다. 언제쯤 마이너리그를 벗어나 메이저리그로 갈 수 있을까? 1995년 메디슨의 과제였다. 준비 없이 GPS에 덤벼봐야 달걀로 바위 치기라는 것을 이민화는 잘 알고 있었다.

전쟁을 치르기 위해 가장 중요한 것은 누가 뭐래도 '군자금'이다. 이민화도 그 부분에 역점을 뒀다. 1995년 메디슨이 주식상장을 하게 된 이유가 그 준비과정이었다. 당시에는 코스닥이 없었기 때문에 메디슨은 벤처기업 최초로 코스피에 상장했다. 이를 통해 자금을 조달하고 곧바로 오랜 과제였던 3차원 초음파진단기에 도전했다.

모차르트의 고향인 오스트리아 잘츠부르크에서 2시간 정도 들어가는 시골 동네에 '크레츠 테크닉(Kretztechnik AG, 이하 크레츠)'라는 초음파 회사가 있었다. 1952년 초음파 개발 이후 중요한 발명을 여러 번 해온 연구중심 회사였다. 이 회사가 자랑하는 기술이 바로 메디슨이 도전하는 3차원 초음파진단기였다. 임신부 배 속의 태아 얼굴을 볼 수 있는 기술로 센세이션을 불러일으킨 회사였다. 그 기술이 발표됐을 때는 GPS까지 긴장했지만 얼마 안 가서 이 3차원 영상이 쇼에 불과하다며 무시했다. 영상 한 장을 얻는 데 30분이나 걸리기 때문에 실용화가 불가능하다고 판단한 것이었다. 그러나 이민화는 메디슨의 디지털 초음파기술과 크레츠의 3차원 초음파기술을 결합하면 3차원 영상도 실시간으로 볼 수 있을 거라고 확신했다. 그래서 1996년 4월 1,000만 유로(약 13억 5,000만 원)를 투자해 크레츠를 인수했다. 연간 이익 50억 원에 불과한 회사가 유럽 업체를 인수하는 사고를 친 것이었다.

메디슨이 크레츠를 인수하게 된 것은 철없는 '저지레'가 아니라 나름대로 믿는 게 있기 때문이었다. 그중 하나가 세계의 산부인과 시장을 어느 정도 확보했다는 자신감이었다.

주사위는 던져졌다. 메디슨 연구진은 오스트리아로 가서 밤을 지새우며 연구를 시작했다. 그런 분위기다 보니 크레츠의 연구진도 덩달아 타오르기 시작했다. 후진국이라고 여기던 한국의 중소기업이 자신들을 인수한 일도 못마땅한데 연구 경쟁에서까지 질 수는 없다는 분위기가 일어난 것이었다. 양사가 보유한 기술을 공개하고 메디슨이 제공하는 첨단 디지털 칩을 활용해 별개의 제품을 개발하는 경쟁을 벌인 결과는 실시간 3차원 초음파진단기 두 종류로 열매를 맺었다. 메디슨이 세계 최초로 실용 가능한 3차원 초음파를 개발한 것이었다. 세상이 놀랄 수밖에 없었다.

그렇게 개발한 3차원 초음파는 가히 혁명이라고 할 수 있었다. 배 속의 아기가 하품하고 웃는 모습을 보고 부모들은 환호했다. 기존에 판독이 어려웠던 탯줄의 입체 구조를 보는 등 3차원 초음파의 응용은 무궁무진했다. 전 세계의 초음파 강자들이 긴장했다. 특히 세계를 선도하는 토머스 제퍼슨과 일본도쿄대 병원 등 일류 대학병원에도 진입했다. 국내에서도 화제가 됐다. 권용기는 그 상황을 이렇게 전한다.

"3D 초음파를 도입하는 병원들이 늘어나면서 임신부 배 속에 있는 태아 사진을 렌더링해 프린트해 주고 판화로 제작하여 임신부들에게 전달하는 행사가 큰 인기를 얻었습니다. 임신부들의 입소문에 따라 산부인과에서 3D 초음파 보급은 더욱 증가했습니다. 당시 의료계에서는 '이 비싼 걸 사야 하나?' 하는 분위기였지만, 3D 초음파를 이용하면 기형아도 미리 알 수 있다는 점에서 수가를 많이 받을 수 있었고, 그에 따라 고가인데도 많이 팔렸습니다."

하지만 3차원 초음파의 개발로 모든 일이 술술 풀린 것은 아니었다. 세계 시장의 메이저리그에서 엄청난 수익이 나올 것으로 기대했던 꿈은 1년이 다 가도록 실현되지 않았다. 최첨단 병원에서 연구용으로 몇 대를 구입했지만, 실제 임상을 하는 대학병원들은 어떻게 사용할지를 몰라 구매를 꺼렸다. 또 선진국 시장은 보험 수가가 등재돼야 하는데, 보험 등재는 임상 논문이 충분히 뒷받침돼야 했다. 제품개발이 전부라는 생각은 추격자(Fast Follower) 전략에만 통용되는 것이었다. 선도전략(First Mover)에서는 제품개발과 더불어 임상개발이 중요하다는 점을 그때야 깨달았다. 이민화와 연구진은 머리를 싸매고 고심했다.

'임상 논문을 만들자. 그러려면 논문을 실어줄 저널이 있어야 하고 학회가 있어야 한다.'

그런 결론을 내리고 세계 3차원 초음파진단학회를 결성했다. 한국이 주도해 새로운 학회를 만들고 대륙별 지회도 결성하자 놀라운 일이 벌어졌다. 만나기조차 어려웠던 각국의 초음파 교수들이 지회장과 임원을 노리고 제 발로 찾아왔다. 그들에게 3차원 초음파를 이용한 임상 응용의 아이디어를 제공하면 신속히 연구논문을 발표하는 선순환 구조가 만들어졌다. 논문들이 쌓여 가면서 1999년 새로운 임상기술에 보수적이라는 미국에 3차원 초음파를 보험 등재할 수 있었다. 그로 인해 3차원 초음파는 실험적 장비에서 벗어나 병원에 돈을 벌어주는 장비가 됐다. 아울러 세계에서 가장 어려운 시장이라는 일본에서 GPS를 물리치고 수입 초음파 중 최대 시장 점유율을 차지하게 된다. 일본 최고가 초음파 진단기보다 두 배 비싼 2억 원 이상에 팔렸다. 상장을 통한 자금조달과 크레츠 인수라는 도박이 성공한 것이었다.

06

7대 거점, 70개국 대리점

● 메디슨은 1990년부터 1997년까지 미국·유럽·일본이라는 3대 축에 브릭스(BRICS: Brazil, Russia, India, China 등 4개국에 South Africa의 머리글자를 따서 부르는 명칭) 4개국이 더해진 7대 거점을 완성했다. 이를 계기로 7대 거점의 현지 자회사와 70개국 대리점의 이원체제로 운영하기 시작한다. 7대 거점을 구축하는 과정에도 여러 일이 있었다. 러시아 시장을 개척할 때의 숨겨진 이야기를 유영종을 통해서 들어본다.

"지금까지 누구한테도 알려주지 않은 비화입니다. 노태우 대통령이 러시아 방문을 하면서 '경협사절단'을 모집한다는 공고를 보게 됐습니다. 누가 시킨 것은 아니었지만 메디슨 정도면 사절단에 들어갈 만하다고 생각돼서 신청을 해봤습니다. 그런데 떨어지고 말았습니다. 당시 대기업 3곳과 중견기업 1곳이 선정됐는데, 저로서는 매우 아쉽다는 생각이 들었습니다. 상공부로 직접 찾아가서 '우리 회사가 이런 첨단기술의 회사다. 국가 간 경제협력에 의료기가 남다른 의미가 있지 않겠느냐. 우리 초음파기기 한 대를 수출하면 삼성이 수출하는 TV 1만 대와 비슷한 부가가치를 창출할 수 있다. 메디슨이 성공하면 파급효과로 의료기산업이 전략적산업으로 부상할 수 있지 않겠느냐'는 논리를 내세워 설득했습니다. 담당과장 답변이 '정말 좋은데 벌써 청와대에서 결정이 나서 돌이킬 수 없다'는 것이었습니다. 순간 저도 왜 그랬는지 모르겠는데 자리에서 벌떡 일어나서 큰 소리로 〈진짜 사나이〉 노래를 불렀습니다. 그러고 있으니 국장이 나와서 과장을 부르더니 '저 양반 뭐하는 사람이냐'고 묻더라고요. 과장의 설명을 들은 국장이 들어오라고 하길래 들어가서 다시 브리핑했더니 '내일 이민화 사장과 함께 다시 와볼 수 있겠느냐'고 하는 것이었습니다."

이런 엉뚱한 도전이 '메디슨 문화'였을까? 유영종의 행동은 어찌 보면 상식의 궤를 크게 벗어난 행동이었다. 하지만 끝내 성공하고 만다. 그가 털어놓는 '비화'가 어떻게 결론이 났는지 이어진다.

"그날 회사로 돌아와서 그런 상황을 보고했더니, 이민화 사장님 첫 말씀이 '우리는 로비를 하는 회사가 아니에요' 하는 겁니다. 사장님이 그런 걸 원래 싫어하시는 것을 알고는 있었지만, 저녁때 다시 가서 재차 설득했지요. '로비하자는 것이 아닙니다. 이번에 경협사절단으로 가면 우리 미래가 어찌 될지 모르잖습니까. 그리고 우선 와보라고 하니 가보자는 겁니다.' 하지만 또 거절하시는 겁니다. 포기할 수 없었지요. 다음 날 아침에 다시 올라갔습니다. 그랬더니 그제야 '한번 가봅시다' 하시더라고요. 그렇게 해서 상공부에 들어가게 됐는데, 막상 가니 사장님이 얼마나 말씀을 잘하시는지, 상공부가 청와대와 협의해서 메디슨을 경협사절단에 추가로 넣어 줬습니다. 대통령을 수행하는 경협사절단으로 사장님이 러시아에 간 뒤, 신문에 듣도 보도 못했던 회사인 메디슨이 나오니까 그때부터 은행과 기관 같은 데서 도와줄 것이 없느냐고 묻더라고요. 결국 많은 도움을 주었습니다. 특히 메디슨의 성장에 큰 도움을 준 것이 정부의 수입선 다변화 정책이었는데, 당시 일본에서 수입하던 초음파를 2~3년간 막아줬습니다. 산부인과 1위 업체인 일본 알로카가 한국 시장을 70~80% 점유했다가 메디슨에 역전당한 계기가 바로 러시아 경협사절단과 수입선 다변화 정책 때문이었다고 봅니다."

이민화는 러시아 사회 분야 부총리를 초청하는 등 각고의 노력 끝에 의료기기 3,000만 달러어치가 대러시아 경협에 포함되는 쾌거를 올린다. 그러나 시작이 좋았던 데 비해 과정에는 문제가 있었다. 1991년 친위쿠데타 이후 정권을 장악한 옐친이 과거의 협상 품목은 무시한다는 날벼락 같은 발표를 한 것이었다. 하지만 이때 맺은 인연으로 1992년 러시아 국립 의료기연구소와 최초의 해외 합작사인 울트라메드(Ultramed)를 설립하게 된다. 이후 러시아 사업은 꾸준히 지속돼 메디슨의 주요 영업 거점이 됐다.

수출을 늘리고 진입 장벽이 만만치 않은 국가들에 영업 거점을 구축하는 과정은 고난의 연속이었다. 전략이고 뭐고 열심히 발로 뛰는 수밖에 없었다. 역시 유영종으로부터 당시 상황을 들어본다.

"우리는 '한 달에 두 번씩 하늘에 떠 있다'는 말을 우스갯소리 삼아 자주 했습니다. 대부분 해외영업부 직원들은 한 달에 두 번씩 출장을 갔습니다. 일주일 나갔다가 일주일 들어와 있고, 또 일주일 나갔다 돌아오는 과정의 반복이었습니다. 어느 땐 '팔타세(88타고 세계로)'라는 캐치프레이즈로 SA88 모델을 앞장세워 수출 드라이브를 펼쳤고, 어느 땐 '747작전'이라고 하여 747만 달러 달성을 목표로 잡고 드라이브를 걸기도 했습니다. 1990년으로 기억되는데, 1988년에 입사해서 해외시장을 개척한 지 2년 만에 1,111만 달러를 수출 목표로 잡고 달렸던 적이 있습니다. 그런데 10월 말이 돼도 700만 달러밖에 안 되는 겁니다. 많은 사람이 물 건너갔다고 생각했는데 우리는 포기하지 않고 마지막 두 달 바짝 드라이브를 걸어서 해가 넘어가기 몇 시간 전인 12월 31일 밤에 1,111만 달러를 딱 맞춘 적도 있습니다. 다음 해 봄 수출의 날에 은탑산업훈장을 받았습니다. 저도 개인적으로 상공부장관상을 받았습니다."

메디슨은 1992년 미국에 'MAI', 유럽에 'M2유럽'이라는 현지 회사를 설립한다. 선진국 진입에 필요한 품질 규격을 획득하고 영업 지원을 위한 밀착 서비스를 위해 현지 법인이 반드시 필요하다고 판단했다. 하지만 미국의 MAI는 메디슨에 너무 많은 비용을 치르게 했다. 이민화의 처음 생각은 단순했다. '미국은 50개 주가 있으니 한 주당 한 대씩만 팔아도 월 50대다. 그러면 현지 운영이 가능하다'는 것이었다. 그러나 순진한 꿈은 첫해 영업을 하고는 접을 수밖에 없었다. 전 세계의 수많은 회사가 미국 시장에 도전해서 투자금만 날리고 물러나는 일을 반복하고 있었다.

미국은 틈새시장을 찾아 정확한 마케팅을 하는 것이 핵심이고, 엄청난 사후 관리비용을 감당해야 하는 시스템이 필요하다는 사실을 깨달았을 때는 이미 손실이 1,000만 달러를 넘고 있었다. 현지 사장은 그때마다 새로운 전략을 구상하고 시도했다. 그러나 3차원 초음파가 진입하기 전까지 미국은 말 그대로 '돈 먹는 하마'였다. 그러다 3차원 초음파 이후 메디슨의 핵심 수익원으로 탈바꿈하게 된다. 그나마 유럽은 좀 나아서 미국보다 먼저 자리 잡기 시작했다. 유럽 시장은 미국과 달리 최고가 제품보다는 가격 대비 성능이 좋은 제품이 주력을 이루고 있었다. 유럽지사는 비교적 순조롭게 자리 잡아 이후 크레츠 인수로 날개를 달게 된다.

1992년 한·중 수교가 이뤄지면서 메디슨도 중국에 입성한다. 이민화는 중국을 새로운 기회의 땅이라고 판단했다. 당시 상하이는 도로가 엉망이고 차도 없고 야간 조명도 없고, 심지어 술집도 없었다. 그런 상황이었지만 1993년 9월 상하이 의료기연구소인 SMEIF와 '상하이메디슨'이라는 제조 합작사를 설립한다. 영업을 시작하면서 뜻밖의 상황이 벌어졌다. 제품이 불티나게 팔려나가는 것이었다. 하지만 머지않아 실상이 드러났다. 중국에서는 판매가 쉬운 반면에 수금이 어렵다는 사실을 몰랐던 것이다. 하지만 어려운 영업 여건 속에서도 상하이메디슨을 중국 10위권의 의료기 회사로 성장시키는 놀라운 힘을 발휘했다. 상하이메디슨의 다음 전략은 전국 영업과 서비스망을 구축해 한국 의료산업 진출의 플랫폼을 구축한다는 것이었지만 2002년 메디슨의 법정관리로 끝내 무산됐다.

1994년에는 일본 자회사 '메디슨재팬'을 설립한다. 하지만 일본은 시장경제로서는 이해하기 어려운 점이 너무나 많았다. 경쟁사의 영업사원 영입을 위해 두 배의 급여를 제시해도 통하지 않았다. 돈보다는 오랜 관계를 중요시하는 풍토 때문이었다. 한마디로 외부세력의 진입은 원천 봉쇄된 상태였다. 이러한 장벽을 돌파한 것이 3차원 초음파 혁명이었다. 이후 일본은 너무나 쉽게 '접수'했다.

1995년에는 남미의 핵심이라고 할 수 있는 브라질에 '메디슨브라질'을 설립했다. 라틴 국가와 메디슨은 궁합이 맞는다는 말을 증명하듯, 브라질은 외환위기의 어려움을 극복한 후 현지화를 통해 성공을 거뒀다. '메디슨인디아'가 설립돼 미국·유럽·일본의 3대 축에 브릭스(BRICS) 4개국이 더해진 7대 거점이 완성된 것은 1997년이었다. 이후 메디슨의 사업은 7대 거점의 현지 자회사와 70개국 대리점의 이원체제로 운영됐다.

07

메디슨 연방을 구축하다

● 메디슨의 부침을 이야기할 때 자주 등장하는 메뉴 중 하나가 '벤처 연방'이나 '메디슨 연방'이다. 벤처 연방은 기업들이 연합해서 벤처생태계를 형성하고, 각각의 기업이 하나의 생명기업처럼 움직이는 기업군을 의미한다. 이민화는 이 벤처 연방을 '느슨한 협력 관계'라고 표현했다. 즉 연방제 국가처럼 기업들이 서로 지분투자를 하고, 각 연방 기업들은 재무·인사 등 핵심적 경영 문제에 대해 간섭받지 않는 형태를 말한다. 자회사들은 기업그룹군의 주종적 관계가 아니라 수평적인 '회원사' 개념이라는 설명이다.

이민화는 벤처 연방제라는 개념을 창안해서 메디슨에 도입했고 사내외에 많은 연방 기업을 만들어 냈다. 대기업의 구조가 수직계열화를 특징으로 한다면 이민화가 주창한 메디슨 연방 방식은 수평적 관계를 형성하는 구조였다. 즉 대기업은 기업 소유주가 중심이 돼 소유주의 결정으로 기업이 강화되는 반면에 메디슨 연방은 CEO 각자의 역량이 극대화되는 구조였다.

메디슨의 벤처 연방에는 자회사도 있었지만 10~15% 정도만 경영에 간섭하는 협력회사도 꽤 있었다. 지분이 적었기 때문에 연방이라고 보기 어려웠지만 그런 회사들도 '메디슨 연방'이라고 불렀다. 메디슨이 주력으로 삼았던 초음파 사업 자체는 규모가 커졌지만 거기까지가 한계였다. 헬스케어 사업으로 확장할 필요가 있었다. 이민화는 『끝나지 않은 도전』에서 메디슨 연방이 탄생하게 된 배경을 이렇게 설명했다.

『끝나지 않은 도전』 中

7개국 자회사와 70개국의 대리점으로 전 세계 판매망을 구축한 메디슨의 다음 과제는 확보한 시장에 투입할 신성장 동력의 확보라고 판단했다. 기술혁신은 기업가정신에 기반한 창조적 도전이라는 믿음으로 사내벤처 양성에 돌입했다. 도전을 통해 새로운 혁신을 이룩할 수 있기에 메디슨 문화는 한마디로 도전의 문화였다. 메디슨의 근본 가치인 인간존중과 국부 창출은 도전을 통해 완성된다고 보았고, 이러한 도전을 장려하는 사내 관리 제도는 메디슨 방식의 목표관리(MBO)였다. 메디슨 문화에서 양성된 수많은 도전정신으로 무장된 사내 기업가들의 다음 행보가 사내벤처의 창업으로 이어진 것은 너무나 당연한 귀결이었다.

메디슨 연방의 구축은 사내벤처로부터 시작됐다. 최초의 사내벤처는 1992년 출범한 동서사업부였다. 경락을 통한 진단과 치료를 IT기술과 결합해 한방의료를 세계화한다는 야심 찬 꿈을 갖고 1994년 메리디안(경락)이라는 사명으로 출범했다. 메리디안은 혁신기술로 평가돼 좋은 조건의 벤처 투자를 받고 나스닥 장외시장에 등록하기도 했지만 나중에는 고전을 면치 못했다. 한방의료기기는 글로벌화하기 어렵다는 점이 한계였다. 이어서 전자차트(EMR) 사업을 위한 마이다스 사업부가 출범했다. 마이다스 사업부는 서울대 의공학과의 민병구 교수 휘하의 연구진이 바탕이 돼서 출범한 조직이었다.

‘의사랑’이라는 전자차트를 개발한 이들은 1994년 12월 메디다스라는 사명의 독립법인으로 출범했다.

의료용 내시경 분야는 1996년 서울대 의공학과의 지영준이 중심이 돼 1998년 ‘웰슨엔도’라는 회사로 분사했다. 내부 기술개발만으로 해결하기에 오랜 세월이 걸리는 미세 광학기계 분야는 내공이 필요해서 독일의 MGB라는 세계 최초 내시경 기업 중 하나를 인수했다. 엑스레이 사업부는 김영모 메디슨 상무가 주도해 설립했다. 당시 엑스레이 산업은 기술의 변혁기에 들어서고 있었다. 아날로그 방식인 엑스레이가 디지털 방식으로 변화하기 시작한 것이었다. 이민화는 핵심 분야인 디지털 검출기의 경쟁력을 확보하면 세계적 강자들과의 한판 승부가 가능하다고 판단하고 두 가지 검출기술에 벤처 투자를 했다. 하나는 ‘뷰웍스’이고, 다른 하나는 ‘디알텍’이라는 회사였다.

MRI(자기공명영상법)는 메디슨이 도전한 가장 큰 신기술 개발프로젝트였다. 이민화는 메디슨 상장에 따른 유입자금으로 한편으로는 3차원 초음파에 투자하고 한편으로 MRI사업에 도전했다.

메디슨 연방은 점차 사외벤처로 그 영역을 넓히게 된다. 유비케어 대표를 지낸 김진태(유투바이오 대표)는 이민화가 외부로 눈을 돌리게 된 배경을 이렇게 설명한다.

“메디슨이 성장하면서 사내에 있는 인프라로는 한계가 있었습니다. 메디슨은 초음파의료기를 앞세우고 있었기 때문에 영업이나 마케팅하는 사람들은 그쪽 분야만을 노렸습니다. 그러다 보니 메디슨 외에 다른 분야의 시장을 개척하고, 기업인을 육성해 내야 한다는 요구가 생겨서 자연스럽게 외부로 눈을 돌리게 된 것입니다.”

김진태의 증언대로 메디슨의 국내외 영업망이 확장을 거듭하면서 불과 300명의 사내벤처로는 새로운 성장동력의 한계에 부닥치게 됐다. 이민화는 1995년 상장을 앞두고 외부 인력의 필요성을 절감했다고 토로한 바 있다.

『끝나지 않은 도전』 中	왜 외부의 우수한 인력과 회사를 신기술 개발에 끌어들이지 못하는가. 한국에서 동원 가능한 인력을 총동원해야 소위 GE, 지멘스, 필립스라는 GPS에 필적할 수 있지 않겠는가.

개방형 혁신(Open Innovation)이 태동하게 된 계기였다. 사내벤처가 자연스럽게 사외벤처로 이어지면서 '느슨한 연대'의 기업군이 탄생했다. 메디슨과 사외벤처의 관계는 공생을 전제로 했다. 메디페이스 이사를 지낸 최승욱은 사외벤처를 이렇게 설명한다.

"사외벤처가 문어발식 경영은 아니었습니다. 자회사의 경우 메디슨이 간섭할 수 있었지만 지분이 많지 않은 곳은 크게 간섭하지 않았습니다. 오히려 서로 협력하는 공생 관계가 괜찮은 모델로 보였습니다. 메디슨은 해외전시를 나갈 때도 연방 회사의 제품을 함께 들고 나갔습니다. 메디슨이 도와줄 수 있는 부분은 연방이라는 이름으로 도와줬습니다."

최초의 사외벤처는 1990년 합작투자로 설립한 대원전자였는데, 이후 프로소닉이라는 이름으로 상장했다. 이 회사의 변환기 기술을 기반으로 초음파 사업의 결정적인 핵심 소자인 인체에서 초음파신호를 얻는 탐촉자(probe)를 만들기로 하고 합작투자를 할 때 전문가들은 회의적으로 봤지만 결국 이 분야의 세계적인 기업으로 성장했다. 바이오메드랩은 서울대 민병구 교수팀과 고려대 의대의 성경 교수가 동물 임상 단계까지 진입한 인공심장 사업에 투자를 결정하고 김종원 박사와 설립한 회사였다.

1995년에는 코메드가 가세한다. 체외충격파 쇄석기라는 첨단 장비를 개발한 한국계전의 한 부문을 인수했다. 또 인포피아는 1996년 메디슨과 인연을 맺는다. 이 회사는 혈액분석 기술의 일부인 혈당측정 기술로 특화해 세계적인 기업으로 성장한다. 2000년에는 약품 포장 분야의 유망 기업인 협신 메디칼에 투자했다. 이 회사는 이후 독보적인 약 포장 기술로 일본 기업들을 제치고 미국 시장의 최대 공급회사로 자리매김했다. 같은 해 바이오 분야의 바이로메드와 싸이제닉에 출자했다. 바이로메드는 이후 바이오기업의 대표로 코스닥에 상장됐다.

이민화는 이런 사내외 벤처에 대해 "사내벤처에 이어 사외벤처의 가세로 한국의 의료산업 생태계는 더욱 풍성해지고 산업 성장은 3배 증가했다"고 자평한 바 있다. 또 "혁신은 개방에서 온다"고 단언했다. 2001년 11월 8일 〈매일경제〉와의 인터뷰에서도 자신감을 읽을 수 있다.

매일경제
2001년
11월 8일

어떤 모델이든 빛과 그림자가 있다. 벤처 성장모델은 단일대기업화, 비관련다각화, 관련다각화로 나눠볼 수 있다. 단일 대기업 형태는 제조기반 벤처는 가능하지만 지식기반 벤처는 부적절하다. 또 비관련다각화도 하나의 선택이 될 수 있지만 적절한 대안은 아니다. 앞으로는 관련다각화의 시대가 올 것이다. 공통시장을 중심으로(예컨대 메디슨과 관계회사들은 병원이라는 공통시장을 갖는다) 다각화함으로써 30% 이상의 효율성 향상을 꾀할 수 있다. 관련다각화를 통한 연방 형태는 5년 이내에 한국벤처모델로 일반화할 것이다.

그런 낙관적 전망이 이민화의 뜻대로 실현된 것 같지는 않다. 메디슨 부도 등 여러 가지 원인이 있었겠지만, 결과적으로 벤처 연방에는 빛과 그림자가 함께 드리워졌다고 할 수 있다. 이민화가 이룬 성과 중에서 이 부분만큼 논란이 큰 것도 많지 않을 듯하다. 그만큼 시각이 엇갈렸다. '벤처의 공생을 위해 충분히 가치 있는 시도였다'는 호평이 있는 반면 '대기업의 문어발식 기업확장과 다르지 않다'는 비난에 가까운 비판도 있었다. 엇갈리는 평가를 그대로 전한다.

프레시안 2002년 1월 30일	벤처기업들에 대한 '묻지마 투자'가 진행된 99년부터 이민화의 '벤처정신'이 변질되기 시작했다. 사방에서 해일처럼 몰려드는 자금홍수에 휘말려 본연의 벤처정신을 잃고 문어발식 기업확장에 몰두하기 시작했기 때문이다. 이민화는 이때부터 메디슨을 모기업으로 하는 계열사 확장에 나서는 한편 직접적으로 연관이 없는 벤처기업들에까지 손을 뻗치기 시작했다. 그 결과 한때 메디슨 그룹은 계열사 24사를 거느리고 자산가치가 3조 원에 달하는 '벤처 재벌'로 성장했고, 이와 별개로 투자한 기업 숫자만 40여 개사에 달할 정도로 팽창을 거듭했다.

● 한정화 전 아산나눔재단 이사장

이민화 회장님과 내가 공통으로 추구했던 부분은 벤처생태계의 발전이었다. 발전한 생태계 내에서 많은 기업이 나와 잘되기를 바랐고, 그것을 위해 제도 혁신 문제, 사회적인 인프라 문제, 철학적 기반의 문제를 자주 논의했다. 그러한 측면에서 벤처생태계의 발전 가능성을 깨닫기도 했다. 회장님은 사업으로 시행착오를 많이 겪으면서 벤처 연방을 만들면, 후배들이 시작하는 단계에서 빠르게 압축 성장을 할 수 있을 거라고 생각했다. 하지만 내 의견은 달랐다. 다각화라는 것이 쉬운 일은 아닐 테고, 위험성이나 다른 한계에서 리스크가 크다는 걸 알고 있었기 때문이다. 그 점에서 우리의 의견은 달랐다.

● 장흥순 서강대학교 기술경영전문대학원 교수

어떤 사람은 메디슨의 자회사가 많았던 것에 대해서 문어발식 경영이라고 말하기도 하는데 지금 생각하면 그것이 아니었다. 30년이 지나고 지금 보니 단일 회사로만 승부하는 회사는 오래 가기 힘들다. 메디슨 문화라는 방식이 벤처 에코시스템을 만들었고 메디슨 문화는 대한민국 벤처 기업들이 창업 후 어떻게 경영을 해야 할지에 대한 교과서적인 방식이 돼 주었다. 그리고 여기에 이민화 회장의 철학이자 메디슨의 정신이 들어가 있는 것이다.

● 김진태 유투바이오 대표

형식은 대기업의 문어발식 경영과 같아 보일 순 있으나 그 문화와 취지는 굉장히 달랐다. 2~3년 정도 시행한 뒤 부도를 맞는 바람에 끝까지 해볼 수는 없었고, 그래서 성공인지 실패인지 판단하기에는 무리가 있었지만 새로운 시도를 해보았다는 것에 의미를 두고 있다.

● 배종태 KAIST 경영대학원 교수

메디슨 연방은 관련 산업의 다각화 형태로 연방 구성 기업의 자원 공유를 촉진하고 시너지 효과를 높이는 계기가 됐지만, 결국 벤처 거품으로 인한 주식 보유 가치의 하락으로 부채 상환에 어려움을 겪으면서 외부의 급격한 환경 변화에 대한 대응에 취약점도 노출했다. 하지만 실패와 부작용만 남기고 사라진 것으로 여겨졌던 이민화식 벤처 연방제의 씨앗은 벤처의 토양에 뿌려져 새로이 싹트고 있었다. 100여 명에 달한다는 메디슨 출신의 기업가들이 바로 그들이다.

● 김영수 한국청년기업가정신재단 사무총장

메디슨 신화 당시에 계열사가 많았던 이유도 회장님이 꿈꾼 기업 간의 '느슨한 연대' 덕분이다. 그분은 벤처생태계를 조성하기 위해 자본 · 협회 · 관료 등의 여러 가지 생태계를 하나의 링크로 모으고자 했고, 청년창업포럼을 통해 기업을 키워 나갈 청년들과 지속적인 만남을 가졌다. 가장 결정적인 것은 스타트업 기업가들이 이미 성공한 회사의 이름으로 사업을 알릴 수 있도록 메디슨의 이름을 빌려줘서 성장 가능성을 높인 것이다.

이렇게 엇갈리는 평가를 이민화 본인은 어떻게 받아들였을까? 메디슨 부도 후 시간이 좀 지난 뒤인 2006년 7월 10일 〈전자신문〉에는 그와 관련한 인터뷰가 실렸다. 짧지만 답변으로 충분할 것 같아서 옮긴다.

전자신문
2006년
7월 10일

이민화는 "벤처 연방이 마치 재벌을 흉내 내는 것처럼 오해를 샀다"며 "만약 재벌과 같은 구조라면 메디슨이 부도난 다음에 여러 계열사가 살아날 수 있었을까"라고 반문했다. 벤처 연방체제는 여러 형태로 계속 형성돼야 하며 "계속 알리고 독려하겠다"고 말했다.

08

날개 없는 추락

"이것은 한 인간에게는 한 걸음이지만 인류에게는 위대한 도약이다."

1969년 7월 21일 인류 최초로 달에 첫 발을 디딘 미국의 우주비행사 닐 암스트롱(Neil Armstrong)이 남긴 말이다. 아폴로 11호의 달 착륙. 지구인들은 이 위대한 첫걸음에 아낌없는 환호를 보냈다. 하지만 우리가 본 것은 '인류의 위대한 도약'으로 지칭된 표면적인 성공일 뿐이었다. 그 첫걸음을 위해 얼마나 많은 실패가 있었을까. 그 실패들이 아폴로 11호의 성공을 만들어 낸 것이다. 이처럼 성공은 실패를 딛고 자란다.

그런 의미에서 메디슨의 추락을 단지 실패로만 규정할 수는 없다. 개별의 실패가 전체에게 한 걸음 더 나아가는 교훈이 되는 경우가 많기 때문이다. 지금 우리가 할 일은 실패에서 성공의 실마리를 찾는 것이다. 그게 바로 이민화의 철학이기도 했다. "도전하는 사람은 반드시 실패를 하게 돼 있다." "실패를 지원하지 않는 구조에서는 도전이 나오지 않는다." 그가 강조한 말이다. 그는 늘 실패의 이면을 보기 위해 노력했다. 그런 측면에서 메디슨 추락의 과정을 제대로 살펴보는 것 역시 이 시대의 숙제라고 할 수 있다.

미리 감지하든 못하든 큰 사고나 사건에는 전조가 있기 마련이다. 메디슨의 부도에도 분명 전조가 있었다. 대표적 징후는 아이러니하게도 끝 모를 비상이었다. 너무 높이 나는 바람에 땅 위에서 보내는 신호를 감지하지 못했던 걸까?

2000년 초, 전년도 결산을 마친 결과 메디슨은 경상이익 720억 원이라는 사상 최대의 실적에 들떴다. 가끔 숫자는 사람을 착각 속으로 밀어넣는다. 그래서 숫자 속의 진실을 읽는 데 소홀하면 안 된다. 경상이익 720억 원 중 영업이익은 150억 원 수준에 불과했다. 나머지는 사내외 벤처기업 중에서 상장주식 평가이익과 처분이익이었다. 메디슨이 벤처 연방의 일원으로 투자한 기업들의 가치가 천정부지로 상승하고 있었던 것이다. 외부 여건도 착시를 일으키기에 딱 맞는 조건이었다. 미국발 닷컴 붐이라는 IT 버블이 최고점을 향해 가고 있었기 때문이다.

1999년 말 기준으로 상장된 자회사만의 평가가치가 4,000억 원 이상 증가하면서 총자산 8,500억 원에 부채를 제외한 순자산만도 5,600억 원에 달했다. 더구나 2000년에 유럽 자회사인 크레츠가 유럽증시에 상장되면서 다시 5,000억 원 이상의 평가이익이 발생했다. 마치 '돈벼락'을 맞은 것 같았다. 당장 증권시장에서 매각 가능한 자회사 주식만 1조 5,000억 원에 달하면서 초우량기업이라는 착시현상이 벌어졌다. 그 결과 메디슨의 자만심은 하늘을 찔렀다. 하지만 그림자를 동반하지 않는 빛은 없는 법. 밝은 빛일수록 그 반대편의 그림자는 더 어둡기 마련이다. 그 최고의 순간이 바로 메디슨 최대의 위기였다. 훗날 이민화는 그렇게 자책했다.

"바로 이 시점에서 메디슨에 엄청난 위기가 오고 있다는 점을 인식하지 못한 것이 경영자로서 돌이킬 수 없는 오류였음을 모든 분들에게 송구스럽게 생각한다.”

메디슨의 비상과 추락 과정은 이렇다. 50여 개의 벤처에 800억 원 이상 투자했던 메디슨은 2000년 초 보유 유가증권의 평가액이 1조 5,000억 원에 달하게 됐다. 특히 메디슨과 자회사인 메디다스가 50억 원씩 모두 100억 원을 투자한 한글과컴퓨터는 주가가 치솟아서 100배 이상의 투자이익 평가액을 기록하고 있었다. 당시 2,000억 원 규모였던 부채를 갚을 여력이 충분했다. 2000년 4월 메디슨의 경영진은 이민화에게 주식을 처분해서 부채 청산을 하자고 건의했다.

“자회사 주식 중 2,000억 원을 매각해서 무차입 경영을 합시다.”

이민화 역시 매력적인 제안이라는 것은 잘 알고 있었다. 하지만 며칠을 생각한 끝에 내린 결론은 NO였다.

“코스닥을 탄생시킨 사람이 코스닥에 충격을 주는 대규모 매각은 할 수 없습니다.”

보유 주식을 일제히 시장에 내다 팔 경우 코스닥시장의 수많은 일반 소액투자자들이 막대한 평가 손실을 입을 것이 뻔했다. 그런 상황을 알면서도 자신의 기업만을 생각해 무작정 매각 결정을 내릴 수는 없다는 것이 이민화의 생각이었다. 사회적 가치와 기업가치의 극적인 충돌 상황에서 그는 사회적 가치를 우선하는 판단을 내린 것이었다. 눈앞의 이익보다 사회적 가치를 지킨다는 것이 그가 시종일관 지켜온 신념이었다. 그런 판단은 이민화에게 명분을 주었겠지만 메디슨으로는 뼈아픈 결정이었다.

그 당시 상황을 지켜본 사람들의 의견은 지금도 크게 엇갈린다. 이민화의 판단을 충분히 이해한다는 사람들도 있지만, 잘못된 결정이었다고 비판적 시각을 드러내는 사람도 많다.

● **이장우 경북대학교 교수**

나와 이민화는 일주일에 한 번씩 만났는데 당시 메디슨은 자금 사정이 좋았고, 회사 상황은 최고로 좋았다. 모든 회사가 메디슨에 돈을 빌려 달라고 할 상황이었다. 메디슨에 있는 부채를 전부 갚고도 남을 상황이어서 내가 이민화 회장에게 외국기업의 사례를 들어 '부채 없는 경영'을 권유했다. 하지만 이민화는 회사가 지금 정도의 부채는 가지고 운영해야 빠른 속도로 성장할 수 있다며 '부채 없는 경영'은 오히려 과도한 현금주의 같다고 말했다. 이것이 당시 이민화의 생각이었다. 결론적으로 IT 버블붕괴로 인해 자산의 가치가 급락하며, 메디슨의 자산은 사라지고 부채만 남았다. 이민화는 본인이 가진 철학으로 회사를 운영했지만, 나는 현금경영을 했으면 부채도 사라지고, 회사의 부도도 막을 수 있었을 것이라는 안타까움이 있다.

● **김영모 건양대학교 교수**

자회사 주식 중 제일 큰 것이 1조 원가량 되는 한컴이었다. 이민화 회장은 한컴을 팔지 않은 이유로 두 가지를 말했다. 첫째, 벤처생태계가 무너진다. 둘째, 한컴에 투자한 것은 이렇게 되팔려고 시작한 것이 아니다. 사람들에게 손가락질당할 것이다. 사실 한컴 주식을 전부 파는 것이 아닌 10%만 팔았어도 1,000억 원이었다. 부도는 44억 원 정도였으니 딱 10%만 팔면 부도를 피할 수 있었을 텐데 하는 생각이 든다.

● **최승욱 아이알엠 대표**

이민화 회장님이 회사 대표의 역할과 벤처기업의 얼굴이었던 공인의 역할 중 공인의 역할을 선택했다고 생각한다. 크게 보면 벤처생태계를 무너뜨리지 않기 위해 본인의 회사를 무너뜨린 것과 마찬가지다. 대부분의 기업인은 그 반대로 했을 것이다.

● **권용기 리슬 마케팅 책임자**

한컴 주식 매각 건 때문에 이민화 회장님과 술을 마신 적이 있었다. 그날 좀 많이 취했다. 이민화 회장님이 1년 선배였는데 나중엔 '형님' 소리까지 하면서 "형님! 이거 매각합시다"라고 말했다. "이것만 매각하면 부채를 덜 수 있잖아요. 우리가 25%를 가진 최대주주인데 매각 못 할 이유가 없지 않습니까"라고 말하니까 "이게 국민주 아니냐"면서 계속 난색을 표했다. 그래서 나는 다시 "국민주라고 해도 우리 먼저 살아야 하는 거 아닙니까"라며 매각을 종용한 적이 있었다.

최악의 상황은 지척에 와 있었다. 2000년 하반기 들면서 미국발 IT 버블의 붕괴는 그대로 한국의 코스닥에 직격탄을 날리게 된다. 태평양 건너의 재채기가 한국에 와서 몸살을 부른 격이었다. 미국의 닷컴 주식이 10분의 1로 하락하면서 한국의 코스닥 주식은 20분의 1로 하락했다. 연초 1조 5,000억 원이었던 메디슨의 자산은 연말에 1,000억 원 수준으로 줄어들고 말았다. 마치 순식간에 사라진 신기루 같았다. 그에 반해 부채총액은 3,600억 원으로 불어나면서 유동성 위기에 몰리게 된다. 그 결과 2000년 실적은 영업이익에도 불구하고 주식 평가손에 의해 1,300억 원 적자로 마감됐다.

이민화로서는 뭔가 결단이 필요한 시점이었다. 결국 2000년 12월 주식 매각 반대라는 잘못된 결정에 대한 책임을 지고 물러난다는 선언을 한다. 메디슨의 경영은 비상대책위원회 중심으로 전환되고, 자신은 유럽 자회사 크레츠의 매각을 통한 자금조달 후 공식 사임하겠다고 발표했다.

GE와 진행 중인 크레츠 매각 협상은 유동성 위기를 타개하기 위한 마지막 승부수였다. 2001년 10월 드디어 1년여를 끌어온 줄다리기가 1억 유로에 타결됐다. 그 사이 유럽증시도 버블붕괴의 폭탄을 맞았다. 결국 최종 협상가격은 협상을 시작할 때보다 엄청나게 하락했지만, 금융권의 극심한 부채상환 요구에 시달리고 있던 메디슨으로는 매각밖에 다른 선택의 여지가 없었다. 거꾸로 GE로서는 크레츠 매수가 날개를 단 격이 됐다. 1억 달러 규모였던 크레츠의 3차원 초음파 매출을 5배 이상으로 키우면서 업계 정상으로 등극하게 된다. 메디슨 사람들이 두고두고 아쉬워한 것이 바로 크레츠의 매각이었다. GE로부터 입금이 된 다음 날인 2000년 10월 9일은 이민화에게 잊을 수 없는 날이었다. 그날 자로 메디슨 대표이사를 사임했기 때문이다. 1985년 설립 후 15년간 고락을 함께한 회사였지만 책임을 지는 모습을 보여주는 것이 도리라고 판단했다. 대한민국 벤처산업을 이끌어 온 이민화의 퇴진은 큰 파장을 낳았다. 언론도 지면을 할애했다.

매일경제
2001년
10월 12일

벤처 1세대 대표주자이자 한국 벤처산업 개척자인 이민화 메디슨 회장(48)이 경영일선에서 퇴진했다.
메디슨(www.medison.co.kr)은 11일 임시이사회를 열어 이 회장이 메디슨 대표이사에서 사퇴한다는 내용에 합의했으며 12일 오전 이 회장의 이임식을 가졌다.
지난 85년 첨단의료장비업체인 메디슨을 창업한 지 16년 만에 '벤처 대국'의 꿈을 완성하지 못한 채 중도 하차했다.
한때 벤처 신화로까지 평가받았던 메디슨의 위기는 99년부터 서서히 조짐을 보이기 시작했다. 특히 작년 하반기부터 코스닥시장에 거품이 빠지고 주가가 급락하면서 투자자산이 부담이 되기 시작했다. 소위 '연방제'라 불리는 23개 계열사와 40여 개 투자사에 대한 자금부담이 유동성 위기로 연결되면서 극도의 자금압박을 받아왔다. 이 회장은 결국 투자유가증권 매각과 기업분할을 골자로 하는 구조조정안을 추진했고 이 과정에서 대표이사 퇴임을 기업회생과 재도약을 위한 카드로 던진 것이다.
이 회장은 "일선 경영에서 물러나는 것이 메디슨 재도약의 발판이 될 것이라고 생각했다"고 사퇴를 결심한 배경을 설명했다. 그는 또 "메디슨 연방 기업에는 본인의 경험과 전략적 조언이 필요하다고 생각되기에 메디슨 CEO에서 한국의료산업의 후원자로 역할을 전환하고자 한다"고 말했다.

자신이 만들고 키워온 메디슨에서는 떠났지만 이민화가 모든 일에서 은퇴한 것은 아니었다. 한국 의료산업의 새로운 전략을 구상하기 위해 한국의료산업연구소를 설립했다. 메디슨이 고비를 넘겼으니 이제 좀 안정된 마음으로 다음 의료전략을 세워보겠다는 복안이었다.

하지만 메디슨과 이민화의 인연이 그렇게 정리된 것은 아니었다. 경영일선에서 물러난 지 1년 3개월쯤 지났을 때 날벼락 같은 일이 터졌다. 메디슨을 부도 처리한다는 것이었다. 경영에서는 물러났지만 창업자였던 그에게 부도는 충격이었다. 이민화로서는 이해할 수 없는 일이었다. 크레츠 매각 대금이 돌아와 한숨을 돌린 회사가 부도라니…. 매각 대금 중 크레츠와 메디슨이 주고받은 상계 문제로 미입금된 300억 원을 추가로 증자하기로 한 이틀 전에 부도가 난 것이었다. 증자는 확정돼 있었고 이민화를 비롯한 메디슨의 임직원은 증자 대금을 준비한 상태였다. 이민화뿐 아니라 회사 임직원들 중에서도 부도가 날 것이라고 예상한 사람은 없었다. 메디슨의 상황이 안 좋은 것은 사실이었지만 여러 번 위기를 넘겼기 때문에 이번에도 그렇게 되지 않을까 믿었던 것이다. 직원들은 소위 '멘붕'에 빠질 수밖에 없었다. 언론도 메디슨의 부도 소식을 주요 뉴스로 다뤘다.

한국경제

2002년
1월 30일

'간판 벤처' 메디슨 부도… 44억 결제 못 해

초음파진단기 등 의료장비 분야에서 '벤처신화'를 일궈냈던 메디슨이 최종 부도처리됐다. 메디슨은 법정관리를 신청할 것으로 알려졌다. 조흥은행은 29일 메디슨이 전날 미결제 어음 44억8천9백만원을 결제하지 못해 최종 부도처리됐다고 밝혔다. 메디슨은 이날 돌아온 어음 22억원도 막지 못했다. 조흥은행 관계자는 "메디슨이 전날 1차부도 이후 자금확보를 위한 노력을 계속했으나 연이어 도래하는 어음을 결제할 능력이 없다고 통보해 와 최종 부도처리했다"고 말했다. 메디슨은 28일 조흥은행 선릉지점에 돌아온 어음 44억원을 결제하지 못해 1차부도를 낸 데 이어 29일 같은 지점으로 돌아온 어음 22억원도 막지 못해 최종 부도처리됐다.

메디슨은 29일 현재 금융권에 총 2천4백72억원 규모의 차입금을 갖고 있다. 이 가운데 단기차입금 회사채 CP(기업어음) 등 단기부채가 1천7백90억원으로 전체 차입금의 약 72%를 차지하고 있다. 주채권은행인 하나은행 관계자는 "메디슨 측이 결제 불가능 통보와 함께 조만간 법정관리를 신청할 계획이라고 알려왔다"고 말했다.

메디슨에 대한 은행별 여신은 하나 2백80억원, 한빛 1백92억원, 국민 1백28억원, 기업 50억원, 조흥 40억원, 외환 24억원 등이다. 은행들은 여신에 대해 대부분 담보를 잡고 있어 부도에 따른 영향은 거의 없다고 설명했다.

벤처기업 선두주자의 부도라는 충격적 결과에 대해서는 두고두고 말이 많았다. "주채권은행인 하나은행이 자금 지원 요청을 외면하지만 않았어도 충분히 회생 가능했다"라며 그 배경에 의문을 제기하는 사람들도 있었다. 하지만 은행 탓으로만 돌리는 것은 문제가 있어 보인다. 이민화로부터 바통을 이어받아 벤처기업협회장을 지낸 장흥순(서강대 기술경영전문대학원 교수)은 하나은행장에게 직접 들은 이야기라며 "당시 은행들은 메디슨에 주식을 팔라고 권고했으나 이민화 회장이 듣지 않았다"라고 전한다. 이 증언대로라면 은행이 일방적으로 부도를 냈다고 단정하기는 어렵다. 부도를 낸 배경에는 '어떤 의도'가 있었다는 말도 나왔다. 당시 뜻밖의 상황과 맞닥뜨렸던 임직원들도 여전히 아쉬움을 토로한다.

● 김영모 건양대학교 교수

아쉬운 부분은 은행에 증자 대금도 들어와 있고 다음 날이면 회사로 들어오는데 하루만 연장해 줬으면 부도를 면할 수도 있었는데, 그렇게 해주지 않았다는 것이다. 은행의 상황도 이해는 가지만 정말 어쩔 수 없었나 싶다.

● 최승욱 아이알엠 대표

잘은 모르나 너무 급격히 성장한 기업이라 견제한 점도 있을 것이다. 메디슨은 그다지 겸손한 기업은 아니었다. 분명 잘나가고 자신감이 넘쳤지만 이미지를 선하게 가꾸는 기업이 아니었다. 특히 KAIST 출신인 엘리트가 만든 기업이라는 인식이 있으니 기존 대기업들이 보기에는 많이 튄다는 느낌이 들었을 것이다.

● 김진태 유투바이오 대표

결론적으로 회장님은 자금을 유치하기 위해 유상증자 진행 건과 함께 회사 자산을 매각하기로 했다. 그것에 대한 결실을 보기 전에 부도가 난 것이니, 회장님은 자산 매각으로 충분히 해결될 것이라 생각하고 동분서주했을 것이다.

이민화는 자서전 『끝나지 않은 도전』에서 자신이 생각하는 부도의 배경에 대해 상세하게 언급한 적이 있다.

『끝나지 않은 도전』 中

(메디슨에서 물러난 뒤) 야당인 한나라당에서 제안이 들어왔다. 미래 국가전략을 만드는 태스크포스에 합류해 달라는 요청이었다. 나는 메디슨을 완전히 떠난 몸이었기에 "정치에는 절대 참여하지 않는다"는 조건으로 그 태스크포스에 합류했다. 태스크포스의 멤버는 5명으로 공성진(국회의원), 정두언(국회의원), 김일섭(회계 연구원장), A(이름을 밝힐 수 없다) 그리고 나였다. 공성진 당시 한양대 교수의 한백연구소에서 '강한 나라 좋은 나라'라는 슬로건을 내걸고 혁신국가로서 새로운 한국의 산업 패러다임을 제시해 나갔다. 나는 보람 있는 일이라 생각해 순수한 마음으로 참여한 것이다. 2001년 11, 12월의 일이었다.

그런데 2002년 1월 메디슨이 부도에 처한다는 날벼락 같은 소식이 들려왔다.

(중략)

이러한 의문은 부도 일주일 뒤에 벤처 후배인 전석진 변호사로부터 전화를 받고 파악이 됐다. 전 변호사는 변호사이면서 벤처기업을 설립한 벤처협회 초창기 이사이기도 했다. 그는 다짜고짜 내게 물었다.

"형님, 한나라당 정책 수립에 참여한 적이 있으십니까?"

나는 깜짝 놀랐다. 5명이 비밀리에 작업을 한 것인데, 그가 어떻게 알았을까.

"형님이 그런 일에 참여하고도 회사가 무사할 줄 알았나요?"

뒤통수를 한 방 맞은 느낌이었다. 나는 즉각 항변을 했다.

"내가 한나라당 정책 수립에 참여하기는 했지만 나는 이제 메디슨과 관계 없는 사람이야. 그 회사에서 완전히 물러났어."

그러나 전 변호사는 단호하게 얘기했다.

"그건 형님 생각이고, 다른 사람들은 메디슨 이민화라고 생각하고 있습니다. 형님이 한나라당 정책 수립에 참여한 이상 메디슨은 무사할 수 없지요."

그때 수립된 정책은 이후 국회의원이 된 정두언 · 공성진 두 의원이 잘 활용했다. 그러나 나의 참여로 메디슨이 부도난 사건에 대해 두 사람은 전혀 모르고 있다. 이 책에서 처음 밝히는 사항이다. 정치의 무서움을 뼈저리게 느낀 순간이었다. 그러기에 무려 10년 동안 입을 다물고 있었던 것이다!

이민화가 쓴 대로 '정치적 의도'가 메디슨 부도의 결정적 배경이었는지 확인할 방법은 없다. 하지만 "정치의 무서움을 뼈저리게 느꼈다"는 것을 보면 이민화 자신은 사실로 믿고 있었던 듯하다. 부도 처리의 배경은 그렇다고 치더라도 메디슨이라는 거함이 침몰하게 된 데 따른 부작용은 없었는지, 이민화 자신에게 귀책 사유가 있었던 것은 아닌지 돌아볼 필요가 있다. 객관적 복기야말로 실패에서 성공을 캐내는 발판이기 때문이다. 이에 부도 직후 언론의 분석기사를 통해 대략적인 흐름을 살펴본다.

한국경제

2002년
1월 30일

[메디슨 왜 무너졌나] 무리한 사업확장… 끝내 파국

"벤처신화가 무너졌다."

한국 벤처기업 1세대로 한때 '벤처 모범'으로 불렸던 메디슨이 자금난에 몰린 끝에 29일 좌초했다.

속속 도래한 어음을 막지 못하고 부도를 낸 것이다.

메디슨의 부도는 벤처사업가의 대명사였던 이민화 회장(현직은 메디슨이사회 의장)의 몰락을 의미한다.

벤처신화 창조=메디슨은 설립 10년째인 1995년에 이미 매출 1천억원을 돌파했다.

KAIST 출신들이 산업화한 초음파진단기가 국내외에서 잘나갔다.

메디슨은 웬만한 중견기업도 넘기 어려운 증권거래소 상장 문턱을 1996년 1월 가볍게 뛰어 넘었다.

같은 해 초음파진단기 분야에서 상당한 기술력을 보유한 것으로 평가받던 오스트리아의 크레츠테크닉을 사들였다.

이를 토대로 1997년 세계 처음으로 3차원 초음파진단기를 개발하는 데 성공했다.

이어 휴대용 초음파진단기와 무(無)필름X레이 등 첨단제품을 잇달아 내놓았다.

메디슨은 한창 잘나가던 시기인 1999년만 해도 2천1백22억원의 매출액에 5백14억원의 당기순이익을 기록했다.

자본금 1백69억 원짜리 벤처기업의 시가총액이 7천5백억원 수준까지 치솟았다.

누구나 신화를 창조한 벤처로 인정해 주었던 시기였다.

확장 시대=메디슨은 사업성공 및 높은 주가를 바탕으로 계열회사를 늘리면서 '벤처제국'을 지향했다.

사업영역을 떼어내어 별도회사로 만들었으며 다른 신생벤처에 대한 투자도 대폭 늘렸다.

메디다스 메리디안 한글과컴퓨터 등이 관계사로 연결됐다.

자회사 투자회사를 합쳐 계열 및 관계회사가 한때 50여 개사에 이르렀다.

업계 관계자는 "메디슨의 내부자금 사정이 여의치 않았을 때에도 회사채 기업어음 은행차입금 등을 동원해 사업확장을 진행했다"고 전했다.

무너지는 신화=이 회장의 벤처 연방은 2000년 초 벤처거품론이 제기되면서 붕괴되기 시작했다.

코스닥시장이 가라앉으면서 투자자금의 회수 시점을 기약할 수 없게 됐다.

회수가 사실상 불가능한 경우도 적지 않았다.

이를 파악한 신용평가회사들이 메디슨의 신용등급을 투자적격등급에서 투기등급으로 강등시켰다.

핵심역량인 초음파진단기의 경쟁력에도 금이 가기 시작했다.

신뢰도와 브랜드 인지도가 낮은 상황에서 세계시장에서 경쟁하다 보니 가격을 낮춰 팔 수밖에 없었다.

지난해엔 2천74억원의 매출액에 영업이익이 62억원에 불과했으며 투자손실로 당기순이익이 마이너스 1천1백66억원에 달했다.

> 자금사정 악화로 초음파진단기 원천기술을 보유하고 있는 크레츠테크닉도 매각할 수밖에 없는 처지로 내몰렸다.
> **구조조정도 실패=**이 회장은 크레츠테크닉을 매각할 경우 매각대금으로 유동성 위기를 모면할 수 있을 것이라 주장해 왔다.
> 동시에 자구책으로 회사분할을 시도했다.
> 지난해 7월 크레츠테크닉을 미국의 GE사에 매각하면서 1억 유로(원화 1천1백억원)를 받기로 했다.
> 하지만 크레츠테크닉 자체의 채권·채무관계를 정리하고 나니 실제 유입대금은 6백50억원에 불과했다.
> 3천억원이 넘는 차입금을 갚기엔 턱부족이었다.
> 과다한 채무로 메디슨은 회사를 초음파진단기 전문회사와 투자관리회사로 쪼개려는 당초 계획도 지난해 말 포기했다.
> 결국 메디슨은 총 차입금 2천4백72억원을 감당할 길이 없다고 판단하고 29일 백기를 들었다.
> 메디슨은 현재 법정관리를 모색하고 있다.
> 한국신용정보의 김재범 전자통신평가실장은 "메디슨의 좌초는 건실한 벤처기업이 무리하게 확장경영에 나섰기 때문"이라며 "메디슨이 주식시장이나 벤처 붐에 편승하지 않고 한 길을 갔다면 이런 일은 없었을 것"이라고 진단했다.

기사는 '무리한 확장경영'을 주요 부도 원인으로 지적하고 있다. 하지만 모두가 '방만한 투자'에서 원인을 찾는 것은 아니다. 당시의 환경이나 경제 여건이 메디슨을 나락으로 몰았다는 시각도 많다. 결국 특정한 하나의 이유가 메디슨을 몰락시킨 것이 아니라, 복합적인 원인이 작용했다는 얘기가 진실에 가까울 것으로 보인다. 가능한 한 상황을 객관화하기 위해 여러 진술을 들어본다. 이민화와 가까웠던 이들의 소회와 뒷얘기도 함께 전한다.

● **이승우 리솔 연구소장**

일반적으로는 메디슨이 투자를 많이 하는 바람에 부실이 생겨서 부도가 났다고 생각하는데 실제로는 그렇지 않다. 투자한 돈은 손해 보지 않았다. 문제는 회사를 키워가다 보니 외부에서도 내부에서도 성장 요청을 하게 됐다는 것이다. 성장중심주의 때문에 국내와 해외에 영업 부실이 생겨났고 그것이 부도의 근원이었다. 국내는 물건을 팔면서 초음파만으로 매출이 안 나와서 다른 아이템을 같이 하게 됐는데 그중 하나가 금융 회사인 메디캐피탈이었다. 이 회사의 부실 금액이 많아지면서 부도가 난 뒤 조사와 형사소송의 대상이 될 수밖에 없었다. 해외의 경우 현지법인을 통해서 외상거래를 한 돈이 안 돌아왔다. 금액이 워낙 크다 보니, 그 또한 세관에서 조사가 들어왔다. 과도한 성장중심주의가 원인이었다. 실제로 그런 징조가 있다 보니 은행들이 돈을 안 빌려주려고 했고 결국 자금 회전이 원활하지 못했던 것이다. 그런 징조는 부도 3년 전부터 있었던 것 같다. 주채권은행인 하나은행마저 손을 뗀 것은 아마도 내부적으로 그런 데이터를 갖고 있었기 때문이었을 것이다.

● **한정화 전 아산나눔문화재단 이사장**

메디슨 부도에는 여러 가지 원인이 있다고 본다. 하나는 메디슨이 중소형 병원으로 들어가면서 가격 경쟁력을 확보했지만 중소형 마켓 자체가 크지 않았고, 해외 진출을 시도하다 보니 적자가 생기고 부도까지 가게 된 것이라는 의견이다. 다른 의견은 벤처 버블 시기에 벤처 연방에 투자한 금액이 거품이 빠지며 반 토막 정도로 떨어질 거라 생각했지만 10분의 1로 떨어지면서 예상치 못한 타격을 입었다는 것이다. 손 쓸 틈도 없이 부도가 난 것이다. 한컴 주식을 팔거나 은행에서 조금만 더 시간을 주었으면 어땠을지 아쉬움이 크다. 그럼에도 나는 이민화 회장이 훌륭하다고 본다. 그분은 기업의 이익을 본인의 개인 재산으로 조금도 챙기지 않았다. 그런 뚝심이 있어서 많은 기업인의 롤모델로 불렸다. 지금 이름난 기업의 기업가들이 이민화 키즈이자 메디슨 연방의 후예들이다.

● **김진태 유투바이오 대표**

메디슨의 부도 여파는 컸다. 메디슨과 자회사에도 거센 회오리바람이 불었다. 그나마 다행인 것은 메디슨이 부도난 것 외에는 사내외 회사 중 망한 회사가 없었다는 것이다. 하지만 하나 둘 주인이 바뀌었고 그에 따라 뿔뿔이 흩어져야 했다. 나도 여파가 컸다. 메디슨 부도로 300억 정도의 부채를 안았고, 메디다스는 신규사업을 중단하면서 30%의 구조조정을 감행할 수밖에 없었다. 돈 되는 사업만 남기고 신규사업은 전부 중단시켰다고 보면 된다.

● **김태형 범부처전주기의료기기연구개발사업단 사업화지원본부장**

개인의 이익과 사회의 이익이 충돌할 때 문제가 생긴다. 메디슨 부도 이후 회장님은 후회하지 않는다고 말씀하셨지만, 나는 메디슨의 부도로 인해 한국의 의료기기산업이 일보 후퇴했다고 생각한다. 메디슨의 초생명기업 구조는 어디에도 없는 혁신적인 의료산업의 연결이다. 메디슨은 기업들에 맏형 같은 역할을 했고, 한창이던 시절에는 해외 네트워크도 200개가 넘었다. 이민화 회장님의 말대로 메디슨이 사라져서 다른 사회의 이익이 커졌느냐 하면 또 그것도 아니다. 차라리 메디슨이 살아남아서 사회 부가가치를 많이 생산했다면 어땠을까 하는 아쉬운 마음이 있다.

● **여인국 전 한국기술거래소 사장대행**

메디슨 부도와 관련해 누군가는 이민화가 실패한 사람이라고 말하지만 난 아니라고 생각한다. 국내 최초로 초음파 의료기기를 내놓았고, 벤처 창업의 생태계를 만든 사람이다. 기업이 부도가 났다고 해도 그 공은 사라지지 않는다. 오히려 사람들의 인식이 바뀌어야 한다고 본다. 하나의 기업이 태어나서 오래 간다는 것 자체가 쉽지 않다. 똑똑한 기업 한 개가 100년을 가는 것도 중요하지만 덜 똑똑한 기업 100개가 생기는 것도 중요하다. 메디슨 같은 기업을 만들었다는 것 자체가 대단한 일이다.

부도와 법정관리는 메디슨의 성장을 정체 혹은 후퇴 국면으로 이끌었다. 2001년 매출이 3,200억 원이었지만 2011년 삼성으로 매각될 때의 매출은 2,300억 원이었다. 메디슨의 초음파 사업 자체는 10년 동안 거의 변화가 없었다. 기업가치는 2001년에 1조 원이었으나 삼성에 매각되는 시점에는 8,000억 원 규모였다. 10년 동안 성장하지 못했다는 것을 확인해 주는 지표다.

다른 문제도 있었다. 짧게는 코스닥시장에서 메디슨 관련 종목이 급락하는 등의 영향을 미쳤고, 장기적으로는 의료산업 전체의 정체를 불러왔다. 의료산업 전체 성장은 메디슨이 시장 선도 기업으로 등장하면서 7%에서 21%로 상승했다. 하지만 2002년 이후 메디슨이 초음파 사업만 한다고 선언한 뒤에는 9%로 떨어졌다. 또 의료산업의 수출실적도 크게 낮아졌다. 벤처생태계에도 영향을 미쳤다. 모든 벤처기업이 스스로 세계시장을 개척할 수 없다는 것은 자명한 사실이다. 선도 기업이 개척한 시장을 후발 기업들이 공유하면서 산업 전체가 함께 성장하기 마련이다. 하지만 메디슨의 부도과정을 보면서 선도 벤처들이 단독 성장 전략을 선택했다. 결과적으로 벤처생태계의 확산 모델이 사라져 버린 것이다. 이민화는 그런 문제 역시 자신의 오판 때문이라고 훗날 자책한 바 있다.

메디슨의 부도는 이민화 개인에게는 어떤 영향을 미쳤을까. 2002년 1월 부도가 나고 법정관리에 들어가면서 이민화가 보유한 지분 전량이 소각됐다. 2008년 기술거래소 이사장으로 부임할 때까지는 소위 '백수'로 지내야 했다. 백수가 문제가 아니라 주식은 물론 집 같은 모든 부동산이 자신의 명의였기 때문에 부도가 나면서 전 재산이 사라졌다. 개인보다는 사회의 발전에 더 많은 가치를 두었던 이민화였지만, 현실적으로 타격이 클 수밖에 없었다. 메디슨이 부도처리되면서 그가 처한 상황을 신문은 이렇게 전했다.

한국경제

2002년
2월 1일

'400억 거부서 6억 빚쟁이로'… 이민화 메디슨 前회장

'벤처업계의 대부'로 주식평가액을 합쳐 한때 재산이 4백억원 대에 이르던 이민화 메디슨 전 회장이 메디슨의 부도로 빚만 6억원 남은 것으로 알려졌다.

벤처붐이 절정을 이루던 지난 1999년 12월 중순 메디슨의 주가는 2만2천2백50원(액면가 5백원 기준)까지 치솟았다.

당시 이 전 회장은 메디슨 지분 4.8%(1백62만7천여 주)를 보유하고 있었다.

메디슨 보유주식으로만 평가금액이 3백60억원을 웃돌았다.

이 전 회장은 메디슨 외 다른 벤처기업에도 소액 투자하고 있어 개인 재산이 4백억원에 달했다.

이 전 회장은 메디슨이 어려움에 빠진 이후 메디슨 주식을 전혀 처분하지 않았다고 밝혔다.

> 오히려 2000년 6월에 은행에 메디슨 주식을 담보로 맡기고 20억원을 빌려 자사주를 대거 사들였다.
> 이후 지난해 말까지도 메디슨 주식을 단 한 번도 팔지 않았다.
> 지난해 말 주식을 처분한 것은 주식을 담보로 돈을 빌려준 은행들이 강제로 환수했기 때문이라는 것이 그의 설명이다.
> 이 전 회장은 "최근 14억원어치의 메디슨 주식을 매각했으며 이중 9억원은 은행에 상환조치당했으며 5억원은 회사 운전자금으로 사용하고 있다"는 내용의 해명자료를 1일 배포했다.
> 이 전 회장은 현재 메디슨 지분 3.0%(98만1천여 주)를 보유하고 있지만 주식 가치는 거의 없는 것으로 평가받고 있다.
> 이 전 회장은 지난해 말 개인 부채가 14억원이었으며 최근 살고 있던 아파트(8억원 상당)를 처분한 이후에도 개인 부채가 6억원 더 남아 있다고 설명했다.
> 한편 이 전 회장의 가족이나 친인척 명의의 재산이 얼마인지는 알려지지 않았다.

부인 이사랑은 모든 것을 잃었지만 최악은 아니었다고 당시를 돌아본다.

"재산이 없을 뿐이지 매달 살아가는 생활비 걱정은 하지 않았어요. 남편이 메디슨에 다닐 땐 메디슨 관련 특허를 많이 냈지만, 쉬는 동안에도 작은 특허를 많이 내서 판매하고 수익을 얻었거든요. 부도가 나니까 남편에게 자기 회사를 맡아 달라고 하는 곳도 많았어요. 하지만 '나는 이제 사업가로서 적합하지 않은 사람이다'며 거절하더군요. 그렇게 시간적 여유가 생기면서 해외여행도 다닐 수 있었습니다. 가족끼리도 가고 단둘이도 갔습니다. 스페인, 북유럽 여행 등을 영상으로 만들어 유튜브에 올리기도 했습니다."

'동지' 이장우는 메디슨의 부도 이후에도 이민화가 비교적 담담했다고 전한다.

"실제로 이민화 회장의 속이 어땠을지는 모르겠지만 어떤 상황이라 할지라도 낙심한 표정이나 행동을 보인 적은 없습니다. 돌이켜보면 평소에도 자기 얘기를 남의 얘기처럼 아무렇지 않게 하곤 했어요. 부도 후의 사건도 남의 일처럼 담담하게 얘기했습니다. 본인에게 어려움이 생겨도 크게 힘들어하지 않았던 이유를 추측해 보면 본인의 자기 객관화 능력이 뛰어났기 때문이 아닐까 생각합니다. 원래도 '자기 것'에 대한 욕심이 없던 사람이라 부도 이후의 압박감이 보통 사람들보단 적었을 겁니다. 즉 원래 내 것이 아니라고 생각했기 때문에 잃었다는 사실이 크게 와닿지 않았던 거지요. 이민화 회장은 물질보다 명예를 중요시했습니다. 기업가로서 명예적 측면에서는 부끄러울 것 없이 살아왔으니 메디슨이 부도가 난 뒤에도 본인 양심에 벗어나도록 잘못한 것은 없다고 생각했던 것 같습니다. 회장직을 잃게 돼도 명예는 그대로 남아 있으니 좀 더 의연할 수 있지 않았을까요?"

2002년 1월 29일 최종 부도처리된 메디슨은 그해 3월 8일 법원으로부터 회사정리절차 개시 결정을 받고 법정관리에 들어간다. 법정관리 이후 메디슨은 외부 수혈 없이 순수한 영업 수입만으로 4년여 만에 졸업하는 사례를 남겼다. '메디슨 초음파=우량'이라는 인식이 큰 영향을 미친 것으로 보인다. 2011년에는 삼성이 캔사스라는 사모펀드에서 인수해서 삼성메디슨으로 재출범했다.

09

메디슨이 남긴 것들

• 2000년 10월 9일 이민화가 대표이사에서 물러나고 2002년 1월 29일 최종 부도처리되면서 '이민화의 메디슨'은 세상에서 사라졌다. 그렇다고 모든 흔적이 지워진 것은 아니었다. 메디슨의 주인은 바뀌었지만, 무형의 가치는 여전히 남아 증식을 거듭해 왔다. 여전히 회자되는 '메디슨 문화'와 100명의 기업인으로 기억되는 '메디슨 가족'이 그 실체다. 메디슨 문화는 '혁신의 문화'다. 메디슨 정신은 메디슨을 넘어 의료산업계, 나아가 한국 벤처산업계에 살아서 진화하고 있다. 가히 '메디슨의 부활'이라고 할 만하다.

메디슨 문화

문화라는 말은 너무 포괄적이어서 한두 문장으로 정의하기 어렵다. 사전을 빌려서 의미를 규정하자면 "자연 상태에서 벗어나 일정한 목적 또는 생활 이상을 실현하고자 사회 구성원에 의하여 습득, 공유, 전달되는 행동 양식이나 생활 양식의 과정 및 그 과정에서 이룩하여 낸 물질적·정신적 소득을 통틀어 이르는 말"(표준국어대사전)이다. 이렇게 설명해 놓으면 무슨 소리인지 더 어려워진다. 결국 그 실체를 봐야 어느 정도 이해가 가능해진다. 국가에는 국가 단위의 문화가 있고 지역에는 지역 단위의 문화가 있다. 당연히 사회 공동체의 한 단위인 기업에도 문화가 존재한다. 그렇다면 메디슨의 문화는 무엇일까? 단기간 내에 메디슨을 세계적인 의료기 업체로 성장시킨 근원은 무엇이며, 그 문화의 기틀을 마련한 이민화의 경영철학은 무엇이었는지 들여다볼 필요가 있다.

메디슨은 작은 조직이었지만 결코 작지 않은 기업이념을 가진 회사였다. 그 영향은 메디슨 내에만 미친 것이 아니라 다른 회사들에 의해 벤치마킹되기도 했다. 먼저 배종태(KAIST 경영대학원 교수)의 기록을 통해 메디슨 문화의 윤곽을 들여다본다.

배종태
KAIST
경영대학원 교수

기술에 의한 세계 도전을 비전으로 하는 메디슨은 기업 외부를 향한 가치로서는 국부창출을, 기업 내부를 향한 가치로서는 인간존중을 기업이념으로 삼았다. 기업 외부의 관점에서, 부를 창출하지 않는 기업은 그 사원뿐 아니라 사회에 죄를 짓는 것으로 우리나라에서 다른 업체들이 하지 못한 일에 도전함으로써 이윤을 얻고 사회에 기여해야 한다. 또한 기업 내부의 관점에서, 인간의 가치는 창의를 통한 도전과 성취를 통해 자아완성을 향해 가는 것으로 기업 구성원 각자는 최선의 자아구현을 위해 노력해야 한다. 여기서 나아가 기술과 영업을 결합하는 전략적 우수성, 환경에 적응하는 적합한 구조를 유연성 있게 유지하는 구조적 우수성, 각 개인의 목표관리와 문제 해결의 능력으로 나타나는 관리적 우수성의 3가지를 우수한 기업의 조건으로 꼽고 있다.
이민화 사장은 이러한 경영철학과 이념을 창업 초창기부터 이론적으로 정립하여 기업 내부의 문화 수준으로 보편화하려 했다. 또한 국부창출과 인간존중이라는 두 가지 기업이념을 결합하는 요소는 곧 일하는 재미라

> 고 생각하고, 이를 한국인의 특성과 결합하여 신바람에 바탕을 둔 자율관리 · 시간단축경영 · 사내경쟁체제 등을 도입하여 조직원들이 열정적으로 에너지를 분출하고, 신속하게 실행하며, 투지를 발휘하여 자의식을 고취하는 방법을 택했다.
> 이러한 방식은 결국 국부창출로 인한 회사의 가치와 자아실현과 인간존중이라는 개인의 가치의 시너지 효과를 불러일으켜 '가치의 선순환' 구조를 만들어 낸다. 이민화 사장은 이러한 '가치의 선순환'을 의사결정의 기본원칙에도 적용했다. 기업 인수를 통한 벤처 연방제의 구현과 2000년 초 벤처 버블붕괴 전의 기업의 보유 지분 매각 반대도 '가치의 선순환'을 위한 결정이었음을 그는 강조한다. 이러한 그의 '가치의 선순환' 개념은 이민화 사장의 벤처기업 경영의 주요 철학이기도 했지만, 경영 일선에서 물러난 이후에도 벤처산업과 삶에 대한 철학이기도 했다.

이민화는 "멋모르고 메디슨을 설립한 후 막막한 사막 한가운데 불시착한 생텍쥐페리의 어린 왕자 같은 불안감에 사로잡혔다. 미래는 안개 속에 있었다. 과연 나의 여우는 어디에 있는가?"라는 문학적 수사로 메디슨 문화의 바탕을 마련하게 된 배경을 설명한 적이 있다. 고민 끝에 그는 대한전선에서 근무한 경험을 바탕으로 생각을 정리했다. '성공적인 회사를 만들려면 과연 무엇을 어떻게 해야 할까.' 그의 뇌리를 차지하고 있던 화두였다. 이민화는 그런 고민을 두 줄의 문장으로 압축했다.

첫째, 목표 설정을 잘해야 한다. 목표는 장기 비전이 있고 단기 목표가 있다.
둘째, 목표 달성을 위해 구성원들이 최선의 노력을 다해야 한다.

그의 고민은 회사의 성장을 전제로 계속 확장돼 나갔다. 회사가 작을 때는 문제가 없다. 모두 목표를 향해 열심히 한다. 그러나 회사가 커지면 역할이 분할되면서 기업 전체의 목표와 팀의 목표가 불일치한다. 이해관계 소통의 문제도 생긴다. 이런 문제들을 극복하고 성공적인 기업을 만들 수 있을까? 이민화 고민의 실체였다.

연구와 기술 기반으로 출범한 메디슨에 재무관리와 인사관리에 대한 전문가가 있을 리 없었다. 전문가의 손길이 필요하다는 판단 아래 관리 인력을 영입했지만 1년이 지나자 충돌이 일어났다. 이민화의 고민이 깊어졌다. 회사의 목표는 이익인가, 아니면 종업원(혹은 고객)의 만족인가. 이익의 경우도 단기이익인가, 장기이익인가. 제한된 자원을 시장 확대에 투입할 것인가, 연구개발에 투입할 것인가, 생산 확충에 투입할 것인가.

이민화와 메디슨 가족은 토론을 통해 대안을 만들어 나갔다. 이민화는 그런 과정을 거치면서 회사 경영에 일관되게 적용할 기업가치를 세워야겠다는 필요성을 느꼈다. 창립 다음 해인 1986년 창립기념일을 앞두고 최초의 '메디슨 기업이념'이라는 글을 쓰기 시작했다. 그것이 메디슨 문화의 출발이었다. 이민화와 함께 메디슨 문화를 정립해 간 임직원들은 메디슨 문화를 어떻게 기억하고 있을까? '문화'를 몇 마디 단어로 규정하기는 어렵다. 메디슨 문화 역시 기억하는 사람에 따라 가지각색의 정의를 내놓았다. 하지만 근본은 다르지 않았다.

● **김영모 건양대학교 교수**

메디슨 문화는 '도전, 도전, 도전'이다. 첫 번째 도전은 내가 뭘 모르는지를 아는 것, 두 번째 도전은 모르는 것은 물어보고 아는 것, 세 번째 도전은 안다고 해서 성공할 수 있는 것은 아니니 성공할 수 있도록 도전하는 것이다. 메디슨이 구체적으로 도전의 요건을 말하지는 않았지만 전체적인 분위기는 동일했다. 열정과 도전이 모토인 회사가 메디슨이다. 또 메디슨이라는 회사는 회사의 이익보다 나라의 이익을 먼저 생각했다. 이민화 회장은 더 큰 것을 보는 사람이었다. 대표가 그렇다 보니 직원들도 '우리가 손해를 감수하더라도 메디슨 연방이 커지면 좋지 않겠느냐'라는 생각으로 흘러갔다.

● **최승욱 아이알엠 대표**

회장님의 말씀을 빌리자면 메디슨 문화란 개방, 공유, 자율, 혁신, 주인의식, 소통, 기업가정신, 실패에 대한 지원을 실천하는 조직문화다. 메디슨 문화는 메디슨 안에 있을 때는 정작 그 가치를 잘 못 느끼다가 다른 회사에 가게 되면 뼈저리게 느끼게 된다. 다른 회사는 대체로 직급이 높은 사람들이 정보를 전부 가지고 있지만, 메디슨은 정보를 모두에게 공유하고 나누며, 원하면 회장님과도 1 대 1 면담이 가능하다. 회사 게시판에도 자신이 회사에 느끼는 불만 사항을 적을 수 있었다. 나는 1994년 신입사원 시절에 회사 게시판을 통해 몇 주 연속 '인터넷을 도입하자'고 건의했다. 내 의견이 받아들여지면서 첫 홈페이지가 생기고 이메일도 도입됐다. 다른 회사들에 비해 인터넷 사용이 빨랐다고 볼 수 있다.

● **김진태 유투바이오 대표**

나는 학교에 있다가 회사를 창업했기 때문에 메디슨 내부에서 근무한 적은 없다. 하지만 생각나는 것을 말해 보자면, 내가 창업한 나이가 만 27세였고, 사장이 됐을 때 나이가 만 29세였다. 그게 가능했던 것이 바로 메디슨 문화다. 일반 기업이라면 불가능한 일이었다. 메디슨 문화는 나이와 경험에 관계없이 해 보자는 열의만 있으면 기회를 충분히 주는 것이라고 생각한다. 그렇기에 나도 학위를 포기하고 나올 수 있었다.

이상에서 나온 단어와 문장을 순서 없이 적어 보면 대체로 열정, 도전, 회사의 이익보다는 나라의 이익, 개방, 공유, 자율, 혁신, 주인의식, 소통, 기업가정신, 실패에 대한 지원, 정보의 공유, 동등한 기회 등이다. 거기서 알맹이를 추리고 더 추리면 도전과 공유, 기회라는 핵심어들이 남는다.

메디슨 가족들은 메디슨 문화에 자부심을 느끼면서도 부담을 가졌다고 한다. 기술, 조직, 시스템, 전략 등의 요소들보다 공유된 가치가 더 중요하다는 이념 아래 승진시험에서 메디슨 문화를 더 우선시했기 때문이다. 시험 방법도 독특해서 사장인 이민화와 개인 토론으로 진행됐다. 정답이 없는 화두를 던지고 그 화두에 응답하는 식이었다. 예를 들면 이런 내용이었다.

'고객 만족과 사업 만족 중 어느 것을 우선해야 하는가? 왜 우리의 목

표관리를 가치에 의한 관리로 두는가? 도전과 목표관리의 기업가정신은 어떤 연관을 갖고 있는가?'

이런 식이었기 때문에 시험을 봐야 하는 직원은 예상 문제를 만들기가 어려웠다. 워낙 다양한 조합이 가능했기 때문이다. 본질을 이해하지 못하면 답하기 어려운 시험이었다. 사장과 직원 간의 토론이 아니더라도 메디슨에서는 토론이 일상화돼 있었다. 《메디슨 문화》라는 사보(社報)가 일주일에 한 번씩 나왔는데, 그 사보의 내용을 가지고 경연도 하고 토의도 했다. 발표 내용 중 괜찮은 것이 있으면 이민화 사장도 거침없이 받아들이고 더 나은 것을 채택했다.

이민화는 메디슨의 기업이념을 '기술에 의한 세계 도전'으로 정했다. 1985년 메디슨을 설립할 당시 한국은 세계에 내놓을 만한 혁신기술이 거의 없었다. 메디슨은 세계적인 기술을 바탕으로 세계시장에 도전한다는 슬로건을 내세우고 이를 달성하기 위해 필요한 정신을 '불가능에 대한 도전'이라고 정의했다.

이런 철학을 바탕으로 이민화는 도전을 이끌어 내는 관리방식을 만들어 나갔다. 기존의 관리방식은 반복되는 업무에 대해서는 많은 연구가 있었지만 도전에 관한 관리 연구는 많지 않았다. 도전에 대한 이민화의 철학과 연구 결과는 현장에서 실질적으로 적용됐다. 메디슨 기조실장을 지낸 김영모가 도전과 실패가 실제로 어떻게 받아들여졌는지 설명해 준다.

"처음 해본 도전에 대한 실패는 언제든 용인하지만 똑같은 것으로 인한 실패, 즉 경계에 대한 실패는 용인되지 않았습니다. 이유도 모르고 실패를 되풀이하는 일은 남는 것이 없기 때문에 도전으로 치지 않았던 것이지요. 그런 의미에서 '실패'는 일반적인 의미로의 '실패'가 아니라고 볼 수 있습니다."

대부분의 회사는 특정한 팀이 프로젝트에 실패하면 그에 따르는 책임을 지거나 팀이 사라지는 경우가 많다. 하지만 메디슨은 그런 실패 경험이 오히려 더 값지다는 점을 인정해 주고, 다시 도전할 기회를 주었다. 메디페이스 이사를 지낸 최승욱은 자신의 경험을 이렇게 전한다.

"PACS팀은 1994년에 만들었는데 실제로 제품이 나온 것은 6년 후인 2000년 초였습니다. 다른 회사였으면 그사이에 성과를 내지 못한다고 압박하거나 팀을 접으라는 식의 지시가 있었겠지요. 하지만 메디슨은 그런 말을 하지 않았습니다. 제품을 시장에 팔 수 있을 조건이 마련되기까지 시간이 필요하다는 것을 알고 있었기 때문이지요. 우리는 열심히 개발하고, 회장님께서는 시장과 정책이 제품을 수용할 수 있도록 만들어 주기 위해 노력하셨습니다. 이런 것이 실패에 대한 지원이었습니다."

이민화가 메디슨을 경영하며 가장 역점을 둔 것은 혁신이었다. 일본은 품질관리를 앞세워 세계적인 국가로 도약했는데, 한국은 무엇을 가지고 세계적인 국가로 도약할 것인가에 대해 끊임없이 연구했다. 그가 내린 결론은 혁신으로 일본을 극복해야 한다는 것이었다. 혁신을 만들기 위한 도전의 관리 방식으로 목표관리(MBO: management by objective)를 연구했다. 목표관리가 메디슨 정신을 구현하는 데 중요한 관리수단이 된 것이다. 이민화는 에너지가 위치에너지와 운동에너지로 구성되듯이 기업의 역량도 성과 결과와 내부역량으로 구현된다고 정의했다. 성과만을 추구하고 내부역량을 소진하면 혁신을 잃어버린다는 것이다. 그러나 역량 강화만 추구하면 지속할 수 없다는 것 또한 염두에 두었다.

메디슨은 상하 합의에 의해 목표관리를 통한 120% 목표 설정을 원칙으로 했다. 20%는 달성하지 않아도 좋았다. 목표를 정하고 도전하는 과정은 하나의 게임이었다. 목표의 불확실성을 통해 재미가 부여되고 그 재미가 자신의 도전에 가치를 줬다.

메디슨의 자기 조직화된 시스템의 특징을 보면, 부분의 불확실성이 전체의 확실성을 만들어 낸다. 모든 부분의 불확실성을 통해 혁신이 이뤄진다.

개인 차원의 목표를 뒷받침하기 위해 목표 설정의 상호작용은 추후 인사고과 시스템에 상호평가로 연결된다. 설정된 목표를 추진할 수 있는 재량이 주어져야 목표관리가 자리를 잡는다는 전제하에 상당 부분의 결재권이 현장에 주어졌다. 당장 돈을 사용할 수 있는 권한이 선수금 제도로 주어졌다. 다만 사전 통제가 아니라 사후공개를 원칙으로 했다. 집행된 금액을 공개하는 그 자체로 자율관리가 이뤄졌다.

메디슨은 '360도 평가'라는 이름의 평가시스템을 1987년에 개발해서 시행했다. 일반적으로 대부분 회사의 인사 평가시스템이 위에서 아래로 평가하는 구조인 반면 메디슨은 위에서 아래, 아래에서 위, 수평, 내가 나를 평가하는 시스템을 구축했다. 나와 동급인 직원, 나보다 아래인 직원, 나보다 위에 있는 직원이 다각도로 나를 평가하는 방식이었다. 상부로부터의 평가는 업적을, 하부로부터의 평가는 인간성을, 측면으로부터의 평가는 협력을 나타냈다. 사장인 이민화도 자신이 평가하는 임원진과 간부급으로부터 평가를 받았다. 그렇게 모든 평가는 상호 평가로 이루어졌고, 마지막으로 이의를 제기할 수 있는 재심제도를 도입했다. 메디슨이 1987년부터 시행한 다면평가 시스템은 다른 기업에 비해 10년 정도 빠른 것이었다. 다면평가제도가 국내에 소개된 것은 1990년대 초반이었지만 실제로 도입된 것은 1990년대 말로, 외환위기를 겪으면서 새로운 인사제도의 하나로 시행되기 시작했다. 이런 평가시스템을 도입하면서 에피소드도 많았다. 메디페이스 이사를 지낸 최승욱이 그 중 하나를 들려준다.

"제가 일했던 PACS팀은 마이너팀이라 연구소장님이 근처 방에 위치하셨는데 한 번도 우리 방에 들어오지 않으셨습니다. 한번은 그런 점을 평가서에 적어서 건의한 적이 있습니다. 그랬더니 소장님이 그 건의서를 보시고는 우리 방에 들어오셔서 '미안하다'고 사과하면서, '그렇다고 그런 걸 평가지에 적으면 어떡하냐'고 편하게 말씀하시더라고요. 이처럼 상사나 회사에 대해 어떤 평가를 한다고 해서 불이익을 당하는 분위기는 아니었습니다."

메디슨의 수평적 환경에 익숙해진 직원들은 다른 회사로 가면 적응하는 데 애를 먹었다. 워낙 기업 문화가 달랐기 때문이다. 최승욱이 그 사례를 들어준다.

"메디슨 부도 후 메디페이스 대표로 대기업 출신의 CEO가 왔어요. 이민화 회장님 대하듯 그분에게 찾아가서 제 의견을 전했다가 많이 혼났습니다. '이민화한테 잘못 배웠다'고 하더라고요. 저는 그런 반응이 충격적이었습니다. 메디슨 문화와는 완전히 딴판이었습니다. 그래서 이민화 회장님을 찾아가서 그런 사정을 설명하고 잘못 배운 거냐고 물었습니다. 회장님은 '허허허' 웃으시더니 '네가 잘못 배운 거 맞아!' 하시더라고요. '그렇게 개방하고 소통하는 회사가 한국에 몇이나 되겠느냐'는 말씀이었습니다. 대기업 체계에 익숙한 사람은 메디슨 문화를 받아들일 수 없을 거라는 얘기지요. 그래서인지 메디슨 출신들은 남들 밑에서 일하는 데 어려움을 겪는 것 같았습니다. 메디슨 출신들이 창업을 많이 한 이유도 거기에 있지 않을까 하는 생각이 듭니다."

개인 차원의 목표관리는 모든 임직원에게 기업가정신을 심어주는 효과를 가져왔다. 메디슨에서 100명의 기업가가 배출된 것 역시 개인 차원의 목표관리로부터 출발했다는 것이 이민화의 확고한 믿음이다. 기업가정신이 살아 있는 메디슨은 늘 시장바닥처럼 왁자지껄했다.

목표관리의 핵심은 도전을 장려하는 것인데, 도전의 결과가 성공이 되든 실패가 되든 조직 전체가 학습하는 것이 중요하다. 학습조직으로 가기 위해 메디슨이 도입한 것이 논문제도였다. 직원들은 매년 한 편씩의 논문을 제출해야 했다. 최소한 자신의 업무는 스스로 정리하는 것이 원칙이었다. 이런 과정을 거치면서 조직역량이 급속도로 상승했다. 실제로 공고를 졸업하고 메디슨에 입사한 생산 현장의 사원들이 1년 후에는 대학생 못지않은 실력을 갖췄다고 한다. 스스로 목표를 가지고 논문을 써 나가면서 자기주도 학습을 했기 때문이다.

이런 과정을 거쳐 일정 단계에 돌입한 사원들은 자신의 아이디어를 사업화하는 도전을 했다. 소위 사내기업의 탄생이다. 메디슨은 1990년 초에 인트라벤처, 사내벤처제도를 시행했다. 이를 통해 30여 개의 회사가 배출됐다. 그 회사들에 의해 메디슨 문화가 이어지고, 세상에 전파되고 있다.

100명의 기업인

메디슨이 배출한 '100명의 기업인'에 대해 설명해 달라는 요청에, 메디슨 기조실장을 지낸 김영모(건양대 교수)가 실감 나는 예시를 들려줬다.

"키메스라고 3월에 하는 의료기기 전시회가 있는데 수많은 회사 사장과 연구소장을 만날 수 있어요. 그곳에 가보면 거의 아는 얼굴들입니다. 메디슨이 만들어 낸 방대한 네트워크라고 할 수 있습니다."

해마다 코엑스에서 열리는 국제의료기기·병원설비전시회의 이름이 키메스(KIMES)다. 김영모의 말대로 그곳에 가면 열 걸음에 한 번씩은 메디슨 출신 인물을 만날 수 있다는 말이 있다. 그만큼 메디슨이 의료기기 부문에서 많은 기업가를 배출했다는 뜻이다. 이른바 메디슨 연방이 해체된 이후에도 국내 1세대 벤처이자 의료기기 관련 최초의 벤처기업인 메디슨 출신 기업인들은 의료기산업 분야에서 뛰어난 사업 수완을 발휘해 왔다. 아울러 그들이 운영하는 기업은 헬스케어산업에 주요 업체로 자리매김했다. 이 점이 바로 이민화가 자랑하는, 기업 창출이라는 핵심 역량의 결과물이라는 데 이견이 없다.

메디슨의 임직원은 300명 남짓에 불과했는데, 그중에서 100명의 기업인이 탄생했다고 한다. 가히 '기업인 사관학교'라고 불러도 손색이 없을 것 같다. 상징적 의미였든, 정말 100명을 채웠든, 100이라는 숫자만으로도 얼마나 많은 기업인을 배출했는지 짐작할 수 있다. 메디슨 문화를 계승한 메디슨 출신 기업인들의 모임을 '메디슨 OB'라고 부른다. 이민화는 일찍이 그들을 '메디슨 마피아'라고 불렀다. 그중에 상장한 회사만 해도 유비케어, 인피니트, 인포피아, 제이브이엠(JVM), 프로소닉, CU 메디컬, 뷰웍스 등 한참 헤아려야 한다.

이민화는 일찌감치 이런 기업들을 '초생명기업'이라고 명명했다. 초생명기업은 죽지 않는 기업, 개별 기업은 사라지더라도 끊임없이 압축 성장이 가능해지는 새로운 기업경영의 패러다임이다. 이민화는 일찍이 살아 있는 기업이 되기 위해서는 개별생명체의 수준을 뛰어넘는 초생명체가 돼야 한다고 주장했다. 개별생명체가 모여 초생명체를 이루어야 한계를 극복하고 종(種)의 진화가 가능하다는 것이다. 개별생명체는 유한하지만 그 군집으로 이루어진 초생명체는 무한할 수 있기 때문이다. 개개의 기업은 사라지기 마련이지만, 전체 초생명기업은 생명력이 훨씬 강하다는 것이 그가 주창한 이론이다.

이민화는 2016년 2월에 펴낸 저서 『메디슨 마피아 이야기』(창조경제연구회)에서 초생명기업의 육성 모델을 3단계로 제시했다. 첫 단계는 사내기업 육성이고, 다음 단계는 사내벤처의 형성이며, 마지막 단계로 스핀아웃을 통한 초생명기업이 형성된다는 것이다. 2015년 11월 30일 〈이투데이〉에 실린 '[이민화 칼럼] 페이팔 마피아, 메디슨 마피아'에서 이민화는 메디슨 마피아에 대해 이렇게 적었다.

이투데이
2015년
11월 30일

메디슨 마피아 이야기는 메디슨 창업에서 시작하나, 메디슨만의 이야기는 아니다. 메디슨의 성공 벤처 모델을 바탕으로 한국 의료산업의 생태계가 형성됐다. 메디슨 마피아가 대한민국 의료기 수출의 70%를 담당하게 될 정도로 성공을 거두자 메디슨과 의료 벤처를 모델로 한국의 벤처기업협회가 만들어지고 메디슨의 기업가적 실험을 바탕으로 한국 벤처생태계 모델이 형성된다. 이제 한국의 벤처생태계는 매출 350조 원과 국가 성장 기여 1%라는 한국경제의 쌍끌이로 성장한 것이다.
메디슨의 문화와 제도는 여러 벤처기업들에 전파돼 한국식 벤처 경영의 벤치마킹 모델이 된 것이다. 그 가운데에는 100개 가까운 메디슨발(發)

의료 벤처들이 자리하고 있다. 그중에는 10개 넘는 상장기업도 있고 20여 개의 사라진 기업도 있다.
창조경제는 기업가정신 경제이고 메디슨 정신과 일맥상통한다. 개방과 공유의 열린 생태계에서 창조성이 꽃피는 경제가 창조경제이기 때문이다. 이 모든 이야기가 메디슨 마피아의 이야기인 것이다.
1985년 기술에 의한 세계 도전을 꿈꾸며 멋모르고 창업한 KAIST의 젊은 이들이 좌충우돌하면서 얻은 깨달음은 기업가정신만이 승부수라는 것이었다. 자금도 경험도 시장도 없는 벤처 창업가들의 승부수는 창조적 도전 정신뿐이었다. 도전을 장려하기 위해 실패를 지원하는 문화를 구축해 나간 것이 메디슨 문화다. 성과와 역량이 도전을 통해 결합하고 실패에서 학습하는 것이 메디슨의 목표관리였고 직원들은 스스로 기업가로 변모해 갔다. 이윽고 이들은 기업 내에 사내벤처를 만들기 시작했고 이들 중 다수는 스핀아웃을 통해 독립해 나갔다. 그리고 메디슨 마피아가 됐다. 이 과정에서 '혼경영' '초생명기업'이라는 책들이 출판됐다. 직원 300명의 기업에서 100명의 기업가가 쏟아져 나온 사례는 전 세계적으로도 흔치 않을 것이다. 흔히들 언급하는 Paypal 마피아도 숫자적으로는 이보다 적을 것이다. 메디슨 창립 30년을 맞아 메디슨 마피아의 이야기를 공개하는 이유는 이제는 자랑이 아니기 때문이다. (이하 생략)

이민화의 책 『메디슨 마피아 이야기』는 '대한민국 벤처 선구자 메디슨과 100개 기업의 30년사'라는 부제처럼 메디슨 계열사와 관계사 등 100여 개 패밀리 기업의 발자취를 돌아보는 내용이다. 이 책의 출판기념회에는 많은 메디슨 출신 기업인이 참석했는데, 이 자리에서 이민화는 "메디슨 마피아의 상장기업 가치만 현재 6조 원이 넘으며 지금도 메디슨 마피아들은 곳곳에서 기업가적 도전을 계속하고 대한민국 의료산업을 이끌어 가고 있다"는 말로 메디슨 마피아에 대한 자부심을 드러냈다. 그들이 있어서 메디슨은 영원히 죽지 않는다고 외치고 싶은 심정을 엿볼 수 있다.

메디슨 OB들은 메디슨 문화를 유전자 코드처럼 간직하고 있다. 목표관리, 도전, 실패에 대한 지원, 논문제도 등 많은 것들이 그들이 경영하는 회사에서 살아 숨쉬고 있다. 이민화는 자신이 메디슨에서 물러난 뒤에도 메디슨 OB들로부터 일상에서 많은 도움을 받았다고 회고한 적이 있다. 그런 인연은 이민화가 2011년에 설립한 한국디지털병원수출사업협동조합으로도 이어졌다. 많은 회사가 함께 사업을 추진했다. 그만큼 끈끈한 연결고리로 이어져 있다는 뜻일 것이다.

가자,

길이

보이지

않아도

"이민화 회장은

한국에

벤처생태계를

도입한 사람입니다.

이민화의

미래를 보는 눈과

추진력은

누구도

따라 할 수

없을 것입니다."

III

대한민국
벤처
신화를
이끌다

이민화는 자신의 이름 앞에 어떤 수식어가 붙기를 바랐을까? '선구자 이민화' 일 수도 있고 '벤처 대부 이민화' 혹은 '메디슨 신화를 일군 이민화'일 수도 있을 것이다. 또 '사회 혁신가 이민화'나 '교육자 이민화'가 마음에 들었을지도 모른다. 본인에게 들은 적이 없으니 확인할 방법은 없지만, 핵심 키워드는 역시 '메디슨'과 '벤처'였을 것이다. 우리나라에 벤처기업이 태동한 이후 벤처 대신 스타트업(start-up)으로 불리는 지금까지도 '벤처=이민화'라는 등식은 변하지 않는다. 벤처의 역사를 이야기하려면 이민화를 앞에 두지 않을 수 없다는 뜻이다. 그만큼 이민화가 벤처생태계에 미친 영향은 크다. 그가 초대 벤처기업협회장으로서 남긴 굵직굵직한 발자취만 훑어봐도 '코스닥 설립' '벤처기업특별법 제정' '벤처창업 로드쇼' '실험실 창업운동' '한글살리기 운동' 등 일일이 헤아리기 벅찰 정도로 많다. 더구나 이런 일들은 이민화가 메디슨을 경영하느라고 가장 분주했던 시기에 이루어졌다. 그의 초인적인 열정과 부지런함을 확인할 수 있는 대목이다.

그런 추진력의 결과는 수치를 통해 확인할 수 있다. 2000년 당시 한국의 벤처기업 창업은 연간 3,000개가 넘었고, 투자액은 3조 원에 달했다. 코스닥 상장기업은 200개 규모였고, 코스닥은 나스닥에 이은 세계 2위의 첨단 주식시장으로 부상했다. 세계 최초로 벤처기업특별법을 제정했고, 코스닥을 발판으로 정부의 직접지원 없이 세계 최고 수준의 벤처생태계를 구축했다. 물론 이런 일들을 이민화 혼자 한 것은 아니다. 하지만 맨 앞에 그가 있었던 것은 분명하다.

벤처기업협회가 태동한 1995년 12월부터 벤처기업협회장에서 물러난 2000년 2월까지 이민화의 행적을 따라가 본다.

01

벤처기업협회 닻 올리다

● 1995년 10월 26일, 국내 벤처의 메카로 불리던 테헤란로 인근의 중국식당 로터스가든에서는 '벤처기업협회 발기인대회'라는 역사의 한 페이지가 열린다. 이날 행사에서 메디슨 사장 이민화가 대표를 맡고 퓨처시스템의 김광태 사장이 총무를 맡았다. 그리고 35일 뒤인 12월 2일 서울 삼성동 섬유센터에서 벤처기업협회 창립총회가 열린다. 이날 행사에는 120여 회원사들이 참석했다. 한국에서 '벤처기업'이라는 용어가 공식적으로 사용되는 순간이었다. 또 벤처 창업 활성화를 위한 대장정이 막을 올리는 자리이기도 했다.

무엇이든 그 뿌리가 있기 마련이다. 벤처기업협회 역시 어느 날 한두 사람에 의해 불쑥 태어난 것은 아니었다. 1995년 벤처기업협회를 설립하기 이전에도 한국에 벤처는 있었다. 다수의 창업투자회사가 있었고, 전경련과 과기부가 설립한 투자 전문사 KTB(당시 KTDC) 등도 이미 활동하고 있었다. 이런 상황 속에서 이범천 KAIST 교수가 창업한 컴퓨터업체 큐닉스를 필두로 미래산업, 비트컴퓨터, 양지원 공구, CAS, 한글과 컴퓨터, 메디슨 등이 입지를 다지고 있었다.

1980년에서 1990년대에 이르는 벤처산업 초창기에 벤처기업을 설립한 인물들을 살펴보면 당시의 특징을 짐작할 수 있다. 바로 KAIST 출신들이 주요 인맥을 형성하고 있다는 점이다. KAIST를 졸업하고 산업현장에 뛰어든 이들 고급 두뇌는 자신들의 연구 성과를 토대로 하나둘 창업 대열에 합류해 하나의 기업군을 이룰 정도로 성장한다.

벤처에 뛰어든 KAIST 동문의 수가 급증하면서 자연스레 모임이 만들어졌다. 먼저 전기 및 전자공학과 11회 졸업생인 장흥순 등이 전산학과 1회 출신인 이범천 등 선배 기업인들을 만나 모임 결성을 논의한다. 이들은 후배 창업자들을 위해 도움이 될 수 있는 모임을 만들기로 하고, 1991년 6월 창립 총회를 열어 활동에 들어갔다. 바로 'KAIST 기업인동우회', 약칭으로 '과기회'라고 불렀다. 이후 이들 과기회 멤버들이 중심이 돼 벤처기업협회를 창립한다. 즉 과기회가 바로 벤처기업협회의 뿌리다.

과기회 멤버들은 한 달에 두 번씩 정기모임을 갖고 정보를 교환하며 후배 벤처기업인들에게 경영 노하우를 전수했다. 기술력을 갖고 있으면서도 이를 사업화할 자금조달이 쉽지 않은 것이 당시 최대 고민거리였다. 출발 당시 13명의 회원으로 시작한 과기회 모임에서는 갈수록 벤처 수가 늘어나면서 전체 벤처기업인이 참여하는 벤처기업협회 창립에 대한 논의를 시작했다. 벤처기업협회 창립 주역 중 하나인 조현정(비트컴퓨터 회장)은 벤처기업협회가 태동하던 당시의 상황을 이렇게 전한다.

"선진국의 벤처기업협회를 따라 한 것이 아니라 한국의 경제구조를 신산업 중심인 벤처로 바꿔 보겠다고 자발적으로 만들어진 단체입니다. 성공한 벤처기업으로 평가를 받고 있던 13명의 CEO가 근 1년 동안 모두가 모이기 쉬운 저녁 9시 30분에 만나 밤늦게까지 각자 기업을 운영하면서 부족한 환경과 개선방안을 얘기했습니다. 자연스럽게 대한민국의 산업구조를 대전환시키는 단체를 만들자는 결론으로 이어졌지요. 아날로그와 오프라인의 굴뚝산업인 제조업에서 디지털과 온라인의 신산업 구조를 만들기 위해 기술과 자본시장, 인력, 입지에 대한 관련법과 생태계를 잘 만들자고 뜻을 모은 겁니다."

이들은 경쟁력을 점차 잃어가는 당시 경제 상황에서 젊음의 패기와 첨단 기술력을 무기로 한 벤처기업이 한국경제의 새로운 희망이 돼야 한다는 공감대를 형성한다. 이러한 인식을 바탕으로 신생 벤처기업들의 입장을 대변하고 정책 제언을 할 민간기구를 만들자는 쪽으로 의견을 모았다. 조현정은 왜 벤처기업협회를 만들 수밖에 없었는지, 그 당위성에 대해 이렇게 설명한다.

"첫 번째, 기존의 전통산업과 우리는 달랐습니다. 기존의 자본을 확보하는 방안은 직접 수익을 내거나 은행에서 돈을 빌리는 것뿐이었습니다. 물론 벤처캐피털이 있었지만, 1990년대 말까지 벤처캐피털의 투자는 진정한 투자가 아닌 이면계약서에 의해서 충분한 담보를 확보한 후에 투자수익이 나면 수익을 가져가고, 회사가 어려워지면 담보권을 행사하는 신종 금융업이었습니다. 그래서 투자받는 기업이 수익을 내지 못하면 리스크가 클 수밖에 없었습니다. 한마디로 순수한 투자라고 볼 수 없었던 것이지요. 혁신기술과 신시장을 개척해야 되는 벤처는 'High Risk High Return'입니다. '연구개발비와 시장확대를 위한 기업의 비용은 융자보다는 투자로 이어져야 끊임없이 도전할 수 있다'고 봤기 때문입니다.

두 번째, 새로운 산업을 개척하는 퍼스트 무버(First Mover)와 이미 개척된 시장에 진입하는 패스트 팔로어(Fast Follower)가 있습니다. 패스트 팔로어는 앞서간 것을 모방하기 때문에 재료와 인건비가 저렴한 것이 핵심입니다. 하지만 퍼스트 무버의 경우 혁신기술을 만들기 위해 고급 엔지니어를 필요로 합니다. 입지도 당시 지자체별로 있던 공단과는 달리 벤처빌딩 같은 도시형 입지구조가 필요했습니다. 마찬가지로 퍼스트 무버로 도약하기 위해서는 기존 시장의 모습도 전통산업에서 벗어나야 합니다. 한마디로 신사업 생태계를 만들기 위해서는 자본, 사람, 입지, 시장 등 세상을 통째로 바꿔야 가능합니다. 이를 위해 기존 그룹이 오프라인(아날로그) 기업이라면 우리는 온라인(디지털) 기업임을 국민과 정부에 강조했습니다. 현재 네이버와 카카오 등 온라인 중심 기업도 벤처협회가 만들어진 이후에 많이 생겨났습니다. 결론적으로 벤처기업협회는 후배들을 위해 세상을 바꿔 놓자, 벤처가 조성될 수 있는 생태계를 만들어 보자는 의지로 시작됐습니다."

벤처기업협회 설립 준비도 과기회 임원들이 주도했다. 멤버 중에는 이민화가 가장 나이가 많은 40대 초반이었고, 나머지는 거의 30대 중후반이었다. 이들은 분위기 조성부터 착수했다. 정책적인 이야기 등은 이민화가 맡고, 나머지 멤버들은 강의 위주로 행동에 돌입했다. 모교나 지자체와 대기업을 찾아다니며 벤처기업이 무엇을 하는 곳인지, 벤처가 이 시대에 왜 필요한지 설명했다. 그 중심에 이민화가 있었다. 당시 이민화의 역할이 얼마나 컸는지 조현정이 전해 준다.

"벤처기업협회는 이민화 회장 작사·작곡이라고 할 수 있습니다. 벤처기업협회 창립에 관한 모든 것을 구상하고, 실행했습니다. 그는 다른 사람을 이끌어 가는 리더십도 굉장했습니다."

협회 이름을 정하는 것도 난제였다. 오랜 토론 끝에 최종적으로 세 가지 후보가 남았다. 모험기업협회, 도전기업협회, 벤처기업협회. 각각 장단점들이 있었다. '모험'이란 이름으로 벤처를 설명하기엔 너무 '하이리스크'만 강조되는 것 같았고, '도전'은 벤처기업이 어느 정도 규모를 갖추었을 때는 더 이상 도전하는 것만은 아니라고 판단해서 후보에서 빠졌다. 마지막으로 이찬진 한컴 사장이 매듭을 지었다.

"그냥 벤처기업협회로 합시다. 자격은 스스로 인정하는 거로 하고요."

그 의견에 별 이의가 없어서 벤처기업협회로 결정됐다. 영문은

KOVA(Korea Venture Association)로 정했다. 미국에서 벤처의 의미는 벤처캐피털이 투자한 기업을 뜻한다. 하지만 한국의 경우는 벤처가 발전 과정이고, 사례도 없었기 때문에 '모험'적인 시도였다. 다른 이름을 쓰지 않은 이유는 벤처라는 단어의 뜻도 그렇지만, 기존의 제약을 탈피하고 모험적으로 시작하겠다는 의도를 표현하기 위함이었다.

12월 2일 열린 창립총회를 통해 벤처기업협회는 '벤처 비전 2005'를 발표하고 벤처 시대 개막을 선언했다. 벤처기업협회 창립총회 전후의 상황을 벤처기업협회 연구기획실장으로서 실무를 담당했던 김선홍(한림대학교 산학협력단 산학협력교수)이 전한다.

"발기인대회는 이민화 회장이 소리 소문 없이 사람들을 모아 진행했기 때문에 잘 모르지만, 창립총회 당시에는 100명 이상이 참석했습니다. 창립총회를 할 때 저는 사무적인 일에 관여하고 있었는데, 이민화 회장이 자료도 만들고 발표도 준비해서 한 달 남짓한 기간에 해치웠습니다. 어떻게 그렇게 빠르게 마쳤는지 지금 생각해도 신기할 정도입니다."

관련 부처에서는 창립총회가 끝나고 불과 보름 후인 12월 18일 협회의 사단법인 인가를 해줬다. 그만큼 벤처산업에 대한 기대가 높았다는 뜻이기도 하다. 실무를 담당했던 당시 산업통상자원부 산업기술과장 백만기(김앤장 법률사무소 변리사)가 그 과정을 돌아본다.

"저는 대학 졸업 후 특허청 심사관을 거쳐 산업통상자원부의 기술정책 업무를 담당했습니다. 그래서 이민화 회장이 맨몸으로 부딪쳐 벤처를 창업했을 때, 마침 제도적 기반을 마련해 주고 서포트해 줄 수 있는 상황이었습니다. 그 무렵 이민화 회장이 기술 창업하는 사람들을 우르르 데리고 와서 협회를 하나 만들고 싶다고 했습니다. 그게 바로 벤처기업협회였습니다. 협회 설립안을 받고 1~2주 안에 장관 결재를 받아 승인해 줬던 기억이 납니다."

이어지는 김선홍의 증언에서도 이민화가 어떻게 드라이브를 걸었는지 들여다볼 수 있다.

"협회 창립에서 정부의 지원 방향이 정해지는 과정까지 해일이 덮치고 지나간 것처럼 순식간에 지나갔습니다. 그렇게 짧은 시간 안에 창립이 가능했던 이유는 벤처기업협회의 필요성을 느낀 많은 사람이 자발적으로 움직여 줬다는 것이겠지요. 그리고 무엇보다 미국 벤처산업의 흐름을 파악하고 한국 정책에 대한 이해도가 높았던 이민화 회장 덕분일 것입니다. 이민화 회장은 이미 미국 시장과 한국 시장에 대한 정리가 돼 있었고, 벤처의 흐름을 잘 이해하고 있었습니다. 오래전부터 준비를 해왔던 것 같았습니다. 거의 모든 과제가 실행되는 데 한 달을 넘기지 않았고, 처음에 시작한 12개의 과제가 나중에는 전부 결과물을 냈습니다."

벤처기업협회의 창립 임원으로는 이범천 큐닉스 대표를 고문으로 영입하고, 이장우 경북대 교수를 자문역으로 선임해 학계 지원을 모색했다. 변대규 휴맥스(당시 건인전자) 사장, 안영경 핸디소프트 사장, 장흥순 터보테크 사장, 조현정 비트컴퓨터 사장, 계명제 한광 사장, 성기철 양재시스템 사장, 박한오 바이오니아 사장, 김광태 퓨처시스템 사장 등도 임원으로 참여했다.

이민화는 특별히 사교적인 사람은 아니다. 자신이 옳다고 생각하면 다른 사람과 부딪칠 수 있는 소지가 다분했다. 그런 그의 직선적인 성격을 완충하는 사람이 필요했다. 그 역할을 안영경이 맡아줬다. 그는 갈등 요소가 생기면 술 한잔 하면서 푸는 능력이 있었다. 또 간사(총무)를 맡은 김광태는 익숙하지 않은 일에도 직접 발로 뛰어서 해결하는 능력을 보였다. 다행히 특별한 갈등이 일어나는 일은 없었다. 어젠다나 협회가 나아갈 방향은 대체로 회장인 이민화가 앞장서서 추진했고, 다른 멤버들은 그것을 공유받고 동의했기에 문제가 생기지 않았다. 다만 회원자격에 대한 이슈는 있었다. 벤처협회이니 벤처기업을 회원사로 받아줘야 하는 것은 당연했지만, '어떤 회사를 벤처로 볼 것인가'에 대해서는 회원마다 생각하는 기준이 달랐기 때문에 이견이 생기기도 했다.

벤처기업협회는 1996년 10월 4일 열린 벤처포럼에서 '벤처기업 비전 2005'를 재정리해서 발표했다. 이 '벤처기업 비전 2005'에는 10년 후 대한민국의 산업을 벤처 중심으로 재편한다는 내용을 담고 있었다. 당시 500개 미만이었던 벤처기업을 2005년까지 4만 3,000개로 늘리고, 한국 중소산업 중 3분의 1을 담당하는 신성장 동력이 된다는 목표도 제시했다. 당시 벤처기업을 예측할 수 있는 시나리오는 3가지였다. 그중 2000년에 연간 4,000개 벤처기업, 2003년에는 1만 개, 2005년에는 1만 2,000개씩 창업되는 것으로 가정하고, 일정 수의 부도를 감안하면 2005년에 4만 3,000개가 된다는 시나리오였다. 그에 따라 2005년 벤처기업 매출액이 170조~180조 원에 달하게 된다는 수치도 제시했다. 세부 정책으로는 자금 문제 해결을 위한 '코스닥 설립'과 '기술보증제도 도입', 인력 유치를 위한 '실험실 창업'과 '주식 옵션제' 등을 발표했다. 이들 대부분이 현실화됐다.

젊은 벤처인들을 중심으로 한 벤처기업협회의 출범은 많은 의미를 지니고 있었다. 우선 세계적 트렌드에 합류했다는 의미가 있었다. 틀과 규제 그리고 관념을 떨쳐버리는 새로운 기업 형태를 받아들이게 된 것이다. 어떤 것을 새로 시작할 때는 모방과 학습이 큰 역할을 하는데, 우리나라도 성장 과정에서 해외 사례를 많이 모방하고 학습했다. 이를 통해 생산성 있는 기업들을 많이 만들었지만 선진국에 비해 10~20년 뒤처져 있었다. 벤처기업협회의 발족은 이 지점에서 빠르게 변화를 시도했다는 데 의의가 있었다. 세계적 흐름에 동승해서 21세기에는 벤처기업이 우리 경제를 이끌고 갈 새로운 동력이라고 공표한 것이었다.

벤처기업협회를 설립하는 과정에서도 이민화의 시선은 시종일관 '기업'에 머물지 않고 '국가' 혹은 '국가경제'에 닿아 있었다. 당시의 상황과 이민화의 생각을 벤처기업협회 창립 멤버인 변대규(휴맥스홀딩스 회장)의 회고를 통해 확인할 수 있다.

“협회라는 것은 원래 자체적인 이익을 위해 움직이는 것인데, 이민화 회장님이 추구했던 벤처기업협회는 한국경제를 위해 노력하는 것이었습니다. 당시는 정부에서 지원받은 돈이 많지 않았고, 대부분 사비로 회비를 내서 충당하고 있었지요. 협회 창립 초반에는 이런 생각도 들었습니다. ‘협회사의 이익보다 국가경제만을 위해 쫓아다니는 것이 협회라 할 수 있나?’ 하지만 그렇게 생각하면서도 고군분투했기 때문에 우리는 자기 이익도 챙기기 바쁜 세상에서 나라를 위해 뛰어다닌 젊은이들이라는 진정성을 어필할 수 있었습니다. 벤처기업협회가 지금 중요한 기관이 된 것도 그러한 신뢰가 쌓였기 때문이라고 생각합니다.

02

벤처기업의 '젖줄'

코스닥 설립

● 기업이 자금을 조달할 때는 큰 틀에서 두 가지 방법이 있다. 첫 번째가 은행에서 돈을 빌리는 것이다. 하지만 공장을 갖춘 '굴뚝산업'이라면 몰라도 벤처기업에는 하늘 문보다 더 높은 곳이 은행 문이다. 직원이라 봐야 몇 명 되지도 않고 컴퓨터 몇 대만 있는 사무실을 보고 은행이 무엇을 담보 삼아 돈을 빌려줄까? 은행 대출이 어려우니 다음으로 시도할 수 있는 자금조달 방법은 가까운 친지들에게 돈을 빌리는 것이다. 하지만 이것 역시 쉬운 일은 아니다. 아무리 가깝다고 해도 실체가 없어 보이는 회사에 돈을 빌려주는 사람은 많지 않다. 결국 벤처캐피털에서 투자를 받아야 하지만 그 역시 하늘의 별 따기처럼 어려운 일이다.

벤처기업협회가 창립되던 1995년 무렵 주요 벤처기업들의 최대 애로 사항은 자금조달이었다. 은행 융자를 받기에는 담보가 없고 투자시장은 제 기능을 못했다. 창업투자회사들이 없는 것은 아니었지만, 그들은 투자에 인색했다. 정부 자금이 공급돼도 벤처기업에 투자한 자금을 회수할 대안이 없는 상황이니, 투자하는 시늉만 내는 것이 고작이었다. 받는 측의 입장에서도 부담감이 있었다. 즉 투자 부진의 본질은 자금 공급이 아니라 투자회수시장이 없기 때문이었다. 그렇다고 증권거래소의 문을 두드릴 만한 여건은 더욱 안 됐다. '굴뚝산업' 중심의 증권거래소는 상장요건이 굉장히 까다롭다. 요건을 갖추지 못한 기업이 훨씬 많았다. 그런 기업들은 장외기업으로 등록돼 장외거래를 이용할 수밖에 없었다. 장외거래는 1 대 1의 개인 거래 개념이라 정상적인 거래 형태는 아니다. 그런 상황을 뚫고 나아가기 위해 이민화가 이끄는 벤처기업협회는 장외거래기업을 위한 장이 필요하다는 판단을 내렸다. 조현정이 상황을 상세하게 설명해 준다.

"증권거래소가 제 기능을 충실히 했다면 코스닥을 만들 이유는 없었을 것입니다. 미래가치가 아무리 높다고 해도 당시의 낮은 매출과 수익 그리고 짧은 업력으로는 증권거래소에 상장되기가 불가능했습니다. 당시로는 경험해 보지 못한 디지털과 온라인 기업들에 대한 이해도가 떨어져서 투자하려는 기업도 없었습니다. 연구개발비와 시장확대를 위한 자본이 충분하지 못하니 기업이 성장할 수가 없었고, 보여줄 성장지표가 없으니 증권거래소의 상장기준을 충족하지 못했던 거지요. 또 상장 전 단계의 자본을 투자하는 벤처캐피털도 이면 계약을 우선하는 등 진정한 투자다운 투자는 이루어지기 어려웠습니다. 사실 수익을 내야 하는 VC들 역시 투자를 해도 코스닥이 없는 증권거래소에 상장시켜 투자자금을 회수한다는 것은 더더욱 어려웠으니 편법이 필요했을 것입니다. 한편으로는 OTC라는 장외시장이 있었지만 주식 1주 거래로 상한가가 되기도 하고, 하한가가 되기도 하는 등 거래가 거의 없는 '죽어 있는 시장'이었기에 투자자금을 조달한다는 것은 불가능했습니다. 협회 설립 멤버들은 매출과 이익이 나는 회사로 이루어져 있었지만, 직접 자금조달이 원활해야 벤처창업을 확대할 수 있는 발판이 만들어진다고 생각했습니다."

그 이전에도 새로운 증권시장의 필요성은 대두되고 있었다. 벤처기업협회가 출범하기 전인 1995년 11월 15일, 협회 설립 추진위원회에서는 장외시장 활성화를 위한 구체적 대안을 보고서 형태로 정부에 제시했다. 이 보고서에서는 코스닥의 전신인 장외시장이 거래소시장 상장을 위한 대기소 기능을 면하지 못하고 있다고 평가했다. 그리고 장외시장에 등록된 기업들도 주식거래 실적이 유명무실하고, 실질적 분산도 되지 않고, 또 장외시장에 주식을 매각할 경우 세금 부담 문제가 그대로 남는다고 지적했다. 그 대책으로 주식 분산이 우수한 업체는 기업 육성 차원에서 직상장을 허용하는 것은 물론 배당소득을 종합소득세에 분리 과세하고, 주요 종목 시세를 일간지에 보도하는 등의 방안을 제시했다.

이러한 밑그림 작업은 벤처기업협회가 설립되면서 구체적으로 나타난다. 1996년 3월 열린 벤처포럼에서 '벤처 활성화를 위한 코스닥 설립'을 공식 제안했다. 기본적으로 미국의 벤처산업은 나스닥의 발전과 역사를 같이 했다고 전제하고, 한국에도 나스닥과 같은 코스닥이 필요하다는 주장이었다. 1995년 이민화가 이끄는 메디슨을 벤처업계 최초로 거래소시장에 상장시킨 이후 거래소 상장 요건에 적합한 벤처기업은 거의 없는 실정이었다.

벤처기업협회의 노력이 결실을 거둬서 1996년 7월 코스닥이 설립됐다. 벤처기업에는 획기적인 자금조달시장이 마련된 것이다. 장외시장을 증권협회가 주관하는 민간 주도의 코스닥으로 개편하고, 이 코스닥을 통해 벤처투자시장을 육성하기로 했다.

코스닥(KOSDAQ)이라는 이름은 어떻게 지어졌을까? 조현정이 전하는 말에 따르면 당시 미국에는 나스닥(NASDAQ), 일본에는 자스닥(JASDAQ)이 있었는데, 나라 이름의 첫 스펠링 다음에 오는 글자가 A(association, 협회)였다. 설립 주체들이 일정 부분 이윤을 가져가기 위함이었다. 그 어법대로 하면 코스닥이 아닌 카스닥(KASDAQ)이 돼야 했지만, 코스닥으로 명명했다. 코스닥을 만든 주체들의 근본 동기가 사회에 대한 이타심과 공명심이었기 때문에 누구도 코스닥을 통해 주주권을 행사하고자 하는 의도를 갖지 않았던 것이다. 임원 중 한 명이 "카스닥이라고 하니까 카사노바같이 느껴져서 뉘앙스가 별로"라고 우스갯소리를 하는 바람에 코스닥으로 굳어졌다는 에피소드도 있다.

코스닥 출범은 대한민국 벤처 역사에 가장 중요한 큰 걸음이었다. 이민화가 어떤 역할을 했는지 조현정이 전해준다.

"코스닥 역시 이민화 회장의 작사·작곡이라고 할 수 있습니다. 직접 아이디어를 내고 법적인 보호를 받을 수 있도록 노력했습니다. 우리는 그의 뒤를 따르는 행동대장 역할을 한 것이지요."

코스닥이 출범했다고 금방 자금시장이 활성화된 것은 아니었다. 초기에는 벤처기업 대부분이 상장의 필요성을 느끼지 못했다. 큰 기대를 하지 않았던 것이다. 어차피 자금조달이 되지 않을 텐데 등록해 봐야 무슨 이득이 있을까 의심했기 때문이다. 이민화는 고심 끝에 한글과컴퓨터, 휴맥스, 비트컴퓨터 등 당시 대표적인 벤처기업을 '강제'로 등록시켰다. 일종의 마중물 역할을 기대한 것이다. 지금은 코스닥 심사가 대단히 까다로워졌지만 초기에는 웬만한 벤처기업들은 서류만 내면 등록할 수 있었다.

그렇게 출범한 코스닥은 비약적인 발전을 거듭하면서 1999년의 거래량이 1996년보다 50배 증가한 50조 원을 기록했다. 시가총액도 수십 배 성장했다. 2009년을 놓고 보았을 때 코스닥은 전 세계 이머징 증권시장에서 압도적인 거래량 1위를 보여줬다. 코스닥을 통해 선도 벤처기업들의 주식거래가 활성화되면서 벤처캐피털도 투자자금을 회수할 수 있게 됐다. 실제로 한글과컴퓨터는 정부의 강력한 불법복제 단속 결과로 1999년에 시가총액이 50배나 증가했다.

코스닥이 활성화되면서 부작용도 생겨나기 시작했다. 곳곳에서 벤처 부자들이 쏟아졌다. 코스닥에 등록한 벤처 주식이 극단적으로 많아지니 투자자도 많아졌고, 거래를 통해 이익을 보는 사람도 그만큼 많아졌다. 예를 들어 매출 20억~30억 원인 기업이 자금은 200억~300억 원을 보유하는 기현상이 벌어졌다. 대박을 내는 벤처캐피털이 등장했고, 그들은 코스닥 등록을 3~5년 앞둔 기업들에 돈을 쏟아붓기 시작했다. 활성화를 넘어 과열현상이었다. 코스닥에 상장할 수 있는 기업들의 몸값은 천정부지로 뛰어올랐다. 소위 거품이 끼기 시작한 것이다.

이런 거품을 타고 기업사냥꾼이 등장했다. 이용호·정현준 사건처럼 '게이트'로까지 번진 기업사냥꾼들이 활개를 치면서 선의의 피해자들이 속출했다. 이민화는 훗날 이 부분을 안타까워하면서 "분명한 것은 이용호 혹은 정현준은 벤처기업인이 아니라는 면에서 벤처인을 비난하는 일부 목소리는 수정돼야 한다"라고 선을 긋기도 했다. 하지만 이런 '게이트'가 아니더라도 과열에 따른 부작용은 분명히 있었다. 김선홍(한림대학교 산학협력단 산학협력교수)은 그때의 상황을 이렇게 기억한다.

"코스닥 활성화 시기에 사회적 비난이 생겼습니다. 계획에 없던 큰돈이 생기니 그 돈에 끌려가는 사람이 많았던 것이지요. 돈을 번 사람들의 행동에도 문제가 있었고, 언론도 이러한 부분을 비난하며 과도하게 보도한 측면이 있습니다. 이 시기 신문의 벤처 관련 기사는 산업면보다 사회면에 더 많이 나올 정도였습니다."

거품 자체는 허상이다. 부풀어질수록 빨리 꺼지기 마련이다. 거품이 꺼진 자리에는 상흔이 남는다. 코스닥에도 그런 아픔이 있었다. 조현정이 그때의 충격을 증언한다.

"YS 때 벤처특별법을 만들고, DJ 때 비트컴퓨터에 방문하실 만큼 벤처붐을 일으켰으나 2000년 초 벤처 4대 게이트를 시작으로 벤처에 대한 인식이 급랭해 코스닥지수가 2,830에서 9개월 만에 525까지 추락하게 됐습니다. 벤처버블과 사기집단으로 평가되는 분위기여서 노무현 정부 초기까지 대통령은 물론 정부측 누구도 우리를 만나려 하지 않았습니다."

하지만 뒷걸음치는 역사는 없다. 코스닥 역시 역기능보다는 순기능이 훨씬 컸다. 1999년에서 2000년 사이 활황기에 코스닥 기업들은 증자를 통해 엄청난 자금을 끌어들였다. 새롬기술의 경우 증자 대금으로 유입된 금액만 3,700억 원이 넘었다. 이러한 증자 대금을 바탕으로 상당수 코스닥 기업들은 신규사업 발굴을 위한 신성장동력에 투자했다. 투자 중 실패한 것도 많았지만 그러한 씨앗들이 뿌려져 세계적으로 유례가 없는 다양한 벤처 투자 실험을 할 수 있었다. 그 씨앗들이 싹을 틔우고 자라서 대한민국의 벤처생태계가 형성됐다.

그밖에도 코스닥의 순기능은 많았다. 코스닥을 통해 한국의 IT를 이끄는 신산업들이 등장했고, 준비된 코스닥과 벤처기업특별법에 의한 한국의 대응이 IMF 위기를 성공적으로 극복하는 데도 큰 역할을 했다. 코스닥의 활성화를 통해 벤처자금의 선순환구조가 확립됐다. 벤처캐피털이 코스닥 등록을 3~5년 앞둔 기업에 투자하면서 프리코스닥(Pre KOSDAQ) 시장이 만들어졌다. 코스닥 등록을 앞둔, 매출 수백억 원에 달하는 기업들이 성장을 위한 자금조달 걱정을 덜게 된 것이다. 이러한 선도 벤처들이 이끌어 주는 힘을 받아 후발 벤처들이 성장했다. 대한민국 벤처의 새로운 꿈이 코스닥을 통해서 이뤄진 것이다.

03

벤처기업 특별법을 만들다

• 대한민국 벤처산업사에서 의미가 큰 일들을 들라면 무엇을 먼저 꼽을까? 시간이 아무리 흘러도 코스닥 설립과 벤처기업육성에 관한 특별조치법(벤특법) 제정은 빠지지 않을 것이다. 코스닥이 선도 벤처기업들의 자금 갈증을 해소해 주었다면 벤특법은 창업 벤처 육성의 밑거름이 됐기 때문이다.

식물이 자라기 위해서는 토지, 물, 공기 등 여러 요소가 필요하다. 기업 역시 제대로 성장하기 위해서는 자금 외에도 시장, 기술, 인력, 환경 등 여러 조건이 뒷받침돼야 한다. 이민화가 이끄는 벤처기업협회는 이런 요소를 갖추기 위해서는 법적 뒷받침이 필수 요건이라고 판단했다. "벤처기업을 위한 법을 따로 만들지 않아도 중소기업지원법이 있지 않으냐"는 지적도 있었지만, 엄밀히 말하면 벤처는 일반 중소기업과 다르다. 벤처만의 기술과 인력을 위한 한계의 극복이 절실했고, 이를 위해 벤처기업특별법이 필요했다.

벤처업계가 벤처기업을 획기적으로 육성하는 방법은 특별법 제정뿐이라고 제시한 시점은 1997년 초다. 한보그룹 등 대기업들이 부도를 내고 연쇄도산으로 금융시장이 불안하던 때였다. 벤처기업에 대한 관심도 그 어느 때보다 고조되고 있었다. 이민화는 1996년 코스닥 출범 직후 매일경제와의 인터뷰에서 벤특법 제정의 필요성을 이렇게 역설했다.

"벤특법을 제정하는 것만이 벤처기업 창업을 촉진하고 벤처기업 활성화를 지원하는 유일한 대안입니다."

이민화는 벤처 육성을 위해서는 두 가지 선택 대안이 있다고 판단했다. 미국식 자연발생적 모델과 박정희 대통령의 경제발전과 같은 압축성장 모델이다. 분명한 것은 세계 경제가 급박하게 전환되고 있는 시점에, 우리에게는 50년의 시간적 여유가 없다는 점이었다. 벤특법이라는 압축성장의 대안을 선택한 이유였다. 당시에 처했던 상황과 벤처기업특별법 제정이 왜 필요했는지에 대해 조현정은 이렇게 설명한다.

"기존의 중소기업을 대표하는 중소기업중앙회 소속 기업인들은 정부나 정치인들과 간담회를 할 때 주로 세금감면, 은행문턱 낮추기, 기능인력 확보, 공단 신설에 대해 요구를 했습니다. 하지만 우리 벤처인들이 처한 사업 환경과 생각은 그들과 많이 달랐습니다. 벤처는 본래 하이 리스크 하이 리턴(high risk high return) 비즈니스 모델입니다. 따라서 수익이 장기간 안 날 수도 있어요. 수익이 없으면 세금을 내지 않는 겁니다. 대신 수익이 많이 나면 합당한 세금을 내는 것은 당연하다고 생각했어요. 자금 확보 면에서도 연대보증까지 해야 하는 금융권 대출 방식보다 투자 방식의 자금을 선호하다 보니 은행에 기웃거릴 일도 덜했고요. 인재 확보 측면에서도 연구개발자와 고급 엔지니어를 확보하기 위해 스톡옵션 같은 제도가 필요했습니다. 사업 공간도 외곽의 공업단지보다는 도심 속의 벤처빌딩을 선호했습니다. 즉 사업 환경과 관점이 기존의 중소기업과는 달랐기 때문에 벤처가 압축성장이 가능하도록 벤처기업의 특성에 맞는 특별법 제정이 필요했습니다."

벤처기업협회는 1997년 1월 보고서를 제출하고 3월에는 통상산업부 장관과의 간담회를 통해 벤처기업육성법 제정을 공식 건의했다. 그해 5월 '벤처기업 육성에 관한 특별조치법'이 입법 예고됐고, 7월 3일 3당 합의로 국회 본회의를 통과했다. 3월에 법 제정을 건의하고 그해 7월에 제정됐으니 공식적으로 딱 4개월이 걸렸다. 기간은 짧았지만 절차까지 간단한 것은 아니었다. 벤특법이 만들어지는 과정에서 기존의 법과 상충하지 않도록 신경 써야 했고, 기존의 법을 바꿔야 하는 경우도 있었다. 특별법 내용이 국회 전 부서를 망라하는 내용이다 보니 각 부서의 법 간에 상충하는 부분을 보완하고 이해시키는 과정도 필요했다.

벤특법의 제정에 따라 일정 조건을 갖춘 기업들은 모두 벤처기업으로 인정되고 다양한 지원을 받을 수 있게 됐다. 법이 정하는 벤처기업 기준은 • 투자조합을 포함한 벤처금융이 해당 기업 자본금의 10% 이상을 투자한 중소기업 • 매출액 대비 연구개발비 비중이 5% 이상인 중소기업 • 특허권, 실용신안권, 의장권 등을 주된 부분으로 사업화한 중소기업 • 공기업기반기술개발사업의 성과를 사업화하거나 신기술의 사용 또는 지식을 집약하는 사업으로 대통령령이 정하는 사업을 영위하는 기업 등이다.

법 제정에 따라 많은 것이 달라졌다. 벤처기업이 사회적 통념상으로 중요하게 인식되게 된 계기를 마련했고, 사회 원동력이라는 인식이 심어지게 됐다. 법이 생겼으니 그것을 기반으로 벤처인들은 열심히 일만 하면 되는 환경도 조성됐다. 또 벤특법은 공무원에게도 새로운 인식을 심어주었다. 그동안은 벤처가 '관리하고 규제하는 대상'이었다면 법이 제정되면서 기업이 잘되기를 바라는 방식으로 태도가 바뀌었다. 정부조직에도 영향을 미쳤다. 예를 들면 전에는 산업부 소속의 한 부서였던 중소기업청이 독립 부서인 중소벤처기업부로 승격한 것도 이 법의 영향이라고 할 수 있다.

벤특법을 제정하기까지는 여러 사람의 노력과 도움이 있었다. 특히 이민화는 누구보다 열심히 아이디어를 내고 앞장섰다. 실무를 맡았던 김선홍이 그 당시를 돌아본다.

"삼일회계법인의 김일섭 부회장의 도움을 많이 받았습니다. 벤처기업특별법 추진 당시 김영삼 대통령이 세계화추진위원회를 운영했는데, 세계화를 위한 과제를 도출하고 해결해 국제사회와의 협력을 증진하는 위원회였습니다. 김일섭 부회장은 그 추진위원회의 벤처위원장으로 참여해 벤처기업에 대한 흐름과 이해를 수용시키는 데 큰 역할을 했습니다. 큰 문제에 대한 흐름을 잡은 것은 김일섭 부회장이었고, 이민화 회장은 아이디어를 많이 냈습니다. 벤처기업특별법 내용의 반 이상이 이민화 회장의 아이디어였습니다. 특별법을 실현시키기 위해 이민화 회장과 정부, 관료, 업계 사람들의 아이디어를 많이 받았습니다. 이민화 회장과 가까웠던 백만기 산업통상자원부 담당과장도 많은 도움을 주었습니다."

법이 제정되는 과정에 여러 일이 있었다. '벤처'라는 용어 사용에도 우여곡절이 있었다. 당시 정부가 제정하는 법률에는 영어가 들어갈 수 없었다. 그러니 'venture'가 들어간 '벤처기업'이라는 말이 문제가 됐다. 언론에서도 벤처기업보다는 '모험기업'이라는 용어를 많이 쓸 때였다. 정부는 특별법안 제정 과정에서 '신기술 지식 집약 중소기업'이라는 긴 수식어가 붙은 용어를 썼다. 하지만 이 용어는 결국 벤처기업으로 바뀌었다. 정부 안과 야당이 추진한 법안을 합치는 과정에서, 야당에서 주장한 벤처라는 용어를 수용해 법률에도 '벤처기업'이라고 표기한 것이다.

미국에는 벤처기업이라는 용어가 없다. 요즘에는 우리나라에서도 신생벤처를 스타트업(start-up)이라고 부르지만, 미국은 그때도 벤처 대신 스타트업이라고 불렀다. 그러나 한국은 정부에서 지원해야 하기 때문에 정의가 필요했다. 그러다 보니 벤특법 제정 과정에서 가장 큰 난관이 바로 벤처의 정의였다. 결론적으로 '연구개발 중심형 중소기업'으로 정했다. 하지만 벤처기업협회는 법적 정의와 무관하게 대상을 중소기업에 국한하지 않았다. 1,000억 원 이상 매출을 기록하는 '천억 벤처'도 벤처라고 판단했기 때문이다. 벤처인증기관 선정에도 첨예한 대립이 있었다. 벤처기업협회가 인증기관이 되면 권력기관이 될 수 있기 때문이었다. 결국 인증기관을 별도로 두지 않는 것으로 합의했다.

이후 벤처기업특별법은 수차례의 개정을 거치면서 한국 벤처 지원정책의 중심 역할을 했다. 초기에 10년 한시법으로 만들었지만 연장을 거듭했다. 한시법으로 만드는 데 대해서도 논란이 있었다. 한시법이 아닌 상시법으로 제정해야 한다는 주장이 있었지만, 당시에는 벤특법 자체를 통과시키기도 어려운 상황이라 국회를 설득하기 위해 한시법으로 할 수밖에 없었다. 두 번 정도 연장했기 때문에 지금도 효력을 갖고 있다.

벤특법을 통해 벤처 창업에 관련된 자금, 입지, 인력의 체계적인 지원 인프라가 구축됐다. 이러한 체계적인 지원안을 담은 한국의 벤특법은 중국 등 개발도상국에 '수출'되기도 했다.

04

벤처창업 로드쇼를 이끌다

● 이민화가 이끈 벤처기업협회 설립이나 코스닥 출범 그리고 벤처기업특별법 제정은 벤처들이 태어나고 살아갈 수 있는 생태계를 만들기 위한 준비였다. 밭을 갈았으니 그 위로 싹을 틔우고 성장할 벤처라는 식물의 씨를 뿌려야 했다. 그 일 역시 이민화가 기획하고 앞장섰다.

1996년 하반기, 또 한 번 한국 벤처산업의 역사에 뚜렷한 발자취를 남기는 이벤트가 벌어졌다. 전국의 대학을 순회하며 창업을 촉진하는 '벤처창업 로드쇼'가 시작된 것이다. 역시 이민화가 기획하고 연출했으며 주연까지 맡은 행사였다. 이 로드쇼는 벤처기업협회를 출범시키면서 발표했던 '벤처 비전 2005'를 달성하기 위한 구체적인 실천방안 중 가장 활발한 사업이었다. '2005년에는 벤처기업 수가 4만 개로 늘어날 것'이라는 것이 '벤처 비전 2005'의 핵심 내용 중 하나였다. 벤처기업이라는 용어조차 생소하던 시절에 진행된 벤처창업 로드쇼는 대학가에 벤처붐을 일으키는 계기를 만들었다. 벤처기업협회 사무국장 이정민으로부터 벤처창업 로드쇼의 배경과 진행 과정을 들어본다.

“당시 국내에는 벤처라는 개념이 생소했습니다. 벤처창업 로드쇼는 벤처를 창업할 수 있는 인력을 보급하기 위한 목적으로 기획한 행사였습니다. 특히 벤처의 새로운 인력이 될 수 있는 대학생과 교수, 연구원들에게 벤처의 비전과 의미를 알리는 것이 중요했습니다. 당시 이름이 알려져 있던 벤처기업인들이 팀을 꾸려 대학을 순회하면서 자신의 기업과 창업 스토리를 소개했습니다.”

벤처정신을 확산하고 벤처기업 창업을 촉진하기 위해 기획된 이 행사는 1996년 하반기 서울대학교를 시작으로 대장정의 막이 올랐다. 행사 당일 서울대 공대 학생 등 500여 명이 참석해서 벤처 창업에 대한 관심을 보였다. 벤처기업협회가 창립 1주년 기념사업의 하나로 연 이날 행사에 내건 캐치프레이즈는 ‘한국의 빌 게이츠여 모여라!’였다. 잠재적인 벤처 창업 열기를 짐작할 수 있게 해주는 무대였다. 특히 벤처기업 창업에 성공한 사장들이 직접 사례를 발표하는 자리에서는 진지함과 열기가 공존했다. 학생들은 행사가 끝날 때까지 자리를 뜨기는커녕 시간이 흐를수록 더 많아졌다. 정부의 창업지원제도와 자금조달 방법 등에 대한 설명도 이어졌다. 이후 질의응답 시간에는 학생들의 질문이 꼬리에 꼬리를 물었다. 한마디로 대성황이었다.

이어 포항공대, 인하대, KAIST 등 전국 대학을 순회하며 2,000여 명에게 벤처를 소개했다. 벤처라는 용어조차 생소할 때였으니 그런 행사가 새롭고 신기할 수밖에 없었다. 대학을 졸업하면 대기업이나 중소기업에 들어가는 것이 당연한 줄 알았는데 벤처가 그 개념을 바꾸었기 때문이다. 본인이 창업하고, 창업한 기업에 들어간다는 것은 새로 열린 기회였다. 샐러리맨이 아닌 창업자로 성공하고, 스톡옵션으로 억대 보상을 받을 수 있다는 그림 자체가 매력적일 수밖에 없었다.

다음 해인 1997년에도 이공계열 학생과 연구원, 교수 등을 대상으로 창업 로드쇼가 이어졌다. 4~6월까지 부산대, 연세대, 한남대, KIST, 동아대, 남서울산업대, 경북대 등으로 이어졌다. 하반기에는 부산전문대학, 국민대, 중앙대 등으로 창업 열기가 이어졌다. 김명수(매일경제 편집국장)는 벤처창업 로드쇼를 함께 진행하면서 이민화의 다른 신변모를 봤다며 이렇게 평가한다.

"이민화 회장은 철저한 준비와 아이디어로 매번 다른 대학교에 갈 때마다 그곳에 맞는 강연을 보여줬습니다."

당시 창업 로드쇼가 어느 정도 성황을 이뤘는지 행사를 공동으로 주최했던 〈매일경제〉 기사를 통해 확인해 본다.

매일경제

1997년
5월 3일

신촌 대학가에도 "벤처바람"

서울 신촌 대학가에도 벤처바람이 일기 시작했다.

벤처기업협회(협회장 이민화)와 매일경제신문사 주최로 2일 연세대 백주년 기념관에서 열린 벤처창업 로드쇼에는 1천 명이 넘는 학생들이 참가, 대성황을 이뤘다. 특히 이날 행사는 신촌 부근 대학인 이화여대, 서강대, 홍익대 등에서도 학생들이 대거 몰려 벤처기업에 대한 대학생들의 큰 관심을 반영했다.

또 성공한 벤처기업의 사례를 경청하려는 기업인과 명예퇴직자들도 행사에 참가, 이날 행사는 신촌지역의 창업축제로 떠올랐다.

이날 로드쇼에서 웹인터내셔날 윤석민 사장은 "벤처기업을 하면 일확천금을 한다는 것은 환상"이라며 "창업은 쉬운 게 아니고 더욱이 벤처는 더욱더 어려운 과정이므로 웬만하면 벤처기업을 하지 말라"는 반어법으로 말문을 열었다. 그는 이어 "굳이 벤처기업을 하려면 목숨을 걸고 하라"며 도전적인 창업정신을 강조했다.

한아시스템의 신동주 사장은 "다가오는 21세기 사회는 작은 규모의 기업들이 경제는 물론 사회를 움직이는 토대가 될 것"이라며 "앞으로 우수한 인력들이 이런 중요한 의미를 갖는 벤처기업에 많이 참여할 것"을 당부했다. 그는 또 "한보사태와 같이 지금까지 한국의 대기업들이 보여준 부정적인 기업문화를 해결하기 위해서는 기업을 자아실현의 수단으로 여겨야 할 것"이라고 강조했다.

이날 행사는 성공사례 발표 후 이인규 무한기술투자 사장의 벤처캐피털 이용 등 자금운용방법에 대한 설명으로 이어졌다. 중소기업청과 생산기술연구원은 다양한 창업자원 제도를 자세히 알려줬다.

한편 이번 행사 후 연세대는 벤처기업 창업에 관심 있는 학생들을 대상으로 벤처창업클럽을 결성했다.

잇따른 창업 로드쇼의 바람을 타고 학생들과 연구원들은 창업동아리를 만들기 시작했다. 1999년 말 기준 중소기업청이 자금을 지원한 대학생 창업동아리는 무려 126개로 집계됐다. 하지만 등록하지 않고 구성한 창업동아리는 이보다 훨씬 많았다. 지역별 창업동아리 연합회도 12개에 이르렀고, 여기 소속된 동아리는 300여 개를 헤아렸다. 활동한 학생도 8,000명이 넘었다.

벤처기업협회도 바빠졌다. 부회장들은 바쁜 시간을 쪼개서 강의를 분담했다. 임원과 행사 준비 실무자들은 전국을 누비고 다녔다. 또 중소기업청 등 관계기관들이 적극적으로 협조해 준 덕에 행사마다 학생들의 열기가 높아졌다. 밴처캐피털에서도 창업 때 자금은 어떻게 이용하는지 등에 대해 설명했다. 대전 KAIST 행사 때는 KAIST 학생뿐 아니라 대전지역에서 활동하는 벤처기업들의 모임인 '대덕21세기' 회원들도 참석했다.

벤처창업 로드쇼가 궤도에 오르고 성공한 벤처기업이 속출하자 대학가에는 벤처기업에 대한 관심이 고조됐다. 국책연구소나 대기업도 예외는 아니었다. 학생, 연구원, 기업체 직원 등 다양한 분야에서 많은 사람이 새로운 기술과 아이디어로 사업을 계획했다.

KIST 등 연구소에서도 연구원 창업제도를 본격적으로 도입했다. 대학

내에서도 이공계 교수들의 창업 지원을 위한 '벤처창업 교수 휴직제도'를 실시하면서 연구직 종사자들의 창업 열기가 뜨거웠다. LG와 삼성 등 대기업에서도 사내벤처제도를 도입하기 시작했다. 이후 직원들의 벤처기업 창업을 지원하는 사례가 계속 늘어났다. 또 창업 관련 절차 및 방법, 회사경영 방법 등을 설명하는 각종 창업 행사도 빈번해졌다.

그뿐 아니었다. 중소기업청 중소기업진흥공단이 주최한 대학생 창업스쿨, 직장인 창업스쿨과 창업박람회도 연이어 열렸다. 대학생들의 벤처창업 열기를 돋우기 위한 벤처기업 전국대회와 대학생 창업경연대회도 열렸다. 1997년 10월 31일 중소기업청 대강당에서 열린 이 행사에는 전국 40개 대학에서 49개 팀이 사업계획서를 제출했다.

그렇게 붐을 이끈 창업 로드쇼는 대학가의 뜨거운 이슈로 자리매김했다. 이후 실험실 창업운동을 거치면서 이공계 대학생의 로망이 벤처창업이 됐다. 이민화와 그의 동지들이 세상의 흐름을 바꿔 놓은 것이다.

05

섬머스쿨, 두 마리 토끼를 잡다

● 기업인, 특히 남들이 가지 않은 길을 가는 벤처기업인들에게 가장 미안한 대상은 가족일 것이다. 함께하고 싶지만 늘 일에 우선순위를 둘 수밖에 없는 숙명적인 문제 때문이다. 이민화도 이 부분이 마음에 걸렸을 듯하다. 자신에서 그치는 것이 아니라 모든 벤처기업인에게 해당하는 문제이기 때문이다.

이런 짐을 잠시나마 내려놓을 수 있는 묘안을 내놓은 사람은 이민화의 벤처 동지 이장우였다. 그는 벤처 경영인들이 여름휴가를 가족과 함께 보내면서 벤처 학습의 기회로 삼는 '섬머스쿨'을 해 보자고 제안했다. 그렇게 휴가와 경영 교육의 장, 일석이조를 목표로 삼은 섬머스쿨이 1997년에 시작됐다. 기본 취지는 휴가 갈 틈도 없는 벤처기업 사장들이 가족에게 봉사하는 마음을 표시하기 위한 것이었다. 하지만 경영인들의 머리에는 늘 회사가 들어앉아 있기 마련. '휴가'라는 명분으로 모였지만 방점은 '학습'에 찍힐 수밖에 없었다. 결과는 역시 치열한 공부의 장이 됐다.

처음 제안한 이장우의 생각 속에 들어 있는 키워드도 사실은 '공부'였다. 이를 직접 들어본다.

"섬머스쿨이란 벤처협회 회원 간의 교류를 강화하고 시너지를 만드는 것이 목적이었습니다. 1997년은 코스닥이 생겨나고 벤처기업을 처음으로 육성하던 시기였습니다. 당시 실제로 벤처를 창업하는 사람은 많지 않았습니다. 대체로 창업에 도전하던 사람들이 엔지니어나 대학 석·박사, 공대생들이었으니 사업을 시작해도 아는 것이 별로 없어서 새로 배워야 할 게 많았지요. 메디슨은 이러한 사업 초심자를 위해 경영지식을 엮고 체계화했습니다. 그렇게 모은 지식으로 『흔경영』이라는 책이 나올 정도였고, 대기업은 벤처기업이 날이 갈수록 성장하는 것을 보면서 위기감을 느끼기도 했습니다. 그런 시기에 벤처의 열정을 가진 기업인들이 여름에 모여서 공부를 하게 된 것이 섬머스쿨이었어요. 그때 모였던 수강생들은 지금도 벤처 1세대의 중요한 인물들입니다."

첫 번째 행사는 1997년 8월 4일에서 7일까지 2박 3일 동안 제주도 하얏트호텔에서 열렸다. 메디슨, 핸디소프트, 새로운기술, 휴맥스, 터보테크, 비트컴퓨터 등 20~30개 업체의 경영인들과 가족 110명 정도가 참여했다. 문제는 가족을 동반했지만 휴가는 뒷전이었고 모두 공부에 매달린 것이었다. 특히 회장인 이민화는 스스로가 벤처의 중심이었기 때문에 쉬는 시간 없이 전 과정에 참여했다. 이민화뿐 아니라 거의 모든 참가자가 공부에 매진했다.

사장들은 밥 먹을 때를 제외하고는 내내 공부만 할 정도로 열성적이었다. 서로에게 멘티이자 멘토가 돼 새로운 벤처경영에 대해 발표하고, 벤처클리닉제도를 통해 경영 애로 사항을 듣고 상담 등을 하는 활동을 펼쳤다. 벤처클리닉은 참여자들을 팀별로 나눠 각각 자신의 경영 상황을 발표하게 하고 진단 시간을 갖는 과정이었다. 벤처기업 상호 간에 기업운영 상태를 비교·분석하고 애로 사항을 듣고 대책 및 처방을 해줬다. 경영자들은 경영, 재무, 기술 분야에 정통한 선배 벤처기업인들 앞에서 경영의 애로점을 발표하고 토론을 통해 구체적인 해결책을 마련했다. 처음 제안한 이장우 역시 벤처 멘토링 수업(벤처클리닉)이 가장 기억에 남는다며 그때를 돌아본다.

"벤처 멘토링은 기업을 창업하면서 아쉬운 지점이나 어려운 지점, 그 외 여러 고민거리를 멘티가 멘토에게 물어보고 주제를 설정하여 밤새도록 해결책을 찾기 위해 함께 토론하는 것이었습니다. 일반적인 고민거리가 아닌 기업을 운영하다 부딪치는 실질적인 문제를 다뤘습니다. 돈을 빌리는 방법이나 코스닥에 들어가기 위한 사업계획서 작성 요령 등 디테일한 문제가 다뤄졌습니다."

성과는 컸지만 문제가 없는 것은 아니었다. 휴가를 가자고 해놓고 새벽까지 세미나가 이어지는 강행군을 하는 바람에, 휴가지에서조차 가장의 얼굴을 보기 어려워진 가족들의 원성이 높아진 것이었다. 벤처기업협회가 회원사들을 대상으로 조사한 결과, 벤처기업인들은 주당 평균 100시간, 일요일을 제외할 경우 하루 17시간을 일하는 것으로 나타났다. 그런 습성이 벤처클리닉 행사에서도 고스란히 나타난 것이었다. 가족들은 결국 가장 없는 휴가를 보내는 수밖에 없었다.

그런 '애로' 속에서도 벤처기업인들의 공부는 계속됐다. 밤늦게까지 진행된 분임토의에서 경영인들은 회사가 처한 여러 문제를 놓고 토론했다. 기술직 인력과 관리직 인력 간의 형평성 문제, 신규 아이템에 대한 사업성 평가, 단기 급성장에 의한 조직 방대화 등이 큰 애로 사항으로 꼽혔다. 또 이런 문제들을 해결하기 위해 팀별로 사례 연구 기업을 선정하고 상호 토론을 통해 해결책을 도출해 냈다.

벤처클리닉은 원래 벤처기업협회 유용호 실장이 낸 아이디어였다. 벤처 경영에도 병원과 같은 시스템을 도입하자는 취지로 상시 운영됐다. 즉 환자처럼 애로가 있는 벤처기업이 있으면 진단하고 처방하고 치료해 주자는 개념이었다. 환자 기업을 설정한 뒤 기업 대표들로 구성된 벤처닥터들을 파견하고 교수들은 자문역을 맡기로 했다. 그렇게 환자 기업에 공동 진단·처방·치료까지 해주는 과정을 거치고, 치료받은 기업 중 우수 사례 세 군데를 발표했다. 클리닉 분야는 기업조직, 마케팅, 자본 조달 등 다양했다. 1997년에 처음 도입했는데, 이 벤처클리닉을 받은 기업들은 1998년의 IMF 위기를 잘 넘겼다. 제1회 클리닉의 1등상을 받은 기업이 한때 시가총액이 3조 원이 넘었던 새롬기술이다.

이민화는 그런 경험을 바탕으로 훗날 KAIST에 창업지도 과정을 개설했다. 섬머스쿨 그리고 벤처클리닉 역시 이민화가 있었기에 가능한 일들이었다.

06

고사 직전 '아래아한글'을 살리다

• 컴퓨터로 문서를 작성해 본 사람치고 '아래아한글'이나 '아래한글'을 모르는 사람은 없다. 또 이민화를 이야기하면서 아래아한글을 빼놓고 갈 수는 없다. 그가 이끈 '아래아한글 살리기 운동'이 아니었으면 지금 모두 아래아한글 대신 MS의 워드프로세서를 쓰고 있을지도 모른다. 아래아한글 살리기 운동을 시작한 배경에는 복잡한 사연이 있었다.

1998년 6월 15일. 아래아한글을 개발한 한컴은 회사를 마이크로소프트(MS)에 매각한다고 전격 발표했다. 1997년 말부터 시작된 IMF 위기로 대부분의 기업이 어려울 때였다. 대한민국이 외자 유치에 총력전을 벌이고 있는 와중에, 세계 최고의 기업으로부터 2,000만 달러라는 거액의 투자를 받기로 했으니 희소식이라고 할 수 있었다.

하지만 그런 외형적 성과 속에는 치명적인 문제가 숨어 있었다. MS에서 한컴을 매입하는 조건에 아래아한글 개발을 중지한다는 조항이 들어 있었던 것이다. 즉 아래아한글이 땅속에 묻힐 수밖에 없는 극도의 불공정거래였다. 400만 명의 아래아한글 사용자 입장으로 보면 MS의 워드프로세서를 구입하고 사용법을 새로 배워야 한다는 것을 의미했다.

이민화로서는 선뜻 받아들이기 어려운 소식이었다. 벤처기업협회가 비용을 추산해 본 결과 한컴의 매각은 '1조 원이 넘는 국부 손실'이라는 결론이 나왔다. MS가 한컴을 사겠다는 것은 아래아한글을 없애겠다는 꼼수였기 때문이다. 당시 MS는 일본에서 20만 원이 넘는 워드를 한국에서는 거의 무료로 공급하고 있었다. 아래아한글이 있기 때문이었다. 아래아한글이 없어질 경우 워드의 신규 구입 비용과 재교육 비용을 합하면 쉽게 1조 원은 넘어설 것이라는 계산이 나왔다. 그런 상황을 뒤에 한컴 사장을 맡은 전하진(SDX재단 이사장)은 이렇게 설명한다.

"당시 마이크로소프트는 소프트웨어 시장에서 시장 점유율이 엄청났습니다. 마이크로소프트 기업은 각국의 로컬 소프트웨어 기업을 인수하거나 죽이며, 대항마를 없애는 상황이었습니다. 하지만 국내에는 아래아한글이 자리를 잡고 있었기 때문에 마이크로소프트가 독과점을 할 수 없었고, 한컴과 서로 경쟁하면서 마이크로소프트의 프로그램 가격도 자연스럽게 낮아졌습니다. 아래아한글이 사라졌다면 워드의 비싼 가격으로 인해 인터넷 사용이 부담스러웠을 것입니다."

매각 발표 3일 뒤인 1998년 6월 18일, 벤처기업협회는 아래아한글 살리기 운동에 돌입한다. 결과가 뻔히 보이는데 나 몰라라 할 수 없었던 것이다. 6월 22일에는 한글학회 등 16개 단체와 함께 벤처기업협회에 아래아한글 지키기 운동본부를 설치하고 본격적인 활동에 들어갔다. 그때부터 압력이 쏟아지기 시작했다. MS로부터 2,000만 달러 외화유치 실적을 자랑하던 정부로서는 아래아한글 지키기 운동이 달가울 리 없었다. 정보통신부 장관이 이민화를 호출했다. 이민화는 장관과 나눴던 대화를 이렇게 전했다.

"편협한 국수주의를 극복해야 세계화가 된다는 것이 IMF 위기의 교훈

아닌가. 당장 아래아한글 지키기 운동을 그만두게."

"장관님! 제가 경영하는 메디슨도 외국인 지분이 높고 매출의 70%가 수출입니다. 세계화에 반대하는 것이 아닙니다. 한컴 인수 후 아래아한글 개발 중지는 명백한 불공정거래이기 때문에 반대하는 것입니다."

한번 옳다고 생각하면 '직진'밖에 모르는 이민화가 아니면 장관 앞에서 대놓고 하기 어려운 말이었다. 말 그대로 주무장관에게 항명을 한 셈이었다. 이어서 국정원에서 통보가 왔다. 허가 없는 모금운동은 불법이라는 것이었다. 그 밖에도 전경련 등 경제단체의 반대도 거셌다. 그런 압력 속에서도 이민화와 뜻을 같이하는 사람들은 소프트웨어 벤처의 미래가 이 한판 승부에 달려 있다는 각오로 계속 매각 반대 운동을 펼쳤다. 주무부서와 국정원의 압력을 거부한다는 것은 이민화의 '뱃심 리더십'이 아니면 엄두도 못 낼 일이었다.

7월 1일에는 '1조 원의 가치, 한국 소프트 벤처의 기반'이라는 성명을 발표하고 이찬진 한컴 설립자와 합의 조건인 '100억 원 투자 국민추진운동'을 시작했다. 여기에 언론들이 힘을 보태면서 아래아한글 살리기 운동 분위기는 고조됐다. 모금을 전제로 이찬진 사장은 CTO로 역할을 변경했고, 신임 사장을 공모한다는 합의서도 발표했다. 7월 27일, 30여 명의 지원자 가운데 지오이넷 사장을 지낸 전하진을 신임 사장으로 선정했다. 전하진이 사장으로 선정되는 과정에 있었던 뒷얘기를 본인의 회고를 통해 들어본다.

"저는 아래아한글 살리기 운동 직전인 1998년 5월에 미국 실리콘밸리로 갔습니다. 국내 환경에서 소프트웨어로 성공하기는 힘들 것이라 판단을 내린 상태였기 때문입니다. 마침 이민화 회장도 제게 미국으로 가서 벤처기업협회 지부를 설립하라고 제안해서, 저는 지부장 타이틀을 얻어 미국으로 이사했습니다. 미국에서 일하던 중 LA에서 전화가 한 통 왔습니다. 전화를 건 분이 한글 살리기 운동에 기부하고 싶다면서 제게 직접 100달러를 보냈습니다. 그렇게 한글 살리기 운동의 상황을 짐작한 상태에서 마침 벤처기업협회에서도 연락이 왔습니다. 한국에 와서 어떻게 해외로 진출했으며, 미국 지사에서 어떤 일을 하고 있는지 강연해 달라는 요청이었습니다.

강연을 위해 귀국한 날이 바로 한컴 사장이 되기 3일 전이었습니다. 설악산에서 열린 벤처기업협회 워크숍에 갔더니 이민화 회장을 비롯한 벤처 1세대와 여러 기업가들이 있더군요. 제 강연이 끝나자 이 회장이 술을 권했고, 한잔 마시는 중에 한컴 사장에 응모해 보는 것이 어떻겠냐고 제안했습니다. 금요일에 제안받고 다음 날 접수하고 그다음 날인 일요일에 면접을 봤습니다.

면접 자리에는 3명의 후보와 6명의 심사위원이 있었습니다. 이민화 회장, 이찬진 한컴 사장과 조현정 비트컴퓨터 사장 등이 심사위원이었습니다. 면접은 이민화 회장의 주도하에 위기의 한컴을 어떻게 살릴지 난상토론으로 진행됐습니다. 토론이 길게 이어지자 쉬는 시간에 후보 중 한 명이 자진 사퇴했습니다. 늦은 오후 11시에 저녁을 먹던 중 이민화 회장이 후보끼리 사장을 누가 할 것인지 정해 보라고 하더군요. 고민 끝에 나머지 후보들이 제게 사장을 맡으라고 권했고, 저는 강연을 위해 출장을 왔다가 졸지에 한컴 사장이 됐습니다.

다음 날 정장도 제대로 갖춰 입지 못하고 벤처기업협회에 갔는데, 매스컴들이 이미 자리를 잡고 있었습니다. 정신없이 플래시가 터지는 가운데 사장이 된 이유나 연봉은 얼마를 받기로 했는지 등 질문 공세가 이어졌지만 저는 아는 것이 하나도 없었습니다. 지금 생각해 보면 한컴 사장은 아주 부담스러운 자리였습니다. 특히 망해 가고 있는 회사를 되살려야 한다는 책임감이 막중했습니다."

새로운 사장을 선출했지만 모든 일이 일사천리로 풀린 것은 아니었다. 이민화가 공개한 비화에 따르면, 8월 1일 모금운동의 뚜껑을 열어보고 모두 실망을 금치 못했다고 한다. 적어도 100억 원은 있어야 MS에서 받은 계약금을 반환하고 한컴을 지킬 수 있는데, 민간 모금액은 뜨겁던 분위기에 비해 실망스럽기 짝이 없었던 것이다. 총액 7억 원이 전부였다. 여기에 황철주 주성엔지니어링 사장과 조현정 비트컴퓨터 사장이 각각 5억 원과 3억 원을 내놓은 금액이 더해져서 총 15억 원이 전부였다.

모금이 부진했던 이유를 굳이 따지면, 한컴 주가는 액면가 5,000원에도 못 미치는 4,000원 수준이어서 정상적으로 신규 주식에 투자할 이유가 없었던 것이다. 그런 결과를 그대로 발표하면 자금 회수를 유예했던 금융기관들이 달려들어 한컴은 MS로 넘어가게 될 것이 뻔했다. 이민화는 고심 끝에 무리수를 던졌다. 새벽에 메디슨 이사회를 소집해서 이사들을 설득한 끝에 50억 원을 투자하기로 결정했다. 메디슨이 비의료기업의 주식을 보유하게 된 사연이었다. 그런 막전막후의 상황을 전하진은 이렇게 돌아본다.

"이민화 회장은 처음 제게 사장을 권유했을 때부터 한컴을 구체적으로 살릴 수 있는 안을 제시한 상태였습니다. 국민주 모금으로 100억 원, 815 기념판을 팔아서 100억 원, 외부자금 유치로 총 300억 원을 모아 위기를 넘길 수 있다는 것이었습니다. 하지만 현실은 국민주 모금으로 65억 원, 815 기념판 판매금액으로 75억 원밖에 안 들어와서 턱없이 부족한 실정이었습니다. 언론이 주목하면서 모두 한컴이 부활했다고 했지만 저는 희대의 사기꾼이 될 수도 있겠다는 생각에 식은땀이 흘렀습니다."

그게 끝은 아니었다. 그 뒤로도 여러 고비가 있었지만 결론적으로 이민화가 주도한 아래아한글 살리기 운동은 성공적으로 막을 내렸다. 뒤에 일반화된 '빌려 쓰는 소프트웨어(SaaS)'의 시초였다. 시장의 80%를 장악하며 400만 사용자를 보유한 아래아한글이 연간 1만 원의 사용료만 받아도 400억 원이 된다. 1998년 상반기에 30억 원에 불과했던 한컴의 매출은 1999년 상반기에 179억 원으로 6배 급증했다. 코스닥에서의 시장가치도 40억 원에서 2,000억 원으로 증가했다. 액면가에도 못 미치는 주식에 투자했던 투자자들은 20배 이상의 수익을 올렸다.

아래아한글 살리기 운동으로부터 1년이 조금 더 지난 1999년 9월 〈뉴욕 타임스〉는 이런 기사를 내보냈다.

뉴욕 타임스 1999년 9월	한국인들이 국가의 기술자산으로 여기는 한컴의 자본이 50배 증가했다. MS에 맞서 이렇게 싸우는 것은 전 세계를 통틀어 한국이 처음이었다.

아래아한글 살리기 운동의 가장 큰 성과는 불법복제 단속과 정부 및 공공기관의 정품 구매정책이었다. 김대중 대통령이 한국 소프트산업의 활로는 정품 사용에 있다는 벤처기업협회의 건의를 받아들여서 강력한 단속과 정품 구매를 시작했다. 아래아한글 살리기 운동은 '벤처판 금모으기 운동'이라고 할 수 있었다.

07

인터넷 산업의 새 장을 열다

● 이민화와 오랜 인연을 이어온 전하진은 '인간 이민화'에 대해 말해 달라는 요청에 이렇게 대답했다.

"이민화 회장의 머리에는 자신만의 고유한 철학이 있어서 모든 관점을 생각하고 그것을 실현해 내는 능력이 있었습니다. 누구나 아이디어는 있겠지만 그것을 캐치해서 추진하는 데 한계가 있지 않습니까? 하지만 이민화 회장은 실제로 치고 나가는 능력이 대단했습니다. 결과를 만들어 내는 걸 볼 때마다 보통 사람이 아니라는 생각이 들고, 존경심이 생길 수밖에 없었습니다."

이민화가 펼친 일들에는 자신만의 철학과 미래를 내다보는 혜안이 있었다. 역설적으로 보면 너무 앞서갔기 때문에 발생하는 문제들도 많았다. 그러다 보니 그가 미리 해놓은 일들의 결과가 뒤에 나오기도 했다. 이민화가 야심만만하게 추진했던 인터넷코리아 운동이야말로 한국의 인터넷 산업이 비약적으로 발전할 수 있는 기반을 마련한 일이었다. 넥슨, 네이버, 다음, 옥션… 한 시대를 이끈 인터넷 기업들이 인터넷코리아 운동이라는 토양에서 싹을 틔우고 성장했다.

그 결과를 누리면서도 막상 '인터넷코리아 운동'이라는 이름은 대중들에게 생소했다. 1998년 7월 이민화가 이끄는 벤처기업협회는 IMF 극복 대안으로 인터넷코리아 프로젝트를 정책 당국에 제안했다. 인터넷코리아는 인터넷을 촉매로 한 새로운 네트워크 경제, 즉 연결의 경제로 한국을 선도 국가로 부상시키겠다는 의지를 지니고 있었다. 세계의 인터넷경제를 활용해서 우리나라의 국가경쟁력을 향상시키고, 대졸자 실업 문제를 해결하는 등 두 마리 토끼를 동시에 잡아보겠다는 전략이었다. 당시에 취업난 해소라는 명분으로 추진되던 황소개구리 잡기 등 단순 일자리 사업과는 차원을 달리하는 프로젝트였다. 1935년 미국의 경제 대공황 당시 경제부흥을 위해 후버댐을 건설하거나 도로를 놓는 등 사회간접자본 구축 패러다임을 지식사회에 적용하자는 취지에서 구상한 것이었다. 이정민(벤처기업협회 사무국장)은 당시 펼쳤던 인터넷코리아 운동을 이렇게 설명한다.

"지금 정부에서 AI 인력 10만 명을 양성하겠다는 정책과 유사하다고 보면 됩니다. 1998년 인터넷코리아 운동이 시작됐는데, 그때가 일반인이 브라우저와 PC통신을 쓰기 시작했고 3차 산업혁명이 일어나기 직전이었습니다. 그때 웹마스터 10만 명 양성 운동 등 3차 산업혁명의 격변기를 우리가 주도하자는 기대감이 있었습니다. '1·2차 산업혁명은 남의 일이었지만 3차 산업혁명은 우리가 앞서자. 그래서 인력을 미리 키워놓자'는 것이 인터넷코리아 운동의 목적이었습니다."

이정민이 밝힌 대로 인터넷코리아 운동의 첫 사업이 바로 '10만 웹마스터 양성 운동'이었다. 30만 명에 이르는 대졸 미취업자 중 10만 명을 웹마스터로 양성해서 100만 명의 개인사업자와 10만 개 중소기업 홈페이지를 만들고 유지·보수하는 일을 맡기겠다는 복안이었다.

나아가 한국 전체에 초고속 인터넷을 깔고 인터넷을 기반으로 한 새로운 시장을 창출하는 방안을 모색했다. 모든 기업을 사이버시장으로 연결한 뒤 사이버시장에서 이들 정보를 가공해 새로운 부가가치를 창출하는 회사를 만들고, 이를 뒷받침할 통신망을 정비하고, 웹TV와 디지털위성도 이들의 인프라로 구축해야 한다는 내용이었다. 이 모든 방안이 이민화의 아이디어에서 출발했다. 그는 하나하나를 직접 공부하고 검토했다. 그리고 인터넷코리아 운동에 대한 저술 활동을 하고, 신문에 기고문을 실어 홍보에 앞장섰다.

벤처기업협회는 이런 방안을 실행하기 위해 언론을 타깃으로 인터넷 세상의 중요성을 설득했고, 정부와 사회관계자 등을 만나서 인터넷을 통해 사회가 어떻게 바뀔 수 있는지 설파했다. 이러한 노력 끝에 1,000만 명 인터넷 ID 갖기 운동과 인터넷IP 육성 캠페인, 전자상거래 대상(大賞) 시상, 사이버 아카데미 운영 등 인터넷 대중화를 위한 다각적인 사업에 정부 지원을 끌어낼 수 있었다.

IMF 극복이라는 숙제를 안고 있던 정부는 이 프로젝트에 관심이 많았다. 특히 김대중 대통령은 벤처 육성의 의지가 강했다. 대기업발 실업률이 높아지는 상황에서 벤처를 대안으로 생각한 것이다. 하지만 벤처라는 개념조차 생소했던 시기라 정책 입안자들과의 공유와 설득이 필요했다. 정부간담회를 통해 벤처 육성을 왜 제안하며, 무슨 효과가 있는지 차근차근 설명하는 과정을 거쳐야 했다. 사회 지도층이 주도해야 예산도 편성되기 때문에, 그들에게 먼저 인프라 구축의 중요성을 인식시키는 작업도 병행했다.

그런 과정에서 정부가 가장 잘한 부분은 인터넷망을 빠르게 깔았다는 점이다. 결과적으로 협회와 정부의 협력을 통해 인터넷 시장이 활성화되면서 인터넷코리아 운동이 성공할 수 있었다.

정보통신부는 사이버코리아라는 사업으로 인터넷경제의 기반인 PC와 인터넷 보급을 주도했다. 하나로통신은 아파트 문화를 기반으로 파격적인 요금제를 선보였다. 그 결과 한국에서는 전 세계에 유례없는 PC방이 확산되기 시작했다. 네트워크 장비 회사들인 한아시스템과 다산네트웍스 등이 활로를 찾기 시작했다. 또 PC방을 기반으로 한 인터넷게임 개발에 한국이 세계를 주도하게 됐다.

인터넷 붐은 벤처기업들이 싹을 틔우고 성장할 수 있는 토양이 됐다. 김정주의 넥슨, 나성균의 네오위즈와 같은 네트워크 게임회사들이 자리를 잡기 시작했다. 한컴 출신인 김택진의 엔씨소프트가 세계 최초의 3차원 네트워크 게임인 리니지를 내놓았고, 김범수의 한게임도 부상했다.

한발 더 나아가 인터넷경제의 핵심이라고 할 수 있는 포털들도 등장했다. 미국의 야후와 라이코스의 한국 진출에 대응해 토종 포털인 네이버와 다음 등이 차례로 간판을 올렸다. 이들 포털은 미디어인 동시에 광고 매체였고 정보 공유의 장이었다. 기존의 오프라인 거대 기업들로는 이해하기 어려운 사업이었다. 이어 옥션과 인터파크 등 온라인 유통업체들이 나타났다. 이 모든 인터넷 기업들은 인터넷 보급이 활발하지 않았으면 탄생이 불가능했거나 훨씬 늦어질 수밖에 없었다. 이 인터넷 산업을 견인한 것이 인터넷코리아 운동이었다. 인터넷 붐이 기업에 직접적으로 어떤 영향을 미쳤는지 당시 한컴 사장이었던 전하진이 들려준다.

"한컴을 살릴 수 있었던 것은 인터넷 광풍이 불어닥치고 있다는 점을 인지한 것에서부터 시작됐습니다. 한컴의 로열티가 강한 고객들을 인터넷 사용자로 전환해서 한국의 인터넷 기업으로 자리매김토록 하겠다는 비전을 제시함으로써 해외에서 총 7,700만 달러의 펀딩을 받을 수 있었고, 그를 통해 아래아한글의 윈도 버전을 개발할 수 있었던 겁니다. 그러니까 인터넷 사업 확장과 한글 개발을 동시에 할 수밖에 없었던 것이지요. 만약 인터넷 광풍을 인지하지 못했다면 한글과컴퓨터를 살릴 수 없었을 겁니다. 이민화 회장이 이 점까지 고려했는지는 잘 모르겠지만, 어찌 보면 무모한 도전을 한 것은 사실이고, 그 결과 우리는 마이크로소프트와 경쟁하는 유일한 소프트웨어를 갖게 됐다고 할 수 있습니다."

인터넷 열풍 속에서도 문제는 여전히 남아 있었다. 인터넷 사업은 초기에는 수익모델이 거의 없다. 일정 규모의 임계량을 돌파해야 수익이 나기 시작한다. 그런데 누가 초기 투자자금을 투입할 것인가? 미국은 나스닥이 자본 조달의 창구 역할을 수행함으로써 야후, 마이크로소프트, 아마존, 시스코 등 거대 기업들이 탄생할 수 있었다. 반면에 일본은 이러한 이머징 투자시장이 없었기 때문에 인터넷경제에 제대로 적응하지 못했다. 미국, 일본, 유럽 모두에서 기존의 오프라인 대기업들이 신경제에 성공적으로 진입한 사례는 없다.

우리나라의 행운은 코스닥과 벤처기업특별법이라는 두 가지 벤처 육성 인프라를 준비한 후 IMF 위기를 맞이한 것이라고 할 수 있다. 코스닥 출범과 벤처기업특별법 제정을 이끈 것은 이민화였다. 그가 아니었으면 대한민국의 벤처생태계가 이만큼 발전할 수 있었을까? 특히 코스닥은 적자 기업의 상장을 허용함으로써 적자 상태의 옥션이나 다음 등의 상장을 가능하게 했다. 이 자금을 바탕으로 아마존과 야후의 거센 공세를 이겨낼 수 있었던 것이다.

결국 대한민국의 경제가 처음으로 일본을 앞지르는 사례가 인터넷경제에서 발생한 것은, 준비된 벤처정책과 인터넷코리아 운동이 결합했기 때문이었다. 그 선두에 이민화라는 지휘자가 있었고, 실패를 두려워하지 않는 젊은이들의 도전이 뒤따랐기 때문에 가능했다. 인터넷코리아 운동은 '한국판 후버댐 프로젝트'였다고 할 수 있다.

08

'이미지 바꾸기' 벤처나눔 운동

2000년에 들어서면서 벤처의 위상은 하늘을 찌를 듯 높아졌다. 코스닥 주가는 정상을 향해 숨 가쁘게 달렸다. 이런 현상은 우리나라에서만 벌어진 것이 아니었다. 전 세계적으로 IT기업의 주가는 천정부지로 치솟았다. 국내에서도 주요 벤처기업들의 시가총액이 전통 재벌들을 능가하기 시작했다.

하지만 무슨 일이나 빛과 그림자가 늘 함께한다. 또 잘되는 것에는 배가 아픈 사람들이 나타나기 마련이다. 벤처기업인들에게 따가운 시선이 쏟아진 것도 그런 속성의 하나였다. 이민화는 벤처에 대한 이미지를 바꿀 필요가 있다고 판단하고 선도 벤처기업들을 모아 대책을 의논했다. 그런 과정 끝에 나온 것이 '벤처나눔 운동'이었다. 이 운동에 많은 기업이 동참해서 후배들을 위한 장학사업 혹은 창업빌딩 설립 등의 활동을 전개했다. 2000년 한 해만 하더라도 2,000억 원의 나눔 활동이 이뤄졌다. 인터넷코리아 운동 역시 이런 벤처나눔운동의 일환이었다.

한국이 세계 인터넷 초강국으로 부상할 수 있었던 것은, 앞에 밝힌 대로 코스닥과 벤처기업특별법이 준비된 가운데 IMF 위기가 오고 벤처정책이 힘을 받아 IT 붐이 일었기 때문이었다. 분명한 목표와 과정을 거쳐서 이뤄졌다기보다는 어느 날 돌아보니 인터넷 분야의 선두에 서게 된 것이다. 이런 상황에서 일본 소프트뱅크의 손정의 회장이 한국에 투자회사를 설립했다. 소프트뱅크코리아를 통해 유망한 기업들을 인수·합병하거나 합작투자를 하겠다는 것이었다. 하지만 이민화는 독점 투자에는 문제가 있다고 판단했다.

소프트뱅크의 독점을 견제하기 위한 대책으로 선도 기업들이 힘을 모아서 인터넷 기업에 투자할 수 있는 홀딩컴퍼니를 만들었다. 바로 코리아인터넷홀딩스라는 회사였다. 그리고 모든 국민이 코리아인터넷홀딩스를 통해 인터넷 발전의 수익을 나눠 가질 수 있는 시스템을 구축하려고 했다. 하지만 그런 노력이 한꺼번에 물거품이 되는 일이 벌어졌다. 2000년 하반기 미국에서부터 IT 버블이 붕괴하면서 이른바 '벤처 빙하기'가 닥친 것이었다. 그런 상황은 이민화로서도 속수무책이었다.

09

벤처생태계를 아우르다

● 섬머스쿨이 그랬듯이 벤처리더스클럽 역시 이민화의 벤처 동지인 이장우의 아이디어였다. 이장우는 벤처리더스클럽을 제안하게 된 배경을 이렇게 설명한다.

"벤처기업가는 협회를 통한 공식 모임 외에는 상호 교류 모임이 거의 전무한 상태였습니다. 저는 벤처기업가 간의 사적인 교류가 중요하다고 생각했고, 교류를 통해 '네트워크 강화' '정보 공유' '사회공헌'을 이루고자 했습니다."

즉 벤처기업협회라는 공식 기구가 있었지만 좀 더 자유로운 교류가 이뤄지고 벤처생태계 전반을 아우르는 모임이 필요하다는 인식에서 탄생한 것이 벤처리더스클럽이었다. 마침 그런 모임의 필요성을 인식하고 있었던 이민화에게 이장우의 제안은 반가울 수밖에 없었다. 두 사람은 함께 복합생태계의 그림을 그리기 시작했다. 벤처기업협회는 기업인들의 모임이고 벤처캐피탈협회는 투자기관들의 모임이다. 즉 특정 분야의 모임에 그치고 있었다. 하지만 진정한 생태계가 이뤄지고 발전하기 위해서는 기업인, 투자자, 언론인, 학계, 정부 등 다양한 주체들이 필요하다는 것이 그들의 생각이었다. 여러 주체가 의견을 교환하고 컨센서스를 이룰 수 있는 모임의 장이 있어야 한다고 판단한 것이었다.

1999년 말, 벤처 붐은 절정을 향해 달리고 있었다. 벤처 육성을 통한 국가 미래의 그림이 가시화되고 있었고, 꿈같은 숫자라고 생각했던 벤처기업 5,000개를 돌파했다. 복합생태계를 그리기 위한 분위기가 만개한 것이었다. 생각하면 망설이지 않고 실천에 들어가는 것이 이민화 스타일이다. 각계 인사들을 만나서 자신이 생각한 취지를 설명했다. 벤처캐피탈협회의 고종석 회장, 〈매일경제〉 강영철 부장, 김일섭 회계연구원 원장 등이 선뜻 뜻을 함께했다. 벤처기업인들의 커뮤니티를 뒷받침하기 위해 설립한 이커뮤니티의 정회훈 사장이 간사를 맡았다.

2000년 1월 25일 첫 모임을 갖고 초대 회장으로 미래산업의 정문술 회장을 추대했다. 첫 모임에는 벤처기업, 벤처캐피털, 정부, 학계, 언론계 등에서 80여 명이 공식 회원으로 참석해 성황을 이뤘다. 이 모임을 통해 벤처생태계 발전 방안을 논의하고 새로운 정책에 대한 컨센서스를 도출하는 방안을 모색했다.

하지만 생각지도 않은 변수가 생기고 말았다. 미국발 버블붕괴로 인해 국내에도 혹독한 벤처 시련기가 닥친 것이었다. 당연히 벤처리더스클럽도 시들해졌다. 회원 가입을 하려고 줄을 서던 사람들이 어느 순간부터는 초청해도 나타나지 않았다. 초기에 참여했던 정부·학계·언론계의 참여는 대폭 줄어들고, 결국 벤처리더스클럽은 벤처기업과 벤처캐피털 투자기관 간의 모임으로 전환됐다.

이민화는 생전에 "벤처기업만의 모임이 아니라 벤처기업 생태계 전반을 아우르는 모임은 벤처 2.0 재도약을 위해서라도 반드시 필요하다"라며 "내가 주도해서 만든 많은 조직 중 가장 아쉬움이 남는 것이 벤처리더스클럽이었다"라고 토로한 바 있다.

10

개방 혁신에 도전한 기술거래소

● 기술을 사고판다고? 언뜻 기술거래라는 개념이 조금 막연할 수 있다. 한국기술거래소 사장대행을 지낸 여인국으로부터 정확한 뜻을 들어본다.

"집을 사고파는 것이 부동산 거래 아닙니까? 기술거래를 아주 간단히 설명하자면, 부동산 거래와 같은 것입니다. 기술이 중간에 있고, 그것을 누군가가 팔고 누군가가 사는 것입니다. 그리고 중간에 복덕방이 있지요. 그 복덕방 역할을 하는 것이 기술거래기관입니다. 기술거래소 역시 처음 설립한 이유는 중개의 목적이었습니다. 하지만 당시에 사고팔 수 있는 기술이 없었고, 전문적으로 중개를 돕는 중개인도 없었을뿐더러, 기술거래에 대한 사람들의 인식 역시 낮았습니다. 우리는 기술거래소를 통해 기술거래에 대한 기본을 닦아놓아야겠다는 생각에 중개알선과 인프라를 구축하는 일을 함께했습니다."

또 이정민(벤처기업협회 사무국장)은 이렇게 설명한다.

"엑시트(RPO+M&A시장)를 하는 것이고, 크게 보면 RPO(아웃소싱)를 상장해서 그동안의 고생을 보상받는 것입니다. RPO와 또 다른 큰 축은 M&A(기업 인수·합병)입니다. M&A는 기업에 대한 거래이기도 하지만 미시적으로 들어가면 원천기술에 대한 거래지요. 그리고 기술을 가진 조직에 대한 거래이지만 이게 확장되면 기업에 대한 거래가 되는 겁니다. 이민화 회장에 의해 코스닥이 만들어지면서 RPO 시장이 만들어졌고, 또 다른 축인 M&A 시장을 만들기 위한 축이 바로 기술거래소였습니다."

이민화가 기술거래소 설립에 힘을 쏟은 것은 그만한 이유가 있었다. 기술 기반 기업들이 갖고 있던 공통적인 어려움 때문이었다. 1999년은 벤처 붐이 절정에 달한 해였다. 우후죽순 격으로 창업하는 기업이 쏟아졌고, 여기저기서 대박을 터트리면서 젊은이들의 피가 들끓었다. 대학에서도 청년 창업이 활발해졌고 심지어 대기업 간부들도 사표를 쓰고 나와 창업 대열에 합류했다. 이런 기류에 동참하는 언론인과 공무원들도 있었다. 결과적으로 벤처 붐 조성에 성공한 것이었다. 그 열풍의 중심에 이민화가 있었다.

하지만 웃고 있을 일만은 아니었다. 벤처 붐이 거세질수록 이민화를 비롯한 벤처산업의 설계자들은 은근히 부담이 커질 수밖에 없었다. 이민화는 실험실에서 창업한 KAIST 교수들로부터 연일 전화를 받았다.

"이제 기술은 준비됐는데, 영업은 어떻게 해요? 자금관리는요?"

벤처 창업자 대부분은 기술자들이었다. 그들은 기술의 전문가일 뿐 영업에는 문외한이 많았다. 사업은 기술과 시장의 결합이기 때문에 나머지 반쪽을 채워야 했다. 문제는 그뿐이 아니었다. 불처럼 타오르는 벤처 붐을 질시하는 전통 제조업체 사장들의 반발도 거세졌다.

"벤처만 중소기업이냐? 한국산업의 뿌리는 전통 제조업이라고."

그 목소리도 외면할 수는 없었다. 제조업의 반발을 해결하면서 동시에 벤처를 육성할 수 있는 대안이 바로 인수·합병과 기술거래였다. 인수·합병은 기술벤처의 출구였고, 기술거래는 전통 제조업의 출구였다. 기술거래에 관한 여인국의 설명이 이어진다.

"기술을 어렵게 개발해 놓고 상용화가 안 되는 경우가 많았습니다. 다른 누군가가 그와 비슷하거나 똑같은 기술을 또 개발하는 상황이 생기기도 하고요. 그럴 바에는 남들이 개발한 기술을 또 개발하느라 비용과 시간을 들이지 말고, 안 쓰는 기술을 사서 쓰면 시간도 절약되고, 위험도도 줄어드니 좋을 거라고 생각했습니다. 기술을 상품처럼 사고팔면 기업의 어려움을 해소할 수 있을 것이라는 취지로 시작된 것이 기술거래소였던 거지요. 하지만 지금 돌아보면 너무 일찍 시작한 것이 아닌가 하는 생각도 있습니다. 당시 대학교수들은 '기술을 팔 이유가 없다' 또는 '기술을 팔고 싶은 마음이 없다'라는 생각을 많이 했고, 기업 역시 '내가 개발하지 남의 기술을 살 생각이 없다'고 생각했으니 매입자도 매수자도 없는데 중간자들만 의욕이 넘치는 상황이 된 측면이 있습니다."

그러나 기술거래가 필요하다는 이민화의 생각은 확고했다. 그 배경에는 다음과 같은 현실적 환경이 있었다.

기술 창업자들이 기술을 완성하면 세 가지 시장 진출 방안이 있다. 첫째는 직접 시장을 개척하는 것이다. 하지만 성공 확률이 낮다. 둘째는 대기업에 납품하는 것인데, 불공정거래를 극복하지 못하면 수익이 안 난다. 셋째는 기업을 파는 것이다. 즉 인수·합병이 또 다른 대안으로 등장한다. 한국에서는 인수·합병에 대한 거부감이 크다. 그러나 미국 창업기업의 90%는 인수·합병을 통해 수익을 창출하기 때문에 인수·합병 규모가 나스닥의 10배에 달한다. 인수·합병으로 대기업은 혁신적 기술을 얻고, 벤처기업은 글로벌 시장을 얻으며, 초기 창업투자를 한 엔젤들은 수익을 얻는다. 코스닥 상장까지 10년 이상 걸린다는 점을 감안할 때, 중간 투자회수시장이 없다면 초기 투자는 불모지가 될 수밖에 없다. 엔젤투자자 육성이 창업 활성화의 근간이며, 중간 투자회수시장이 엔젤 육성의 핵심인 것이다. 이런 인식이 이민화에게 기술거래

활성화를 위해 앞장서게 만들었다.

전통 제조업의 혁신은 내부 기술개발로 이뤄지기는 어려워서 외부의 기술 도입이 필요하다. 대학연구소의 기술을 도입할 수 있다면 성장엔진을 얻을 수 있다. 특히 특허거래는 미래 산업경쟁력의 핵심이다. 이런 관점에서 정부와 이민화의 교집합이 이뤄졌다. 정부는 기술거래를, 벤처기업협회는 인수·합병의 거래를 목적으로 의기투합해서 2000년 3월 기술거래소를 설립했다. 기술거래소가 어떤 절차로 어떻게 설립됐는지 여인국이 전한다.

"기술거래소의 성격은 '반민반관(半民半官)'이었습니다. 당시 산업자원부 산하에 소속돼 있었고, 정부가 주도했습니다. 이런 기관을 만들기 위해서는 관련 근거가 필요하기 때문에, 정부는 2000년 1월에 기술지원촉진법을 만들어 기술거래소의 설립 이유와 사회에 필요한 역할을 공표했습니다. 법이 만들어진 두 달 후인 2000년 3월에 기술거래소가 설립됐습니다. 사실 공공기관을 만드는 것 자체가 정부에는 부담이 될 수 있고 실질적으로 기술거래라는 것이 시장의 역할이 크니, 민간의 도움을 받아서 같이 꾸리자는 얘기가 나왔습니다. 이 소식을 들은 이민화 회장이 '내가 한번 도와보겠다'고 나서서 반민반관 기관이 만들어진 겁니다. 정부, 은행권, 민간 세 파트에서 총 178억 원의 출자자금으로 만들어졌습니다. 이 중 민간 부문 출자자금은 이민화 회장이 벤처기업협회 회원사를 설득해서 한국기술거래소 출자조합을 만들어 십시일반 모은 것입니다."

이민화가 벤처기업협회 회원사로부터 78억 원을 확보한 데 이어 산업자원부가 50억 원, 산업은행 등이 30억 원, 벤처캐피탈협회 등이 20억 원을 출자했다. 벤처 1세대들의 기부와 정부의 매칭으로 한국기술거래소가 탄생한 것이다. 1차 벤처 붐의 주역이 코스닥이었다면, 2차는 기술거래소라는 꿈을 안고 민·관 합동 경영의 돛을 올리게 됐다. 초대 사장은 홍성범 세원텔레컴 사장을 선임했다. 이민화는 기술거래소를 통해 사장돼 있던 첨단기술을 시장으로 불러올 것으로 기대했다. 한계에 부닥친 기업의 아이템을 산 기업은 독자적인 기술개발보다 더 빠르게 특정 산업에 진입할 수 있고, 반대로 성장에 한계가 있는 기업은 아이템을 팔아서 다른 창업을 하는 선순환을 기대한 것이다.

하지만 의욕에 넘쳤던 기술거래소는 벤처 버블붕괴와 정부출자기관이라는 한계를 극복하지 못하고 2009년 4개 기관과 통폐합돼 한국산업기술진흥원으로 재편됐다. 이명박 정부의 공공기관 선진화 방안에 따른 조치였다. 이로써 기술거래소가 갖고 있던 민간 기능은 떨어지고 공공 기능만 남았다. 공공 기능이 인프라를 구축하는 부분이라면 민간 기능은 기술거래와 기술평가를 하는 부분이다. 벤처기업인들의 입장에서는 조금만 더 워밍업 기간을 주었다면 제 역할을 하지 않았을까 하는 아쉬움이 남는 부분이다. 그런 의미에서 여인국의 말은 여운을 남긴다.

"시작이 없다면 중간과 끝도 없기 마련입니다. 기술거래소는 시작입니다. 사람들의 생각을 바꾸고, 기술을 거래할 수 있는 시장을 만들고, 정보를 유통할 수 있는 소프트웨어 플랫폼을 만들고, 기술을 평가할 수 있는 평가기법을 개발하고, 기술거래나 평가를 하는 인력을 양성했습니다. 마치 눈 쌓인 길을 밀어주는 제설차 역할을 한 것입니다. 우리가 눈을 이렇게 쓸어주면, 뒤에 기술거래기관들이 잘 나아갈 수 있을 거라고 믿습니다."

기술거래소라는 이름은 없어졌지만 기술거래는 사라지지 않을 것이다. 오픈이노베이션의 효시로서 의미를 갖는 기술거래소, 이 이름에도 이민화의 고심과 땀방울이 배어 있다.

11

닷컴 버블 붕괴 속의 이민화

'벤처(venture): 모험이 필요하나 높은 수익이 예상되는, 참신한 사업이나 투자의 대상.'

사전(고려대 한국어대사전)에 나와 있는 벤처의 뜻이다. 태생적으로 '모험'과 '고수익'이라는 개념을 품고 있다. 즉 벤처는 위험부담이 크지만 성공했을 경우 수익 또한 높다. 그래서 곧잘 '벤처는 거품'이라면서 곱지 않은 시선을 보내기도 한다. 하지만 전문가들은 거품이 없으면 벤처가 아니라고 단언한다. 이장우는 이렇게 설명한다.

"저는 벤처는 거품이라는 말에 동의합니다. 오히려 거품이 없으면 벤처가 아니라고 생각합니다. 벤처기업 자체가 보통 사업보다 10배 이상의 위험을 감수하고, 100배 이상의 성과를 기대하는 'high risk high return'의 방식으로 성장하지 않았습니까? 이렇듯 100배 이상의 성공을 보고 사람들은 거품이라 생각하지 않을까요? 하지만 벤처기업이 거품 없이 새로운 도전을 시도할 수는 없을 것입니다."

대한민국의 벤처기업 역시 거품 속에서 극심한 부침을 겪으며 웃고 울었다. 2000년 들어 벤처기업들은 하늘 높은 줄 모르고 날아올랐다. 미국의 나스닥과 한국의 코스닥 주가는 계속 상승 곡선을 그렸다. 펄펄 끓어올랐다는 표현이 가장 적절할 것이다. 심지어 전통기업들조차 이름을 '닷컴'으로 바꾸는 경우가 속출했다. 하지만 high return은 필연적으로 high risk를 내포하기 마련이다. 누가 봐도 이상 과열이었다. 그렇다면 추락 역시 피할 수 없는 과정이었다. 이민화는 거품이 꺼지는 날이 올 거라는 것을 예측하고 있었을까? 그가 앞에서 이끈 벤처나눔 운동의 배경을 들여다보면 어느 정도는 예감하고 있었을 것이라는 생각이 든다.

2000년은 이익을 많이 거둔 벤처기업들이 수익을 사회에 환원하기 시작한 해다. 벤처기업과 코스닥시장의 성장으로 상대적으로 소외된 사람들이 많아졌다는 판단 때문이었다. 그해 1월 벤처기업들은 성공적인 투자로 올린 높은 수익 중 총 2,000억 원을 사회에 환원한다고 밝혔다. 물론 그런 결단을 이끈 것은 벤처기업협회장인 이민화였다. 그는 그해 1월 25일 "5,000여 개 벤처기업들이 성장 과실을 사회에 환원하고 '나눔의 문화' 실천에 앞장서기 위해 이익을 사회에 적극 환원하기로 결의했다"라고 공식적으로 밝혔다. 벤처기업협회는 '벤처나눔 운동'에 착수해서 29개 공익사회단체를 후원했다.

하지만 그런 선의조차 단번에 날려버리는 태풍이 불어닥쳤다. 미국에서 촉발된 닷컴 버블붕괴가 국내에 상륙한 것이다. 코스닥지수는 2000년 2월 7일 사상 최대폭(10.0%)으로 급등하며 마지막 화려한 불꽃을 태운 뒤 내리막길을 걷기 시작했다. 4월 17일에는 11.4% 폭락하며 버블붕괴에 쐐기를 박았다. 누가 추락하는 것은 날개가 있다고 했던가. 벤처의 추락에는 날개가 없었다. 2000년 초 1조 원이 훨씬 넘던 벤처기업들의 가치가 2000년 말에는 10%도 못 미치는 1,000억 원 이하로 폭락했다. 게다가 진승현·정현준·이용호 등 기업사냥꾼들이 불법 대출과 주가 조작, 횡령 등의 수단으로 벤처기업을 인수·합병하면서 증권시장을 교란한 '게이트'가 터졌다. 버블붕괴로 수많은 선의의 투자자가 피해를 봤으니 불난 데 기름을 끼얹은 격이었다.

반(反)벤처 정서가 폭발했고 속죄양이 필요한 시점이었다. 일부 벤처인들의 룸살롱 출입 등이 언론의 뭇매를 맞았다. 벤처인들은 마치 죄인이라도 된 듯 몸을 낮췄다. 결과적으로 벤처 버블붕괴의 모든 책임은 벤처인들의 책임으로 귀결됐다. 하지만 그런 상황이 일부 벤처인들의 일탈만으로 일어났을까? 이민화는 훗날 그 당시의 상황과 안타까운 심정을 자서전 『끝나지 않은 도전』에서 이렇게 썼다.

『끝나지 않은 도전』中

우선 버블붕괴의 원인을 보자. 그 원인은 한국 내에 있다기보다는 전 세계적인 현상이었다. 붕괴의 원인을 한국에서 찾아 비난하는 과정에서 한국의 벤처는 재기의 원동력을 상실했다. 미국은 버블붕괴 이후 다시 회복세에 돌입했지만 한국은 2002년 벤처 버블 방지의 일환으로 벤처인증제도 변경, 코스닥 적자 상장 금지, 주식옵션제 규제 강화, 엔젤투자 세액 공제 축소 등 4대 '벤처 건전화 정책'을 발표하면서 벤처의 재기 발판을 짓밟은 우를 범했다. 이후 한국에서는 제2의 NHN도 휴맥스도 나오지 않았다.
이용호 게이트 등 벤처 비리 사건의 주역들은 벤처인이 아니다. 그들은 기업사냥꾼들이다. 잡아먹힌 순진한 벤처기업인들을 비난하는 것보다는 불법 기업사냥에 대한 효과적인 규제가 논쟁의 초점이 돼야 하지 않는가. 아직도 불법적인 기업사냥꾼들이 코스닥을 교란시키고 있음을 상기하자.

이민화의 말대로 버블붕괴의 원인을 벤처기업인들에게서 찾을 수는 없다. 그리고 버블이 붕괴됐다고 해서 모든 일이 끝난 것은 아니었다. 비록 벤처는 침체기에 들어섰지만 버블 시대에 뿌려진 기술과 투자의 씨앗들이 하나둘 싹 틔워 국가의 성장동력이 됐기 때문이다.

12

벤처기업 협회장에서 물러나며

● 이민화가 벤처 동지들과 함께 벤처기업협회를 만들고 초대 회장에 취임한 것이 1995년 12월 5일이다. 그리고 4년 3개월 만인 2000년 2월 29일 회장직을 사임한다. 그동안 그는 벤처라는 뜨거운 용광로 속에 있었다. 그의 손으로 용광로에 불을 지피고, 때로는 그 안에서 스스로 녹아내렸다. 그 자신이 벤처의 씨앗이었고, 벤처라는 이름의 나무였고, 벤처의 열매였다. 벤처기업협회 정관의 회장 임기는 2년으로 돼 있다. 이민화는 한 번 연임하는 바람에 4년 3개월 동안 회장으로 일했다.

벤처기업협회는 이민화가 물러나면서 약간의 혼돈이 일었다. 서로 차기 회장 자리를 맡지 않으려고 했다. 이민화 다음으로 회장직을 맡은 장흥순 역시 고사하고 싶었을 것이다. 그동안 이민화가 회장으로서 해낸 일들, 즉 벤처생태계에 화두를 던지는 일, 미래를 예측하는 일, 사회를 변화시키는 일 등을 앞장서서 이끈다는 것은 누구라도 부담스러웠을 것이기 때문이다.

그만큼 초대 벤처기업협회장으로서 이민화가 남긴 족적은 크고 뚜렷했다. 변대규(휴맥스홀딩스 회장)는 이민화가 남긴 것들에 대해 언급하면서, 한국과 일본 경제의 역사적 경로가 동일하다가 김대중 정부 이후 그 경로가 달라지기 시작한 사실을 예로 들었다.

"현시점에서 일본 경제의 미래는 불투명하지만 한국경제의 미래는 벤처나 혁신 경제의 성장이라는 큰 가능성을 가지고 있는데, 그 뿌리가 김대중 정부의 벤처 혁신 경제의 육성 정책에 있고 민간에서 그 정책의 파트너는 이민화가 이끈 벤처기업협회였습니다. 이민화는 재벌 중심의 경제에서 지식이 주도하는 혁신 경제로 자연스럽게 이어지게 하는 다리를 만드는 데 핵심적인 역할을 한 인물이었고, 당시의 실험적인 벤처 산업은 이제 한국경제의 현실을 뒷받침하는 기둥이 됐고 한국경제의 미래까지 짊어지게 됐습니다."

벤처기업협회 사무국장 이정민은 이민화의 행로를 이렇게 평가한다.

"이민화 회장은 한국에 벤처생태계를 도입한 사람입니다. 2010년 3차 산업혁명이 왔을 때 4차 산업혁명을 얘기한 사람이 이민화였지요. 원래 본인의 업종이 인터넷이 아닌데도 벤처가 구체화되고, 대한민국이 발전하려면 인터넷 기술이 필요하다고 생각한 것입니다. 이를 계기로 인프라가 갖춰지고 신사업이 생겨나면 벤처도 붐이 일어날 것이라 예상하고 행동으로 옮겼다는 점이 놀랍습니다. 이민화의 미래를 보는 눈과 추진력은 누구도 따라 할 수 없을 것입니다. 벤처의 입장에서 보면 벤처의 선구자이자 선각자, 게이트웨이 역할을 한 사람입니다."

벤처기업협회 회장직에서 물러났다고 이민화와 벤처의 인연이 끝난 것은 아니었다. 김영수(한국청년기업가정신재단 사무총장)는 이민화가 임기 후에도 벤처생태계의 발전과 조성을 위해 많은 노력을 했다고 회고한다. 특히 2000년 초 국내 벤처업계가 '버블'이라는 곱지 않은 시선을 받았을 때, 벤처기업협회를 중심으로 벤처생태계를 위해 발 벗고 나섰다. 이민화가 팀장이 돼서 '벤처 활성화' 제안을 위한 자료를 만들고, '다시 벤처다(Venture Again!) 10대 어젠다'를 발표하는 등 많은 노력을 기울였다. 또 협회 전임회장단을 운영하면서 후임 회장들의 멘토 역할도 했다.

이민화는 자신이 만들고 이끌던 벤처기업협회 회장직에서 물러날 때 어떤 심정이었을까? 후배들에게 그리고 대한민국이라는 척박한 땅에 어떤 고언을 남기고 싶었을까? 그가 걸어왔던 길이, 그가 꾸었던 꿈이, 그가 다가오는 시대에 들려주고 싶은 말이 퇴임사에 고스란히 들어 있다. 지금 다시 읽어도 명문이라고 할 수밖에 없는 그의 퇴임사가 곧 대한민국 벤처의 초기 역사다. 시대를 앞서서 생각하고 앞서서 돌파했던 한 선구자의 성취와 자신감 그리고 고뇌와 안타까움이 고스란히 담겨 있다. 벤처기업과 자신의 발자취를 편년체(編年體) 형식으로 기술하다 보니 퇴임사로는 꽤 긴 편이다. 하지만 한 줄씩 새기다 보면 지금도 귀를 기울여야 할 말들이 얼마나 많은지 깨닫게 된다. 이민화가 미래에 던진 화두이고, 그가 이 시대에 남긴 고언이기 때문이다. 굳이 퇴임사 전문(全文)을 옮기는 까닭이다.

퇴임사
2000년
2월 29일

세월이 참 빠른 것 같습니다. 1995년 12월 5일 벤처기업협회가 창립됐습니다. 그리고 햇수로 5년, 정확히 4년 하고도 3개월이 지났습니다. 4년 3개월 사이에 대한민국에서 있었던 가장 큰 변화는 '벤처'가 특수명사에서 일반명사로 바뀌지 않았나 하는 것입니다.

벤처가 4년 3개월 사이에 한국을 바꾸리라는 것은 1995년 12월에 벤처기업협회를 만들면서 내놓은 <벤처비전 2005>에 담겨 있습니다. 그때 저희가 만든 비전에 담긴 기본 골격이라는 것은 아주 단순합니다.

"한국이 갖고 있는 유일한 자원은 사람이며 사람 중에서 비교우위를 가지고 있는 것이 있다면 21세기에도 경쟁력이 있을 것이다. 과거의 한국을 이끌어왔던 저희 여공 언니들 또 우리 기능공들, 이런 분들이 더 이상 경쟁력을 가지고 한국을 이끌어 가기에는 이미 경쟁국들이 너무 빨리 따라오고 있다. 한국이 새로운 지식경영으로 경쟁력을 확보할 수 있다면 21세기는 밝을 것이다."

이것이 <벤처비전 2005>의 기본 골격입니다.

"그래서 우리의 21세기는 재벌들이 아니라 세계적인 경쟁력을 가지고 있는 중소기업으로 구축되겠지만 그러기 위해서는 현재 중소기업들이 대대적으로 구조조정이 돼야 한다. 그러다 보면 실패하는 기업이 많을 것이고 이러한 갭을 메워주는 데는 새로운 벤처의 창업이 절대적으로 필요하다."

이러한 전제에서 저희들이 벤처기업 창업 목표를 정했습니다. 1996년에 500개까지 가보자, 1997년에 1,000개, 1998년에 2,000개, 지금 말씀드린 숫자는 저희들이 1995년에 만든 것입니다. 놀랍게도 1998년까지 대한민국에 벤처기업들이 만들어진 숫자는 저희들이 직접 입력한 프로그램과 완벽히 맞아 떨어져 왔습니다.

그런데 1999년이 되니 예측이 틀리기 시작했습니다. 1999년에 4,000개를 예측했는데 이미 5,000개를 넘어섰습니다. 2000년에는 7,000개를 예측했는데 현재의 추세로는 15,000개를 넘어설 것 같습니다. <벤처비전 2005>의 최종 목표가 되는 2005년에는 적어도 43,000개의 벤처기업이 만들어지고 이것으로써 우리나라 GNP의 1/3이 창출될 것입니다.

'벤처가 재벌보다 더 중요한 역할을 한다.'

이것이 우리의 궁극적인 목표였는데 지금 추세로는 <벤처비전 2005>를 <벤처비전 2003>이라는 숫자로 바꿔야 하지 않을까 생각됩니다. 적어도 2003년까지는 40,000개 이상의 벤처기업이 탄생해 국부창출이 지금 현재 재벌이 만들어 내는 부가가치를 능가하는 성과가 앞으로 3년 안에 이루어질 것입니다.

1996년부터 모든 관계되는 사람들을 만나면서 벤처가 한국을 이끌어갈 것이라는 비전에 대해 설명했을 때 10명 중 1명을 설득하기가 어려웠습니다. 설득한다 해도 이것이 대의명분이 있고 그저 좋겠다는 것이었지 본인들이 정말 동의하고 적극 나서 주신 분들은 몇 분 되지 않았습니다. 이 분들에 대해서는 벤처기업협회에서 2000년 5월에 『한국벤처산업발전사』라는 책을 발간하는데 그 안에 그분들에 대한 감사를 담았습니다.

1995년 창립 이후 1996년에 주력했던 사업은 '한국 벤처의 인프라를 만들자'였습니다. 자금, 기술, 인력을 위한 인프라가 1996년에 구축된 것입니다. 제일 먼저 자금 인프라 구축을 위해 코스닥 활성화를 주장했고 1996년 4월 코스닥이 설립되면서 오늘날 한국경제를 변화시키고 있습니다. 그리고 그해에 우수인력 확보를 위한 스톡옵션의 기본 골자가 만들어졌으며 기술을 담보로 하는 기술담보제도가 시행에 들어갔습니다. 이 자리를 빌려 다시 한번 감사드리는 것은 그 일을 함께 추진해 주시던 분들, 특히 산업자원부에 재직하셨던 분들입니다. 아직은 중기청이 생기기 전이었기 때문에 그분들의 노고에 진심으로 감사의 뜻을 전합니다.

1996년에는 돈과 사람, 기술의 인프라가 기본적으로 구축된 이후 1997년에는 벤처 붐을 형성하는 일에 주력했습니다. 협회 임원사들은 자신의 일을 뒤로 미루고 전국 50개 이상의 대학을 1박 2일 이상 다니면서 창업 로드쇼를 개최했습니다. 그때 신문지상을 통해 창업의 붐을 함께 지펴주신 매일경제신문사에 역시 깊은 감사를 전합니다. 그때 지펴진 불들이 지금 결실의 꽃을 거두고 있지 않나 생각합니다.

이러한 벤처 붐을 압축 성장시키기 위해 벤처기업특별법을 만들기로 했습니다. 저는 자유시장경제를 신봉하지만 현재의 시장경제로는 미국이 이룩한 벤처 성과를 우리가 짧은 시일 내에 압축 성장한다는 것은 불가능하다고 생각했기 때문입니다. 이러한 뜻이 관련 기관과 의견이 일치된 것이 4월이고 국회를 통과한 것이 10월입니다. 6개월 만에 특별법을 통과시킨다는 것은 법을 아시는 분들은 아시겠지만 아주 빠른 시일 내에 이루어진 것이었습니다. 특별법 통과는 당시 여야가 대립된 상태였지만 3당 만장일치로 통과된 유일한 법이라고 말씀드릴 수 있습니다.

이 법에서는 기본적으로 벤처에 대한 자금, 인력, 벤처빌딩에 대한 지원 등 모든 것들을 일관되게 정리했습니다. 지금은 일부 비난의 소리도 있으나 벤처기업 지정제도는 이 특별법이 운영되기 위해서는 꼭 필요한 것이었습니다. 이 법은 한국이 짧은 시간 내에 미국을 따라잡고, 일본을 앞서가기 위해 꼭 필요했던 제도였습니다.

1998년에 가장 중요했던 과제는 새로운 문제보다 어떻게 하면 벤처가 망하지 않는가 하는 것이었습니다. 1997년 말에 IMF가 다가왔습니다. 이

IMF의 파고는 재벌은 물론 중소기업, 벤처기업 등 모든 기업에 엄청난 시련을 가져다주었습니다. 저는 '리딩벤처 하나를 육성하는 것이 얼마나 어려운 일인데 이러한 기업들이 IMF 파고에 일거에 무너진단 말인가… 벤처기업정책이 전반적으로 후퇴할 수도 있겠구나. 그러나 앞서가는 리딩벤처는 꼭 살려야겠다'는 절박한 심정이었습니다. 다행히 산업자원부에서 이러한 뜻을 적극적으로 받아들여 IBRD 차관을 이용해 기술신용보증기금에서 대대적인 기술보증을 실시했고 그것이 대부분 벤처기업에 가뭄의 단비가 됐습니다.

저는 지금 생각해도 당시 하루하루 부도를 막기 위해 전전긍긍하고 정말 초주검이 돼 나타난 후배들을 바라볼 때 가장 가슴 아픈 때가 그때가 아니었나 생각됩니다. 또한 많은 기업들이 저희들이 추진한 신용보증정책 등에 힘입어 어려운 시기를 잘 이겨냈습니다. 그럼에도 모든 기업이 살아남지 못한 점은 지금도 안타까운 일입니다.

1997년 말부터 1998년 상반기까지 IMF의 와중에 국가정책에 대한 제언을 가장 많이 한 곳은 단연코 벤처기업협회라고 말씀드릴 수 있습니다. 특히 은행의 BIS 비율이라는 것은 중소기업들과 벤처기업들을 좀먹는 암적인 존재가 돼 은행이 오히려 기업에서 돈을 빨아가는 역할을 했습니다. 저희는 이 BIS제도에 대한 획기적인 개선안을 제안했습니다. 1998~1999년에 새로운 규제개혁, 수출보험공사에 수출보험제도 도입, 기술보증기금 · 신용보증기금 보증의 확대 등을 추진했습니다. IMF 위기는 현금이 없는 것이 아니라 신용의 위기였기 때문에 국가가 신용을 창출하는 것이 가장 중요한 정책이라고 판단했기에 1년 동안 신용확대정책이 펼쳐졌고 그 덕분에 1998년 하반기부터 부도가 줄어들기 시작했습니다.

아울러 1998~1999년에 규제 완화를 통해 마련한 '실험실 벤처창업 운동'을 적극 추진했습니다. 저는 이를 새로운 '제2의 지식 새마을운동'이라 이름 붙였습니다. 지식 새마을운동은 과거의 새마을운동이 농촌근대화 운동이었다면 실험실 벤처창업 운동은 대학에서 또 연구소에서 일어나는 새로운 운동으로, 한국이 전 세계에 새로운 산업 발전 모델을 제공하는 계기가 되지 않을까 생각합니다.

1999년을 지나면서 불법복제 단속 또는 대통령의 강력한 의지 그리고 코스닥의 활성화를 통해 현재 벤처기업은 5,000개가 넘고 매일매일 20~30개의 벤처기업이 만들어지고 있습니다. 우리는 지금 명실공히 벤처 발전의 가장 유력한 개발도상국의 모델을 만들어 내고 있습니다. 가까이에 있는 일본만 해도 저희보다 벤처에서 1년 이상 뒤처져 있습니다. 대만이 한국을 위협하고 있습니다만 강국 이스라엘도 벤처기업 수를 보면 저희의 1/4 수준에 불과합니다. 물론 질적으로 아직까지는 우리가 해야 할 일이 더 많습니다.

그러나 확실하게 자부심을 가져야 할 것은 저희 벤처기업협회가 주도가 돼 한국의 산업정책을 완전히 바꿨다는 것입니다. 우리가 바꾼 산업정책이 한국에만 적용되는 정책이 아니라 전 세계 개발도상국의 모델, 심지어 일본의 모델까지도 될 수 있지 않을까 하는 점입니다.

한국의 벤처 발전 모델에 대해 이미 중국에서 강력히 요청하고 있으며, 최근에 태국 · 인도네시아 등의 여러 나라에서 배워 가 자기 나라의 지식경제 모델로 만들고 있습니다. 적어도 그들이 배워야 할 모델은 미국의 모델이 아니라는 것은 확실해졌습니다. 그래서 과거 박정희식의 산업 발전이 제1차 산업수출 모델이었다면, 제2차 산업수출 모델은 벤처가 될 것입니다.

한국의 벤처 발전을 위해서는 앞으로 해야 할 일이 더 많습니다. 지금 이 시점이 과거 4년 3개월에 걸친 벤처기업협회 활동에서 커다란 전환점이라 할 수 있습니다. 지난 4년 3개월은 벤처 발전의 도입기였습니다. 도입기에는 모든 것이 단순합니다. 이러한 단순한 생태계에서는 직접적인 지원을 통해 벤처를 발전시킬 수 있었습니다. 그렇지만 이제 벤처는 복잡한 생태계로 전환되고 있습니다. 직접적인 정부의 지원은 더 이상 기대해서도, 있어서도 안 됩니다. 정부의 역할은 시장의 인프라, 인력의 인프라, 기술의 인프라를 구축하고 여기에 공정한 게임의 룰을 적용하는 심판자의 역할입니다.

우리는 과감히 저리 융자자금이 벤처에만 국한돼서는 절대로 안 된다고 지속적으로 표명해 왔으며 실제로 이러한 자금이 단 한 푼도 존재하지 않습니다. 벤처 투자자금의 경우에도 벤처기업에만 투자하는 것이 아니라 어떤 중소기업에도 지원할 수 있습니다. 벤처의 직접적인 지원제도는 이제는 없어지는 제도라 생각합니다. 벤처지정제도라는 것도 어차피 벤처기업 지원을 위한 특별조치법으로 한시적인 법이기 때문에 2007년이면 폐지될 것이지만 실질적으로 벤처지원제도라는 것도 의미를 상실할 것입니다.

이제는 우리가 생태계 모델로 도입해야 하는 새로운 단계에 들어서 있습니다. 생태계 문화는 과거 전통산업의 문화와는 완전히 다릅니다. 열린 문화요, 생명의 문화요, 살아 있는 문화요, 제휴의 문화요, 나눔의 문화라 할 수 있습니다. 이러한 벤처 문화를 만들어 나가는 것이 벤처의 주어진 숙제입니다. 저희들이 바라보는 21세기는 지식정보화의 대국으로서 한국이 벤처대국으로서 21세기를 이끌고 가는 것입니다.

모든 발전의 이면에는 어둠이 함께 존재합니다. 2000년의 다보스포럼에서 가장 커다란 주제가 '디지털 갭'이었습니다. 디지털 격차는 이제 벤처의 발전과 지식정보화산업의 결과 20 : 80의 법칙에 의해 빈부의 격차를 축소하는 것이 아니라 확대한다고 할 수 있습니다. 앞으로 3년은 '지식경제의 빅뱅 시대'입니다. 3년 안에 만들어지는 경제구도가 21세기의 전반적인 경제구도를 만들 것입니다. 이 때문에 지금의 한 달이 얼마나 아까운데 사회 전반에 나타나는 반벤처 정서가 벤처 성장의 발목을 잡도록 할 수는 없습니다. 반벤처 정서는 모든 벤처인들을 부도덕한 사람으로 몰아넣고, 국민 정서에 엄청난 악영향을 미치고, 대한민국의 압축 성장을 해체시킬 파도가 될 수 있습니다. 단순히 이를 부정해서는 안 됩니다.

이를 겸허히 수용하고 이 과정을 통해 스스로가 사회에 동참하고 나눔의 문화를 만들어 가지 않으면 과거 재벌들이 1차 한강의 기적을 만든 주역임에도 불구하고 국민들로부터 사랑을 받지 못한 것과 똑같은 결과를 반복하게 될 것입니다. 제2차 한강의 기적을 만들어 갈 주력이 벤처라 할지라도 국민들로부터 사랑을 받느냐 못 받느냐는 벤처의 지속 성장에 너무나 중요합니다. 벤처기업과 NGO의 자매결연, 공익재단 설립, 국민 엔젤펀드 조성 등 일련의 운동들을 지속적으로 추진해 새로운 생태계 문화를 만들어야 합니다. 여기에 모든 기업들이 적극적으로 동참하셔야 합니다.

앞으로 우리가 해야 할 일은 대단히 많습니다. 그중에서도 가장 시급한 문제는 한국의 전통산업과 벤처와의 관계입니다. 전통산업들이 현재의 상태로 지속되면 붕괴가 멀지 않습니다. 그나마 IMF 기간 중에 환율이 1,200~1,400원대였기 때문에 전통산업의 붕괴가 지연됐습니다. 단순 제조업은 더 이상 중국과의 경쟁에서 비교우위가 없습니다. 환율이 1,200원 이하로 내려가면 완전히 붕괴 상태로 갑니다. 그 이전에 전통산업의 구조조정을 이루어야 합니다.

그렇다면 전통산업의 구조조정은 무엇으로 이루어질 수 있는가? 결국 기술개발입니다. 전통산업은 어떻게 기술개발을 할 것인가? 자체 기술개발을 10년 동안 못한 기업이 갑자기 3년 안에 할 수 있다는 것은 대단히 어렵습니다. 저는 개인적으로 이 성공 확률은 전체 중소기업의 1%밖에 되지 않을 것이라 생각합니다.

과연 대안은 없을까요? 기술 도입이 해답입니다. 그러나 기술 도입이 얼마나 어려운지는 우리 모두 잘 알고 있습니다. 아직 완성이 되지 않은 기술이기 때문입니다. 결국 대안은 우리나라 중소기업의 구조조정을 새로운 벤처기업 중에서 실험실 벤처와 중소 제조업체의 결합, 이것을 이끌어 갈 기술거래소입니다. 반벤처 정신이 강한 기관은 언론기관, 전통 중소기업 그리고 일부 정부 부처입니다. 반벤처 정서가 전 국민에게 확산되기 전에 적절한 조치를 해 나갈 필요가 있습니다. '배가 고픈 것은 참아도 아픈 것은 참지 못한다'는 속담을 기억해야 할 필요가 있습니다.

저는 IMF를 겪으면서 IMF야말로 정말 역사가 우리에게 준 커다란 선물이 아닌가 생각합니다. 1854년 일본은 페리 제독에 의해 개항했으며, 우리나라는 1876년 강화도조약을 맺고 문호를 개방했습니다. 그 22년의 차이 때문에 조선은 일본의 식민지가 됐습니다. 오늘날 역사의 흐름은 과거 20년 역사가 1년 안에 압축 성장을 반복하고 있습니다. 지금 우리가 일본보다 1~2년을 앞서갈 수 있다면 산업화에서 뒤진 세월을 지식화에서 앞설 수 있습니다. 페리 제독이 일본을 개항시켰던 것과 IMF가 우리나라를 완전히 개방시킨 것은 큰 유사점이 있습니다. 일본은 메이지유신으로 개항을 받아들였고 우리는 벤처 붐으로 IMF를 받아들이고 있습니다. 우리가 벤처 붐을 통해 21세기 벤처대국을 건설할 수 있다면 이것이야말로 한국이 갖는 문명사적으로 절호의 기회라 생각합니다.
제가 새로 탄생하는 집행부에 마지막으로 당부드리는 것은 이제는 한 명의 지도자에 의지하는 성장이 아니라 많은 사람들이 동참해서 발전을 해야겠다는 것입니다. 그래서 저희 이사님들과 부회장님들이 최대한 협회 일에 동참해 주시고, 전체적으로 제도를 정비하고 인프라를 구축하는 일에 앞장서 주시기를 바랍니다. 물론 저 역시 초대 회장으로서 열과 성을 아끼지 않을 것입니다. 이러한 협조와 노력은 가장 먼저 나를 잘되게 하지만 우리의 뒤를 이을 수많은 후배 벤처기업도 발전하게 합니다. 이것이 선순환의 고리를 만들 때 대한민국은 21세기 벤처대국이 될 것입니다. 이상으로 이임사를 마칩니다.
감사합니다.

남겨진 숙제 #1

단호한 쌈닭

100사람에게

물어보면

100사람

모두

다른 대답을

하는 게

이민화다.

이민화는 누구일까? 이처럼 쉽고도 어려운 질문은 없을 것이다. '이민화가 누구인가' 라는 질문에 대한 대답은 이민화를 직간접적으로 지켜본 각자의 몫이다. 자신이 본 만큼, 들은 만큼, 느낀 만큼 그를 설명할 것이다. 이민화 뿐 아니라 세상 모든 사람에 대한 정의가 그렇다. 하지만 이민화는 보통 사람들과 유독 다른 점이 있다. 사람에 대한 평가는 대체로 '그는 어떤 사람'이라고 하나의 결론을 향해 수렴되기 마련이다. 하지만 이민화는 그런 상식에서 벗어난다. 100사람에게 물어보면 100사람 모두 다른 대답을 하는 것이 이민화다. 그가 변신에 능해서 그런 결과가 나오는 것일까? 그보다는 그만큼 다양한 역량과 모습을 보여줬기 때문이라고 설명하는 것이 진실에 더 가까울 것 같다.

보는 관점에 따라 상황에 따라 이민화는 존경받는 교육자이기도 하고 이익을 추구하는 장사꾼이기도 하다. 시대를 앞서간 개척자이기도 하고 시행착오를 거친 실패자이기도 하다. 고집불통인가 하면 유연한 협상가이기도 하고, 숱한 칭송을 들었는가 하면 불편해하는 사람도 있다.

누구는 이민화를 '단호한 쌈닭'이라고 표현하기도 한다. '쌈닭'이란 말 앞에 '단호하다'는 수식어가 적절한지는 의구심이 들지만, 어느 정도는 그의 성격이나 행동 양식을 설명해 주는 것도 사실이다. 결국은 함께 일했거나 가까운 곳에서 지켜본 사람들의 이야기를 통해서 왜 그런 말이 나왔는지 유추해 보는 수밖에 없다. 그중 오랫동안 가까이 지낸 선배이자 처남인 이재성은 매제인 이민화를 이렇게 설명한다.

"이민화와 저는 처남·매제지간이고 형·동생지간이고 선후배지간이지만 '친근'하다기보다 '존중'하는 관계라고 봐야 맞을 것 같습니다. 세계를 공유하기에는 우리 사이에도 간극이 존재했고 자기 세계가 너무나 강한 사람이었기 때문에, 처남·매제지간이어도 '어떤 일을 의논하거나 상의한 적'이 거의 없었습니다. 제가 학부에서 박사과정에 이르기까지 경제 경영 분야 공부를 오래 한 사람이었지만, 이민화가 제게 상의나 조언 요청을 한 기억이 별로 없습니다. 그 이유는 그 스스로 기억력이 너무나 좋고 독서량이 방대하며 끊임없이 공부하고 팩트(fact)를 보는 관점이 뛰어났기 때문일 것입니다. 저와 성경에 관해서 논쟁을 한 적 있습니다. 저는 어려서부터 성경을 보고 배운 사람인데, 이민화는 제 말을 수긍하고 듣기보다 자신이 아는 성경에 대한 논리와 얘기를 늘어놓았습니다. 절대 물러서는 법이 없었습니다. 그런 부분이 '어떤 사람들에겐 분명 버거울 수도 있었을 것'입니다. 그는 늘 갑옷을 입고 다니는 장수 같았습니다."

'늘 갑옷을 입고 다니는 장수 같았다'는 표현에서 이민화의 한 단면을 읽을 수 있다. 언제 어디서든 상대가 누구였든 논쟁을 피하는 법이 없고 자기가 옳다고 생각하는 것에 대해서는 양보하지 않았으니 '쌈닭'이라는 표현이 나왔을 것이다. 그런 특성은 다른 사람들의 증언에서도 확인할 수 있다.

● 김현기 한국전자정보통신산업진흥회 전 병원수출사업단장

이민화 회장님은 소명의식이 강했다. 본인이 사업을 하는 과정에서 느낀 비애를 후배들이 겪게 하고 싶지 않았을 것이다. 그 결과 벤처 창업과 관련된 법을 제정하려고 했다. 벤처기업 성장 발전과정에서의 한계점을 극복하기 위해 기술거래소도 만들었다. 그러던 중 이명박 정부와 구두계약 문제, 공인인증서 문제, 연대보증 문제로 정면으로 충돌했다. 정부뿐만 아니라 대기업과도 충돌이 불가피한 이슈였다. 처음에는 나도 이민화 회장님을 말렸다. 하지만 회장님은 '이렇게 돌아갈 것이라면 시작도 안 했을 것'이라고 단호하게 말씀하셨다.

● 한정화 전 아산나눔재단 이사장

이민화 회장님의 강점이자 단점은 논리가 강하고 논쟁에 뛰어나다는 것이다. 논쟁을 해서 이민화 회장을 당해 내는 사람들은 별로 없었다. 자신이 체계화한 사상이나 철학을 논리적으로 정리하는 능력은 누구보다 뛰어났고 논쟁에는 이겼지만 반대의견을 가진 사람과 대립하면서 반감을 가진 사람들도 생겨났다. 그러나 그분의 명쾌한 논리는 듣는 사람들에게 통찰력을 주면서 인기가 있었다. 한 번은 내가 교수로 있는 한양대학교에서 이민화 회장님 초청 강의를 했는데 듣고 있던 학생들은 감탄했고, 교수들은 위기감을 느낄 정도였다. 교수들을 넘어서는 강의 능력과 교육자로서의 면모가 보였던 부분이었다.

- **김선홍 한림대학교 산학협력단 산학협력교수**

가장 큰 갈등은 관료들과 있었을 것이다. 이민화는 자신의 뜻을 절대 굽히거나 양보하지 않았다. 이런 양보가 안 되는 기질은 본인의 인생에도 많은 영향을 주었을 것이다.

- **이정민 벤처기업협회 사무국장**

나는 2013~2017년 사이에 정부 쪽으로 파견돼서 일한 적이 있었다. 그 덕에 각 부처의 국장들과 친분이 생겼다. 그분들은 1996년에 사무관으로 있었던 사람들이다. 그들은 이민화를 '본인들의 상사에게 건방지게 막말을 하던 사람'으로 기억하고 있었다. 그 사람들의 상사가 당시에 국장·장관 등 높은 분들이었는데, 이민화는 그런 사람들한테도 할 말을 다 했으니 그렇게 생각하는 것도 이해가 간다. 이러한 부분들이 모여서 이 회장뿐만 아니라 벤처의 이미지에도 편견이 생긴 것은 아닐까 조심스레 추측한다.

이런 증언들을 종합해 보면 강한 상대, 그중에서도 특히 자신의 뜻을 관철해야 하는 관료들과의 관계가 껄끄러웠던 것으로 보인다. 직선적 성격에다 자신이 아니라고 생각하는 것은 높은 사람이라도 양보하지 않았으니 좋은 소리만 나올 리 없었다. 물론 이민화가 개인을 위해 싸운 것이 아니라는 사실은 곳곳에서 발견된다. 나보다 집단을 위해, 나라 경제를 위해, 벤처의 미래를 위해 자신이 나서야 한다는 신념이 있었을 것이다. 하지만 상대방은 상대방대로 지켜야 할 게 있었을 테니 부딪칠 수밖에 없었을 듯하다. 그 과정에서 얻는 부정적 평가들이 입에서 입으로 전해지다 보면 '쌈닭' 정도의 별명은 피할 길이 없었을 것이다. 그런 평가에 대해 신경을 쓰느냐 웃고 마느냐는 본인의 선택이겠지만….

'상아탑 장사꾼' 뭇매 맞다

스스로 옳다고 생각하는 것을 양보 없이 밀고 가는 이민화의 '직진 성향'과 단호함은 곳곳에서 확인할 수 있다. 그런 고집이 통할 수 있었던 것은 그에게 그만한 능력이 있었기 때문이라는 해석도 가능하다. 이민화를 평가할 때 미래를 예측하고 준비하는데 뛰어난 역량이 있었다는 말은 빠지지 않는다. 하지만 그게 저절로 얻어진 것은 아닐 것이다. 그만큼 공부하고 분석하고 노력해야 가능한 일이다. 물론 그의 예측이 다 맞아떨어진 것은 아니다. 예측과 다른 방향으로 흘러간 적도 없지 않다.

그 사례 중 하나가 이민화가 앞장서서 추진했던 '실험실 창업운동'이다. 1995년 벤처기업협회가 설립되고 1996년에는 코스닥시장이 출범했다. 그리고 1997년 벤처기업특별법이 발효됐다. 이 정도면 벤처기업이 싹을 틔우고 성장할 환경이 거의 마련된 셈이었다. 코스닥을 통해 자금 공급의 물꼬를 텄고, 벤처기업특별법은 인력·자금 등 창업 초기 벤처가 자립할 기회를 제공했다. 이민화는 벤처의 토양을 닦아 놓았으니 벤처 창업이 폭증할 것이라고 기대했다. 하지만 결과는 그의 예상과 달랐다.

창업을 이끄는 기술 인력은 대학과 연구소에 집중되기 마련이다. 기술을 가진 사람들이 나서서 창업해야 하는데, 막상 현실은 강 건너 이야기였다. 그들은 오로지 연구밖에 몰랐기 때문에 사업화를 위한 관심도 준비도 없었다. 대학과 연구소의 기술을 사업화할 수 있는 대안이 부족했던 것이다. 기술은 사업화되는 과정에서 대부분 사라지고 3% 정도만 살아남는다고 한다. 이민화는 이런 현실의 해결책을 찾기 위해 다른 나라의 예를 부지런히 찾아봤지만 성공적인 기술 사업화 사례는 눈에 띄지 않았다.

정말 대안이 없는 걸까? 이민화는 메디슨 창업 과정을 찬찬히 되새겨 봤다. 자신 역시 창업을 결심하기 전에는 대충대충 보고서를 작성했고, 그 보고서를 바탕으로 하는 기술 이전은 힘들 것이라고 생각했다. 그러다 창업을 결심한 순간, 생각은 완전히 달라졌다. 사업화가 가능한 기술을 개발하고 제대로 기록을 남기게 된 것이었다. 거기에 답이 있다는 생각이 들었다. 연구개발자가 낳은 자식을 그 개발자가 직접 키우면 되지 않을까? 연구실 안에서 사업화를 쉽게 할 수 있는 조건만 갖춰진다면 기술창업이 활성화되리라는 생각이 들었다.

이민화는 우선 창업을 저해하는 요소가 무엇인지 하나씩 따져봤다. 사무실 구하기, 실험설비 갖추기, 사람 구하기, 자금 구하기, 직장 그만두기 등이었다. 그렇다면 실험실에서 창업하면 이런 문제들이 모두 풀린다는 결론이 내려졌다. 전국의 연구실은 1만 개 정도였고, 이 연구실에서 2년에 한 건의 창업만 이루어져도 21세기 벤처대국은 가능할 수 있다는 계산이 나왔다. 이민화는 이 프로젝트 이름을 '실험실 창업운동(Lab Venture)'이라고 지었다.

그 무렵 김대중 대통령은 IMF 위기 극복을 위한 대안으로 규제개혁위원회를 설치해 규제 50% 철폐를 추진하고 있었다. 마침 이민화도 그 위원회의 위원이었다. 그는 실험실에서 교수나 연구원, 학생들이 바로 창업할 수 있도록 해 달라고 요청했다. 중소기업청과 협력해서 10개 이상의 각종 규제를 철폐했다. 이를 통해 교수와 연구원은 사장 겸임이 가능해졌다. 1년에 5,000개의 벤처가 창업하고 5만 개의 일자리가 만들어질 것이라는 희망이 생겼다. 또 실험실 창업이 학생들에게 기업가정신을 교육하는 역할도 할 것이라 기대했다. 실험실 창업운동에 대해 이정민은 이렇게 설명한다.

"실험실 창업운동은 하이테크(고도의 과학을 첨단제품의 생산에 적용하는 기술형태)를 아카데믹하게 바꾸려는 시도였습니다. 쉽게 말하자면 대학교에서 만들어낸 아이디어를 논문으로만 놔두지 말고 산업화하는 것이지요. 그렇게 교수·연구원이 이미 창업한 기업을 모으니 300개 정도가 나왔습니다. 벤처협회는 그들을 위해 랩벤처협의회를 만들어서 별도로 운영했습니다. 현 마크로젠의 회장이자 당시 서울대 교수였던 서정선 대표가 회장을 맡아줬습니다."

이민화는 여건을 만드는 데서 멈추지 않았다. 전국 수십 곳의 대학과 연구소를 찾아다니며 실험실 창업운동을 설파했다. 실질적으로 교수들은 기술 외에는 문외한에 가까웠다. 따라서 창업에 도움이 되는 경영과 금융을 중심으로 그들을 교육했다. 실험실 창업운동으로 도움을 받은 교수는 후배 교수나 제자에게 창업을 제안하고 후견인 역할을 했다.

거기까지는 비교적 순조로웠다. 문제는 현장이었다. 대학에서 일대 혼란이 벌어졌다. '신성한 상아탑에 웬 장사꾼이냐?'는 비난이 쏟아진 것이다. 인문학을 연구하는 교수·학자들의 입장에서는 실험실 창업 자체를 용납하기 어려웠다. 대학이라는 곳의 보수성은 하루아침에 바뀔 수 있는 것이 아니기 때문이다. 어떻게 학자가 창업을 하느냐는 것이었다. 창업한 교수들은 학교의 눈치를 볼 수밖에 없었고, 때로는 후배들에게 창업 홍보를 하다가 학교 측과 마찰이 일어나기도 했다. 그러다 보니 학교 측으로부터 평가절하를 당하거나 사퇴를 각오하며 창업을 해야 하는 상황이 벌어졌다. 학교만 문제를 삼는 것이 아니었다. 서울대학교가 위치한 관악세무서는 '도대체 학교 안에서 창업을 한다는 것이 말이 되느냐'며 사업자등록을 계속 반려했다. 이런 문제를 해결하기 위해 교수들이 창업하는 것을 법적으로 보장하는 '교수 휴직제'가 만들어졌다.

이민화는 거기서 멈추지 않았다. 실험실 창업에 이어 창업보육센터 설립도 추진했다. 실험실 창업으로 태어난 벤처기업들이 성장하면 실험실은 비좁을 수밖에 없기 때문이었다. 더 넓은 벌판으로 나아가기 위해서는 새로운 공간이 필요했다. 다만 이들이 새 둥지를 틀 장소는 연구실과 가까워야 했다. 그래서 중기청의 지원 아래 대학연구소에 인큐베이터로서의 보육센터가 운영되기 시작했다.

실험실 창업운동이야말로 이민화의 아이디어와 추진력으로 시작되고 결실을 거둔 역작이었다. '신성한 상아탑에 장사꾼이 웬말이냐?'며 우박처럼 쏟아지는 비난을 무릅쓰고 벤처의 양적 확대를 위해 나선 이민화의 수고는 300여 개의 대학 창업보육센터에서 5,000개의 기업이 배출되는 결과를 낳았다. '단호한 쌈닭'다운 추진력이었다.

개척자인가? 실패자인가?

'실패를 지원한다.'

이민화를 상징하는 말 중 하나다. '실패'라는 단어도 이민화 앞에 서면 뭔가 희망적인 의미를 품는다. 따라서 이민화가 개척자인지, 실패자인지 묻는 질문은 별 의미가 없어 보인다. 이민화에게 '개척'과 '실패'는 대립이 아닌 공존의 개념이기 때문이다. 오로지 앞장서서 개척하는 사람만이 실패할 수 있다. 아무것도 시도하지 않는 사람에게는 실패의 기회도 성공의 기회도 없다. 이민화 자신이 한 시대를 이끈 개척자이자 실패를 경험한 실패자다. 객관적 평가를 위해 이민화와 함께했던 사람들의 생각을 물었다. 이민화는 개척자였을까? 아니면 실패자였을까?

이민화가 시대를 앞서간 개척자이고 혁신가라는 평가에는 아무도 이의를 제기하지 않는다. 삶 자체가 도전이었고 개척이었고 혁신을 향한 걸음이었기 때문이다. 그의 발자취를 따라가다 보면 이민화라는 사람은 태생적으로 진취적이고 모험적이었다는 사실을 저절로 알게 된다. 그는 한순간도 현실에 안주하지 않았다.

● 장흥순 서강대학교 기술경영전문대학원 교수

테슬라의 CEO인 일론 머스크(Elon Musk)를 두고 누군가는 괴짜, 미친놈이라고도 말합니다. 하지만 새로운 시대를 개척한 개척자들은 항상 미쳤다는 소리를 듣기 마련입니다. 새 시대를 생각하는 사람들은 우리가 가지고 있는 것과 다른 생각을 하는 것은 물론 역량도 뛰어날 수밖에 없습니다. 이민화도 마찬가지입니다. 범인보다 훨씬 뛰어난 천재이자 혁신가, 계몽가라고 할 수 있습니다.

'실패'라는 확대경 속의 이민화는 어떤 모습일까? 이민화의 실패를 거론하는 사람이 내세우는 것은 메디슨의 부도다. 당시 처했던 외부 환경은 차치하고, 잘나가던 회사가 자금난에 휘둘리고 부도처리되고 법정관리에 들어갔으니 경영자로서 실패했다는 평가를 피할 방법은 없다. 더구나 이민화의 생각이 어떠했든 한컴이나 메디다스 등 자회사 주식을 매각하는 데 실기한 것도 사실이기 때문에 이러한 주장은 설득력을 얻는다. 그래서 많은 사람이 '메디슨=이민화의 실패'라는 등식을 자연스럽게 받아들인다. 하지만 그게 전부는 아니다. 메디슨의 부도가 이민화의 실패는 아니라고 옹호하는 시각도 많다.

● **명승은 벤처스퀘어 대표**

메디슨 부도에 관해서는 이야기가 많다. 하지만 중요한 것은 이민화 회장님의 명확한 실수가 무엇인지 아직도 밝혀지지 않았다는 점이다. 또한 당시에 틀린 결정이 오롯이 혼자만의 경영 실패가 아닌 여러 외부적 요인이 작용했다는 점도 잊어서는 안 된다. 나중에 드러난 사실로도 유추해 보면 이 회장님의 기업가적인 경영 실패에 대해 단정짓기 어렵다. 하지만 아쉬움이 남는 것은 이민화 회장님이 메디슨 부도를 맞지 않았다면 아마도 의료기 개발이나 수출과 관련된 여러 단체를 조직하여 후배들과 다양한 활동을 전개해 나가시지 않았을까 생각해 본다.

이민화 본인은 메디슨의 부도에 대해 어떻게 생각했을까? 경영에 실패했다고 인정하고 통한의 후회를 했을까? 물론 자책의 마음을 드러내기도 했다. 그는 "메디슨에 엄청난 위기가 오고 있다는 것을 인식하지 못한 것이 경영자로서 돌이킬 수 없는 오류였음을 모든 분께 송구스럽게 생각한다"라고 밝힌 적이 있다. 하지만 이민화는 부도 원인의 상당 부분을 외부적 요인에서 찾은 것으로 보인다. 자신의 잘못은 없다는 생각이 바탕에 깔려 있었던 것이다.

그 상황을 함께 맞았던 이들의 증언에서도 이민화의 마음을 엿볼 수 있다.

- **최승욱 아이알엠 대표**

이민화 회장님은 남들에게는 실패에 대한 지원과 관련해 많이 말씀하셨지만 정작 본인의 실패에 대해서는 말씀을 잘 안 하셨던 것 같다. 메디슨 부도 후 르네상스 호텔에서 이민화 회장을 만났는데 그런 이야기를 하셨던 것이 기억난다. "보통 상장회사가 부도나면 7단계 조사를 받는데 1단계에서 대부분 배임·횡령으로 잡혀간다. 하지만 나는 7단계 조사를 받았으나 잘못한 것이 없어서 잡혀가지 않았다." 메디슨 부도와 관련해서도 실패를 인정하고 상황을 복기하는 것이 아니라 자신이 결백한 부분에 대해서 집중하는 모습이었다. 그런 자부심이 대단하다는 생각이 들면서도 한편으로는 이분이 겪은 실패는 무엇이 있을지 궁금했는데 끝내 듣지 못했다.

- **변대규 휴맥스홀딩스 회장**

메디슨의 부도라는 부분을 제외하면 그의 인생 전체를 '실패'라고 규정할 사람은 없을 것이다. 개척자이며 혁신가라는 측면에는 모두 동의한다. 너무 세상을 앞서 살았기 때문에 세상이 이민화의 생각을 따라갈 수 없었다고 평가하는 사람도 있다. 앞서서 걸어간 사람의 고독을 엿볼 수 있는 대목이다.

이민화 회장님은 빼어난 분이지만 기업가의 입장으로 보자면 너무 '이상주의자'에 가깝지 않았나 싶다. 너무 빨랐던 것이다. 메디슨 연방이라는 제도도 20년 전에는 너무 빠른 도입으로 환경이나 사회, 그 당시 인프라가 그분의 생각을 뒷받침해 주기 어려웠던 것이 사실이다. 오히려 지금 적용했다면 더 잘 맞았을 것이다. 역사적으로 미래를 내다본 이상주의자들과 결이 같다고 할 수 있다. 그가 선구자인 것은 확실하다. 지금 생각해 보면 벤처협회에서 이민화 회장님이 실현하고자 했던 생각들이 시대에 반 발짝 앞섰던 것 같다. '혁신' '자율' '수평', 당시 한국사회에서는 별로 사용하지 않았던 단어였다. 이러한 앞선 생각이 리더십을 부여한 것이다. 정부, 언론, 정치권 할 것 없이 이민화 회장님의 이야기를 누구나 즐겁게 와서 들어주었다. 그 리더십을 만든 사람이 이민화였고, 사회적 동력이 그 리더십에 있었고, 동력은 사회적 제도가 됐다. 결과적으로 경제위기 때문에 미래가 암담했던 한국사회가 다음 단계로 넘어갈 수 있는 대안을 얘기해 줄 수 있었던 것이다.

● **박지욱 서울대학교 국제보건연구센터 연구원**

시대를 너무 많이 앞서가서 인정을 덜 받은 사람이다. 예전에 주셨던 책을 읽어보니 지금 사회적으로 이슈가 되고 있는 일들을 10여 년 전에 머릿속으로 그려 놓았다는 것을 알 수 있다. 당시에 외쳤던 4차 산업혁명 같은 이야기들이 지금은 현실이 돼 가고 있다. 너무 이르지 않았나 하는 안타까운 마음이 든다.

● **이정민 벤처기업협회 사무국장**

세속적으로 말하자면 정승 집 개가 죽으면 사람이 바글바글하지만 정승이 죽으면 먼지밖에 없다는 말이 있다. 하지만 이민화 회장의 장례식은 인산인해를 이뤘다. 워낙 다양한 분야에서 일하신 분이니 당연하다고 생각했지만 회장님을 다시 본 계기가 있었다. 장례식 이틀 차에 KAIST 학부 학생들 열 명이 찾아왔다. 그들이 대성통곡을 하며 울길래 어떻게 아는 사이인가 물었더니 이민화 회장에게 한 학기 수업을 들었다는 것이었다. 이 창창한 젊은이들에게 나이 60살 먹은 '할아버지 강사'가 어떤 모티브를 주었기에 저리 서럽게 울까 싶었다. 성공과 실패의 기준은 애매하지만, 그들을 보는 순간 이민화는 실패한 사람이 아니라는 생각이 들었다. 많은 분야의 사람이 그의 장례식에 와서 진심으로 추도하는 모습은 실패하지 않은 사람의 그것이었다.

벤처는 거품이다?

닷컴 버블(dot-com bubble), IT 버블, 벤처 거품… 이름은 많지만 뜻은 하나다. 큰돈을 벌 수 있을 것이라는 기대감으로 투자가 몰려서 벤처산업이 일시적으로 호황처럼 보이는 현상을 말한다. 하지만 본질은 이 같은 사전적 '의미'를 넘어 특정한 시기에 일어났던 '현상'을 가리킨다. 즉 인터넷 관련 분야 산업이 성장하면서 주가가 급상승하고 증시가 과열됐던 1995년부터 2000년 사이의 거품 경제 현상을 가리킨다. 미국에서는 주로 닷컴 버블이라 쓰지만 한국에서 많이 쓰는 표현은 IT 버블이다.

버블붕괴의 시작은 미국에서부터였다. 1995년부터 2000년까지 나스닥 종합주가지수는 400% 상승했지만 이후 버블이 꺼지며 2001년에는 시장이 붕괴됐고, 그로 인해 투자자들은 엄청난 손실을 입었다. 한국에서도 미국발 버블의 영향을 받아 열탕과 냉탕을 오갔다. 2000년 당시 코스닥 지수의 최고점은 2000년 3월 10일의 2,925였다. 이 수치는 그 이후 회복되지 않고 있다. 결국 2001년에 버블이 붕괴되면서 증시는 약세장으로 진입했고, 다수의 인터넷 기업들이 파산했다. 이로 인해 투자자들의 피해가 속출했고 벤처기업에 대한 비난이 쏟아졌다.

하지만 그 와중에 살아남은 몇몇 벤처기업들은 한국의 신산업 분야를 이끄는 큰 기업으로 성장했다. 그로부터 20년이 지난 지금까지도 벤처 혹은 벤처기업에 대해 경원시하는 시선은 남아 있다. 마치 언제 터질지 모르는 시한폭탄 보듯 하는 것이다. 벤처 자체가 거품이라는 주장도 여전하다. 이런 시각에 대해 이민화는 어떤 생각을 갖고 있었을까? 그가 쓴 글에는 한때 다른 나라의 부러움을 사던 대한민국이 버블붕괴로 인해 벤처 후진국으로 전락한 현실에 대해 아쉬움을 토로하고 있다.

서울경제
2018년
8월 15일

한국의 벤처생태계 전략은 다른 국가 벤치마킹 이전에 한국의 벤처 발전사를 벤치마킹하는 것이 우선돼야 한다. 이원재 요즈마그룹 한국지사장은 지난 2013년 언론 인터뷰에서 '믿기 어렵겠지만 10여 년 전만 해도 이스라엘에서는 한국의 벤처 환경을 부러워했다. 당시 한국에서는 1만 개가 넘는 벤처가 쏟아져 나왔다'고 말한 바 있다. 2000년 당시 한국의 벤처 창업은 연간 3,000개가 넘었고 투자액은 3조 원에 달했으며 코스닥 상장기업은 200개 규모였고 코스닥은 나스닥에 이은 세계 2위의 첨단 주식시장으로 등극했다.
(중략)
2000년 말 전 세계를 강타한 정보기술(IT) 버블붕괴로 미국 나스닥과 유럽 노이에 등 첨단 주식시장이 폭락했다. 코스닥도 동일한 형태로 추락했다. 전 세계적인 현상을 한국 정부는 국내 문제로 오해해 '코스닥 통합, 벤

> 처인증 전환, 주식옵션 보수화, 기술거래소 통폐합'이라는 4대 벤처 건전화 정책을 밀어붙였다. 코스닥 통합 이후 상장기간은 8년에서 14년으로 늘어나고 상장기업 수는 5분의 1 수준으로 축소돼 벤처 투자의 회수시장 역할이 희석됐다. 벤처 인증이 기술인증에서 대출보증으로 전환되면서 고위험·고성장의 벤처에서 저위험·저성장의 벤처로 변질됐다. 주식옵션 회계기준 보수화로 우수인력의 벤처 유입통로가 차단됐다. 기술거래소 통폐합으로 중간회수 시장인 인수 · 합병(M&A) 시장의 뿌리가 악화됐다. 그 결과 10년의 벤처 빙하기가 도래해 벤처 선진국 대한민국은 이제 벤처 후발국으로 전락했다.

이민화는 이런 안타까움에 더해 여전히 성장과 고용의 주역은 벤처라는 '벤처 옹호론'을 끊임없이 펼쳤다. 대기업은 성장에는 기여하나 고용효과는 그리 크지 않다는 것이고, 소상공인은 고용에는 기여하나 성장 기여도는 미미하다는 주장이다. 결국 성장과 고용이라는 두 마리 토끼를 잡으려면 벤처 창업과 성장을 통해 국가를 혁신해야 한다고 역설했다.

'벤처는 거품'이라는 시각에 대해 다른 사람들은 어떤 견해를 가지고 있을까? 이민화와 함께 벤처생태계 조성에 힘썼던 '동지'의 생각을 물었다.

● **전하진 SDX재단 이사장**

과거 산업혁명으로 철도가 처음 만들어졌을 때도 철도회사가 엄청 많았다고 한다. 자동차의 경우도 마찬가지였다. 나중에는 몇 안 되는 메이저만 살아남게 된다. 혁신이 진행되는 과정은 과거나 현재나 비슷한 것 같다. 우리나라도 인터넷이라는 '바람'으로 인해 한컴의 500원짜리 주식이 58,000원까지 커지기도 했다. 그 광풍에 너나 할 것 없이 투자했지만 많은 사람이 손해를 봤다. 하지만 그런 버블이 있었기에 현재의 네이버, 카카오, 넥슨이 만들어졌다. 그러니까 버블은 혁신의 과정인 것이다. 결론은 그렇다. '벤처는 버블이다. 즉 버블이니까 벤처다. 피해야 할 버블이 아니고 활용해야 할 버블이다.'

고집불통인가? 유연한 사람인가?

이민화는 고집불통이었을까? 유연한 사람이었을까? 이 질문은 앞에서 이야기했던 '단호한 쌈닭'이라는 큰 주제와 맥을 같이한다. 역시 어느 하나만 선택할 수 있는 질문은 아니다. 누구는 이민화를 유연하면서도 푸근한 사람으로 기억하고, 누구는 타협이 불가능할 정도의 고집불통으로 기억하기 때문이다. 그렇게 대립되는 이미지 자체가 본래의 이민화라고 하면 결론이 될까? 한없이 유연한 사람도 이민화였고 절대 뒤로 물러서지 않는 고집의 아이콘도 이민화였다. 이민화가 변덕이 심해서가 아니라 상대가 누구냐에 따라 다르게 보였기 때문일 것이다. 여러 사람의 증언을 통해 판단할 수밖에 없다.

● **여인국 전 한국기술거래소 사장대행**

이민화라는 사람은 진취적이고 모험적이었다. 원래 추진력이 강한 사람은 고집이 세기 마련인데, 그분은 그렇지 않았다. 나와 대화를 할 때도 내 의견이 합리적으로 맞는다고 생각하면 본인의 생각을 접었다. 특히 본인이 모르는 부분은 내 의견을 많이 들어주고 인정해 주셨다.

● **박지욱 서울대학교 국제보건연구센터 연구원**

회장님은 푸근한 인상이었고, 인간적으로도 좋은 분이었다. 상대방이 아무리 어려도 지위 여부를 막론하고 수평적인 태도로 대했고, 많은 기회를 열어주셨다. 회장님께 이메일을 보내면 채팅하듯이 바로 답장이 도착했다. 자세히는 모르지만 회장님과 다른 임직원 또는 파트너와의 업무논의 메일에 참조로 들어가 있다 보면, 때로는 두 사람 사이에 미묘한 갈등이 느껴질 때도 있었다. 그럴 때 회장님은 의견이 다를 수 있다는 것에 의연하셨다. 누군가 당신에게 적대적인 감정이 생기더라도 당연히 그럴 수도 있으며, 또한 풀어나갈 수도 있다는 담담한 태도가 신기했다. 회장님이 좋아하지 않는 상대라도 직접 비난하거나 폄훼하는 모습은 보이지 않으셨다.

● 유영종 유니텍의료기 대표이사

이민화 회장님은 보살이었다. 자신의 감정을 드러내 직원들에게 화를 낸 적이 한 번도 없었다. 아마 불교를 믿었던 것 같은데 정말 보살도를 실천한 기업가였던 것 같다. 회장님은 말로만 '실패를 지원한다'고 한 것이 아니었다. 직원들의 실패에 대한 비판이나 비난, 짜증 같은 것이 전혀 없었다. 다 포용하시면서 항상 밝은 표정으로 후배들을 응원하셨다. 그러다 보니 회사 내에 자율적·도전적 분위기도 자연스럽게 넘쳐흐르게 됐다. 메디슨 문화의 핵심인 '인간존중' '도전정신'은 실제로 회사 내 경영자부터 말단사원까지 모두가 마음껏 누리던 문화와 분위기였다.

● 권용기 리솔 마케팅 책임자

아이디어가 대단했다. 프로페셔널한 아이디어를 자주 내놓는 분이었다. 하지만 그러면서도 아주 소탈했고, 검소했다. 개인적인 이익 추구나 사리사욕을 생각하지 않는 분이었다.

이상과 같이 부드럽고 소탈하고 유연한 데다 사리사욕을 조금도 채우지 않았다는 증언도 많았지만 자아가 강했고, 누구에게도 지기 싫어했고, 고집이 셌다는 증언이 더 많은 것을 보면, '고집불통'의 이미지는 어느 정도 객관적 사실로 굳어졌던 것이 분명하다.

● 김선홍 한림대학교 산학협력단 산학협력교수

사람마다 느끼는 점이 다를 것이다. 내가 느낀 이민화 회장은 지기 싫어하는 마음이 큰 사람이었다. 이기는 것을 원한다기보다 지는 것이 더 싫은 사람 같았다. 하나의 사례로 우리는 무언가 잘 안 풀리면 이민화 회장에게 문제를 제기했다. 웬만하면 타협하거나 양보하자고 말해 보는 것이었다. 하지만 이 회장은 자신의 추구는 1등인데 우리는 왜 2·3등이 되려고 하는지 모르겠다는 반응을 보였다.

● **이장우 경북대학교 교수**

이민화는 어떤 종류의 모임이든지 여건이 허락한다면 대부분 참여했다. 다만 그 인원이 5명이든 15명이든 이민화가 중심이 되게 된다. 중심이 될 수밖에 없는 이유는 이민화가 아는 것이 제일 많기도 했고, 참석한 모든 인원을 한 명씩 개별적으로 케어(반응, 답변)했기 때문이다. 하지만 회의가 끝나고 전체적인 결론을 맺게 되면 결국 이민화의 입장으로 결론이 마무리됐다. 이민화는 본인이 옳다고 생각하는 것과 다른 결론은 거의 용납하지 않는 성격이라 머리 굵은 사람과 함께 있을 때는 뒤끝이 남기도 했다. 이러한 성향 때문에 이민화를 만난 사람은 '열광하는 팬'이 되거나 '비난하는 적'이 된다는 말도 있을 정도였다.

● **이재성 전 현대중공업 회장**

이민화는 상호관계를 파악하고 유기적 관계를 만들고 마치 전기회로를 엮듯이 그것을 맞출 줄 아는 사람이었다. 누구나 희미하게나마 인지하고 있는 사실을 굉장히 선명하게 만들어 주는 데 소질이 있었다. 하지만 세상일이 모두 딱 그렇게 맞아떨어지는 것은 아니지 않은가?

● **이승우 리솔 연구소장**

똑똑하고 고집이 대단한 사람이었다.

● **홍순만 유라시안 네트워크 이사**

에고(Ego)가 강했다. 그것은 신념을 갖고 있는 선구자가 직면하는 공통의 문제다. 이민화뿐이 아니다. 고집스럽고 '나를 따르라, 목표는 저기다' 이러는 사람들은 에고가 강할 수밖에 없다.

가자,

길이

보이지

않아도

가자,

길이

보이지

않아도

오래전부터

이민화의

머릿속에는

세계지도 하나가

그려져 있었다.

몸이 대한민국에

머물러 있을 때도

머리 한쪽은 끊임없이

그 지도에 있는 길을

누비고 다녔다.

IV

나라 위한 씨앗을 뿌리다

01

차관급 기업호민관

이민화

• 이민화는 2006년 7월부터 2009년 4월까지 기술거래소 이사장을 지냈다. 앞에서 언급한 대로, 기술거래소는 기술 이전을 촉진하고 신기술 거래를 활성화하기 위한 목적으로 2000년에 이민화가 주도해서 설립한 기관이었다. 기술거래소 이사장을 마치고 잠시 쉬는 동안에 이민화의 이력에 색다른 경력을 기록하게 되는 제안을 받는다. 당시 홍석우 중소기업청장이, 신설되는 차관급 중소기업 옴부즈만 자리에 이민화를 추천한 것이었다.

행정학 사전은 옴부즈만(ombudsman)을 '행정관료들의 불법행위 또는 부당한 행정처분으로 피해를 본 시민이 그 구제를 호소할 경우, 일정한 권한의 범위 내에서 조사해 시정을 촉구함으로써 시민의 기본권을 보호하는 구실을 하는 민원조사관'이라고 설명해 놓았다.

뒤에 '기업호민관'이라고 부르게 되는 중소기업 옴부즈만은 민간 전문가를 옴부즈만으로 위촉해 중소기업의 불합리한 규제를 발굴해서 상시적·

체계적으로 정비하는 독립기관을 말한다. 정부에서 규제를 만들 때 공급자의 입장에서 만들다 보니 규제를 받는 수요자는 의사 표현을 할 기회가 없다. 옴부즈만의 설립 취지는 이런 현실을 감안해 규제에 영향을 받는 중소기업인·소상공인·자영업자의 입장에서 규제가 타당한지, 개선할 부분은 없는지 검토하기 위한 것이었다. 즉 정부가 중소기업에 대한 규제를 만들면 그 규제가 중소기업에 어떤 영향을 주는지, 부작용은 없는지 의견을 수렴해 정부에 건의하고, 기존의 규제 또한 불합리하다고 생각하면 문제점을 지적해 개선하는 역할을 맡기기 위해 새로 도입한 제도였다.

이민화와 홍석우 중소기업청장은 서로 아는 사이는 아니었다. 그런데도 이민화를 추천한 것은 그가 벤처 분야에 경험이 많고, 규제에 대해서도 잘 알고 있는 전문가이기 때문이었다. 주변에 그를 적임자로 천거하는 사람들이 여럿 있었고 중기청 내부 간부들의 전폭적인 지지가 있었다고 한다. 하지만 주무부서 청장이 추천했는데도 막상 옴부즈만으로 임명되기까지는 걸리는 것이 있었다. 과거 메디슨 관련 문제로 총리실에서 이의를 제기했기 때문이다. 그런 상황 속에서도 홍 청장이 뚝심 있게 밀어붙여서, 이민화는 2009년 7월 15일 정운찬 국무총리로부터 중소기업 옴부즈만 임명장을 받는다. 따지고 보면 말이 차관급이지 월급이 있는 것도 아니고 상근하는 자리도 아니었다. 이민화 표현에 의하면 '빛 좋은 개살구' 같은 자리였다.

하지만 이민화가 자리를 탐하거나 조건을 따지며 일하는 사람은 아니었다. 자리에 연연했으면 그 전에 장관직을 맡았을 터였다. 중소기업청 기획조정관과 중소벤처기업부 정책기획관 그리고 중소기업중앙회 상근부회장을 맡았던 서승원은 이민화가 중소기업 옴부즈만에 취임한 전후 상황을 이렇게 전한다.

"자세히는 모르지만 아주 흔쾌히 맡겠다고 하신 것으로 알고 있습니다. 사실 이민화 회장님은 호민관 이전에 국회의원직이나 장관직 제의도 여러 차례 받았지만 거절했던 분입니다. 그런데도 옴부즈만을 맡은 것은 중소기업에 실질적 도움이 되는 '제도 개선'을 할 수 있을 것이라는 이유 때문이었습니다. 다만 호민관이 가지고 있던 규제에 대한 생각과 당시 정부나 공무원들의 생각에 차이가 컸습니다. 그로 인해 운영과정에서 일부 마찰도 있었습니다."

'기업호민관' 이름짓기

중소기업 옴부즈만에 취임하고 이민화가 첫 번째 고민한 것은 이름이었다. '중소기업 옴부즈만'은 그 의미가 쉽게 다가오지 않았다. 사람들이 쉽게 기억할 수 있게 하려면 소위 '필'이 꽂혀야 하는데 뭔가 마음에 차지 않았다. 옴부즈만을 사전에서 찾아보니 집정관·호민관·감찰관 등의 뜻이 있었다. 그중에서 이민화의 시선을 끈 단어가 '호민관'이었다. 고대 로마에서 평민의 권리를 지키기 위해 평민 중에서 선출한 관직을 호민관(護民官)이라고 했다. 임기는 1년이었으며, 평민의 생명과 재산을 지키는 것이 임무였다. 그 신분은 신성불가침이었고 정무관과 원로원의 결정에 거부권을 발동할 수 있었다. 중소기업을 약자의 상징인 '평민'이라고 생각한다면 딱 들어맞는 의미가 아닌가. 망설이지 않고 그 이름으로 낙점했다.

그렇게 결정하고 나니 호민관이란 이름 앞에 중소기업의 이미지를 심자는 의견이 나왔다. 단순히 호민관이라는 이름만으로는 본래의 취지를 전달하기 쉽지 않았기 때문이다. 그래서 절충한 것이 기업호민관이었다. 중소기업호민관으로 하려는 생각도 있었지만 주위에서 너무 길다고들 했다. 기업호민관이라는 이름에서 대기업을 지키기 위한 것이라고 연상하는 사람은 없을 터였다. 결국 짧고 부르기 쉽고 외우기 쉽다는 이유로 기업호민관으로 최종 낙점됐다.

하지만 공무원들에게는 뭔가 껄끄러운 이름이기도 했다. 본인들이 중소기업을 제대로 보호하지 못했기 때문에 기업호민관이 만들어진 것으로 오해를 받을 수 있다는 생각 때문이었다. 아예 호민관이라는 이름을 쓰지 말라는 말도 있었다. 그래서 호민관실에서는 정부와 관련된 명칭은 옴부즈만으로 쓰고, 대외적인 명칭만 호민관이라고 불렀다. 두 가지 호칭을 함께 사용한 셈이었다. 이민화다운 고집이었다.

이름을 정했으니 기업호민관실의 역할과 비전을 구상해야 했다. 하지만 이 구상단계부터 정부와 이민화의 생각은 조금씩 어긋나기 시작한다. 원래 정부가 설정한 중소기업 옴브즈만의 역할은 공무원이 규제를 만들면 수요자인 중소기업의 입장을 대변해 문제가 없는지 확인하는 정도였다. 하지만 이민화는 여기서 더 나아가 정부가 만든 규제의 틀부터 잘못됐다고 생각했다. 따라서 그 틀을 바꿔야 한다는 건의를 했고, 정부로 보면 옴부즈만을 만든 목적과 다른 건의가 들어오니 갈등의 싹이 틀 수밖에 없었다. 정부의 뜻이야 어떻든 이민화가 우선순위를 둔 것은 중소기업 규제의 틀부터 바꾸는 것이었고, 개별 규제의 애로사항은 크게 관심을 두지 않았다. 그는 우리나라에만 있는 갈라파고스 규제(국제적 흐름과 단절돼 불합리하거나 불편해 개선돼야 할 규제)를 정리하려고 했다. 기득권의 이득을 위해 만든 규제가 대부분이라고 믿었고, 특히 공인인증서나 연대보증제 등은 빨리 사라져야 할 규제라고 규정했다.

이민화는 중소기업의 규제 해소와 애로사항 해결을 위해 두 가지 전략적 방향을 설정했다.

첫 번째는 기업들의 수많은 애로를 접수하고, 처리해서 관철하는 일련의 점진적 혁신 활동이었다. 이민화는 이처럼 반복되고 지속적인 활동을 소진화(小進化) 사이클이라고 이름 붙였다.

두 번째로 개별 기업 차원의 문제가 아니라 전체 산업의 패러다임을 바꾸는 거대담론을 대진화(大進化) 사이클이라고 이름 붙였다.

이 두 가지 전략이 상호 시너지를 내면서 추진될 때 중소기업의 문제가 해결될 수 있다고 정리했다. 이민화는 이를 "중소기업이 '중간에서 소처럼 일하는 기업'이 아니라 '중앙에서 소중한 기업'으로 재탄생하는 그림을 그린 것"이라고 자평했다.

이민화가 설정한 소진화 사이클은 기업 현장의 애로에서 출발한다. 이를 위해 3대 시스템을 구축했다. 첫째는 기업의 애로를 청취하는 시스템, 둘째는 이를 체계적으로 처리하는 시스템, 셋째는 적극적으로 정부 부처에 수용하도록 하는 시스템이었다. 애로사항 접수의 전략으로 자원봉사자들을 이용한 전국적인 공적 네트워크, 지역 기반의 네트워크와 전문 분야별 네트워크를 매트릭스 구조로 갖는 호민네트(Homin.net)를 구상했다. 호민네트는 협력 호민관, 지역 호민관, 전문 호민관으로 구성돼 각각 공공 지원기관, 해당 지역의 애로사항, 해당 업종 혹은 분야의 애로사항을 제시하도록 시스템을 구축했다.

호민 채널은 중소기업인들과 직접 대화를 하는 채널로, 우선 중소기업청의 도움을 받아 12만 중소기업의 이메일을 활용하기로 했다. 호민 플랫폼은 규제 접수 처리 관리시스템으로, 한국 최초의 규제 처리 TF 시스템이었다.

당연한 일이지만 일을 하려면 돈이 필요했다. 이민화 역시 마찬가지였다. 그가 파견 공무원에게 물었다.

"우리가 사용할 수 있는 예산은 얼마나 돼요?"

"없는데요?"

기가 막힌 일이었다. 해야 할 일은 많은데, 그 일을 할 예산이 없다니. 규제로 인한 국가비용이 100조 원이라는 삼성연구소의 자료가 있었다. 이민화는 호민관실의 노력으로 이 가운데 10%는 절감이 가능하다고 보았다. 무려 10조 원을 절감할 수 있는데, 그 일을 하기 위한 예산이 한 푼도 없다니 답답한 노릇이었다.

그렇다고 두 손 들고 물러날 수는 없었다. 관료정신은 지원이 없으면 빛이 바래지만 기업가정신은 자원이 부족할 때 더욱 빛을 발하지 않던가. 자원봉사자를 활용해 연간 10조 원의 규제비용 절감을 목표로 설정하고 이 중 30%인 3조 원의 국가 규제비용 절감을 소진화에서 추진한다는 목표를 세웠다.

10명의 외인구단으로

예산이야 미리 배정하지 못해서 없다고 해도 일할 사람이 없으면 정말 아무것도 할 수 없다. 이민화를 도와줄 호민관실의 인적 구성은 어떻게 짜였을까. 결론적으로 보면 다국적군이라고 할 수 있었다. 설립을 주도한 사람은 중소기업청에서 파견 나온 사무관이었다. 그리고 기술거래소에서 이민화의 비서로 일하던 직원이 합류했다. 두 사람이 열심히 뛰어다녀서 7월 23일 문제 없이 출범할 수 있었다. 이민화가 국무총리로부터 임명장을 받은 것이 7월 19일이었으니 나흘 만에 개소식을 가진 것이다.

인적 구성은 먼저 전문위원 한 명을 선발하고, 중소기업청에서 사무관 한 명이 추가됐다. 이어 주무관 1명, 실무관 1명 등 중소기업청에서 4명이 파견 나오고 중소기업진흥공단·중소기업중앙회·중소기업은행·수출입보험공사에서 1명씩 파견했다. 이렇게 파견 공무원과 민간인 전문인력 등 10여 명으로 출범했고, 이후에 다른 곳에서도 일부 파견을 받아서 규모를 조금씩 늘렸다. 말 그대로 '외인구단'인 셈이었다. 각각의 역할을 중심으로 크게 세 파트로 나누었다. 큰 규제의 틀을 바꾸는 파트, 개별적인 문제나 의견을 취합해서 정부에 전달하는 파트, 규제를 연구·개발하는 파트였다.

따지고 보면 예산이나 인력이 충분치 않은 상황에서 중소기업의 수많은 규제를 발굴하고 해결한다는 것은 불가능에 가까운 일이었다. 무엇보다 진두지휘해야 할 이민화부터 비상근직이었다. 정확하게 말하면 자원봉사자인 셈이었다. 발령 당시 약속은 일주일에 이틀은 일을 해야 한다는 것이었지만, 막상 일을 시작하고 보니 날마다 출근해도 시간이 부족한 판이었다. 이민화로서는 시간을 만들어서라도 써야 할 형편이었다. 게다가 KAIST 강의도 그만둘 수 없었다. 결국 골프를 끊고 그만큼 시간을 버는 비상대책을 세웠다.

어쨌든 기업호민관 이민화의 지휘 아래 10여 명의 외인구단은 대한민국 중소기업의 규제를 파악하고 해소하기 위한 프로젝트에 착수했다. 건국 이래 단 한 번도 시도하지 않았던 일이었다.

자원봉사조직도 출범했다. 이민화가 각 분야 전문가를 개인적인 네트워크로 섭외해 구성했다. 보수가 없는 것은 물론 회의 참석비도 줄 수 없는 형편이었다. 심지어 연구조사비도 개인 돈을 써야 했다. '재능기부+비용기부'라고 할 수 있었다. 이런 조건에서도 모든 위원이 최선을 다했다. 전문 호민관 및 지역 호민관 그리고 이들이 주선하는 오프라인 간담회가 매주 두 차례 이상 열리고 현장의 생생한 이야기들이 해당 분야의 전문가들을 통해서 정리됐다. 살아 있는 규제들을 접수하게 된 것이었다.

이민화는 그해 연말까지 4개월 동안 호민네트와 호민 채널을 통해 400건 이상의 현장 규제 애로사항을 접수했다. 이런 성과에는 외부에 있는 30개의 중소기업 지원조직, 40명의 자원봉사자와 이들을 돕는 400명의 2차 자원봉사자들의 역할이 컸다. 이렇게 소진화를 위한 시스템이 구축됐다.

한편 이민화는 개인적으로 호민관실을 알리는 데에도 힘을 쏟았다. 그럴 만한 계기가 있었다. 어느 날 이민화가 구성원들에게 물었다고 한다.

"업무를 추진하는 데 가장 큰 애로사항이 뭡니까?"

"업무와 관련해서 전화를 걸면 호민관실이 대체 뭐하는 곳이냐고 물어요. 그러다 보니 실제 업무협의보다 호민관실을 설명하는 데 더 많은 시간이 걸립니다."

직원들의 하소연을 듣고 해결책을 모색했다. 〈매일경제〉 편집국장을 만나서 이러저러한 사정이 있으니 칼럼을 좀 쓰게 해 달라고 부탁했다. '호민관 리포트'라는 칼럼이 그렇게 기획됐다. 기업 현장의 문제를 제시하고 그에 대한 해결 대안을 만들어 나가는 리포트로, 큰 의미가 있을 것이라고 설명하자 흔쾌히 승낙해 줬다. 호민관 리포트를 연재하면서 기업호민관실에 대한 인지도가 높아졌다.

호민관실이 남긴 업적

이민화가 호민관으로 일한 기간은 1년 남짓이었다. 그 길지 않은 기간에 그는 치열하게 뛰었고 문제를 해결하려고 노력했다. 그런 노력이 단지 노력에서 그쳤든 결실로 이어졌든 진지하게 돌아보고 평가할 필요가 있다. 한마디 덧붙이자면 결실을 얻지 못한 것은 그의 능력이나 노력이 부족해서가 아니라 현실의 벽, 특히 관료조직의 벽이 높았기 때문일 것이다. 아쉬움으로 남는 대목이다.

이민화가 이끄는 호민관실이 첫 번째 목표로 삼은 것은 공인인증서 문제를 해결하는 것이었다. 우리나라는 금융거래를 할 때 공인인증서가 의무화되는 바람에 온라인 쇼핑산업, 특히 모바일 비즈니스에 큰 제약이 있었다. 당시 전 세계적으로 공인인증서를 강제 사용하도록 규정한 나라는 우리나라밖에 없었다. 액티브X라는 공인인증서를 의무적으로 사용하게 했는데 중소기업이 업무를 처리할 때 번거로움이 컸다. 또 벤처기업이 혁신을 하려고 하면 공인인증서가 전부 막고 있었다. 공인인증서를 통하면 혁신적 기능이 작동되지 않았다. 공인인증서의 원래 취지는 해킹이나 전자상거래의 문제 해결을 위해서 만들어졌는데 현실은 액티브X의 독점권만 주는 상황이었다. 인터넷을 기반으로 한 벤처 강국을 꿈꾸던 이민화에게 첫 타깃이 될 수밖에 없었던 이유였다.

문제를 해결하기 위해 분위기 조성부터 착수했다. 〈조선일보〉 2010년 3월 22일 자에 '한국은 이제 인터넷 후진국이다'라는 제목의 칼럼을 싣는 것이 첫 번째 행보였다. 10년도 더 지났기 때문에 현실과의 거리는 좀 있지만 여전히 귀 기울여야 할 목소리다. 일부를 발췌한다.

조선일보

2010년
3월 22일

한국은 이제 인터넷 후진국이다

한국은 1995년에서 2000년까지 외환위기 와중에서도 인터넷 강국으로 부상했다. 또 하나의 한강의 기적이다. 분명히 우리는 웹 1.0시대의 강자였다. 그러나 웹 2.0시대에서도 강자인가. 이미 통계로도 한국은 웹 2.0시대의 후진국이다. 작년 말 기준 무선인터넷 보급률은 OECD 평균이 20%대인 데 비해 한국은 최하위인 1%대다.

한국은 무선 상거래가 전무(全無)하나, 일본의 무선 상거래 규모는 재작년에 1조 엔을 넘어섰다. 한국은 보안의 적(敵)으로 인식돼 세계의 기피 대상인 마이크로소프트 ACTIVE-X 사용률 1위다. 한국의 주요 웹사이트의 호환성과 접근성 수준은 외국에 매우 뒤처진다. 정부 개방도 마찬가지다. 2000년까지 한국의 인터넷 보안은 세계 최고였다. 128비트 보안플러그인을 자체 개발한 것은 당시로서는 획기적인 성과였다.

그러나 2000년 이후 128비트 이상의 보안이 무료화됐으나 한국은 여전히 플러그인을 다운로드받아야 하는 방식으로 '나 홀로 보안'을 고집하고 있다. 한국은 ACTIVE-X 관련 트래픽의 압도적 세계 1위로서 바이러스 등 악성 프로그램이 침입할 소지를 가장 많이 제공하고 있다. ACTIVE-X를 이용한 다운로드는 MS조차도 배제할 예정이다. 한국은 또 세계 평균 60%대인 MS 인터넷 익스플로러의 점유율이 98%라는 '세계 기록'을 보유하고 있다. 그 결과 국내에서는 인터넷 익스플로러에서만 작동하는 각종 거래 솔루션이 시장을 장악하고 있으나 이런 솔루션은 세계시장에는 아예 판로 자체가 없다.

(중략)

이제라도 '갈라파고스 환상'을 벗어나 웹 2.0의 세계적 흐름을 함께 타야 한다. 제한적 실명제, 게임물 사전등급제, 공인인증서 등 각종 규제가 가로막은 한국의 왜곡된 인터넷 환경을 이제는 바로잡아야 한다. 아직도 한국이 인터넷 강국이라고 생각한다면 그것은 환상이다.

신문에 칼럼을 실은 데 이어 이민화는 기자간담회를 열고 문제를 공론화했다. 그 과정에서 치열한 공방이 벌어졌다. 정부는 공인인증서에 어떤 문제가 있는지 잘 이해하지 못했다. 특히 행정안전부와 금융위원회의 반발이 거셌다. 저항하는 세력이 확실하니 부처 협의 과정에서 갈등도 생겼다. 이슈가 되면서 주요 일간지 몇 곳에서 집중적으로 이 문제를 다뤘다. 분위기가 띄워지면서 이민화는 이론적으로 압도하기 위한 준비를 시작했다.

분위기를 압도할 가장 유용한 수단은 저명인사를 초빙한 강연회였다. 2010년 4월 29일, 공인인증서가 일반적으로 해외에서 사용되는 1회성 보안 암호보다 복잡하기만 하고 더 나을 것 없다는 이론을 제시한 세계적 석학 슈나이어 박사, 모질라재단의 아담스키 박사, 영국에서 한국의 공인인증서 문제를 비판했던 허준호·김영식 연구원 등을 초빙해서 공인인증서 초청 강연회를 열었다.

이를 계기로 행정안전부와 금융위원회는 기업호민관실의 주장을 수용했다. 이에 따라 2010년 6월 자율적으로 공인인증서뿐 아니라 다양한 인증 기술을 채택할 수 있도록 하고 30만 원 미만 소액결제의 경우 스마트폰 결제서비스는 즉시 적용하기로 규제를 완화했다. 다윗이 골리앗을 이긴 셈이었다.

공인인증서 문제가 일단락된 뒤 이민화가 다음의 목표로 삼은 것이 비보복정책이었다. 이번에도 역시 언론을 활용해서 외곽에서 치고 들어가는 전략을 택했다. 공인인증서 문제가 마무리돼 가던 2010년 4월 29일 자 〈매일경제〉의 호민관 리포트에 비보복정책의 타당성을 주장하는 칼럼을 싣고 5월에 국내외 사례 연구 발표회를 열었다. 아울러 호민네트를 기반으로 15만 중소기업인에 대해 직접 설문조사를 실시했다. 중소기업인들이야말로 쌍수를 들어 환영할 일이었다. 결론은 정부기관이 규제 애로 호소에 대해 보복을 하지 않으면 언젠가는 규제가 개선된다는 것이었다. 보복 금지, 즉 기업민원보호정책은 기업의 생명줄을 좌우할 정도로 중요한 사항이었다. 당시 현장에 있었던 서승원으로부터 어떤 상황이었는지 들어본다.

"중소기업은 현장에서 때리면 '아프다', 가려우면 '가렵다'고 말을 합니다. 그런데 그런 불만을 얘기했을 때, 공무원이나 공공기관으로부터 불합리한 대우나 처벌을 받는 일체의 행동을 보복정책이라고 합니다. 대부분의 공무원은 자신의 규제에 중소기업이 문제를 제기하는 것을 싫어합니다. 그중 일부 공무원은 자신을 기득권이라 생각하고, 규제를 없애는 것은 자신의 권리를 침해받는 것이라고 여깁니다. 이에 대한 보복은 지원대상에서 배제하거나 묵시적으로 기업들이 받을 수혜에 어려움을 주는 것입니다. 이민화 호민관은 이런 문제는 개별적으로 해결될 일이 아니라고 생각했고, 비보복정책을 제도화할 필요가 있다고 주장했습니다. 보복이 일어났을 때 적절한 수준으로 처벌하는 것을 제도화해 공무원들이 그런 행동을 하지 않도록 하려는 것이었지요. 하지만 일부 공무원들은 본인들을 '잠재적 범죄자로 여기는 것이 아니냐'며 반발하기도 했습니다. 우리는 많은 토론을 하고 현실을 설명하면서 그런 공무원들을 설득했습니다."

중소기업이 애로사항을 신고했을 때, 그에 대한 보복이 돌아온다면 신고할 기업은 없다. 중소기업으로는 정부와 맞서 싸울 힘이 없기 때문이다. 보복 금지는 미국 중소기업정책의 핵심이지만 한국에서는 무시되고 있었다. 결국 언론과 국회의 포화 끝에 국무총리실에서 중소기업 기본법 개정을 추진하는 쪽으로 합의를 보았다.

공인인증서와 기업민원보호정책에 이어 이민화가 타깃으로 삼은 것은 연대보증 문제였다. 공인인증서와 연대보증, 두 가지 제도의 공통점은 혁신을 저해한다는 것이다. 연대보증제도는 창업자가 창업에 실패하면 가족에게도 영향이 가는 현대판 연좌제였다. 이러한 연대보증제도가 있는 한 우리나라 벤처생태계가 제대로 날개를 펼 수 없다는 것이 이민화의 생각이었다. 따라서 연대보증제도 개선을 위해 가장 많은 힘을 쏟았다. 이 문제는 당장 기존 금융권과 정면으로 충돌하는 이슈였기에 갈등이 클 수밖에 없었고, 들이는 공에 비해 성과도 느렸다. 끊임없이 정부에 건의하고 간담회와 토론, 언론 행사 등을 열어 전방위적으로 압박했다.

맨 먼저 포문을 연 수단은 역시 호민관 리포트에 칼럼을 싣는 것이었다. 아울러 CEO 연대보증으로 발생하는 국가적 이득보다 폐해가 훨씬 크다는 위탁 연구 결과를 발표하고, 이러한 연구 결과에 따라 가산보증제도를 제시했다. 가산보증제도란 연대보증을 통해 회수되는 비중이 0.3% 수준인 만큼, 그 정도의 가산보증료를 추가 부담하면 연대보증을 면제해 주자는 제도다.

또 재도전을 위해 연대보증인의 부종성(附從性, 권리의 성립·존속·소멸 따위가 주된 권리와 운명을 같이하는 성질)을 부정하는 통합도산법 250조 개정을 추진했다. 통합도산법은 기업회생을 위한 법으로, 기업의 채무가 출자전환 등으로 면탈되더라도 연대보증인에게는 그 혜택이 미치지 않도록 돼 있다. 따라서 연대보증인에게 과도한 부담을 부과하게 되고 결과적으로 기업인의 재기를 저해하는 결과를 초래한다. 이민화는 이 제도의 개선을 위해 역시 호민관 리포트로 기선을 제압하고 여러 언론에 노출한 다음 법무부 장관을 만나서 담판을 지었다. 결과적으로 기업회생 도중이거나 성공적 회생의 경우에는 연대보증인에 대한 채권회수를 유보하는 것으로 합의를 보고 이 문제를 해결했다.

그 시절 이민화의 행보는 말 그대로 동분서주였다. 기존의 질서를 '파괴'하고 다니니 반발도 많았고 비난도 쏟아졌다. 고독한 호민관이었다. 당시 이민화가 처했던 환경을 서승원은 이렇게 전한다.

"지금도 연대보증이 남아 있긴 하지만 이민화 회장의 줄기찬 요구가 점차 받아들여져서 공공기관에서 공적자금을 지원할 때는 연대보증이 없고, 가족 연대보증도 사라졌습니다. 아마 이민화 호민관이 없었다면 이 정도의 제도 개선도 힘들었을 것이라고 생각합니다. 저는 그분이 많은 반대와 비판에 직면하면서도 줄기차게 개선을 주장하며 고민하는 모습을 옆에서 봤습니다."

연대보증 문제가 어느 정도 정리되면서 이민화가 과제로 삼고 도전한 것은 대기업과 중소기업 간의 공정거래였다. 대·중소기업 간에 갈등이 발생하는 가장 큰 구조적 문제는 거래상 지위에 차이가 있다는 것이다. 대기업은 갑의 위치에 있고, 중소기업은 을의 위치에서 거래하기 때문에 여러 가지 문제가 돌출될 수밖에 없었다. 중소기업이 열심히 기술을 만들면 대기업은 도면을 받아서 경쟁업체에 주고 개발시키거나, 개발한 인력을 스카우트해서 기술을 탈취하는 경우도 빈번하게 일어났다. 이로 인해 많은 중소기업이 혁신에 성공해도 성장하는 데는 한계가 있었다.

이민화는 대기업 주도의 갑을(甲乙) 문화로는 더 이상 국가 발전을 도모할 수 없다고 판단했다. 호민관 설립 이후부터 이 문제에 대한 연구에 착수했다. 그 연구 결과를 가지고 공정거래위원장을 만나 불공정거래의 사례와 유형 등을 제시하고 개선을 위한 협의를 했다. 이어 중소기업청장과 공정거래위원장에게 '대·중소기업 공정거래 프로젝트 출발'을 설명하고 협조를 요청했다. 언론들도 적극적으로 동참해서 대·중소기업 불공정거래에 대해 문제를 제기했다. 7월 23일 호민관실 1주년 기념 세미나에서는 23개의 해결 대안을 제시했다.

이민화는 이 프로젝트를 군사작전처럼 신속하게 처리했다. 시간을 끌면 대기업의 반격이 우려됐기 때문이다. 대기업이 자신들의 이익에 반한다고 판단하고 반발하면 중간에 중단될 가능성이 컸다. 그들에게는 그만한 힘이 있었기 때문이다. 이민화는 반격의 기간을 두 달로 보았다. 작전이 전격적으로 이뤄지기 위해서는 사전 준비가 치밀해야 했다. 이민화는 이 일을 시작하면서 호민관실 직원들에게 비장한 선언을 한다.

"지금까지 우리가 정보통신위원회, 행정안전부, 금융위원회, 보건복지부, 총리실과 규제 해결을 위해 갈등을 빚고 극복해 왔지만 대기업은 정부 부처보다 훨씬 더 어려운 상대입니다. 이 프로젝트에 자리를 걸겠습니다."

자리를 걸겠다는 각오로 수많은 사례를 수집하고, 수집된 사례를 바탕으로 반박을 물리칠 수 있는 준비를 한 끝에 포문을 열었다. 예정대로 빠른 속도로 프로젝트가 진행돼 9월 29일 청와대에서 열린 동반성장대책회의에서 호민관실이 제시한 23개 안 중 9개 대책이 채택됐다. 제목만 봐도 하나하나가 중소기업을 보호하기 위한 묵직한 대책들이라는 것을 알 수 있다. 기술탈취 예시제, 가격인하에 대한 입증 책임 전환, 단체신고제도, 원가계산서 신고제, 현장 강제 실사 제한, 기술임치제도 활성화, 사전 비밀유지약정(NDA: Non-Disclosure Agreement) 체결, 임직원 평가제도 개선 등이다.

이 중에서 특히 기술탈취에 관한 부분이 가장 중요한 제도라고 할 수 있다. 대기업이 시장을 갖고 있다면 중소 벤처기업은 기술을 갖고 있다. 기술 혹은 특허를 탈취당하면 중소기업은 대기업과 협상이 되지 않는다. 이를 위해서는 기술 설명을 할 때 비밀유지약정(NDA)을 반드시 맺어야 한다. 이러한 비밀유지약정은 전경련이 자율적으로 추진하기로 약속했다.

또 하나는 기술탈취에 대한 입증 책임이 전환된 것이다. 과거에는 대기업이 입증할 필요가 없어서 중소기업이 입증해야 했다. 하지만 대기업이 입증하는 것으로 바뀌었다. 그리고 기술임치제도가 확대됐다. 이는 혹시 중소기업이 망할 경우에 대비해 대기업이 기술 자료를 요구할 경우 대·중소기업 협력재단에 임치(任置)하는 제도다.

기업호민관 사임

이민화가 초대 기업호민관(현 중소기업 옴부즈만)으로 취임한 것이 2009년 7월 16일이었다. 그리고 그로부터 1년 4개월 뒤인 2010년 11월 17일 사임했다. 3년 임기였지만 절반도 채우지 못하고 스스로 물러난 것이다. 그는 그동안 중소기업이 겪고 있는 애로사항을 처리하기 위해 동분서주했으며 대략 1,200건에 달하는 규제 업무를 처리했다. 중소기업 규제의 틀을 없애려 노력했고,

그런 노력이 많은 결실을 거뒀다. 오늘날 벤처생태계의 큰 축을 이루는 중요한 이슈들이 제기되고, 토론됐다는 것 자체가 벤처생태계의 근간을 만드는 데 큰 역할을 했다고 평가할 수 있다.

그런 성과도 있었지만 민간인 출신 기업호민관으로서의 한계도 많았다. 당시 이민화가 겪었던 고뇌를 서승원은 이렇게 전한다.

"이민화 호민관이 우리 사회에 던진 연대보증제 폐지, 비보복 정책, 공인인증서 폐지 등 7개의 과제는 임팩트가 묵직했습니다. 그만큼 제도를 개선하는 것은 힘든 과제였습니다. 일부 규제를 통해 이득을 보던 기득권과 보수적인 계층은 호민관의 급격한 개혁에 의문을 제기하거나 제도 개선에 신중하도록 직·간접적으로 압력을 가하기도 했습니다. 호민관도 저와 수차례 술을 마시면서 제도 개선의 어려움과 스스로의 한계에 대한 아쉬움을 토로한 적이 있었습니다. 그는 '문제를 제기하는 것까지가 내 역할인가?'라는 말을 자주 했습니다. 아마 내부적으로 제도 개선에 한계를 느낀 점도 사퇴를 결심하게 된 중요한 요인이 아닐까 생각합니다."

서승원은 주요 이슈에 대해 이민화 호민관과 정부 입장이 달랐기 때문에 중간에서 그것을 조절하는 일도 자신의 역할 중 하나였다고 털어놓았다. 이민화는 호민관의 활동에 정부의 입김이 없어야 한다는 단호한 입장이었고, 정부는 호민관실이 정부의 예산을 받는 반민반관의 조직인데 현실적인 여건 등을 전혀 고려하지 않고 문제 제기만 하는 것은 옳지 않다는 생각으로 업무 진행을 보고받거나 간섭하려고 했다는 것이다. 이런 입장 차이가 이민화를 힘들게 했을 것이다. 관할 부처인 중기청 내부에서 이민화 호민관을 높이 평가하는 사람이 있을 때는 별문제가 없었지만, 사람이 바뀌어서 그를 이해하지 못하거나 싫어하는 사람이 맡았을 때는 갈등이 발생했다고 한다. 물론 그런 갈등의 배경에는 굽힐 줄 모르는 '뺏뺏한 이민화'가 있었을 것이다. 여인국(전 한국기술거래소 사장대행)이 그런 내용의 뒷얘기 하나를 털어놓는다.

"이민화 회장이 중소기업 옴브즈만 임기를 다 채우지 못하고 스스로 물러난 것에 대해 이유를 궁금해하는 사람이 있을 것입니다. 처음 옴브즈만이 됐을 때 그분이 제게 했던 이야기가 있습니다. '옴브즈만이 된다는 것은 정부조직의 일원이 되는 것과 마찬가지지만 나는 정부의 말을 우선으로 듣지 않을 것이다. 정부가 기업의 의견을 듣지 않고, 아니다 싶으면 그냥 그만둘 것이다'라고 말씀하셨습니다. 본인은 규제를 없애서 기업활동을 자유롭게 할 수 있도록 만들어 주기 위해 옴브즈만을 맡은 것인데 정부가 기업의 의견을 듣지 않는다면 할 이유가 없다고 생각한 것입니다. 그래서 저는 이민화 회장이 옴브즈만을 그만둔다고 했을 때 그분답다고 생각했습니다."

이민화의 삶에서 기업호민관을 맡았던 시간은 특별한 의미를 지닌다. 기업가로서가 아니라, 중소기업 편에 서서 철옹성처럼 단단한 관료조직에 맞섰던 시기이기 때문이다. 이민화가 기업호민관에서 물러나던 날의 언론 기사를 통해, 정부와 어떤 마찰이 있었는지, 어떤 쓴소리를 던졌는지, 그게 어떤 결과로 나타났는지 들여다본다.

오마이뉴스
2010년
11월 17일

'중소기업 대변인' 내몬 '엄청난 상부'는 어디?
이민화 기업호민관 사퇴… "공정거래 지수 개발 과정에서 독립성 훼손"

"모든 로마시대 호민관들은 임기를 채우지 못했다. 대부분 순교하거나 암살당했다."
로마시대 '민중의 대변자' 호민관처럼 정부 안에서 중소기업 목소리를 대변해 온 이민화 기업호민관이 물러나면서 뼈 있는 한마디를 남겼다. 3년 임기의 절반도 채우지 못한 갑작스러운 사퇴 배경에 관심이 쏠리고 있는 가운데 이 호민관은 17일 아침 서울 종로구 수송동 기업호민관실에서 기자들을 만났다.
벤처기업가 출신인 이 호민관은 시종일관 미소를 잃지 않으면서도 "호민관의 독립성이 훼손되면 규제개혁은 안 된다"면서 "호민관실이 통제받는 시점이 내가 물러날 시점"이라고 단호하게 밝혔다. 도대체 그동안 기업호민관실에선 어떤 일이 벌어진 것일까?

"호민인덱스 추진 과정에서 독립성 훼손"

기업호민관(현:중소기업 옴부즈만)은 지난해 7월 중소기업의 규제 애로를 발굴해 정부 정책에 반영할 목적으로 마련됐다. 국무총리가 위촉하는 초대 기업호민관에는 의료기기 벤처기업 메디슨 창업자인 이민화 KAIST 초빙교수가 선임됐다.

자체 직원 없이 중소기업청에서 파견된 10여 명의 공무원들로 꾸려진 기업호민관실은 태생적 한계에도 지난 3월 말 10년 묵은 공인인증서 의무화를 폐지하고 민원인 보복 금지 정책을 마련하는 등 중소기업 규제 해소에 다양한 역할을 해왔다.

특히 기업호민관실에서 지난 7월 대·중소기업 간 불공정거래 사례를 바탕으로 내놓은 공정거래 대안들이 9월 29일 정부의 '대·중소기업 동반성장 추진대책'에 상당 부분 반영되면서 이른바 '9.29선언'의 산파로도 관심을 모았다.

하지만 현 정부와의 밀월 관계는 여기까지였다. 지식경제부, 공정거래위원회 등 정부 기관들이 9.29선언에 따라 동반성장위원회 구성, 동반성장지수 개발 등 '대·중소기업 상생' 전면에 나서면서 기업호민관실의 입지가 애매해진 것이다. 당장 호민관실에서 지난 7월부터 대·중소기업의 공정거래 수준을 평가하기 위해 준비해 온 글로벌 평가 지수인 '호민인덱스'에 불똥이 튀었다.

(중략)

"상부 지시받은 호민관실 파견 직원들이 업무 거부"

이 호민관이 사퇴하게 된 결정적 계기는 중소기업청에서 파견된 공무원들의 조직적인 '태업'이었다. 이 호민관은 호민인덱스 시범 조사 필요성을 확인하려고 최근 14만 중소기업과 이메일로 소통해 온 '호민 레터'를 통해 서면 실태조사에 나서려 했지만 파견 직원들이 이를 거부했다.
이 호민관은 "상부의 지시를 받은 파견 직원들이 이메일을 보내라는 지시를 거부해 내 개인 메일로 보냈다"면서 "공청회 관련 요청과 시범 실시 보류는 수용했지만 실태조사 금지는 수용할 수 없었다"며 직접적 사퇴 이유임을 밝혔다.
호민관실 파견 직원들이 중소기업청 소속임을 감안할 때 지원 부처인 중소기업청 문제로 볼 수도 있지만 이 호민관은 특정 개인이나 부처의 문제가 아니라 정부 부처 전체의 문제임을 강조했다.
이 호민관은 "그동안 중소기업청의 적극적인 지원으로 타 부처 압력에서 자유로울 수 있었는데 대·중소기업 동반성장 문제부터는 우리가 독자적으로 추진할 수 있는 독립성이 훼손됐다"면서 "호민관실이 특정 부처 통제에 있다고 생각하면 타 부처에서 그 부처에 압력을 행사할 수 있기 때문에 중소기업청은 직접 통제를 안 하는 위치에 있어야 한다"고 밝혀 중소기업청 윗선이나 타 부처 개입 가능성을 시사했다.

이민화 "엄청난 상부 지시" vs 중기청 "호민관 월권"

특히 이 호민관은 이 과정에서 "엄청난 상부의 지시가 떨어졌다"고 밝혀 청와대가 개입한 게 아니냐는 해석을 낳았다. 이 호민관은 "대통령의 의지는 100% 믿는다"면서도 "(호민인덱스 문제와 관련) 청와대에 몇 번 항의하기도 했지만 네거티브(부정적)했다. 포지티브(긍정적)했다면 그만둘 이유가 있나"라고 밝혔다.
또 한편에선 호민인덱스뿐 아니라 그동안 중소기업 입장에서 대기업의 불공정거래 문제를 꾸준히 제기해 온 호민관실에 반감을 품은 대기업이 개입했을 가능성도 제기되고 있다. 하지만 이 호민관은 "주변에서 대기업 역할론을 우려하는 얘기도 있지만 그렇기야 하겠느냐"면서 그 가능성은 일축했다.
(중략)
이 호민관은 "이번 일을 계기로 호민관실이 독립적으로 운영되길 바란다"

면서 호민관실 인사와 예산 독립을 법적으로 보장하고 무급 비상근 호민관을 상근 호민관으로 바꿔 달라고 요청했다. 아울러 차기 호민관도 중소기업 단체 추천을 받아 선출하는 등 호민관실을 반관반민화해 정부로부터 독립성을 높여야 한다고 제안했다.

매끄럽지 못했던 퇴임 과정과 상관없이, 이민화 자신은 기업호민관으로서의 활동을 어떻게 평가했을까? 스스로는 큰 가치를 부여했던 것으로 보인다. 기업호민관으로 취임하고 8개월 정도 지난 2010년 4월 3일 〈MBC라디오〉 '손에 잡히는 경제, 토요 초대석'에서 이민화는 호민관의 활동에 대한 보람을 이렇게 토로했다.

<MBC라디오>
'손에 잡히는 경제, 토요 초대석'
2010년
4월 3일

문) 메디슨 경영에서 손을 떼고 한동안 대외활동을 하지 않다가 기업호민관으로 대외활동에 나섰고, 이제 7월에 시작했으면 8개월 정도 지났는데, 그동안 이 일을 맡길 잘했다, 보람을 느끼실 때가 많다고 처음에 말씀해 주셨습니다. 어떤 보람을 느끼셨나요?

답) 그사이에 중소기업인들이 호소할 곳이 사실 마땅치 않았기 때문에 그게 제일 큰 보람인데, 좀 더 매크하게 바라보면 한국의 규제비용이 연간 100조라고 말하고 있습니다. GDP의 10%, 그래서 제가 과거 메디슨의 기업가치를 1조쯤으로 만들었는데, 거기에 비해서 호민관실의 활동을 통해서 10조를 만드는 것이 더 쉬운 것 같아요. 그래서 국가 전체에 미치는 영향으로 봤을 때 호민관실이란 이런 직책이 개별 기업활동보다는 제가 할 수 있는 기여도가 더 크지 않을까 감히 생각해 보고 있습니다.

이민화가 떠난 뒤 기업호민관실은 어떻게 운영됐을까? 그가 제안했던 대로 독립적인 기관으로 거듭났을까? 호민관실 인사와 예산 독립을 법적으로 보장하고 무급 비상근 호민관을 상근 호민관으로 바꿔야 한다는 요청은 받아들여졌을까? 많은 중요한 이슈에 대해 그의 뜻이 제대로 반영되지 않았다는 사실을 서승원의 진술을 통해 확인할 수 있다.

"이민화 호민관이 있을 때는 정부가 만든 규제에 대해 정부보다 고민을 더 많이 하고, 기업환경 및 글로벌 트렌드 등을 감안해 정부의 규제 체제 틀 자체를 뜯어고치려고 노력했습니다. 반면에 이민화 이후에는 규제 틀을 바꾸려고 하기보다는 주어진 규제가 현장에서 생기는 문제에 대한 보완적인 역할을 하는 데 중점을 둔 것으로 보입니다. 현재 옴브즈만의 활동은 중소기업과의 소통, 정부가 규제를 만들 때 문제 건의 정도로 소극적이고 수동적으로 바뀌지 않았나 하는 생각이 듭니다. 예전에 활발했던 중소기업 규제에 대한 거대담론은 거의 사라졌다고 봅니다."

02

유라시안 네트워크를 구상하다

● 오래전부터 이민화의 머릿속에는 세계지도 하나가 그려져 있었다. 몸이 대한민국에 머물러 있을 때도 머리 한쪽은 끊임없이 그 지도에 있는 길을 누비고 다녔다. 그는 '세계화로 가는 길'이라는 화두를 놓은 적이 없었다. 틈만 나면 "기업이 세계화 구축을 완료하면 전 세계 영업망을 바탕으로 기술혁신이 가속화되고, 전 세계 서비스망을 바탕으로 고객의 문제가 파악된다"고 역설했다. 메디슨이 한창 성장하던 1997년, 7대 거점의 현지 자회사 구축과 70개국 대리점의 설치도 그런 전략에 기반을 두고 있었다.

그로부터 10년쯤 지난 뒤, 이민화는 한국의 정체성을 한반도에만 두지 않고 전 유라시아 대륙으로 확대하기 위한 구체적 방안을 모색한다. 새로운 미래전략에 대해 여러 사람과 토론하면서 한반도 국가의 정체성으로는 추가적인 도약에 한계가 있다는 결론에 도달한 끝에 구상하게 된 전략이다. 그렇게 탄생한 것이 사단법인 유라시안 네트워크였다.

홍순만(유라시안 네트워크 이사)의 설명에 따르면 유라시안 네트워크는 말 그대로 유라시아(Eurasia: 유럽과 아시아를 하나로 묶어 부르는 이름) 대륙에 있는 나라들 간의 문화 경제적인 연대를 말한다. 유라시안 네트워크는 하나의 개념이자 담론으로, 몽골리안 네트워크의 확대 개념이다. 유라시아 대륙을 관통하는 비단길-초원길-바닷길(3대 간선망)에 위치한 몽골리안 후예의 나라들, 즉 혈연적으로 친연성(親緣性)을 갖고 있고 문화적으로도 유사성을 갖고 있는 북방 유목민 간의 문화 경제적 네트워크를 일컫는다.

이민화는 향후 한국의 새로운 성장동력을 담당하게 될 사람들이 '디지털 유목민'이라고 설정했다. 노마드인의 기본 전제는 열린 공간을 상정한다. 열린 공간에서 역동적으로 활동해야 하는데, 살펴보면 우리 안에 제도적으로 폐쇄된 부분들이 상당히 많다는 것이 이민화의 진단이었다. 그래서 우리에게 폐쇄성을 만들어 내는 제도를 혁파해야겠다고 생각하게 됐고, 그것을 위해 인문사회과학 분야를 차용한 스토리텔링을 만들 필요성을 느낀 것이었다. 즉 유라시안 네트워크는 '미래를 위한 스토리텔링'이자 하나의 '담론'이다.

유라시안 네트워크를 주창하게 된 이론적 배경, 그에 더해진 구체적인 방법론은 이민화가 2010년 10월에 발간한 책 『스마트코리아로 가는 길 : 유라시안 네트워크』(새물결)에 상세하게 기록돼 있다. 그가 『끝나지 않은 도전』에 요약해 놓은 내용을 통해 유라시안 네트워크의 본질을 들여다본다.

『끝나지 않은 도전』 中

한국은 지난 세기 인류 역사상 초유의 질풍노도의 성장을 이룩했다. 그 성장의 주역은 60년대의 여공, 70년대의 기능공, 80년대의 상사 세일즈맨, 90년대의 기술개발자 그리고 벤처 기업을 포함한 기업가들이다. 그러나 이러한 성장의 핵심 역량은 이제 중국의 강력한 대두로 인하여 더 이상 유지되기 어렵다. 특히 기술개발력의 우위 상실이 가장 심각한 문제로 보인다. 과연 한국의 21세기를 이끌 다음 성장동력은 존재하는가?

(중략)

한국의 부문별 경쟁력은 OECD 등의 발표에 의하면 조선, 반도체, 자동차 등 상위 5 안에 드는 A학점 분야와 평균 10위 내외의 B학점 분야, 그리고 하위 5에 속하는 법률·의료·교육·금융·행정의 5대 C학점 분야가 있다. 선진국 진입은 바로 이러한 C학점 분야를 B학점 이상으로 끌어 올리면 되는데, C학점 분야와 A학점 분야의 차이를 규명해 보면 '열린 분야'와 '닫힌 분야'의 차이라는 단순한 결론에 도달하게 된다. 오히려 C학점 분야들이 인적 자원 측면에서 국내 최고라는 것은, 개인의 능력이 아니라 국가시스템이 바로 분야별 경쟁력을 좌우하는 결정적인 요소임을 보여주고 있다.

프레이저 연구소의 연구 결과는 경제 개방도와 국가의 GDP는 정확히 비례하고 있음을 보여주고 있다. 즉 선진국 전략은 단순하게 개방 전략이라 할 수 있다. 그러나 개방은 국가 전체로는 대체로 득이 되나, 개별 소집단에는 손해가 되기에 저항이 매우 커서 이를 극복하는 국가만이 선진국에 진입하는 것이다.

후진국에서 중진국 진입의 시기에는 강대국을 추종하는 전략이 매우 효과적이다. 후진국으로서 독자 노선을 걷는 경우 예외 없이 빈곤의 복수를 감수하게 된다. 그러나 중진국 진입 이후에도 단순한 추종전략은 강대국의 견제가 부분적으로 강화되어, 성장의 한계에 도달하게 된다. 이 단계에서 효과적인 대안이 바로 자체적으로 주변 세력을 모으는 선도전략을 보완하는 것이다. 이제는 우리가 주변국을 이끌 역량을 갖추어야 할 때가 된 것이다.

(중략)

유비쿼터스 시대의 패러다임은 디지털 노마드(Digital Nomad)로 가고 있다. 이 시대의 핵심 기술인 모바일 기술을 한국 · 일본 · 핀란드 등 몽골리안 국가들이 주도하는 것은 단순한 우연은 아니다. 새롭게 부상하는 몽골리안 국가들과의 네트워크가 바로 한국의 선진국 진입의 초석이 되기에 유라시안 인문학의 연구는 개방 국가, 선진 한국의 국가적 핵심 전략 과제인 것이다. 한국이 유라시안 인문학 연구의 메카가 되기 위해서는 국내외 인문학자의 동참이 필요하다. 많은 연구를 바탕으로 문·사·철 분야별 유

> 라시안 학회를 지원하고 이를 승화하여 유라시안 다보스로 발전시켜 간다면 유라시안의 리더십 구축이 가능할 것이다.
> 이제 한국은 개도국에서 중진국으로 진입했다. 이 과정은 세계 역사에 전무후무한 기록이었다. 그러나 역사는 지난 100년간 개도국에서 중진국을 거쳐 선진국 진입에 성공한 예를 일본과 아일랜드 두 나라밖에 없다는 것을 보여준다. 많은 나라가 선진국 문턱에서 새로운 패러다임의 변화를 감내하지 못하고 주저앉고 말았다. 이제 중진국 진입과는 전혀 다른 새로운 국가 전략으로 선진국 진입에 임해야 한다. 세계 최고 수준의 노령화 속도, 최저의 출산율 등의 통계는 우리에게 시간 여유가 얼마 없다는 것을 의미한다.
> 이를 위해 제도의 혁신, 개방 국가, 열린 한국, 리더십 전략으로 가야 한다.
> 새로운 전략에 입각해 국가의 비전으로 제시된 것이 유라시안 네트워크다.
> 이를 통해 내부의 개방 확대와 유라시안 전체의 협력을 통한 새로운 국가 발전전략이 수립될 수 있다.

이민화 구상의 핵심은 중진국에서 선진국으로 가기 위한 국가적 전략을 수립해야 한다는 것이고, 그 방법을 위해 제시한 것이 터키·카자흐스탄·베트남·페루·헝가리 등 유라시아 거점 국가들과 네트워크를 구축하는 일이다.

이민화가 이러한 유라시안 네트워크를 구상하게 된 계기는 과거로 거슬러 올라간다. 이민화는 1997년부터 경제외교 네트워크의 필요성을 절감하게 된다. APEC 회의에 경제자문위원으로 참가하면서부터였다. 참가국들이 태평양을 관통하는 국가들이었는데, 호주나 캐나다 같은 나라들은 이해관계가 딱 맞아떨어져서 한쪽에서 발의를 하면 모여서 투표도 함께 하고 지지 발언도 하더라는 것이었다. 또 싱가포르·홍콩·인도네시아·태국 등 화교권에 속한 나라들도 경제적인 이해관계에 공통점이 있기 때문에 똘똘 뭉쳐서 움직였다. 이민화는 그런 환경 속에서 한국과 일본만 외톨이라는 것을 절감했다.

이민화는 그때 받은 충격을 『스마트 코리아로 가는 길 : 유라시안 네트워크』에서 이렇게 썼다.

『스마트 코리아로 가는 길 : 유라시안 네트워크』 中

> 외교는 그 자체가 바로 네트워크라고 해도 과언이 아니다. 필자 역시 수년 전 열린 APEC(아시아태평양경제협의체) 회의에 한국 대표로 참가해 그러한 네트워크에서 활동한 경험이 있다. 평생을 학자와 기업인으로 살아온 필자는 이때 상당히 신선한 충격을 받았다. 외교라는 것이 이른바 이너서클을 바탕으로 하는 네트워크라는 사실을 부끄럽게도 뒤늦게 깨달은 것이다.

이민화는 21세기에 경제외교를 제대로 펼쳐 나가기 위해서는 뭔가 특별한 대책이 필요하다는 생각이 들었다. 그때부터 경제네트워크에 대한 구상을 시작했다. 그런 구상에 뿌리를 두고 출발한 것이 유라시안 네트워크였다.

이민화는 선진국으로 도약하기 위한 전범을 찾으려는 노력 끝에 유목민의 사상적 전범이 우리 고대에 있다는 것을 밝혀냈다. 즉 오래전에 이미 노마드적 성격이 있었다는 것이다. 그것을 한국에 국한하지 않고 북방 유목민으로 확장해 보면 '혈연적 유사성' '문화적 친연성' '역사적 연결성' 등을 기반으로 다양한 연결고리를 찾을 수 있다는 사실을 확인했다. 동쪽으로는 아메리카 인디언, 서쪽으로는 중앙아시아 → 터키 → 헝가리, 남쪽으로는 동남아 → 인도까지 확장이 가능하다는 것이다.

이민화는 이러한 이론적 배경을 바탕으로 한국의 새로운 미래전략을 탐구하기 위해 우선 우리나라가 당면하고 있는 문제들을 정리했다.

첫 번째는 주력 산업이 서비스 융합의 산업으로 이동하고 있다는 것이다. 따라서 기술에서 제도로 성장의 원동력이 바뀌고 있는데도, 한국은 정작 필요한 제도의 경쟁력이 너무도 취약하다.

두 번째는 한국의 국력이 상승하는 데 비례해서 국가 개방도 레벨업해야 한다는 것이다. 프레이저의 이론처럼 국가의 발전은 개방도와 정비례하기 마련이다. 따라서 개방 촉진을 위한 대안이 필요했다. 무엇보다도 금융·교육·행정·법률 그리고 의료 등 서비스 분야의 비개방이 국가 발전의 발목을 잡고 있다고 판단했다. 이러한 분야의 개방을 촉진하기 위한 대안을 만들어야 했다.

특히 지식 문화 분야는 지식인 그룹에 의해 닫혀 있다고 보았다. 예를 들어 한국의 의료·교육·법률 등 지식 분야는 여전히 폐쇄적이다. 폐쇄돼 있기 때문에 의사·교수·회계사·법조인(변호사·검사·판사) 등이 다른 분야와는 달리 사회적 명성과 고수익을 향유하고 있지만 그 분야는 다른 산업 분야에 비해 세계적 경쟁력과는 거리가 멀다. 개방되지 못하고 있기 때문에 국민경제에 기여하는 바도 적다고 판단한 것이다. 이민화는 그런 문제를 『스마트 코리아로 가는 길 : 유라시안 네트워크』에서 이렇게 썼다.

『스마트 코리아로 가는 길 : 유라시안 네트워크』 中

이들 분야는 폐쇄성을 유도하는 각종 규제 제도의 한 부분이다. 이를 개방으로 유도하는 길은, 원래 우리 민족은 개방된 민족이라는 점, 그리고 개방이 어떻게 우리 민족 및 세계 역사에 기여했는지, 이를 역사적 차원에서 설득하는 것이다. 우리 민족의 족적에서 묻힌 노마드적 흔적을 발굴하고 역사를 재인식하여, 한국이 개방된 무역국가로서의 세계 문명에 선도적으로 기여할 수 있는 여지를 찾아내어 국가 내부를 결속하는 수단으로 유라시안 네트워크를 생각한 것이다.

세 번째는 외교전략의 전환이 필요하다고 보았다. 미국을 따라가는 추종전략은 후진국에서 중진국으로 진입하는 데는 효과적인 전략이라고 할 수 있다. 하지만 이 전략만으로 선진국에 진입하는 것은 불가능하다는 것이 그의 판단이었다.

이민화는 이 세 가지 문제를 풀기 위한 개방 촉진의 스토리텔링을 구상했다. 개방을 이끌어 내기 위한 스토리텔링으로 '한국'의 정체성을 확대해야 한다고 보았다. 즉 한반도를 떠나 전 세계에 퍼져 있는 한민족 네트워크를 기반으로 해야 한다는 것이다. 또 여기서 그치지 않고 유라시아 대륙과 남미에 걸친 몽골리안 알타이어 국가들의 네트워크 허브로 자리해야 한다는 대안을 제시했다. 이민화는 이러한 구상을 현실로 구현하기 위해 유라시아 국가들의 인문학적 동질성을 확보하는 활동을 하기로 했다.

첫 번째 작업으로 역사적 정체성 확보를 추구했다. 그는 '과연 우리 한국과 알타이 인종의 역사적 정체성은 무엇인가?' '우리는 폐쇄된 농업국가였던가, 아니면 개방 무역국가인가?' 하는 문제를 끊임없이 묻고 스스로 답했다. 그런 방식이 이민화가 문제를 풀어나가고 구체화하는 과정이다.

다음으로 미래 한국을 이끌어갈 새로운 패러다임으로 호모 모빌리언스(Homo Mobiliance), 즉 디지털 노마드에 기초한 스마트폰과 결합된 신인류의 미래를 꿈꾸고, 한국이 이러한 새로운 패러다임을 앞서가야 한다는 방향을 제시했다. 몽골리안 노마드가 디지털 노마드로 재부상한 것이다. 여기 나오는 호모 모빌리언스는 이민화가 작명한 이름이다. 『스마트 코리아로 가는 길 : 유라시안 네트워크』에서는 작명의 근거를 이렇게 설명한다.

『스마트 코리아로 가는 길 : 유라시안 네트워크』 中	핸드폰을 비롯한 모바일 장비가 인간과 결합하면서 인류는 완전히 색다른 형태로 진화하고 있다. (중략) 인터넷과 연결된 핸드폰을 통해 엄청난 지식을 즉시 검색하고 소유하거나 자신의 입맛에 맞게 활용할 수 있게 된 것이다. 요컨대 스마트폰 같은 모바일 장비는 인간의 5감에 더해진 6감으로 작동한다. (중략) 필자는 이 때문에 이처럼 새롭게 진화하는 인류를 호모 모빌리언스라고 명명하고자 한다.

즉 핸드폰으로 검색하고 활용하는 사람을 호모 모빌리언스라고 볼 수 있는데. 이민화는 여기서 조금 더 나아간 개념을 말했다. 그것이 디지털 노마드형 신인류라는 개념으로 나타난다. 신인류라는 개념은 『천개의 고원』에서 포스트모던을 진술한 들뢰즈의 리좀(Rhizome)형과 연관이 있다. 활동하는 인류를 신인류라고 지칭하고, 유비쿼터스 환경(메타버스 환경)에서 인간에게 제6의 감각을 부여하는 모바일 장비로 활동하는 인간을 디지털 노마드형 신인류로 본 것이다.

이민화는 이러한 내용을 바탕으로 뜻있는 사람들을 모집하기 위한 사전작업에 착수했다. 우선 유라시안 네트워크라는 강연자료를 준비하고 몇 차례 강연을 통해 좋은 반응을 얻었다. 또 유라시아 역사인문학 세미나 특강을 14회 열었고, 바이칼호·요서지역·돈황 등 역사의 현장을 직접 방문하기도 했다. 홍순만은 유라시안 네트워크와 관련한 이민화의 강연을 이렇게 전한다.

"과거에 고대사를 공부했던 사람들은 '그래서 어쩔 건데, 그래서 지금 어떻게 할 건데' 하는 열망을 갖고 있었는데, 이민화 회장님의 강연이 그에 대한 답을 줬기 때문에 열광적인 반응이 있었습니다. 광화문 KT빌딩 세미나실을 빌려 수십 차례의 강연이 진행됐습니다. 우리 역사 인식의 지평을 넓히려는 사람들이 주로 참여했고, 새로운 정보들과 시각이 전달됐다는 측면에서 뜨거운 반응을 얻었습니다."

이민화와 함께 유라시안 네트워크를 추진한 멤버들의 분포는 다양했다. 고고학자, 역사학자, 재야 사학자, 언어학자, 무역인, 벤처기업인 등 각계 인사들이 뜻을 모았다. 어느 정도 기반이 잡혔다고 판단한 이민화는 유라시안 네트워크 사단법인을 결성했다. 2008년 4월 18일에는 서울대 인문대학과 연구 프로젝트의 지원 합의를 맺었다. 유라시안 네트워크의 연구 프로젝트는 조선과 청나라의 관계사, 라틴아메리카 원주민의 신화 번역, 몽골리안 루트의 연구, 몽골 문명의 국제학술대회 지원, 몽골의 언어와 문화출판 지원 그리고 중앙유라시안 학술지 발행으로 설정했다.

2009년부터는 연구 방향에 민간연구 지원을 확대하는 계획을 세우고 이에 따라 '고조선 문자 연구'와 '아리안 500 프로젝트' 등의 연구를 후원했다. 여기서 중요한 것은 정부 부문이 관심을 두지 않는 민간 부문의 연구를 지원했다는 점이다. 한민족 정체성에 관한 만화, 천부경과 기독교의 접목, 카자흐스탄 문화적 동질성 연구, 남미 인디오의 문화적 동질성 연구 등 대단히 의미 있는 프로젝트였다.

유라시안 네트워크 활동 중 이민화의 전국 강연은 매번 반응이 폭발적이었다. 그는 이러한 반응을 바탕으로 2010년에 『스마트 코리아로 가는 길 : 유라시안 네트워크』를, 2012년에는 『호모 모빌리언스』(북콘서트)를 출간했다. 이민화가 주창한 유라시안 네트워크는 세계의 역사와 우리 고대사를 유목민 관점에서 재인식하는 계기를 마련하고, 21세기에 필요한 인식의 지평을 넓히는 데 기여한 것으로 평가할 수 있다.

03

디지털병원에 심은 꿈

● 메디슨을 이끌 때나 떠난 뒤에도 '의료'는 이민화에게 떼려야 떼어 놓을 수 없는 화두였다. 그는 의료 부문에서 국가산업의 미래를 캐려는 노력을 끊임없이 시도했고, 그 결과가 디지털병원과 한국디지털병원수출협동조합으로 이어진다. 디지털병원의 개념을 쉽게 말하면 병원에서 운영되는 모든 시스템과 의료전달체계를 컴퓨터화하는 것, 병원과 병원의 네트워크가 가능해지는 것이다.

메디슨 기획조정실에서 이민화와 함께 디지털병원 사업을 추진했던 김태형(범부처전주기의료기기연구개발사업단 사업화지원본부장)은 디지털병원을 '병원 전체를 패키지화하는 것, 병원 전체를 수출의 대상으로 삼는 것'과 '한국이 잘하는 분야인 의료 IT를 백그라운드로 해서 의료기기와 의료서비스를 붙이는 것'으로 개념을 나눌 수 있다고 설명한다. 디지털병원은 스마트병원 등으로도 불렸다.

이민화가 세운 디지털병원 전략은 개별 의료기기에서 머물지 않고 IT

융합으로 효율성이 극대화된 병원을 통째로 수출하자는 것이었다. 의료기기, 의료정보시스템, 병원관리시스템, 건축 등을 융합한 복합 산업화로 경쟁하자는 전략이다. 이민화는 이 전략을 한국의 강점이 IT와 건설에 있다는 데서 착안했다. 병원 산업을 100이라고 볼 때 의료기기가 차지하는 비율은 5%, 소모품 5%, 의약품은 15%에 지나지 않는다. 나머지 75%는 의료서비스 영역이다. 가장 IT융합이 늦은 분야인 의료서비스를 IT화함으로써 병원 산업의 경쟁력을 극대화할 수 있다고 보았다. 치열한 민간병원 간의 경쟁으로 이룩한 세계 최고의 병원 효율성을 기반 삼아 해외시장으로 진출하자는 발상의 전환이다.

디지털병원의 뿌리는 메디슨에서 찾을 수 있다. 1990년대 후반~2000년대 초반에 메디슨 안에서 하나의 프로젝트 차원으로 시도한 적이 있다. 늘 시대를 한발 앞서 읽어가던 이민화는 어떻게 하면 국내 의료수출을 촉진할 수 있을까 고민했고, 그 끝에 나온 전략 중 하나가 디지털병원이었다. 그 당시 이민화는 메디슨의 세계화 전략에 근원적인 의문을 갖고 있었다. 3차원 디지털초음파 등 차별화된 기술로 세계시장을 열고 사내벤처와 사외벤처 육성으로 신성장동력을 발굴해 성장을 이끈다는 장비 위주 전략에 한계를 느낀 것이었다. 2000년 메디슨은 2,500억 원 이상의 매출을 올린 대한민국 최대의 의료기 회사로 성장했지만, 이른바 GPS라고 부르는 GE·필립스·지멘스에 비하면 30분의 1 이하 규모의 변방 기업에 지나지 않았다. MRI, 내시경, 환자 감시 장치, 디지털 엑스레이 등의 시장 진입 장벽은 예상보다 견고했다.

이민화의 고민은 하나의 질문에서 시작됐다. '메디슨은 패스트팔로어(fast follower)라는 추종전략으로 GPS를 뛰어넘어 세계 의료시장의 강자가 될 수 있을까?' 결론은 그렇지 않다는 것이었다. 그렇다면 전략을 바꾸는 수밖에 없었다. 지금까지의 경쟁 구도를 뒤엎는 새로운 사업모델이 필요하다는 판단 아래 이민화가 고심 끝에 세운 것이 디지털병원 전략이었다. 그 배경에는 단순히 메디슨에서 그치는 것이 아니라 국가 의료산업 전체에 대한 밑그림이 있었다. 한국전자정보통신산업진흥회 병원수출사업단장을 지낸 김현기의 말을 통해 이민화의 생각을 읽어본다.

"이민화 회장님은 메디슨이라는 기업의 CEO가 아닌 우리나라 의료산업 부흥이라는 명제의 완성을 위해 병원수출산업화라는 화두를 제시했고, 리더로서의 역할을 하기 시작했습니다. 그때 저는 전자진흥회의 실무책임자이자 우리나라 의료산업을 진흥하는 역할을 맡고 있었는데요. 마침 이민화 회장님의 의료산업 부흥에 대한 의지와 제가 조직에서 맡던 의료산업 진흥의 역할이 서로 부합했기 때문에 자연스럽게 만나게 됐습니다."

이민화의 분석은 그랬다. 세계시장에서 개발도상국과 산유국 등 병원시장 수요는 3,000억 달러가 넘는 데 비해 시장에 뚜렷한 강자는 없었다. 그런 환경을 전제로 도출한 그의 계산은 명확했다. '의료산업의 블루오션이 바로 디지털병원이다. 3,000억 달러 시장의 10%만 장악해도 300억 달러가 아닌가.' 이민화는 병원의 장비, 환자, 물류 전체를 조망할 수 있는 경쟁우위를 확보함으로써 의료산업의 판도를 바꿀 수 있다고 봤다. 디지털병원은 사이즈가 큰 병원부터 사이즈가 작은 보건소와 이동병원까지 수출 대상이 다양하다. 대상에 따라서 구성요소도 달라지고 기획도 달라진다. 또 철저하게 수요자의 상황과 요구사항에 맞춰서 디자인돼야 하므로 이를 얼마나 잘 소화하느냐가 관건이라고 봤다.

하지만 디지털병원 전략의 완성을 위해 필요한 수많은 분야를 메디슨 단독으로 수행하는 것은 불가능했다. 이민화는 그에 대한 전략도 마련했다. 그 내용은 기존의 의료산업에서 조달 가능한 분야는 외부 조달을 하고 기존에 없는 기업은 육성한다는 것이었다.

한편 디지털병원의 경쟁력 확보를 위한 노력과 병행해서 시장을 개척하는 일련의 영업 프로젝트를 전개했다. 이 사업을 위해 양성된 요원들이 인도네시아·스리랑카·키르기스스탄·러시아·베트남 등에서 생소한 개념을 전파하고, 수출입은행 등의 지원으로 여러 건의 수주를 성공시켰다. 당시 메디슨의 수출전략을 김태형은 이렇게 설명한다.

"수출 대상 국가를 선진국, 중진국, 개도국으로 나눌 때 나라마다 장단점이 있습니다. 선진국은 의료장비의 퀄리티가 상당히 높고 상대적으로 한국보다 잘하기 때문에 그만큼 수출할 때 넘어야 할 허들이 더 많습니다. 그래서 우리는 개도국에서 중진국으로 변모하려는 나라를 타깃으로 잡았습니다. 보통 1인당 GDP가 1만 달러 정도 되면 먹고사는 것보다 잘사는 것이 중요하다고 이야기합니다. 특히 GDP가 5,000달러에서 1만 달러 사이인 나라는 개도국에서 선진국까지 가는 것을 목표로 하는 나라입니다. 이런 나라들은 국민건강에 대한 관심이 높아서 병원을 많이 신축하기 때문에 메인 타깃으로 설정했습니다."

하지만 디지털병원 전략에는 난관이 많았다. 무엇보다 준비가 제대로 되지 않은 상황에서 진행했기 때문에, 실제 구현 과정에서 숱한 시행착오를 겪었다. 그 상황을 회고하면서 이민화는 "끔찍한 일들이 연속으로 터져 나왔다"고 말했을 정도였다. 김태형이 어떤 일이 있었는지 전해준다.

"지금 돌이켜보면 많은 어려움이 있었습니다. 레고블록을 예로 들자면 레고의 모양을 만드는 부분에서 협의가 필요했습니다. 우리는 레고를 만들어낼 수는 있었지만. 레고 모양을 만드는 과정에서 수요국의 상황과 요구사항 등이 변수로 작용하곤 했습니다. 그리고 막상 레고를 조립하니 수요국의 제도나 문화 반영이 전혀 안 돼 있던 부분도 시행착오라 볼 수 있습니다."

이런 문제보다 더 아쉬웠던 점은 내부 갈등을 조장하는 종합상사들의 끼어들기 작전이었다. 그에 따라 결국 국익에 도움이 되지 않는 저수익 구조로 전락하고 말았다. 한국의 일부 의료기 회사들은 감언이설에 공조체계를 파기하기도 했다. 이민화는 수백 개 기업이 동참해야 하는 종합병원 프로젝트를 통해 두 가지 중요한 교훈을 얻었다고 밝힌 바 있다. '차별화된 기술이 있어야 차별화된 수익을 얻을 수 있다'는 것과 '뜻을 같이하는 중소기업들의 단결이 매우 중요하다'는 것이었다.

결론적으로 2000년 메디슨이 추구했던 디지털병원 전략은 획기적인 발상이었지만 충분한 준비가 되지 않은 상태에서 해외 진출을 서두르면서 많은 시행착오를 범했다. 미래를 내다보고 세운 전략이었지만 현실적 제약이 발목을 잡은 셈이었다. 이민화가 메디슨에서 물러나고 메디슨이 부도와 법정 관리, 매각을 거치면서 디지털병원 전략도 수면 아래로 가라앉았다. 그러나 이민화가 있는 한 도전은 끝난 것이 아니었다.

04

시대를 앞선 유헬스 프로젝트

● 대한민국 의료산업의 지형을 바꾸겠다는 이민화의 열정은 메디슨을 떠난 뒤에도 식지 않았다. 그의 생각은 집요할 정도로 의료산업의 활로를 찾는 쪽으로 집중돼 있었다. 메디슨 회장에서 물러나면서 한국의료연구소를 설립한 것도 그런 의지를 설명해 준다. 그곳에서 그가 파고든 것은 미래 의료의 새로운 기회였다. 이민화의 관심은 온통 '인류 최대의 산업인 의료산업의 미래는 어디로 가는가?'에 있었다.

본질을 정확하게 보려는 고민 끝에 이민화가 내린 결론은 미래 의료의 패러다임은 '관리의료'로 집약된다는 것이었다. 급격한 노령화 추세와 젊은 층의 웰빙 트렌드라는 두 가지 기회, 그리고 이를 해결할 수 있는 새로운 모바일 기술이라는 3박자가 맞아떨어진다고 봤다.

그는 새롭게 부상할 의료 분야는 진단과 치료를 넘어서는 관리의료라고 정의했다. 고령화에 필수적으로 따라오는 만성병은 고혈압, 당뇨, 고지혈, 요실금, 천식 등 헤아릴 수 없이 많다. 이들 질환의 딜레마는 병원에서 치료하기에는 국가 재정에 한계가 있다는 점이다. 그렇다고 치료를 포기할 수도 없다. 그 틈을 메워주는 대안이 바로 이민화가 주창한 유헬스케어(u-healthcare)다.

유헬스케어는 요즘의 원격의료와 유사한 개념으로 보면 된다. 이민화는 당뇨와 고혈압 등의 만성질환뿐만 아니라 천식이나, 다이어트도 언제 어디서나 필요하면 환자가 의사와 협의하고 조언을 구할 수 있는 세상이 곧 오는데, 그것이 바로 유비쿼터스 세상이라고 정의했다. 그런 시대에 필요한 헬스케어가 바로 유헬스다. 조금 더 구체적으로 설명하면 애플워치나 갤럭시워치는 차고 있는 사람의 바이오시그널을 전송하고, 병원 의료시스템과 연결해서 실시간으로 사람의 신체 상황을 파악할 수 있다. 이러한 의료체계를 유헬스라고 한다. 언제 어디서나 의료서비스를 받을 수 있게 한다는 것이 목적이다.

유헬스케어라는 이름은 이민화가 작명한 것으로, 유비쿼터스(ubiquitous: 언제 어디서나 존재한다는 뜻) 헬스케어(healthcare)의 줄임말이다. 그가 2002년 처음으로 이 용어를 내놓았을 때 모두 생소하다는 반응이었다. 차라리 모바일 헬스케어(mobile healthcare)라고 하자는 의견도 있었다. 하지만 이민화의 고집은 작명에도 어김없이 발휘됐다. 새로운 용어를 만드는 것이 새로운 패러다임을 만드는 일이라며 유헬스케어 네트워크(ubiquitous healthcare network)라는 명칭을 밀어붙였다. 심지어 '언어는 존재의 집'이라는 하이데거의 말까지 인용했다. '네트워크 유헬스케어'는 단일 주체가 할 수 있는 일이 아니라 여러 주체 간의 협력을 통한 네트워크 모델로 추진해야 한다는 측면에서 붙인 것이었다. 즉 단일기업의 프로젝트가 아니라 기업생태계의 산업을 가리킨다.

이민화는 이 분야에서만은 한국이 이뤄낸 IT 기술을 바탕으로 세계를 이끌어갈 수 있다고 판단했다. 전 세계 5조 달러의 의료시장에서 유헬스가 적어도 20%를 차지한다고 볼 때, 1조 달러라는 막대한 시장에 도전할 가치가 충분한 것은 물론 메디슨 창업 때보다 더 큰 기회가 있다고 봤다. 나아가 메디슨에서 추진했던 디지털병원 프로젝트와 시너지를 이루면 한국이 미래 의료산업의 선두주가가 될 수 있다고 확신했다. 이민화가 유헬스프로젝트를 시작한 계기와 과정을 김태형은 이렇게 설명한다.

"제가 추정하기로 회장님은 초생명기업의 관점으로 보았을 때 의료기기의 회사 대 회사, 제품 대 제품을 연결하다 보니 그 처음과 끝에 환자와 병원이 있다는 것을 알게 됐던 것 같습니다. 환자와 병원을 한 번에 잇는 계기가 유헬스케어라 생각하신 것이었지요. 회장님은 반드시 뒤에 네트워크를 붙여 유헬스네트워크라 불렀습니다. 현재는 원격의료를 제외하고 이헬스, 스마트헬스, 디지털 헬스케어, 웰리스 등이라 불리며 이 부분이 실제로 적용되고 있습니다."

이민화는 향후 의료산업이 유헬스케어로 간다는 신념을 갖고 연구를 시작했다. 특히 응용 범위를 넓히는 데 주안점을 두었다. 노령화에 따르는 만성질병의 관리뿐 아니라 젊은 사람들의 웰빙 관리에도 유헬스케어의 활용이 가능하다고 보았다. 다이어트, 피부관리, 미용, 헤어스타일 등 각종 웰빙 관리를 전문가와 실시간으로 연결해 관리하는 대안이 바로 그것이었다.

막 태동하는 분야였기 때문에 가장 중요한 것은 특허였다. 특허를 선점하지 못하면 사업의 차별성이 주어지지 않기 때문이다. 차별성이 주어지지 않으면 수익을 낼 수 없다. 이민화는 메디슨 시절에 출원했던 100여 개의 특허 못지않은 특허를 유헬스케어 분야에서 만들어냈다. 2000~2004년에 총 70개의 특허를 출원했다.

하지만 유헬스케어 역시 탄탄대로를 걷기에는 시기적으로나 제도적 측면에서 어려움이 많았다. 우선 스마트폰이 보급되지 않은 시절이었기 때문에 SF영화에서나 나올 법한 기술로 치부되기도 했다. 그런 기술적 문제는 접근 불가능한 것이 아니었지만, 진전을 보지 못한 데에는 더 큰 이유가 있었다. 가장 큰 문제는 의료보험 등 제도의 문이 제대로 열리지 않았다는 것이었다. 그 배경에는 기득권의 반대가 있었다. 의사들은 원격의료를 받아들이려고 하지 않았다. 환자가 병원에 와서 진단받지 않으면 치료로 여기지 않았다. 무엇보다 기득권에 대한 침범이라 생각했다. 의료 자체가 유비쿼터스화되면 의사보다 통신사업자가 돈을 더 많이 벌기 때문이다. 이민화가 잡은 방향은 분명 옳았지만 세상은 옳은 것이라고 모두 인정해 주지는 않는다. 시대를 너무 앞서간 이민화에게 필연적으로 닥치는 장애물이었을지도 모른다. 세월이 흐르면서 많은 것들이 이민화가 예측하고 실행하려 했던 방향으로 가고 있다는 것이 그런 사실을 웅변한다.

이민화는 자서전 『끝나지 않은 도전』에 유헬스케어에 대한 자신의 구상과 현실의 벽에 대한 안타까운 심정, 그리고 무엇을 어떻게 해야 할지를 기록했다.

『끝나지 않은 도전』 中

유헬스케어는 본질적으로 기술로 해결할 것도 있겠으나 핵심은 의료제도다. 의료제도를 제대로 만드는 것이 유헬스케어의 본질이다. 이 부분이 지금까지도 간과되고 있어 안타깝기 그지없다. 당뇨 환자의 예를 들어보자. 혈당수치를 떨어뜨리면 당뇨 환자의 합병증 발병 비율이 반 이하로 줄어든다. 원격 유헬스케어의 관리를 통해 합병증을 절반으로 줄일 수 있다면, 세상의 건강가치는 몇 천억 달러가 늘어나게 된다.

매일의 혈당 측정이 모든 당뇨환자에게 이루어지고, 이것이 1차로 인공지능 소프트웨어 로봇을 거쳐, 2차로 간호사에게 관리되고, 예외적인 처방이 필요할 경우에는 1·2·3차 의료기관을 통해 네트워크 차원에서 총체적 관리가 이루어진다면 국가 전체의 당뇨 환자 관리비용 절감은 적어도 1조원 수준에 이를 것이다.

그렇다면 이러한 유헬스케어에 의한 혈당관리에 대해 의료보험료가 지불돼야 한다. 현재 보급이 확산되지 않는 이유는 기술적인 문제가 아니다. 이미 본인이 세계 최초로 원격혈당관리 서비스를 제공한 바 있다. 단지 여기에 원격관리에 따른 보험료 지급이 의사들에게 뒤따르면 되는 것이다.

혈당관리보다 더 중요한 것이 혈압관리다. 성인병 환자의 1위는 고혈압이다. 한국의 사망 원인 1위도 암 다음이 혈관계 질환이다. 미국 등은 심혈관 질환이 사망 원인 1위가 된 지 오래다. 심혈관 질환의 관리는 꾸준히 혈압을 측정하는 것이 근본적 대안이다. 간편하게 혈압을 측정할 수 있다면 고혈압에 관련되는 전체 의료비용을 획기적으로 줄일 수 있고, 이것은 또한 조 단위의 금액을 넘어선다.

혈압의 경우에는 기술적인 문제가 해결될 가능성이 지금도 존재한다. 혈압센서를 일반 혈압계와 같은 커프 방식으로는 크고 무겁기 때문에 일상생활에서 사용할 수 없다. 가벼워야 된다. 스마트폰에 그대로 들어가야 한다. 가장 유력한 대안은 스마트폰의 카메라를 사용하는 것이다. 약간의 기술적 대안만 주어지면 고혈압 환자는 일반 스마트폰의 카메라를 통해 일상생활에서 24시간 그 어느 때라도 혈압을 측정할 수 있게 된다.

유헬스케어의 응용 분야는 무궁무진하고, 한국은 이를 앞서갈 수 있는 기반을 가지고 있다. 단지 문제가 되는 것은 국가제도다. 이제 다시 한번 유헬스케어를 국가 차원에서 밀고 가야 될 시기가 됐다.

두 번째 장벽은 의료보험제도다. 이 제도를 해결하면 센서 개발을 포함해 각종 시스템 개발이 산업계 차원에서 왕성하게 일어나 대한민국이 세계의 유헬스케어산업을 이끄는 선구자가 될 수 있다.

05

디지털병원 부활하다

이민화의 디지털병원에 대한 꿈은 메디슨에서의 도전으로 끝난 것이 아니었다. 그의 삶에서 시련은 또 하나의 도전을 위한 과정이고 기회였다. 2000년 메디슨에서 디지털병원 전략을 진행하는 데 가장 어려웠던 문제는 예측 가능성이 떨어진다는 것이었다. 초음파 진단기는 누가 살 예정이고, 얼마에 팔지 계산이 가능했지만 디지털병원은 패키지 단위였기 때문에 결과를 가늠하기가 어려웠다. 하지만 그런 어려움 역시 이민화에게는 난관일 뿐이지 극복 불가능한 일이 아니었다.

이민화는 2008년 2월 전자산업진흥회(KEA)의 김성복 상무와 상의해 한국의 미래성장동력으로 디지털병원전략을 되살리기로 하고 우선 로드맵을 만들 '기동타격대'를 가동했다. 타격대는 이민화가 총괄 책임을 맡고 메디슨의 김태형 부장, 우리들병원의 정지훈 박사, 예치과의 박인출 대표, 성민병원의 안병문 원장, 코어메드의 이미숙 대표, EMMI의 윤정화 대표, 서울대병원 문주영 국장이 참여했고, 한국전자정보통신산업진흥회의 김현기 센터장이 간사를 맡았다. 모임에서 나온 이야기가 대한민국 의료산업을 끌고 갈 혁신 주체를 만들자는 것이었고, 그 혁신동력의 주체가 디지털병원이었다. 모임은 정부의 지원을 받지 않고 이민화의 주도로 순수하게 운영됐다.

이 모임은 거의 매주 모이는 강행군을 거쳐 2008년 6월 1차 보고서인 '디지털병원 백서'가 완성됐다. 이 백서에서는 디지털병원 수출의 개념을 정의하고, 시장을 분석했다. 그리고 단계적 추진방안을 제시했다. 어떤 내용의 백서였는지 작업에 참여했던 김태형의 설명을 들어본다.

"디지털 백서에는 새롭게 시도하는 R&D를 어떤 주제로 해볼 것인지, 해외에 수출하기 전에 국내 파일럿 테스트를 해보는 장소나 진행 방향 등 여러 가지 내용을 담았습니다. 그리고 글로벌 헬스케어의 진출전략을 1·2·3모델로 나누었습니다. GH1은 디지털병원의 해외 진출, GH2는 전문병원의 해외 진출, GH3는 외국인 환자의 국내 유치 형태로, 환자가 국경을 넘어오는 의료 방식이었습니다. 당시 2008년도에는 이 내용이 실현되기 힘들었습니다."

단계적 추진 방향의 1단계는 2008년 시작된 연구개발 과제였다. 차별화된 연구개발을 통해 경쟁입찰에서 유리한 사양을 제시하기 위한 것이었다. 이 과제는 서울대, 연세대, 비트컴퓨터, 이디스넷 등이 참여하는 국책 연구과제로 선정됐다.

2단계는 2009년 시작된 시범병원이었다. 연구개발의 결과를 실제 구현하는 병원이 필요했기 때문에 병원협회와 함께 3개 병원을 지정해서 세계 표준인 400병상 규모의 디지털병원 시범을 구현했다. 이는 디지털병원 사업의 국내 파일럿의 일종이었고, 당시 지식경제부(현 산업통상자원부)의 일부 지원을 받았다. R&D를 진행하고 3개 시범병원에 디지털병원이 잘 적용되는지를 검증하는 사업이었다.

3단계는 1·2단계의 준비를 바탕으로 해외영업에 돌입할 조직이었다.

06

한국디지털병원 수출사업 협동조합

● 디지털병원 수출은 워낙 대규모 프로젝트이기 때문에 단독으로는 할 수 없다. 기업·병원·기관 등 다양한 분야의 구성원이 참여해야 하나의 플랫폼을 구축할 수 있다. 이에 따라 2010년 이민화는 디지털병원의 수출조합 구성에 착수한다. 시범사업을 진행하면서 전문조직을 만들 필요성이 있다고 판단한 것이다. 조합을 설립하기 전에 정부 측과 협의해서 별도의 법인을 만들어 보려고 했지만 생각보다 까다로운 조건이 많아서 민간 비영리로 설립했다. 하지만 조합을 설립하는 것도 쉬운 작업은 아니었다. 우여곡절 끝에 2010년 2월 24일 발대식을 갖고 3월 24일 55개 회사가 참여한 한국디지털병원수출사업협동조합(KOHEA)이 공식 출범했다. 한국디지털병원수출사업협동조합 전무이사를 지낸 김태형은 수출조합 설립 과정을 이렇게 설명한다.

"조합을 만들 때 근거법을 따라서 반드시 채워야 하는 요건이 있습니다. 한국디지털병원수출사업협동조합 같은 경우는 50개 이상의 조합원이 있어야 설립이 가능한데 정확히 55개의 회사가 참여했습니다. 기업들이 참여한 이유는 대체로 이민화 회장님의 네임벨류 때문이었고, 초생명기업이 많았습니다."

또 김현기(한국전자정보통신산업진흥회 전 병원수출사업단장)는 이렇게 돌아본다.

"이민화 회장님이 한국디지털병원수출사업협동조합의 초대 이사장을 맡았습니다. 아마 돌아가시기 전까지 소명의식을 가지고 일에 관여했을 것입니다."

한국디지털병원수출사업협동조합을 통해 이민화가 품었던 포부는 디지털병원이 조선산업 못지않은 한국의 신산업으로 자리 잡는 것이었다. 한국이 나름대로 경쟁력 있는 준종합병원급의 의료장비, 세계적 경쟁력을 유지해온 건축기술, 여기에 IT융합 의료기술이 접목하면 세계 최고 수준의 병원 경쟁력을 가질 수 있다고 믿었다.

이민화가 그런 판단을 한 배경에는 나름의 근거가 있었다. 2010년 조선산업 수출액은 약 500억 달러였다. 전 세계 조선시장이 800억 달러 규모였으니 한국이 엄청난 경쟁력을 보유하고 있던 셈이다. 반면 병원 수출 시장은 무려 3,000억 달러에 달한다는 계산이 나오는데 정작 뚜렷한 강자는 없었다. 이 사업을 하려면 수십 개 이상의 의료장비 회사, 적어도 10개 이상의 의료소프트 회사와 의료서비스를 제공하는 병원 그리고 정부 지원 등이 결합해야 가능하기 때문이다. 그래서 한국에는 새로운 기회라고 이민화는 생각했다.

하지만 경쟁업체가 없다는 것은 그만큼 진출이 어렵다는 뜻이기도 했다. 가장 어려운 일은 뜻을 같이하는 기업·병원·기관들을 하나로 묶어 플랫폼을 구축하는 것이었다. 전 세계 네트워크를 확보하는 것 또한 만만찮은 일이었다. 새로운 조직을 만들어 상대국 정부로부터 수주를 받아내는 것 역시 쉬운 일이 아니다. 이민화는 그렇기 때문에 더욱 도전할 만한 가치가 있다고 판단했다. 55개의 회사를 모아 수출사업협동조합을 구성한 이유였다.

한국디지털병원수출사업협동조합은 2012년 초까지 25개의 프로젝트를 추진했으며 회원사는 78개로 늘어났다. 서울대병원 등 다수의 병원과 대구·부산 등 지방 조직까지 확장됐다. 정부에서는 적극 지원한다는 의미로 인증서를 발부해 주고 2011년 10월에는 한국을 이끌어갈 미래 생태계형 '국가 핵심 신성장동력 10대 산업' 중 하나로 IT 융합병원을 선정했다. 한국디지털병원수출사업협동조합이 설립된 이후 2년간 해외 현장에서 직접 뛰었던 박지욱(서울대학교 국제보건연구센터 연구원)은 당시 상황을 이렇게 전한다.

"저는 중남미 지역을 담당하는 매니저였습니다. 제가 조합에 들어갔을 때는 중남미 지역 프로젝트가 가장 활발했습니다. 중남미 프로젝트 매니저로 페루, 에콰도르, 콜롬비아, 코스타리카, 파나마 등의 국가를 다녔습니다. 하는 일로는 병원에 가서 제안서를 전달하고 홍보하고 병원이 어떤 상황인지 조사하고 병원 사진을 찍고 직원들을 인터뷰하고 타당성 조사 검토 보고서를 작성하는 것이었습니다."

한국디지털병원수출사업협동조합은 이후 20여 개의 공적개발원조(ODA) 사업을 이어오는 동안 한국수출입은행과 한국국제보건의료재단(KOFIH) 등의 업무에 전문성을 갖춘 단체로 성장했다. 한국 보건의료의 신속한 병원 디지털화와 세계 최고 수준의 보급률을 보이는 디지털의료기기(IoMT), 종합의료정보시스템(HIS), 전자의무기록(EMR) 등을 구축한 경험을 바탕으로 개발도상국 지원 및 수출을 수행하고 있다. 특히 진료·수술·처치 등 의료서비스와 함께 병원 운영과 설계·시공·감리는 물론 병원 수출에 대한 금융 및 보험 솔루션까지 모두 패키지화하는 도전으로 새로운 시장의 개척자 역할을 해왔다. 이민화는 떠났어도 그의 뜻과 노력은 남아서 미래산업으로서의 역할을 충실히 담당하고 있는 것이다.

2021년 12월부터는 글로벌 환자감시장치, 심장충격기, 체성분분석기 전문기업 메디아나가 한국디지털병원수출사업협동조합의 사업을 이어받아 ODA 사업을 펼치고 있다.

가자,

길이

보이지

않아도

"교육가의 자질이

남달랐습니다.

학생에게도

기업가정신의 가치를

부여해 주고,

왜 이것을

해야 하는지,

이걸로 어떻게 사회에

기여할 수 있는지

알려주었습니다."

V

교육에서 미래를 캐다

01

KAIST에 간 이민화

• 이민화가 기업가로서 또는 사회혁신가로서 남긴 발자취도 크고 무겁지만, 교육자로서 펼친 사회공헌 역시 그 궤적이 뚜렷하다. 그는 강연을 좋아하고 많이 한 것으로도 유명하다. 강연을 얼마나 즐겼으면 '공연'이라고 부를 정도였다. 젊은이들과 만나 대화하는 것을 특히 좋아했고, 미래 세대에게 자신의 지식과 경험을 전하는 것을 큰 보람으로 여겼다. 부인 이사랑은 이민화의 교육에 대한 열정을 이렇게 전한다.

"교육가의 자질이 남달랐습니다. 남을 가르칠 때 본인이 충분히 알고 전달했기 때문에 그냥 지식만 전달하는 것과는 달랐습니다. 학생에게도 기업가정신의 가치를 부여해 주고, 왜 이것을 해야 하는지, 이걸로 어떻게 사회에 기여할 수 있는지 알려주었습니다. 순수하고 흡입력이 뛰어난 어린 친구들에게 일찍부터 기업가정신을 알려줘야 한다고 말하곤 했습니다."

이민화가 모교인 KAIST와 다시 인연을 맺게 된 것은 동문회장을 맡으면서부터였다. 그는 KAIST 4회 졸업생이다. 동문회장을 맡은 것은 벤처의 절정기였던 2000년이었다. 이민화가 회장을 맡은 뒤 동창회 사무실에 가보니 동문들의 연락처도 제대로 확보돼 있지 않았고 홈페이지도 없었다고 한다. 그래서 맨 먼저 착수한 것이 주소록 확충과 홈페이지 구축 작업이었다. 연락망이 갖춰졌으면 돈이 있어야 발전을 모색할 수 있다는 생각에 이어서 추진한 일은 기업인들을 중심으로 하는 기부활동이었다. 과기회를 중심으로 많은 동문이 동참했다. 덕분에 동문창업관과 태울관 등을 건립할 수 있었다.

이민화가 얼마나 열성적으로 기부를 받으러 다녔는지, KAIST 출신 기업인에게는 기피 대상이었다고 한다. 2000년 KAIST 이사로도 선임돼 2002년까지 활동했다. 2009년에는 KAIST 동문창업관에 이민화홀이 생겼다. 동문창업관은 이민화 등이 후배들의 창업을 촉진하기 위해 100억 원의 기금으로 건립해서 기부한 건물이다. KAIST는 2009년 6월 30일 그 동문창업관에서 벤처산업 육성에 기여한 이민화 박사의 공헌을 기리기 위해 이민화홀 명명식을 가졌다.

02

KAIST 교수가 되다

● 이민화가 KAIST에서 강의를 시작한 것은 이민화홀 명명식을 가진 직후인 2009년 7월이었다. KAIST는 이민화의 벤처산업 노하우를 학생들에게 전수한다는 목적으로 그를 초빙교수로 임용했다. 그가 맡은 강의 과목은 기술거래소 이사장으로 재직하면서 연구한 개방 혁신, 즉 '오픈이노베이션'과 벤처기업협회 회장으로서 주도했던 '벤처와 기업가정신' 그리고 메디슨 대표로서의 경험을 바탕으로 한 'CEO 특강', 이런 활동을 결합한 '실전 창업지도, 벤처 2.0' 등이었다. KAIST 초빙교수로 이민화와 함께 강의했던 송락경(GIST 산학교수)은 이민화와 함께 강의하던 당시를 이렇게 회고한다.

"KAIST 학생들의 대표적 창업프로그램으로 자리 잡은 E*5프로그램(창업 아이디어가 사업화될 수 있도록 지원하는 카이스트 학내 프로그램)의 전신인 '창업패키지' 과정을 이민화 교수와 제가 공동으로 개설했습니다. '정육각'의 김재연 대표, '티켓몬스터'의 김동현 등 2인의 공동창업자, '만나CEA'의 박아론 대표,

'아이엠스쿨'의 정인모 대표, '트루밸류'의 정주영 대표, '촉'의 여수아 대표, '브루글래스'의 이종찬 대표 등이 이 수업을 수강하면서 기업가정신과 스타트업에 대한 기본 소양을 일구었습니다. 2011년에는 이민화 교수와 함께 벤처 2.0 수업을 공동개설해서 10억대, 100억대 그리고 1,000억대 매출 기업들을 직접 탐방하기도 했습니다. 현장에 가서 창업가의 기업가정신이 벤처기업의 도전과 성장 과정에서 어떠한 난관에 부딪히고 이를 어떻게 극복하며 변화·발전해 가는지 실제 문제와 사례를 가지고 학생들이 해법을 설계해 보는 수업을 시도했습니다."

이민화는 강의도 자기만의 방식으로 했다. 전통적인 교습법에서 벗어나 소통을 중심으로 하는 팀 연구와 발표에 역점을 두었다. 수업 중에 SNS를 활용하고 수업 이후에도 소통 채널로 활용했다. 두 개의 스크린과 수업 도중에 인터넷으로 참여하는 인프라는 필수였다. 학생들에게는 낯설면서도 신선한 충격일 수밖에 없었다. 이민화 교수의 조교를 했던 김영지(강원대학교 연구교수)는 그의 수업방식을 이렇게 전한다.

"기존 교육에서 문제로 지적되거나 언급된 비효율을 개선함과 동시에 미래 교육에서 중시되는 가치들(학생 주도, 학생 경험 중시, 스마트폰 등 IT기기를 활용해서 검색하고 새로운 아이디어를 얻는 데 도움이 되게끔 장려하는 방법)을 강의에 접목했습니다."

이민화는 실험적인 수업방식을 시도했는데, 예를 들면 강의 시간에 페이스북 화면을 띄워놓고 학생들의 질문을 받고 하나하나 답변했다. 학생 개개의 니즈(needs)에 부합할 수 있도록 맞춤 수업을 한 것이었다. 아울러 조교가 강의 내용 중 콘텐츠 관련 정보 등을 검색해서 학생들과 실시간으로 공유하는 방식을 취했다. 하지만 이런 혁신적인 강의 방식이 모두에게 호응을 받은 것 같지는 않다. 송락경에 따르면 2011년은 페이스북이 한창 확산될 때였는데, 학생들의 질문을 실시간으로 공유하면서 외부인도 동시에 온라인으로 참여하는 등 매우 획기적이고 다이내믹한 수업방식으로 진행했지만, 그해 학기 말 강의 평가는 기대만큼 좋지 않았다고 한다. 심지어 “수업 분위기가 산만하고 무엇을 배우고 있는지 모르겠다”는 의견도 있었다. 기존 강의 중심의 수업에 익숙한 학생들에게는 쉽사리 적응하기 어려운 수업방식이기 때문이었다.

이민화는 또 프로젝트 기반 수업을 선호했다. 판서를 통해 일방향적으로 전개되는 수업보다는 프로젝트를 통해 학생 개인 혹은 팀이 프로젝트 기간 중 실용적인 가치를 제고할 수 있도록 도왔다. 특히 메디슨 창업부터 기업호민관 등 직접 조직을 구성하고 이끌어 온 경험을 바탕으로 실용적이고 현장 지향적인 조언들을 전했다. 누구에게 어떤 조언을 해줄 것인지에 대해서도 이민화만의 기준이 있었다. 김영지가 구체적으로 설명한다.

“이민화 교수님은 괴짜 같은 학생들의 강점이 스스로 발현되도록 조언해 줬습니다. 소위 ‘범생이’라고 하는, 모든 과목에서 우수한 학생들보다는 어떤 과목은 좀 부진하더라도 어떤 과목에서는 특별한 두각을 보이는 소위 괴짜들끼리 적극적으로 소통하고 협력할 수 있는 문화를 만들어 가기를 원했습니다. 조언해 줄 때도 정답을 떠먹여 주는 것이 아니라 스스로 답을 찾아가고 느낄 수 있도록 다양한 경험 기회를 소개하거나 연결해 주는 방식을 취했습니다. 즉 억지로 외우고 강제하는 것이 아니라 괴짜 같은 학생들이 함께 소통하고 어울리고 놀면서 자연스럽게 몰입하는 과정에서 생각지 못한 결과물이 도출되는, 그런 학습문화를 선호하고 그런 결과를 기대했습니다.”

프로젝트 중심으로 강의가 이뤄지고 페이스북 활용 등 실험적 수업 방식을 도입하다 보니 잘 적응하지 못하는 학생도 있었지만, 결과적으로 이민화가 시도했던 목표는 충분히 달성된 것으로 보인다. 이민화 교수를 거쳐 간 학생 중 상당수가 스타트업 현업에서 두각을 보였다는 것이 그 증거다. 당시 창업에 관심이 있거나 이미 창업에 뛰어든 학생들은 한 번쯤 이민화를 찾아와 상담하기 마련이었다고 한다. 강의 시간이나 KAIST 내의 크고 작은 창업 관련 경진대회와 이벤트 등을 기회 삼아 찾아오곤 했다. 그들이 가져온 아이디어가 아무리 엉뚱해도 이민화는 흘려듣지 않았다. 가능하면 시간을 내서 진지하게 들어주려고 애썼다. 그러다 보니 KAIST에는 이민화 교수가 자신의 아이디어를 들어주고 조언해 줬다는 사실에 감동하고 감사히 여기는 학생들이 많았다. 강의 평가 점수도 좋아져서 5점 만점에 4.87로 최고 수준을 기록했다.

2013년 CEO 특강 수업에 초청된 CEO들의 강연 내용은 『창업의 정석: KAIST CEO 특강』이라는 책으로 출간되기도 했다. 이 책은 당시 석사과정에 재학 중이던 김영지가 주도해서 만들었다. 재원이나 네트워크가 부족한 지방의 다른 학교에도 이런 특강 내용이 공유되면 좋을 것 같다는 취지였다. 이민화는 감수자로 참여했다. 책에는 특강 내용이 QR코드로 심어졌고, 페이스북 페이지로 독자들 간의 소통공간도 마련했다. 2013년 당시로는 굉장히 혁신적인 방법이었는데, 지금도 창업 관련 수업 등에 활용되고 있다.

이민화는 2012년 '기업가정신'과 '벤처 창업 이론과 실제'라는 두 개의 대학원 강의를 추가로 맡았다. 강의로도 바빴지만 이민화가 하는 일은 그게 전부가 아니었다. 아니 구체적으로 따져보면 전체 일 가운데 4분의 1 정도에 불과했다. 한국디지털병원수출사업협동조합, 유라시안 네트워크 등도 정열적으로 이끌었다. 그나마 나중에 조금 덜 바빠진 계기가 있었다. 송락경의 전언에 따르면 김영란법이 발효되면서 2017년부터는 국·공립대학 교수들의 외부활동이 엄격히 관리되기 시작했다. 외부활동이 활발했던 이민화는 학교에서 매월 일정 급여를 받는 초빙교수로서 이에 대해 사전에 일일이 내부 보고하고 승인 절차를 밟는 것이 현실적으로 어려운 부분이 많았다. 그래서 이러한 의무가 없는 겸직교수로 신분을 전환하고 시간제 형태로 수업에 참여하게 됐다. 2019년 초에는 판교에 벤처기업들과 공동으로 스타트업 과정의 개설을 의욕적으로 준비했지만 역시 학교 사정으로 실행되지 못했다.

03

'KAIST 2.0'을 외치다

● 이민화가 기업호민관에서 물러난 것은 2010년 11월이었다. 보통 사람이라면 골치 아픈 공적 자리에서 물러났으니 좀 쉬겠다는 '꿈'을 꾸었겠지만, 이민화의 사전에 '휴식'이란 말은 또 다른 일을 할 수 있는 기회였다. 모처럼 생긴 시간을 이용해 KAIST 문제를 전반적으로 검토하기 시작했다. 여러 교수를 만나고, 학생들의 이야기를 들었다. 그가 내린 결론은 한 가지였다. 객관적 지표로서 KAIST의 창업활동이 크게 위축돼 있다는 것이었다. 수십 건을 넘던 신규 창업활동은 두세 건으로 축소돼 있었다. 다른 학교와 비교해 봐도 현저히 떨어지는 수치였다. 한때 한국 벤처기업의 20%를 넘던 KAIST 출신 기업인들의 비율은 2% 이하로 하락해 있었다. 이민화는 이런 현상이 외부문제가 아니라 KAIST 안으로부터 시작된 문제라고 결론지었다.

이민화가 통계분석을 해본 결과 2006년을 기점으로 KAIST의 창업은 급속도로 저하됐다. 동시에 2006년 이후 소위 SCI(Science Citation Index, 국제 과학논문 색인)급 논문은 증가했다. '학문적 수월성'과 '기업가적 대학', 두 가지가 서로 반비례한 것이었다. 이민화의 지론은 둘 중 하나를 선택하는 게 아니라 두 가지를 모두 이뤄야 한다는 것이었다. 그가 예로 든 것이 해외의 유수 대학들이었다. 스탠퍼드대의 윌리엄 휼렛(William Hewlett)과 데이비드 패커드(David Packard), 하버드대의 마크 저커버그(Mark Elliot Zuckerberg)등 일류대학들은 학문성 수월성과 창업 활성화 두 가지를 동시에 달성하고 이를 선순환시키고 있었다.

이민화는 KAIST 안에 산업계와 호흡을 같이하는 교수들이 거의 없다는 데서부터 문제가 발생했다고 판단했다. 논문을 잘 쓰는 교수는 많아졌지만 그만큼 산업계와 멀어졌다는 결론이었다. 진정한 경쟁력은 학점과는 별로 관계가 없다는 것이 이민화의 소신이었다. 그런데 학생들은 학점의 노예가 돼 있었다. 그는 그런 현실을 타파하기 위해 자신이 무엇인가 역할을 해야 한다고 생각했다.

첫 시도로 2011년 정부에 'IT명품인재육성 프로그램'을 제안했다. 기존 교과과정과는 획기적으로 차별화된 내용을 담아 한국의 'Singularity' 대학과정을 꿈꿨지만 결과는 탈락이었다. 또 'KAIST 2.0'이라는 혁신 제안을 총장을 비롯한 주요 교수에게 발표했지만 후속 조치가 없었다. 총장의 의지가 바뀌지 않는 한 위로부터의 개선은 불가능하다는 사실만 확인했다. 송락경으로부터 당시 상황을 들어본다.

"KAIST 2.0에는 'Open KAIST(일명 O.K프로그램)'라는 개방형 스타트업 운동을 포함해서 이민화 교수가 직접 작성한 20여 개의 실천 어젠다가 담겨 있었습니다. 당시 서남표 총장 앞에서 이민화 교수가 직접 KAIST 2.0 계획을 발표·설명했는데, 서 총장은 KAIST가 왜 이런 활동을 해야 하는지에 대해 사뭇 부정적인 입장이어서 그 자리에서 서로 얼굴이 붉어질 정도로 언쟁을 벌이기도 했습니다."

위로부터의 개선이 좌절됐다고 두 손 들고 돌아설 이민화는 아니었다. 위가 안 되면 아래로부터 개혁 활동을 전개해야 한다는 결론을 내리고 'KAIST 2.0'이라는 글들을 기고하고, KAIST의 기업가정신 확산을 위한 활동을 전개했다.

스마트 캠퍼스 캠페인, CEO 세미나, 기업가정신 강화, 실전창업 프로그램 등이 이민화가 주도한 활동이다. 산학협력단을 비롯한 여러 기관이 열심히 활동하고 송락경 교수가 적극 동참했다. 결과적으로 연간 두세 개에 불과하던 창업이 2년 만에 20~30개로 늘어났다.

KAIST 2.0을 주창한 이민화의 지론은 KAIST가 한국의 이공계 중심 대학이 돼야 한다는 것이었다. 나아가 학문과 창업의 선순환을 통해 세계적인 이공계 대학이 돼야 한다고 역설했다. 방법론도 제시했다. KAIST 내부에서만 문제를 풀어서는 안 되고 대전, 대한민국, 전 세계로 열린 학교가 돼야 한다고 강조했다. 연구실은 산업체의 문제를 함께 고민하고, 졸업생들은 상호 연결을 통해 개방 혁신에 참여해야 한다고 촉구했다.

그는 이러한 열린 학교로 가는 프로젝트를 '스마트 캠퍼스 프로젝트'라고 이름 붙였다. 스마트 캠퍼스는 개인이 스마트폰으로 들어가고 학교도 스마트폰으로 들어가 융합하는 최적의 학교를 의미한다. 시대를 한발 앞서 걸어간 이민화의 행보를 다시 한번 확인할 수 있는 대목이다.

04

영재기업인 육성에 나서다

• KAIST에서의 '이민화 시간'을 거슬러 올라가 본다. 2009년 5월, 이민화의 생애에 또 하나의 의미 있는 기록을 남기게 되는 일이 생긴다. 어느 날 KAIST의 이광형 교무처장(과학영재교육연구원장 겸임)이 이민화를 학교로 초청했다. 도착해 보니 특허청 인사(정연우 과장)와 KAIST 교수들 그리고 영재교육원 박사들이 토론을 하고 있었다. 토론의 주제는 고정식 특허청장이 화두를 던진 '특허 기반의 영재기업인' 과정을 KAIST에 만드느냐 마느냐 하는 것이었다.

백민정(KAIST 과학영재교육연구원 교수)은 특허청이 영재기업인 육성 과정을 KAIST에 제안한 것은 당시 고정식 특허청장의 의지에 따른 것이었다고 전한다. 고정식은 이민화의 중앙고등학교, 서울대학교 전자공학과, KAIST 후배로 50년 가까이 인연을 쌓아온 사이다. 고정식에게 벤처 대부 '이민화 선배'는 롤모델 같은 사람이었고, 이민화 같은 인재를 키우고 싶다는 꿈을 갖고 있었다. 우리나라가 선진국을 뒤에서 따라가는 추격자 입장에서 달라져야 한다는 것이 생각의 출발점이었다. 새로운 일을 시도하기 위해서는 혁신을 선도하는 인재가 필요한데, 문제를 빠르게 푸는 데만 중점을 둔 기존의 교육으로는 혁신 인재를 키울 수 없다는 것이었다. 그래서 제안한 것이 '지속적으로 혁신을 주도하는 인재를 키우기 위한 영재기업인 교육 프로그램'이었다.

고정식은 우리 사회의 고령화가 급격히 진행됨에 따라 그간 우리 경제의 성장동력이었던 제조업의 현장 경쟁력이 떨어지는 것은 명약관화한 사실이며, 미래에는 MS나 구글의 창업자들과 같은 지식재산에 기반한 창의적 기업인을 길러내야 우리나라의 지속적 성장이 가능하다고 생각했다. 하지만 특허청장은 교육제도를 바꿀 수 있는 직책이 아니었기 때문에 자신의 업무 범위 내에서 할 수 있는 일은 해야겠다고 마음먹었다. 그에 따라 당시 KAIST 서남표 총장과 포항공과대학교 백성기 총장을 찾아가 차세대 IP 영재기업인 프로그램의 취지를 설명하고 참여를 설득했다. 고정식으로부터 IP 영재기업인 육성에 이민화가 참여하게 된 배경을 직접 들어봤다.

"제가 특허청장이 되고 난 뒤 특허청 소규모 Agile 조직(부서 간의 경계를 허물고, 필요에 맞게 소규모 팀을 구성해 업무수행을 하는 조직 문화)에 도전적 임무를 부여하고 공개경쟁으로 책임자를 선발했습니다. 임무를 완수하면 승진에서 우대하는 프로그램이었는데, 정연우 서기관에게는 차세대 IP 영재기업인 프로젝트를 도전과제로 부여했습니다. 저는 그때 '왜 우리나라에는 구글의 창업자인 세르게이 브린(Sergey Brin)이나 래리 페이지(Larry Page) 같은 우수하고 창의적인 인재가 나오지 않을까? 우리나라가 미래에 성장동력을 확보하기 위해서는 IP(intellectual property: 지식재산)를 기반으로 세계적인 기업을 만들 수 있는 창의적 인재가 필요하다. 그러나 특허청이 교육시스템을 바꿔 IP로 무장한 차세대 CEO를 육성할 수는 없으니, 우리 청이 할 수 있는 일이라도 시급히 해야겠다'고 생각하면서, 적극적인 업무추진 자세를 가진 정현우 서기관에게 임무를 부여했습니다. 그때 정 서기관에게 '자네도 정년 뒤에는 연금 받아야 할 것 아닌가? 우리나라 제조업 경쟁력이 무너져서 국가 재정이 어려워지면 연금 운용도 어려워지는데, IP와 기업가정신으로 무장한 차세대 영재기업인들을 육성해 제조업을 뛰어넘는 성장동력을 확보하면 연금 못 받을 걱정도 없어질 거야'라는 이야기를 농담 반 진담 반으로 했습니다. 아울러 '정 서기관! 속으로 황당한 미션을 받았다고 걱정이 많을 텐데, 내가 아무 대책 없이 이런 일을 하라고 하겠어? 미리 말씀드려 놓았으니 이민화 회장님을 찾아뵙고 사부님으로 모시면, 이 사업은 반드시 성공할 거야. 내가 이 프로젝트를 구상했을 때, 머릿속에 떠오르는 분이 이민화 회장님이었고, 그분이라면 믿고 추진해도 되겠다고 생각했거든'이라며 자신감을 갖도록 당부했습니다. 이후 정 서기관은 이민화 회장님이 이 사업을 헌신적으로 끌고 나갈 수 있도록 훌륭하게 임무를 완수했고, 그 과정에서 KAIST에서는 이광형 교수님(현 KAIST 총장, 당시 KAIST 과학영재교육연구원 원장)이 적극 지원해 주셨으며, 훗날 이 교수님 자신이 직접 본 사업의 자문위원회 위원장을 맡기도 하셨습니다. 당시 사업추진의 신속성과 성공 가능성을 고려하고, 최소한의 경쟁이 되는 시스템으로 출발하자는 취지에서 KAIST와 포스텍에서 동시에 자율적이고 독립적인 프로그램을 운영하게 됐습니다. 그렇게 시작한 차세대 IP 영재기업인 교육이 10년 이상 진행됐습니다. 10주년 행사에서 박원주 특허청장이 저와 이민화 선배에게 감사패를 줄 예정이었는데, 이 선배가 행사 일주일 전에 돌아가시는 바람에 함께하지 못해 안타까웠습니다."

특허청에서 KAIST에 영재기업인 프로그램을 제의하던 날, 현장에 있었던 일을 이민화는 『끝나지 않은 도전』에 이렇게 썼다.

『끝나지 않은 도전』 中

대체로 대학 내에 교육과정을 설치할 때 정부 부처가 돈을 내고 학교는 그 기금을 따오기 위해 열심히 노력하는 것이 일반적이다. 그런데 당일 풍경은 주객이 전도된 형국이었다. 특허청의 정연우 과장은 영재기업인 프로그램을 반드시 관철하기 위해 노력하는 모습이었고, 이광형 원장을 비롯한 KAIST 교수들과 영재기업인 박사들은 시큰둥한 표정으로 앉아 있는 모습이었다.

"아니, 기업인이 교육을 통해 키워지나?"

"그리고 영재가 무슨 기업인인가?"

그런데 마침 평소에 추진해 왔던 창조경제연구회에서 내가 주제 발표했던 자료를 가지고 있었다. 그 자료는 '미래사회는 특허를 중심으로 재편되고 전 세계의 기업가치는 빠른 속도로 특허로 이동한다'는 내용을 담고 있었다.

그 이유는 단순하다. 기업이 남들과 차별화할 수 있는 핵심 역량이 생산을 넘어, 기술을 넘어, 이제는 특허로 진입하고 있다는 것을 의미한다. 앞으로 사업은 특허를 가지거나 아니면 시장을 가지거나 둘 중 하나를 가지고 있어야 하며, 이 둘을 선순환시킬 수 있는 기업은 우량기업이 된다는 것을 의미한다. 나는 두 가지 화두를 담고 있는 창조경제연구회의 성과를 그날 모임에서 뜻하지 않게 발표하게 됐다. 결과는 놀랍게도 KAIST 박사들이 왜 특허 기반의 기업인을 육성해야 하는가를 이해하게 된 것이다. 돌이켜보면 고정식 청장은 전체적인 그림을 암묵적 형태로는 파악했던 것 같다.

그날 KAIST는 IP 기반의 영재기업인 교육을 추진하는 것으로 결론짓고 그 책임을 이민화에게 맡겼다. KAIST에서는 왜 이민화에게 그 프로젝트를 맡겼을까? 특허청의 구체적인 요청이 있기는 했지만, 그보다도 그가 적임자라는 데 이견이 없었기 때문이다. 백민정의 증언도 그런 사실을 뒷받침한다.

"특허청에서 KAIST에 교육원 설립과 운영을 의뢰했을 때, KAIST에서는 기업인이 교육을 통해 키워진다는 견해에 부정적이었습니다. 그런 교육과정의 선례가 없었고, 당시 대표적 기업인인 스티브 잡스와 빌 게이츠가 하필

대학 중퇴자였다는 것도 영향을 주었을 겁니다. 특허청과 지리적으로도 가까운 데다 정연우 과장의 강력한 요청에 고심하던 KAIST 과학영재교육연구원 이광형 원장은 이민화 회장이 그런 교육을 가장 잘할 것이라고 판단하고 교육원 운영을 맡긴 것으로 보입니다."

반대로 이민화가 그 일을 흔쾌히 맡은 이유는 무엇일까? 역시 백민정의 전언으로 그 배경을 헤아려 본다.

"이민화 교수님은 기본적으로 타인을 위하는 마음이 큰 분입니다. 본인도 영재이기 때문에 교육을 받으면서 여러 문제점을 발견했을 것입니다. 우수한 인재들이 기업가정신 교육을 받으며 자랄 수 있다는 생각에 들떠 있던 것으로 기억합니다."

이렇게 양측의 '이해관계'가 맞아떨어지면서 2009년 8월부터 특허 기반의 차세대 영재기업인 교육을 진행하기 위한 기획에 착수했다.

이민화가 그리는 전체적인 그림의 윤곽은 분명했다. 그에게는 미래 기업의 차별화 요소인 IP를 기반으로 기업가로 연결하는 IP-CEO 과정이 대한민국 미래 발전의 핵심이 될 것이라는 확신이 있었다. 전국의 중·고등학생을 선발해서 1만 시간 교육을 시키면 한국을 먹여살릴 인재가 나온다는 믿음이었다. 여기서 말하는 IP-CEO는 도전정신을 가지고 기업가정신을 사회적 가치로 확산해 가는 인재, 독창적이고 창의적인 인재를 뜻하는 IP와 기업가정신을 의미하는 CEO를 결합한 말이다. IP, 즉 'intellectual property'는 '지식재산'을 뜻하지만, 나아가 '남들과 다르게 생각할 줄 아는 사람(creator)'을 의미하기도 한다. 또 CEO는 끊임없는 도전을 통해 혁신을 이루고 가치를 창출하는 '혁신자(innovator)'의 개념을 포함한다.

문제는 그런 교육의 사례가 전 세계 어디에도 없다는 것이었다. 영재에게 무엇을 가르치고 어떻게 육성할 것인지, 그 방법을 아는 사람은 아무도 없었다. 이민화는 여러 사람을 만나 의견을 들었다.

"인성교육을 강화해야 합니다."

"수학과 과학을 충실히 해야 합니다."

"응용 프로젝트를 많이 해야 합니다."

의견과 조언이 너무 많아서 오히려 혼란할 지경이었다. 그런 과정을 거치면서 조금씩 방향이 잡혀가기 시작했다. 2009년 8월에는 자문위원회를 구성하고 9월에는 영재기업인 교육원 개소식을 열어 공식 출범을 알렸다. 자문위원들은 대부분 이민화의 인맥을 통해 구성됐는데, 인문학·미래학·지식재산권 전문가와 IT 벤처사업가 등 다양한 분야의 전문가들이 망라됐다. 그들이 전체적인 교육의 영역을 정했다.

이민화는 먼저 다섯 과목의 온라인 강좌를 준비했다. 녹음의 질 등이 완벽하지는 않았지만 그는 두고두고 이 강좌들이 이 분야 최고의 강좌라는 자부심을 갖고 있었다. 온라인 교육에 이어 오프라인 캠프를 기획했다. 오프라인 캠프는 두 명의 강사가 한 개의 주제를 가지고 화두를 제시하는 방식이었다.

예를 들어 녹색기술에 대해 한 명은 기술적 측면, 한 명은 인문학적 측면을 가지고 두세 시간에 걸쳐 전 세계에서 벌어지는 첨예한 문제를 제시한다. 학생들은 팀을 나눠 주제를 정하고 인터넷 검색을 하고 토론을 하면서 문제를 풀어나간다. 물론 정답은 없다. 조교들이 도와주기는 하지만 그들 역시 정답을 가지고 있는 것은 아니다. 정답의 반대말은 오답이 아니라 '또 다른 정답'인 것이다. 교육 현장에서 이 방식을 적용했을 때 학생들은 처음 부딪치는 문제 앞에서 난감해했다. 새벽 두세 시까지 난상토론을 하고 인터넷을 뒤졌다.

교과목 구성

이민화는 우선 전체적인 교과목을 정리했다. 대략 이런 내용이었다.

첫 번째는 IP다. 특허가 없으면 미래산업의 차별화 요소가 없고 결과적으로 차별화된 수익 창출이 어려워진다. 먼저 특허를 교육해야 한다.

두 번째는 이 특허를 기반으로 기업을 이끌어가는 기업가정신을 키워야 한다.

이렇게 특허를 만들어 내는 융합기술, 사업화를 이끌어 내는 기업가정신 두 가지가 IP-CEO의 양대 축을 형성한다. 이어 융합기술이 기업화되기 위한 포장 과정이 특허다. 특히 트리즈(TRIZ: Teoriya Reshniya Izobretatelskikh Zadatch, '창의적 문제 해결 이론'을 뜻하는 러시아어의 영어식 읽기 표현)가 중요한 역할을 차지한다.

한편 기업가정신으로부터 융합기술로 새로운 니즈를 전달하기 위해서는 사회가 요구하는 가치를 창출할 수 있고 조명할 수 있는 인문학이 필요했다. 그래서 융합기술, 특허, 기업가정신, 인문학이라는 4개의 기본 과목이 구성됐다. 이를 기본 과목으로 삼고 분야별 첨단기술에서 화두를 제시하고 팀 프로젝트로 문제를 해결하는 캠프를 구성하기로 했다.

대략적인 정리가 끝나면서 이렇게 만들어진 교과목을 어떻게 전달할까 하는 문제가 남았다. 선발된 학생들에게 온라인 교육을 진행하는 것과 더불어 한 달에 한 번씩 1박2일의 오프라인 캠프를 열기로 했다.

교과목 정리가 끝났으니 강사를 확보해야 했다. 이민화가 직접 섭외에 들어갔다. 미래기술·융합기술 쪽은 융합기술연구소를 운영하는 이인식 소장과 아스펙연구소를 운영하는 차원용 박사를 섭외했다. 기업가정신 분야는 한국산업기술대학(현 서울과학기술대학교)의 이현숙 교수를 발탁해서 KAIST의 송락경 교수가 도와주기로 했고, 인문학 분야는 KAIST의 인문과학대학에 위임했다.

이민화는 이어서 영재기업인 교육의 하이라이트라고 할 수 있는 오프라인 캠프 설계에 착수했다. 캠프 설계의 핵심은 프로젝트 중심 교육이었다. 창조성과 협업을 중심으로 한다는 의미에서 CC(Creativity and Collaboration) 캠프라고 명명했다. 온라인 교육이 콘텐츠 전달 중심의 이론 수준이라면, 오프라인 교육은 문제 해결 능력을 키워주고 창조성을 키워주는 데 초점을 맞춰 설계했다. 그 모토는 '가르치는 것은 줄이고 배우는 것은 늘린다'는 의미의 'Less Teaching, More Learning'이었다.

이런 교육을 진행하기 위한 인력이 필요했기 때문에 두 명의 전임연구원을 발탁했다. 사업의 실무 책임을 맡을 허남영 박사와 백민정 연구원이었다. 두 사람이 커리큘럼의 세부 사항을 만들고 온라인 강좌를 만들어 갔다. 이어 영재교육 경험이 많은 우정수 연구원이 합류했다.

준비가 끝나면서 2009년 12월 제1기 학생을 모집했다. 전국 중·고등학교 교장의 추천으로 5 대 1의 경쟁을 거친 끝에 101명을 선발했다. 먼저 전국 중학교에 공문을 보내고 학교장이 학생 5명을 골라서 지원하도록 했다. 1차는 서류전형으로 학생들의 자기소개서와 교사추천서를 근거로 선발했다. 1차에서 합격한 학생들은 1박2일간 캠프를 하며 오프라인 팀 프로젝트에 참여하도록 했다. 주제를 주면 학생들이 아이디어를 내서 발표하고, 1차를 통과한 학생들은 2차 선발캠프에 참가했다. 캠프는 IP-CEO 정규 교육과정과 동일했기 때문에 선발에서 떨어진 학생들도 참가만으로도 교육을 받을 수 있다는 것이 특이점이었다. 교육 비용은 특허청 예산으로 처리하고, 캠프 참여비는 참여자에게 따로 받았다.

이민화가 선발해서 가르치고 싶은 영재상은 어떤 모습이었을까? 어떤 역할을 할 영재를 육성하고 싶었을까? 백민정의 설명으로 확인해 본다.

"한마디로 '협력하는 괴짜'라고 표현했습니다. 여러 역량을 골고루 잘하는 것보다 나머지 모든 역량이 낮더라도 한 가지 역량이 특출나게 뛰어나고, 대신 다른 역량이 특출난 다른 인재들과 협력할 수 있어야 한다는 것입니다. 그렇게 구성된 팀이 세상을 바꾼다는 것이지요. 비유하자면 국·영·수 과목 모두 85점을 보유한 세 명의 학생을 한 팀으로 구성해 시험을 보면 국·영·수 평균점수가 85점이 되지만, 국어는 100점이나 영어와 수학이 모두 0점인 학생과 영어는 100점이나 국어와 수학 모두 0점인 학생, 그리고 수학은 100점이나 국어와 영어 모두 0점인 학생이 함께 모여 팀을 꾸리면 그 평균점수가 100점이 된다는 의미입니다. 각자의 장점만을 취합하고 핵심역량을 연결해서 함께 문제를 해결한다는 것이지요."

'협력하는 괴짜'는 다양한 인재들이 모여 융합하는 과정을 통해 집단적 창의성을 발휘한다는 뜻이다. 괴짜라도 혼자서 하기에는 어려우니 협업해야 한다는 의미를 갖고 있다.

선발캠프에서부터 실시한 토론 교육을 통해 창조성이 뛰어나고 CEO로서의 리더십을 가진 학생을 선발했다. 선발캠프의 주제는 개인 과제와 집단 과제로 나눴다. 개인 과제는《네이처》에 실린 최첨단 이론으로, 당연히 사교육으로서는 불가능한 문제들이었다. 그것도 영어로 된 과제를 제시하고 그를 바탕으로 창조성을 테스트했다. 집단 과제는 녹색기술에 대한 강연을 듣고 팀 프로젝트를 제출하는 장기 과제였다. 제한된 시간 내에 문제를 풀어내는 팀 단기 과제도 있었다. 이처럼 다양한 과정을 거치면서 조교들의 개인 리더십 평가와 더불어 창조성을 평가했다.

재미있는 점은 떨어진 학생들도 캠프 과정이 즐거웠다고 입을 모았다는 사실이다. 밤새워 프로젝트를 하고 새벽 두세 시 넘어서까지 토론을 벌이다가 갑자기 변곡점에 도달해서 다양한 아이디어들을 쏟아냈다. 이런 몰입을 통해 창조성의 기쁨을 맛본 학생들은 그 희열 때문에 수업을 열광적으로 지지했다. '온라인 교육의 콘텐츠 제공'과 '오프라인 캠프의 프로젝트를 통한 문제 해결 능력', 이 두 가지가 IP-CEO 교육의 핵심이었다.

2010년부터 본격적으로 교육이 시작됐다. 교육은 창의성과 협업역량을 중시하는 가운데 팀 프로젝트 중심으로 운영했다. 아이들은 프로그램을 통해 지식을 다루는 방법을 배웠다. 지식을 전달하는 교육이 아닌 지식을 다루는 교육으로 학습의 역량을 높였다. 팀 프로젝트를 배운 학생들은 질문하는 법을 배우게 되고, 토론을 통해서 문제의 대안을 만들고, 집단지능으로 아이디어를 얻는 방식이었다. 구체적으로 어떤 교과를 어떻게 교육했는지 백민정이 전해준다.

"기본 학습 교과로 ①미래학 ②지식재산 ③기업가정신 ④인문학 등 4개 교과를 온라인으로 제공하고, 오프라인에서는 온라인으로 학습한 역량을 바탕으로 협업하는 과제가 제시됐습니다. 중·고등학생들이 20~30년 후 미래 기업인이 되기 위해서는 시대를 앞서가는 눈을 가져야 한다고 판단했습니다. 그래서 미래학이 강조됐고, 기술의 사회적 가치와 활용에 인문학이 필요하다는 자문 결과에 따라 인문학을 포함시켰습니다. 지금은 누구나 인문 소양을 이야기하지만, 스티브 잡스가 아이폰을 발표하면서 '애플은 기술과 인문학의 교차점에 있다'고 한 것이 2010년이었는데, KAIST 영재기업인교육원 교육과정은 2009년에 이미 마련된 것이었습니다. 이런 점에서 볼 때 당시의 교육이 얼마나 선도적이었는지 알 수 있습니다. 특히 시대를 앞서가는 이민화 교수님의 혜안을 엿볼 수 있는 대목입니다."

교육 진행 방식은 학생들에게 매주 온라인 과제를 주고 정답이 없는 문제를 풀면 KAIST 학생들이 조교로서 피드백을 하고, 집단 커뮤니티에서 토론하고, 한 달에 한 번 1박2일 캠프에서 다양한 주제를 가지고 문제를 풀어나가는 식이었다.

오프라인 교육은 6T(IT 정보, BT 바이오, NT 나노, CT 문화, ET 환경, ST 우주) 기술 분야별로 2명의 전문가(1명은 최신기술적 측면, 1명은 사회적 측면)가 각각 30분 내외로 짧게 강연하고 해당 기술의 미래 서비스 아이디어를 내는 1년 차 과정과 실제 창업 아이디어를 내고 정교화하면서 서로 잘 맞는 학생들이 예비창업 과정을 경험하는 2년 차 과정으로 구성됐다. 또 수료생들에게는 실전 창업을 지원하는 과정으로 이어졌다.

이런 교육과정에 대한 학생과 학부모들의 반응은 어땠을까? 역시 백민정이 전해준다.

"교과과목에서 보듯 본 교육과정이 학교 내신에 도움이 되지는 않습니다. 반면 과제는 학생들이 전혀 경험하지 못한 '정답이 없는 문제'를 해결하고, 수료생으로 구성된 조교들의 쓰라린 피드백을 받아 보완 과정을 거칩니다. 내신을 병행하기 어렵거나 학업 성취도가 최상 단계의 아이들은 일시적으로 약간 성적이 떨어지기도 하면서 부모가 말리거나 스스로 그만두기도 했습니다. 하지만 학생들은 힘든 과정 속에서도 확실히 즐거워 보였습니다. 누가 억지로 시키는 것이 아니고, 본인들이 하는 것이니 동기부여가 됐습니다. 우리가 주제를 정하고 화두를 제시하면 토론을 진행하는데, 중학생이라고 믿어지지 않을 정도로 잘했습니다. 정해진 시간 없이 10시간을 풀어놔도 대학생 수준으로 결과를 만들어 내는 것을 보면서 '이것이 집단지능의 위력'이라는 생각이 들었습니다. 1기에 참여했던 학생 중 한 명은 '영재교육원 수료가 자신의 삶을 바꾼 경험'이라고 털어놓기도 했습니다. 다만 학부모들의 걱정도 있었습니다. 학생들이 학교 과제 대신 교육원 과제를 했기 때문에 갈등이 생긴 것이지요. 우리는 대안으로 학부모를 초대해 1년에 한 번 1박2일 간 학생들과 함께 프로젝트를 진행했습니다. 부모와 아이가 서로를 이해하는 시간을 가질 수 있어 반응이 좋았습니다."

처음엔 반신반의하던 학부모들로부터 "설사 대학 입시에 도움이 되지 않더라도 정말 좋은 교육"이라는 반응이 나왔다. 첫해 캠프에 참여한 학생 중 4명이 KAIST에 입학했다. 그해에 고등학교 2학년생 20명이 조기 합격했는데, 그중 4명이 캠프 참가자였다.

이민화가 정열을 바쳤던 KAIST 영재기업인 교육원은 그가 떠난 뒤에도 계속돼서 2021년까지 12기가 진행됐다. 그가 타계한 2019년까지 10년 동안의 성과를 보면 총 527명이 수료했고, 3,334건의 특허출원과 164건의 특허등록이 진행됐으며, 24건의 사업화 시도가 있었다. 사업화한 학생 중에는 매출의 일부를 KAIST에 기부하기도 했다. 또 25명이 대한민국인재상을 받았다. 입시와 관계없는 교육이었지만 실제로는 우수한 대학진학 실적을 거뒀다. 대학진학자들 중에 KAIST 진학이 가장 많아서 15% 정도를 기록했고, 다음이 서울대(13%)와 고려대(12%) 순이었다. KAIST 이외에도 4개의 과기특성화대 진학률은 12%를 기록했다. 해외 대학에 진학한 실적도 매우 우수해서 하버드, 예일, 옥스퍼드, 칼텍, 라이스 등 모두 아이비리그 수준의 대학이나 대학원에 진학했다.

아울러 수료생들의 대외 혁신 활동도 두드러졌다. 국내외 유수의 콘퍼런스나 해커톤(Hackathon) 등을 유치해서 성공적으로 운영하기도 하고, 기술 및 혁신 관련 세미나 주최 등 각자의 자리에서 끊임없는 혁신 활동을 하고 있다.

이민화는 마지막 순간까지 영재기업인 육성 교육에 힘을 쏟았다. 타계 2~3일 전에도 다음 캠프 교육과 조만간 있을 교육원 10주년 행사 준비로 백민정 교수 및 연구원들과 회의를 진행했다고 한다. 백민정은 이민화의 마지막 모습을 "꽤 지쳐 보였다"고 기억한다.

"이민화 교수님은 별세하시기 전 주에도 캠프에 참여하셨습니다. 캠프 당일에 얼굴을 뵈었는데 안색이 너무 안 좋아 보였습니다. 몸이 괜찮으신지 여쭤봤더니 '과로지 뭐'라고만 말씀하셨습니다."

이민화와 처음부터 교육을 함께 진행해 온 백민정은 그가 남긴 업적을 이렇게 평가한다.

"이민화 교수님은 IP-CEO 자체입니다. 그분이 영재교육원을 설립하고 방향을 제시했을 뿐만 아니라 이민화 교수님이 바로 영재기업인이었기 때문입니다. 당시에는 세계 어디서도 이런 교육 사례가 없었습니다. 교육원 설립 전에 정부에서 영재교육원을 설립하려면 해외 사례를 찾아오라고 하는 바람에 함께 고생도 많이 했습니다. 하지만 10년이 지난 후 지금은 전 세계 교육의 흐름이 이쪽으로 오고 있습니다. 이러한 교육이 미래에도 지속돼야 한다고 생각합니다. 이제는 일반 학생들의 교육 방식도 바뀌어 나가야 할 것입니다."

차세대 IP 영재기업인 프로그램을 제안했던 고정식 역시 이민화의 부재를 아쉬워하면서 그의 열정을 높이 평가했다.

"이민화 선배를 믿고 이 프로그램을 시작했던 것은 옳은 선택이었습니다. KAIST 차세대 IP 영재프로그램은 새로운 생각과 영감을 가지고 꿈을 키워 나간 젊은이들을 다수 발굴해 서로 알게 하고, 협력할 수 있는 기회를 제공했습니다. 제가 느끼기에는 본받을 영재기업인상 자체가 이민화 선배였습니다. 본인이 제도권 학교를 다니면서 느낀 문제점을 잘 알고 있었고, 영재기업인으로서의 삶을 살았기 때문에 더 열정적으로 임했을 것입니다."

05

KAIST 미래전략대학원 교수

'교육자 이민화'와 KAIST의 인연은 미래전략대학원으로도 이어진다. KAIST 미래전략대학원은 기술지식에 기반한 전문교육 역량의 지속적 발전을 목표로 설립된 대학원이다. 대학원의 발전을 위해 큰돈을 기부한 정문술 전 KAIST 이사장의 뜻을 기리기 위해 '문술미래전략대학원'이라고 명명했다. 학위 과정은 지식재산, 과학저널리즘, 미래전략으로 프로그램이 세분화돼 있으며 변호사, 변리사, 판·검사, 전문기자, 기업 홍보담당, 정책전문가 등 다양한 분야의 전문가들이 수강한다. 교육은 KAIST 대전 본원, 서울 도곡캠퍼스, 세종시, 국회의사당 등 다양한 장소에서 이루어지며 미국 Northwestern Pritzker Law School과 공동으로 국제화 프로그램도 운영하고 있다.

이민화는 2009년 미래전략대학원 출범 첫해부터 강의를 맡아서 타계 전까지 강의와 논문지도를 했다. 그가 강의한 과목은 '오픈마케팅 & 이노베이션' '미래전략과 IP' 등 혁신을 주제로 한 분야였다. KAIST 도곡캠퍼스에 근무하는 김민지는 이민화의 강의 방식을 이렇게 전한다.

"이민화 교수님은 토론을 좋아하셨습니다. 화두를 던지고 학생들이 각자의 관점에서 문제를 풀어가는 과정을 지켜보는 것을 굉장히 즐거워하셨는데, 마치 '음미'하는 것 같았습니다. 교수님은 학기 초에 학기 말 과제를 미리 발표해서 학생들에게 시간을 길게 주셨습니다. 그리고 학기 중간에 리포트 등 중간과제를 주는데 이게 기말과제와 연결돼 있어서 벼락치기로는 과제를 끝낼 수 없도록 했습니다. 리포트도 조교들에게 맡기지 않고 본인이 직접 하나하나 확인하고 첨언하셨는데, 이 첨언의 형식이 질문이기 때문에 학생들은 계속 집중할 수밖에 없었습니다. 교수님의 이런 강의 방식은 한국 학생들에게 다소 부족하다고 지적되는 '스스로 사유하는 힘'을 기르기에 더없이 좋지 않았나 생각합니다."

이민화의 강의는 당시의 화두였던 '창조경제'라는 새로운 경제 패러다임의 본질과 대응 전략에 대해 논하고, 창조경제의 대표적 현상인 기술 마케팅과 오픈이노베이션에 대해 구체적인 대안을 제시하는 것을 주 내용으로 했다. 또 외부 전문가들을 초빙해서 M&A, 기술사업화, IP거래 등을 토론하는 시간도 두어서 이론이 아닌 실무 위주의 강의를 진행했다. 학생들은 이런 방식의 수업을 처음에는 다소 낯설어했지만, 점차 실무에 근거한 현장성 있는 내용과 방식을 즐기게 되면서 좋은 강의 평가로 이어졌다. KAIST 미래전략대학원에서의 이민화를 김민지는 이렇게 기억한다.

"이민화 교수님은 가장 좋은 본보기가 돼 준 교육자이셨습니다. 최고의 학력과 사회적·학문적 업적을 이룬 분인데도 항상 겸손한 자세로 끊임없이 연구하는 자세를 보여주셨습니다. 교수님의 그런 모습은 학업적인 부분뿐 아니라 인생을 살아가는 데 모범이 됐습니다. 단순히 교육자를 넘어 참스승이라고 생각합니다."

06

DGIST 교수

이민화는 KAIST뿐 아니라 DGIST 강의 경력도 가지고 있다. DGIST는 대구경북과학기술원(Daegu Geongbuk Institute of science and Technology)의 영문 약자로, 2003년 12월 11일 설립된 과학기술정보통신부 산하 공공기관이다. 2004년 국책연구기관으로 출범했으며 2011년 대학원 석박사 과정을, 2014년 학부과정을 개설했다.

이민화가 강의한 기간은 2015년 3월부터 2018년 12월까지였고, 공식 직책은 초빙석좌교수였다. DGIST는 벤처신화를 상징하는 이민화가 MOI(기술혁신경영) 프로그램의 교수로서 최적격자라고 판단하고 강의를 요청한 것이었다.

담당한 과목은 '이노베이션 경영 특강 및 세미나'였다. 이민화는 매번 50·60개의 슬라이드를 쓸 정도로 충실하게 강의 준비를 했다. 강의 내용은 대부분 4차 산업혁명과 관련된 것이었는데, 당시 4차 산업혁명에 관해 잘 아는 전문가가 적었기 때문에 학생들뿐만 아니라 DGIST 교수진을 비롯해 인접

대학교 교수들도 참석할 정도로 인기가 대단했다. 이민화는 학생들이 질문하면 자상하게 설명해 줬지만 논리적 모순이나 잘못된 생각을 갖고 있는 경우 따끔할 정도로 직선적으로 지적했다.

이민화의 강의에 대한 학생들의 반응은 무척 좋았다. 대부분 이민화를 '벤처기업의 라이프사이클 이론과 실제에 관한 최고의 권위자'라고 인정했다. 4차 산업혁명에 대한 예측과 전망이 탁월하고, 그 내용이 풍부해서 미래 사업과 산업혁신에 무궁무진한 응용 가능성을 갖고 있다고 여겼다. 이공래(DGIST 교수)의 전언을 통해 당시 수업 분위기를 들여다본다.

"학생이 질문하거나 조언을 원하면 이를 피하거나 얼버무리는 모습을 볼 수 없었습니다. 학생들이 강의 준비만 철저히 하면 이민화 교수에게 실질적인 도움을 얻어갈 수 있었습니다. 한번은 한의원을 운영하는 한 학생이 자기 치료 경험을 이야기하고 이를 평가해 달라는 요청을 하자, 이에 대해 긍정적인 평가를 하면서 자신도 치료해 달라고 부탁하기도 했습니다. 이 학생은 이민화 교수의 이런 반응을 흘러가는 이야기로 듣지 않고 즉석에서 약속하고 치료실로 모셔가 치료해 드리기도 했습니다."

이것 역시 이민화 스타일의 현장교육이자 실용교육이었다. 그의 실용교육은 거기서 끝나지 않았다. 대구에서도 이민화의 화두는 '벤처'였다. 학문이 이론에서 그치는 것이 아니라 산업과 연계돼야 한다는 것이 그의 지론이었기 때문이다. 강의를 마치면 통상 벤처 리더들이 운영하는 1·2개 벤처기업에 관해 심층 조언을 목적으로 소규모 세미나를 진행했다. 대구·경북 및 동남권 지역에서 벤처기업을 운영하는 벤처 리더들은 이민화 교수로부터 도움말 받기를 무척 원했다. 대부분이 신생 창업자들이라 잘 알려지지 않은 기업들이었는데, 그중 메카솔루션이라는 업체는 대단한 성공을 거둬서 매년 2배씩 성장한 끝에 지금은 100억대 매출을 이뤄냈다.

07

방송으로 청년창업을 독려하다

"청년창업 활성화를 위한 활동은 기업호민관 시절부터 준비됐으나 퇴임 직후 방송에서부터 시작했다."

이민화가 『끝나지 않은 도전』에서 남긴 말이다. 그는 2011년 2월부터 경인방송(OBS)의 〈기업 프로젝트〉라는 프로그램을 공동 진행했다. 그때 함께 일했던 이시애(방송작가)는, 원래 프로그램을 기획할 때는 MC 후보군에 이민화가 없었다고 전한다.

"이민화 회장님이 MC 1차 후보는 아니었습니다. 처음엔 우리 방송사 아나운서와 밸런스를 맞춰 기업 경제통의 남자 MC를 찾고 있었지요. 그러던 중 은퇴한 CEO이면서 벤처 1세대의 신화적 존재로 불리는 이민화 회장님을 알게 됐고, 비록 방송 MC 경력은 없지만 벤처 정신 또한 '도전'이니 도전해 보자는 취지에서 캐스팅을 결정하게 됐습니다."

이민화가 굳이 방송 매체에 얼굴을 내민 것은 청년들에게 창업을 독려하기 위해 유용한 수단이라고 생각한 때문일 듯싶다. 이 프로는 성공한 기업,

미래에 성공할 기업들의 사례들을 소개해 주는 데 초점을 맞추고 있었다.

대부분 출연자는 이민화가 섭외했다. 안철수, 변대규, 조현정, 신현성 등이 이민화의 '협박'으로 출연했던 기업인들이다. 특히 서브 코너로 〈슈퍼벤처.y〉라는 것이 있었는데, 신진 창업가들이 자신의 아이템이나 아이디어를 소개하는 코너였다. 이 시간에는 정보과학고 학생들도 초대됐다. 창업 아이디어가 있고 굳이 대학을 가지 않더라도 창업할 가능성이 있는 학생들을 출연시킨 것이다. 이민화가 특성화고에 나가서 강연을 많이 하던 때라 섭외에도 많은 도움이 됐다. 방송을 대하는 이민화의 자세를 이시애는 이렇게 전한다.

"눈을 다른 데 돌리지 않는 분이었습니다. 제가 받은 인상은 이민화 회장님은 돈을 벌기 위해 일하는 사람이 아니라는 것이었습니다. 다른 의미로는 고지식한 분이었습니다. 방송 출연을 수락하신 것도 유명해지기 위해서가 아니라 청년 창업가들에게 희망이 되려고 한 것 같습니다. 이민화 회장님은 방송 전에 특별초대석에 나오는 손님들을 리스트업하고, 그들에 대해서 굉장히 많은 자료를 준비해서 나눠 주시곤 했습니다."

방송도 공부하듯 한 모양이었다. '이민화다웠다'는 말이 절로 나온다. 하지만 바쁜 이민화에게 방송을 계속하는 것은 쉽지 않은 일이었다. 일주일에 하루 이상의 시간을 온전히 투입해야 하는데, 한국디지털병원수출사업협동조합과 KAIST 영재기업인 교육 등 여기저기에 시간을 나눠 써야 하는 그로서는 벅찰 수밖에 없었다. 더 이상 감당하기 어렵다는 생각이 들면서 스스로 그만두었다.

08

'교육자 이민화'를 말한다

● 교육자로서 이민화의 행보를 따라가다 보면, 어쩌면 그의 진정한 가치는 교육에서 가장 빛을 발한 것이 아닐까 하는 생각이 든다. 그는 언제 어디에 있든 끊임없이 미래세대를 가르쳤고 인재들에게 자신의 지식과 경험을 전했다. 그의 그런 열정은 누군가의 가슴에서 씨앗이 되고 희망이 됐다. '교육자 이민화'를 가장 가까이서 본 신수진 비서는 여러 후일담을 전해준다.

"회장님은 자신의 강의가 누군가에 도움이 되길 바라면서, 중요한 강의자료를 만들거나 외부 강연 동영상을 받으면 유튜브에 직접 올리셨습니다. 나누기를 좋아하셨던 회장님은 강의 동영상을 올리면서도 늘 마지막을 염두에 두었던 것 같습니다. 자신이 세상을 떠나도 자료가 남아서 누군가에게 도움이 되길 바랐던 것이지요."

이민화의 강의 방식은 독특했다. 4차 산업혁명 교육과정 실무를 담당했던 비서 신수진이 전해준다.

“강의 동영상 콘텐츠를 일주일 전에 수강생들에게 공유하여 먼저 학습해 오도록 했습니다. 강의 당일에는 수상생들이 학습과정에서 갖게된 의구심을 끄집어내어 토론 중심(강연자+학생, 학생+학생)으로 수업을 이끌었고, 신속 정확한 피드백을 매우 중요하게 생각했습니다.”

이민화가 강의한 대상은 다양했으며 교육생의 수준에 맞춘 눈높이 교육을 중시했다. 예를 들어 기업 CEO들을 대상으로 한 강의는 사자성어를 인용하며 진지하게 설명했고, 중·고등학생이나 대학생들을 대상으로 할 때는 TV 코미디프로의 유행어까지 동원해서 유쾌하게 이끌어 갔다. 그래서 이민화의 강의를 들은 사람들은 ‘명쾌하고 유쾌한 강의’라는 평가를 아끼지 않았다.

또 이민화는 자신의 강의를 들은 교육생들과의 관계를 무척 중시했다. 일회성 만남으로 그치지 않고 적극적으로 연락처를 저장해 이메일이나 페이스북 등을 통해 소통하면서 각각의 커뮤니티를 만들어 갔다. 아울러 창업자들을 대상으로 한 멘토링에도 적극적이었다. 창업 지망생들이 그를 자주 찾아왔는데, 그들을 만나면 단순히 멘토링에 그치지 않고 비즈니스 모델을 발표하게 한 후 조언을 해 주거나 도움이 될 만한 중견기업을 적극적으로 소개해 줬다. 특히 기술 기반 기업과는 특허 아이디어를 함께 내기도 하고 비즈니스 모델 개발이 될 만한 과제에 참여하도록 해서 모델을 실증해 보고 포트폴리오를 만들 수 있도록 도와줬다. 역시 신수진의 전언이다.

“회장님은 항상 누군가의 멘토 역할을 자처하셨습니다. 대학생과 대학원생, 그리고 영재교육원생들을 가르치는 것을 좋아하셨어요. 그들의 인맥으로는 만날 수 없는 분들을 소개해 주며, 스케줄까지 직접 잡을 정도로 열정을 보이셨습니다. 지금도 기억나는 것은 돌아가셨을 때 자정이 다 돼서 빈소에 영재교육원생들이 수업을 마치고 찾아온 것입니다. 회장님이 얼마나 그들을 잘 대해 주셨는지 짐작해 볼 수 있는 부분입니다.”

교육에 대한 이민화의 진지한 태도와 열정은 다른 여러 사람의 입을 통해서도 확인할 수 있다.

- **명승은 벤처스퀘어 대표**

이민화 회장님은 멀어서 가기 어려운 지방 강연 요청에도, 학생들이 대상일 경우에는 망설임 없이 무대에 올라와 주셨다. 그때마다 하셨던 말씀은 "학생들에게는 공짜라도 미래를 위해 해 줘야 할 말이 많다, 젊은이들이 조직과 사회를 이끌어갈 수 있도록 자극하고 도와주는 장년이 있어야 한다"는 것이었다.

- **김민지 KAIST 도곡캠퍼스 직원**

이민화 교수님은 혁신적이면서도 건강한 경제 생태계 조성을 강조하셨다. 이와 같은 철학은 교육과 맞닿아 있었는데, 교수님은 일방향의 폐쇄적이고 방어적인 교육 방식을 지양하셨다. 활발한 소통을 통해 함께 협력 · 발전하는 적극적이고 상승적인 교육환경을 만들고자 노력하셨으며, 바쁜 와중에도 학생 하나하나를 꼼꼼히 챙기셨다. 특히 논문을 지도하는 학생들의 경우 그 학생의 논문 주제에 맞게 본인이 직접 외부 전문가들을 심사위원으로 섭외해서 학생이 자신의 연구에 실질적인 도움을 받도록 애쓰셨다.

- **주강진 창조경제연구회 이사**

이사장님은 강연을 많이 하셨는데 강연 대상 최우선 순위는 공무원이었다. 나는 민간 기업가 중심으로 강연을 하면 돈을 많이 벌 수 있을 텐데 왜 공무원 위주로 하실까 생각했다. 나중에 들어보니 국가정책은 한 번 잘못 만들어지면 나중에 고치기 어렵기 때문에 정책을 만드는 공무원들의 교육을 제일 중요하게 생각하셨다고 한다. 돈보다는 가치를 선택한 분이었다.

가자,

길이

보이지

않아도

정부 3.0시대

이민화와 같은
절실함이
필요하다.
절실하면
눈과 귀가 밝아지고
기회가
보일 것이다.

이민화는 떠났어도 이민화라는 이름은 여전히 가까이에서 숨쉬고 있다. 대한민국 벤처의 역사를 이야기할 때도 코스닥에 대해 말할 때도 그의 이름이 등장한다. KAIST에서는 여전히 영재기업인 육성 교육이 진행되고 있으며, 이민화가 마지막 순간까지 심혈을 기울인 창조경제연구회는 국가혁신 정책연구를 멈추지 않고 있다. 젊은 벤처인들에게 그의 이름은 여전히 신화 속의 주인공처럼 회자된다. 이민화가 여전히 우리 곁에 있다면, 그는 지금 무슨 말을 하고 싶을까? 그가 뒤에 남은 우리에게, 그가 살다 떠난 이 세상에, 우리의 자손들이 살아가야 할 미래라는 시간에 남겨놓은 숙제는 무엇일까.

그가 직접 대답을 할 수 없으니 그를 가까이서 지켜본 이들의 입을 빌릴 수밖에 없다. 이민화의 마음을 읽고, 그를 대신해서 말할 수 있는 사람들을 만나서 우리가 풀어야 할 숙제들을 들어봤다. 각각 다른 생각과 견해를 갖고 있었지만 하나하나가 귀 기울여 들어야 할 내용이었다.

새로운 혁신가를 키워라

● 이장우 경북대학교 교수

이순신 장군이 남기고 간 마지막 숙제가 있다면 무엇이겠는가. 이 질문에 대해서는 선뜻 답하지 못한다. 이순신 장군의 삶 그 자체가 바로 숙제이기 때문이다. 나는 한 시대의 위인이 사라질 때 본인의 삶 자체가 귀감이 될 뿐이지 후대에 숙제를 남겼다고 생각하지는 않는다. 새로운 시대에는 새로운 인재가 필요하다. 제2의 이민화는 누구나 될 수 있고, 그를 뛰어넘을 사람도 언제든지 나올 수 있다. 이민화는 유일무이한 사람이 아닌 IT와 벤처의 수준을 끌어올린 또 하나의 혁신가일 뿐이다. 새로운 혁신가는 어디서든 나타나야 한다.

● 전하진 SDX재단 이사장

우리나라에는 '지속가능 발전'이라는 화두가 있다. 현재 인류는 성인의 육체를 가진 수준으로 비유할 수 있다. 어른이 된 인류는 인성과 지적능력 등 보이지 않는 세계의 가치로 평가되며, 육체 곳곳에서 생기는 성인병을 예방해야 한다. 쓰레기 양을 규제하고, 자원을 보관하고, 전 세계의 고통받는 사람을 지원하고, 메타버스를 활용하는 등의 지속가능한 관리가 필요한 것이다. 이를 위해 엄청난 지식과 무형의 세계에서의 가치가 쏟아져 나와야 한다. 이러한 인사이트를 감당할 인물이 현재 국내에 있을까? 한국에서 혁신을 일으킬 수 있는 사람들이 무형의 플랫폼에서 세상을 바꿀 수 있는 가치를 창조해 내는 일을 했을 때 '이민화 정신'을 이어받았다고 할 수 있을 것이다. 아직은 그러한 인물이 나오지 않았다. 윗세대들이 정치권과 부딪치면서 새로운 길을 터 줄 때, 밑에서 보고 있던 사람들이 권위를 가지게 됐을 때, 돈을 뒤로 하고 이민화의 정신을 갖기는 쉽지 않을 것이다. 하지만 나와야만 한다. 그러한 정신을 본받아 앞으로 나아가야 한다.

● 김명수 매일경제 편집국장

미국 실리콘밸리에서 벤처를 구축한 것과 마찬가지로, 우리는 동아시아에서 실리콘밸리를 구축했어야 한다. 벤처기업은 대기업과의 협업을 통해 커질 수 있고, 한국의 대기업 역시 그 성공의 이면에 소재 · 부품 · 장비 등 벤처라는 뒷받침이 있었다. 그 역사의 변곡점을 만들어 가기 위해서는 이민화 회장님이 말했던 생태계가 있어야 가능하다. 기업인 선배들이 길을 보여주었고, 후배 기업가들도 뒤를 따라 차차 진행하고 있다. 벤처기업협회 초기의 진심을 한 번 더 생각한다면 새로운 어젠다가 나올 거라 믿는다. 시대마다 어떤 숙명이나 요구하는 게 있을 것이다. 이민화 회장님이 가신 후에 제2의 도약을 위한 선구자가 나와야 하겠지만 거기까지 미치는 분이 있을지 모르겠다는 생각이 든다. 개인의 문제라기보다 정치나 이슈 탓이 더 크다. 플랫폼 기업 창업자들이 모두 뒤에 밀려나 있는 것을 보면 알 수 있다. 한국 기업들이 커 나가야 하는 상황이지만 안 되는 현 상황에 있어 이것을 타파할 누군가가 나와 준다면 좋겠고, 정치권과 정부가 함께 소통할 만한 사람이 나오면 더더욱 좋을 것이다.

● 김선홍 한림대학교 산학협력단 산학협력교수

이민화 회장은 처음부터 대단하게 큰 그림을 가지고 달리는 사람이 아니었다. 거대한 목표를 향해 가기보다 달성할 수 있는 목표를 만들고, 그것이 달성되면 다음 목표를 만드는 식이었는데, 이것은 바로 환경의 변화에 발 빠르게 적응하는 유연한 대처능력과도 맞닿아 있다고 본다. 현시대에는 빠르게 변하는 환경에 유연하게 대처하고, 해결하는 능력이 필요하다.

● 이사랑 이민화 부인

세대가 바뀌었으니 자기가 좋아하는 것을 하면서 살아야 하지 않을까. 틀에 박히고, 혼자 하는 일에서 벗어나야 할 것 같다. 옛날에는 한 사람이 모든 것을 잘하던 것이 중요했다면 요즘은 다양한 사람이 뭉쳐 하나가 될 수 있는 사회다. 이민화 회장이 가르치고 싶어했던 것도 '협력하는 괴짜'가 많아져야 한다는 것이었다.

● 백민정 KAIST 과학영재교육연구원 교수

교수님의 교육철학은 확고했다. 영재기업인 교육을 지금보다 더 확대하고 싶어했다. "1년에 80명만 교육받는 것을 넘어 앞으로는 일반 학교로 뻗어 나가야 한다"고 말씀하셨다. 나도 동의한다. 현재 영재교육원은 교수님의 말씀대로 우리 학생들을 기반으로 사회적 교육기업을 만들어서 확산하는 일을 하고 있다.

● 박병욱 유럽부흥개발은행(EBRD) Medical Project Senior Advisor

문제는 작고한 이민화 회장 같은 핵심 멤버가 없다는 것이다. 이 회장처럼 직접 사업을 하면서, 구심점 역할도 하면서, 팀워크를 만들 수 있는 사람이 없다. 의료 분야만 하더라도 그분은 의료장비를 잘 알고, 직접 개발했고, 많은 시간과 상당한 투자가 요구되는 대형 사업을 이해하고, 관련된 많은 지식을 습득한 사람이다. 아마 당분간 그런 분이 나오기 힘들 거라고 생각한다.

제2의 벤처붐을 일으켜라

● 한정화 전 아산나눔재단 이사장

선진화된 벤처강국의 미래를 꿈꾸기 위해서는 '기술력'을 가진 수많은 성장벤처가 나와야 한다. 그것 없이는 대한민국의 생존도 힘들 것이다. 굉장히 우수한 전문인력이 재능을 발휘할 수 있도록 정부의 제도적인 지원이 필요하다. 특히 4차 산업혁명을 대한민국의 위기가 아닌 기회로 삼을 수 있어야 한다. 규제개혁, 재도전 활성화, 데이터 규제 완화, 이 세 가지가 지금 우리에게 필요한 지원이라고 확신한다. 내가 중소기업청장을 맡았을 때는 생태계 발전과 우리나라 기술 벤처가 많이 만들어져야 한다는 생각으로 실패한 사람에 대한 재도전, M&A 기술거래소, 규제개혁, 데이터 개방 등을 주장하고 정책에 반영하려고 노력했다.

● 이공래 DGIST 교수

이민화 교수가 늘 주창한 바와 같이, 한국경제가 한 번 더 도약하고 청년들의 일자리를 확충하기 위해서는 자신이 연구 · 개발해 혁신한 기술을 갖고 직접 벤처창업을 실행하는 실력 있는 인재가 나타나야 한다. 쉽게 이야기해서 박사학위를 받은 인재들, 소위 일류대학을 졸업한 실력 있는 인재들이 기술창업을 하도록 기업가정신을 살려내는 것이 현대 한국의 최대 과제라고 생각한다.

● 명승은 벤처스퀘어 대표

'제2의 벤처붐'을 위해 노력하고 있는 스타트업 후학들이 많은 것으로 알고 있다. 하지만 제2, 제3의 벤처붐이 중요한 것이 아니라 이 땅의 유능한 젊은이들이 창업과 기업경영이 얼마나 가치 있고 의미 있는 일인지 깨달았으면 한다. 누군가 만들어 놓은 세상에 맞춰 살아가기보다 자기 영역을 개척하고 개발해 나간다면, 훨씬 나은 미래를 꿈꿀 수 있고 훨씬 더 나은 미래에 대한 낙관적인 관점을 유지할 수 있게 된다.

● 서승원 중소기업중앙회 전 상근부회장

이민화 호민관이 떠나고 나서 나도 가슴이 먹먹한 사람 중 하나였다. 앞으로 벤처생태계를 개선하는 데 어떤 역할을 해야 하나 걱정도 많았다. 하지만 지금은 생각이 좀 바뀌었다. 그분이 돌아가시기 전 세미나에서 "내가 벤처정책의 토대는 거의 다 만들어 놓았으니 이제는 실천만 하면 된다"고 말씀하셨던 것이 생각났다. 이미 벤처 토대는 던져주고 갔다고 생각한다.

그 과제들을 어떻게 현실에 접목해서 실행하느냐가 중요하다. 남겨진 숙제는 그런 이상들을 어떻게 제도화하고, 성공한 벤처인들이 적용하고, 책임 의식을 가지고 활성화할 수 있을 것인가 하는 것이다. 또 앞으로 창업자들이 척박한 환경 속에서 잘 성장해 애국하는 벤처기업으로 변화하도록 하는 것이라고 생각한다.

기업가정신을 사수하라

● **고정식 전 특허청장**

핵심은 기업가정신이다. '기업가정신을 가진 사람'이 4차 산업혁명 시대에 글로벌 시장을 개척하는 것이 우리가 나아가야 할 길이다. 이민화 선배는 기업가정신을 가진 인재의 길이 막히지 않도록 뚫어주는 역할을 했다. 우리나라에 불합리한 규제를 철폐하기 위해 노력했고, 포럼을 열더라도 항상 마지막 페이지는 정부에 새롭게 제안하는 것으로 끝냈다. 우리는 이민화 선배의 노력을 기억하면서 기업가정신이 마음껏 발휘되는 시대를 만들어 가야 한다.

● **장흥순 서강대학교 기술경영전문대학원 교수**

이민화 회장은 4차 산업혁명이 다가오면서 우리나라가 그 기회를 잡아야 한다고 생각했다. 정부는 혁신을 막는 규제는 풀어야 하고, 청년들이 창업할 수 있는 환경을 만들어줘야 한다. 그리고 후배들은 미래에 대비하는 기업가정신을 이어받아야 한다. 벤처생태계에서 가장 중요한 것은 그라운드다. 많은 벤처 창업인들이 정부규제 개혁과 사회 혁신을 주창했던 이민화 회장을 기억했으면 좋겠다.

● **이정민 벤처기업협회 사무국장**

이민화 정신의 핵심은 혁신, 혁신을 통한 부국강병이다. 이민화 회장의 개방과 자유, 사회 혁신이나 교육에 대한 열의 등의 목적은 결국 국가와 민족의 발전에 있다. 사실 혁신은 큰 개념이고, 제일 많이 말한 부분은 기업가정신이다. 최근 벤처기업의 대선공약집을 만들었다. 대선공약집의 소제목 중 '기업가정신이 충만한 혁신 국가'라는 부분이 있는데, 바로 이민화 회장이 생각났다. 그 안의 키워드 3개는 '자유' '개방' '공정과 상생'이며, 이것을 통해 국가의 모습을 만들어야 한다는 의미를 담고 있다. 결국 자유와 개방이라는 전통적 기업가정신에서 공정과 상생을 발휘하게 할 때 진짜 기업가정신이 될 것이다.

정책을 넘어 날개가 되어 주길

● 변대규 휴맥스홀딩스 회장

지금까지 한국경제의 전반 50년은 경영자 위주였다면, 후반 50년은 기업인 위주가 됐고, 그 둘을 이어주는 다리가 이민화였다. 좋은 생태계를 만들어 놓는다면 누군가가 나와서 이것을 다시 해줄 것이다. 그리고 그것을 이끌어 주는 것은 정부가 돼야 할 것이다. 어느 누군가는 이민화와 같은 절실함이 필요하다. 절실하면 눈과 귀가 밝아지고, 기회가 보일 것이다.

● 고영하 고벤처포럼 회장

남겨진 숙제라 한다면 정부의 규제 개선이다. 제2의 벤처 붐이나 4차 산업혁명에 대한 준비, 기업가정신 등은 누구 한 사람의 힘으로 변하는 것이 아니라 사회 구성원들이 함께 노력해야 하는 부분이다. 그것보다 해결하기 어려운 부분이 정부의 규제개혁이다. 규제개혁에는 반대하는 사람이 분명히 존재하기 때문에 더 힘들다. 일례로 공인인증서 폐지 문제가 10년 이상 길어진 이유는 그것으로 돈을 버는 기득권 세력의 강력한 저항 때문이었다. 앞으로도 4차 산업혁명 시대에 대비해 새로운 기술이나 산업 모델을 만들게 될 때 기존 사람들이 손해를 보지 않으려고 반드시 반대할 것이다. 예를 들어 현재도 코로나19로 인해 의료 인력이 부족한 상황이다. 원격의료를 통해 치료받을 수 있으나 이를 반대하는 의견이 있다. 이유는 의사들 본인이 금전적으로 피해를 본다고 생각하기 때문이다. 미국과 중국은 기술발전을 위해 원격의료에 어느 정도 길을 열어주지만 한국은 다르다. 이러한 이해관계가 모여 한국이 새로운 기술로 사회변화를 주도하는 데 어려움을 겪는 것이다.

이민화 회장의 바람은 우리나라의 규제가 세상의 변화를 따라갈 수 있을 정도로 개선되는 것이었다. 회장님이 돌아가시는 바람에 미완의 과제가 됐다. 그렇기에 남아 있는 사람들이 힘을 모아야 한다. 우리나라는 경제적으로 성장했지만 사회시스템은 기득권 세력의 저항으로 변화를 주저하고 있다. 이민화 회장은 사회 혁신에 대한 의견을 모으고, 홍보하고, 여론을 만들어서 정치권에 전달하는 역할을 맡았었다. 우리가 이민화를 대신해야 하는 일도 마찬가지다. 사회에 깨어 있는 사람들이 모여서 여론을 만들어 가는 수밖에 없다. 나는 이민화 같은 사람들이 많아지면 진정으로 우리나라도 선진화가 될 것이라고 믿는다. 사회가 나아가야 할 방향을 깨닫고 먼저 나아가야 한다.

대한민국에서 창업하려는 젊은이들은 2~3%밖에 안 된다. 나머지는 대기업에 들어가 안정적인 직장에서 일하려고 한다. 젊은이들이 도전을 안 하는 나라는 쇠락할 수밖에 없다. 그 예시로 일본은 이제 새로운 기업이 나오지 않는다. 군국주의의 영광만 찾고 있을 뿐이다. 우리나라 국민은 어떤 민족에도 뒤지지 않는 우수한 민족이다. 현재 좋은 기업도 많고, 똑똑한 젊은이들이 넘쳐난다. 나는 지금도 10년 안에 '국내에 유니콘 기업 1,000개를 만들겠다'는 목표를 가지고 있다. 아마 이민화 회장이 살아계셨다면 동참했을 것이다.

현재를 넘고 세계를 넘어라

● 홍순만 유라시안 네트워크 이사

한국은 문명사적 측면에서, 추격자 단계로부터 개척자 단계로 업그레이드할 시점에 와 있다. 개척자 단계는 도전과 실패를 포용하는 열린 장으로서의 세계관하에서 가능하다. 선도적 담론을 갖추지 못한 나라의 발전에는 한계가 있다. 담론은 스토리텔링으로 역사적 맥락으로부터 유도될 수 있다. 대한민국이 지향하는 미래와 가치를 스토리텔링으로 체계화하는 것이 중요하다.

● 성명기 여의시스템 대표

대한민국이 선진국 반열에 오른 이유는 벤처기업, 혁신기업, 중소기업의 협업으로 가능했다고 본다. 이것은 일본에 없는 것이다. 일본이 세계에서 차지하는 기업 비중은 크겠지만 디지털산업에서는 굉장히 뒤떨어진다. 그것은 이민화 같은 혁신 벤처기업가가 일본에 없었기 때문이다. 그러한 인재 한 명만 있더라도 세상이 바뀔 가능성은 충분하다. 우리에게 이민화 회장님의 대체재가 없는 한 그분의 열정이라도 본받아야 하지 않을까 생각한다. 솔직하게 말하면 현재는 이민화라는 사람의 독특한 캐릭터를 따라갈 사람이 없다. BTS나 영화 <기생충>의 성공을 들여다보면, 우리나라에 혁신 · 벤처 · 성장 · 전이 · 문화가 성장해 왔기 때문에 그것을 발판삼아 도약했다. 제2의 이민화는 나오기는 힘들겠지만 우리에게도 기회는 있다.

가자,

길이

보이지

않아도

가자,

길이

보이지

않아도

그가 저술한

책들을 보면

과연 한 사람이

남긴 유산인지

의심스러울 때가 있다.

새로운 지식과 문물을

받아들이는

열린 자세와

쉬지 않고 탐구하는

열정이 만든 결과물이다.

VI

시대, 그 너머를 밝히다

이민화를 흔히 기업가·행정가·교육자 등으로 부르지만, 뛰어난 학자 또는 이론가였다는 사실을 부정할 사람은 없을 것이다. 시대를 앞서가면서 자신이 연구하고 터득한 지식을 세상에 전하기 위해 끊임없이 노력했다. 그리고 그런 노력은 다양한 분야의 저서로 남았다. 그가 저술한 책들을 보면 과연 한 사람이 남긴 유산인지 의심스러울 때가 있다. 새로운 지식과 문물을 받아들이는 열린 자세와 쉬지 않고 탐구하는 열정이 만든 결과물이다. 이민화는 남들보다 앞서 이 땅에 창조경제라는 화두를 던졌고, 4차 산업혁명의 전도사를 자처했다. 또 그와 맥을 같이하는 '공유 플랫폼 경제' '호모 모빌리언스' '스마트시티' 등의 개념을 세우고 공유하는 데 시간을 아끼지 않았다.

01

창조경제 연구회

이민화가 마지막까지 심혈을 기울였던 일들을 꼽으라면 우선 세 가지가 떠오른다. 2008년부터 시작한 유라시안 네트워크 이사장과 2009년 강의를 시작한 KAIST 교수 그리고 역시 2009년에 발족한 창조경제연구회(KCERN : Korea Creative Economy Research Network, 2009년 '창조연구'라고 연구모임으로 발족했다가 2013년에 비영리사단법인 '창조경제연구회'로 정식 등록) 이사장이었다. 이 세 가지는 언뜻 보면 각각 떨어져 있는 것 같아도 '미래'라는 틀 안에 넣어놓고 보면 서로 뿌리가 닿아 있다는 사실을 금세 알 수 있다.

특히 창조경제연구회 활동은 이민화의 인생 후반을 상징한다고 해도 과언이 아니다. 그가 창조경제연구회를 설립한 목적은 정부에 정책을 직접 제안하기 위해서였다. 대한민국 기업이 성장을 못 하는 것은 기술이 아니라 규제의 영향 때문이라고 줄곧 주장해 온 그는 좀 더 적극적으로 정책을 제안해야겠다는 생각을 하게 됐고, 그 생각이 정책연구소인 창조경제연구회를 세우는 것으로 이어졌다.

창조경제연구회를 들여다보기 전에 창조경제의 개념부터 정리하고 갈 필요가 있다. 창조경제라고 하면 먼저 떠오르는 사람이 영국의 경영전략가인 존 호킨스(John Howkins)다. 호킨스는 2001년에 펴낸 책 『The Creative Economy』에서 창조경제(Creative Economy)라는 용어를 처음 사용했다. 책에서 그는 "창조경제란 새로운 아이디어, 즉 창의력으로 제조업을 비롯해 서비스업 및 유통업과 엔터테인먼트산업 등에 활력을 불어넣는 것"이라고 설명했다.

창조경제는 2013년 2월 25일 박근혜 대통령의 취임사에서도 언급됐다. 그는 취임사에서 "창조경제는 과학기술과 산업이 융합하고, 문화와 산업이 융합하고, 산업 간의 벽을 허문 경계선에 창조의 꽃을 피우는 것"이라며 "경제부흥을 이루기 위해 창조경제와 경제민주화를 추진해 가겠다"고 역설했다. 또 미래창조과학부를 신설하고 창조경제를 정부의 주요 정책으로 내세웠다.

박근혜 정부가 내세운 창조경제와 이민화의 창조경제는 어떤 연관이 있을까. 이민화가 주창한 창조경제의 개념을 창조경제연구회 관계자들을 통해 들어본다. 창조경제연구회 상근이사를 지낸 이명호(태재연구재단 자문위원)의 설명이다.

"초기에 창업한 벤처기업이 기술개발에 성공했다고 하더라도 사업화 단계, 시장 진입에 이르기 전까지 넘어야 할 어려움을 '죽음의 계곡' '다윈의 바다'라고 부릅니다. 새로운 아이디어와 기술을 가진 벤처가 성장하기 위해서는 죽음의 계곡, 다윈의 바다를 넘을 수 있는 수단이 필요합니다. 이 수단이 바로 대기업과의 상생입니다. 벤처는 대기업이 만들기 어려운 아이디어와 신제품을 주고, 대기업은 기존에 가지고 있는 마케팅과 시장 장악력으로 도움을 줍니다. 이렇게 벤처와 대기업이 서로 다른 역할 속에서 협력하는 것이 창조경제입니다."

창조경제연구회 수석연구원을 지낸 주강진은 창조경제를 이렇게 정의한다.

"쉽게 설명하자면 창조경제는 '혁신적인 생각을 만들어 내는 것이 돈이 된다'는 것입니다. 예전부터 창조가 중요하다고는 하지만 실질적으로 창조적인 생각들이 비즈니스 모델로 사업화되는 과정은 쉽지 않았습니다. 그렇게 되기 위해서는 기술과 시장이 확보돼야 합니다. 창조적인 생각보다 오히려 중요한 지점은 인프라, 기술, 네트워크입니다. 기술 공유나 대중에게 투자받을 수 있는 플랫폼이 많아지면서 창조적인 생각을 구현하기 좋은 시대가 오고 있습니다. 시대에 맞추어 창조성이 사업화가 될 수 있다는 것을 강조한 부분이 창조경제입니다."

이민화의 창조경제와 박근혜 정부가 내세운 창조경제는 뿌리 자체가 다른 것일까? 그렇지 않다. 박근혜 정부의 창조경제야말로 이민화로부터 시작됐다고 할 수 있다. 고정식(전 특허청장)이 전하는 말이 그 사실을 뒷받침해 준다.

"창조경제라는 개념 자체는 전부터 많은 분이 인식해 왔지만, 이민화 선배가 박근혜 정부보다 앞선 2009년도부터 창조경제연구회를 이끌어 왔습니다. 굉장히 열정이 있었고, 강의도 많이 하셨습니다."

이명호의 증언은 둘 사이의 관계를 좀 더 명확하게 해준다.

"창조경제라는 개념은 박근혜 정부 출범 전부터 청와대 비서실장과 창조경제연구모임이 모여 1년 정도 공부하면서 태동됐습니다. 당시 이민화 교수 외에 같이 연구를 진행하던 몇 분은 창조경제가 한국의 화두가 돼야 한다고 주장했습니다. 이는 시간이 지나 박근혜 정부의 대선공약이 됐습니다."

2013년 6월 17일, 이민화는 〈오마이뉴스〉와의 인터뷰를 통해서 창조경제에 대해 많은 것을 이야기했다. 특히 박근혜 정부의 창조경제에 대해 "반찬은 많은데 손 가는 건 없다"는 말로 신랄한 비판을 가했다. 또 인터뷰에는 '창조경제 원조' 존 호킨스와 시각의 일치점과 상이점도 드러나 있다. 기자는 "한국의 '창조경제 전도사'가 본 '박근혜 창조경제'는 어떤 모습이었을까?"라는 질문을 화두처럼 던지며 인터뷰를 풀어나간다.

오마이 뉴스

2013년
6월 17일

"창조경제가 3대 미스터리? '나를 따르라' 안 통해"

'영국에 존 호킨스가 있다면 한국엔 이민화가 있다.'

'박근혜 창조경제'를 말할 때 빠지지 않는 인물이 이민화 KAIST 초빙교수(60)다. 의료기기 벤처 메디슨 설립자로 벤처기업협회 초대 회장을 지낸 이 교수는 지난 2009년 '창조경제연구회'를 만든 데 이어 최근 <창조경제>(북콘서트)란 책까지 출간했다. 2001년 같은 제목의 책(The Creative Economy)을 쓴 '창조경제 원조' 존 호킨스조차 모든 산업을 아우르는 이 교수의 '한국형 창조경제(The Creative Economy @ Korea)' 개념을 인정했을 정도다.

이처럼 이 교수는 현 정부의 '국정철학'을 강력하게 뒷받침하면서도 정작 자신은 어떤 정부조직에도 몸담지 않고 있다. 한국의 '창조경제 전도사'가 본 '박근혜 창조경제'는 어떤 모습이었을까?

지난 5일 오후 강남 KAIST 도곡동 캠퍼스에 있는 이 교수 사무실을 찾았을 때 마침 따끈따끈한 새 책 묶음이 도착해 있었다. 이날은 또 미래창조과학부에서 박 대통령 취임 100일에 맞춰 '창조경제 실현계획'을 발표한 날이자, '민간 창조 네트워크'를 내세운 창조경제연구회가 '사단법인'으로 거듭난 날이기도 했다. 이 교수의 철저한 준비성이 엿보이는 대목이었다.

"(사단법인 출범식을) 일부러 정부 발표 시점에 맞췄어요. 너무 빨리 가도 안 되고 차이가 생겨도 안 되니까."

"'엣지' 없는 실현계획 … 반찬은 많은데 손 가는 건 없어"

정부도 창조경제를 민간에서 주도해야 한다고 강조한 만큼 자신들이 그 밑거름이 되겠다는 의미다. 그런 이 교수도 이날 나온 '창조경제 실현계획'에는 실망감을 감추지 못했다. 특히 지난 4일 '고용률 70% 로드맵' 발표에 묻혀 창조경제가 일자리 창출을 위한 하위 개념 정도로 인식되는 데도 아쉬움을 나타냈다.

"일자리는 국가 경쟁력 성장의 결과이지, 일자리가 문제의 본질은 아니다. 한국에서 가장 큰 문제는 북핵이 아니고 국가 성장 잠재력이 말라 들어가는 것이다. 국가 경쟁력을 올리는 쪽으로 가야 하는데 경쟁력을 갉아먹는 일자리를 만드는 것도 문제다. 남유럽도 정부가 고용을 많이 했지만, 세금이 늘고 그 세금을 거둬들이지 못하니 국가 재정이 파탄 난 거 아닌가."

이번 구체적 내용에 대해서도 "반찬은 많은데 손이 안 간다"며 쓴소리부터 했다.

"나열된 것은 많은데 '이거다' 하는 '엣지'가 없다. 정부가 창조경제를 열어가겠다는 의지는 있는데 여기에 창조적 생각이 접목돼야 한다. 정부가 혼자 다 하겠다는 생각을 버리고 민간이 앞장서고 정부가 뒷받침해 주겠다는 걸 직접 실천해야 한다."

실천계획 발표 당시 언론은 구체적 목표치, 투입 예산 등 '숫자'를 요구했다. 국민이 쉽게 이해하려면 '시간제 일자리 100만 개' 같은 구체적 목표치가 보여야 한다는 지적이었다. 하지만 이 교수의 생각은 달랐다.

"목표치가 없는 게 맞는다. 당장 일자리 몇만 개 창출, 빅 데이터 키우겠다는 '액션 플랜'은 구체적이어서 이해하기는 쉽지만, 이런 산업 정책들은 우선순위를 따져야 해서 늘 복잡하다. 이게 '모방경제'에서 하던 얘기이고, 우리도 이젠 산업정책을 떠나 '메타 기술(기술개발을 돕는 기술)'과 '혁신 시장(창의적인 기술이나 기업이 거래되는 시장)'을 만들어야 한다. 이번에도 정부가 그래핀과 유전자 분석치료 등을 지원한다고 했는데, 유망산업이 클 수 있는 환경을 만들어야지, 특정 산업을 지원하는 건 아니다. 미국도 개별 산업정책에 관여하지 않고 있다."

지난달 30일 한국에 온 존 호킨스는 이민화 교수에게 한국이 창조경제에서 가장 앞서 갈 것이라면서 정작 자신의 모국인 영국은 '산업 논리'에 빠져 가장 뒤처질 것으로 전망했다. 하지만 한국 정부 역시 아직 '산업 논리'에서 벗어나지 못한 셈이다.

"창조경제가 3대 미스터리? '방관자' 아닌 '참여자' 돼야"

이 교수는 현 정부가 지난 대선에서 '창조경제'를 내건 배경에 진지한 고찰이 없었다는 점은 인정하면서도 '창조경제'가 현시대 과제인 건 틀림없는 사실이라고 강조했다. 국민도 '방관자'가 아니라 '참여자'의 자세로 창조경제를 바라봐야 한다고 당부했다.

"과정은 어떻든 결과적으로 한국이 모든 산업을 아우르는 창조경제로서는 최초 국가가 됐다. 한국이 메말라가는 성장 동력을 되살릴 마지막 기회인 스마트 혁명이 왔고, 이를 맞이할 수 있는 국가 마중물이 바로 창조경제다. 어떻게 하느냐에 따라 국가 미래가 결정된다. 다른 대안이 없다. 창조경제를 '시니컬'하게 볼 수도 있지만, 그것은 방관자 입장이고 이제는 토론을 통해 참여자 입장으로 바뀌어야 한다. '3대 미스터리' 같은 소리 하지 말고. 지금 우리가 국가 응집력을 만들 수 있는 다른 대안이 있나."

사실 그동안 창조경제 개념부터 많은 논란이 있었다. 박근혜 창조경제가 안철수의 새 정치, 김정은의 속마음과 묶어 '3대 미스터리'로 불리는 것도 그 때문이다. 박 대통령이 뒤늦게 창조경제를 "창의성을 핵심 가치로 두고 과학기술과 ICT 융합을 통해 새로운 부가가치를 창출하는 경제"라고 정의했지만, 혼란은 쉽게 가라앉지 않고 있다. 이 교수 역시 "박 대통령은 창조경제를 상당 부분 이해하고 있는 것 같은데 스태프는 잘 모르는 것 같다"고 정부 각료들을 꼬집기도 했다.

이 교수는 창조경제를 한마디로 '창조성이 돈 버는 경제'라고 정의하면서 창조성을 담는 그릇인 '지적재산권(IP)' 개념을 강조했다. 하지만 정작 존 호킨스는 생각이 달랐다. 자신이 '오픈소스 운동'(소프트웨어 저작권 등에 맞서 기술 · 디자인 등을 공유하고 발전시키는 운동) 지지자라고 밝힌 존 호킨스는 지적재산권이 오히려 빠른 발전이 필요한 창조경제의 발목을 잡을 수도 있다고 지적했다.

이에 이 교수는 "혁신이 빠른 오픈소스 쪽에서 보면 존 호킨스 생각이 맞는다"면서도 "특허는 보호되지 않으면 창조성이 돈을 벌 수 없다"며, 특허는 예외라고 맞섰다. 대신 특허 보호기간이 너무 길면 혁신이 뒤처질 수 있으니까 IT처럼 변화가 빠른 분야는 특허보호기간을 20년에서 5~10년 정도로 줄이는 대안을 제시했다. 이 교수는 "창조성은 지식재산권이란 그릇에 담아야 거래할 수 있다"면서 "젊은이 중 특허만으로 먹고사는 사람도 생겨야 한다"고 강조했다.

(중략)

"대통령이 '나를 따르라' 하던 시대 아냐 … 정부와 민간이 협력해야"

이민화 교수는 김종훈 후보 낙마 이후 미래창조과학부 장관 후보로 이름이 오르내리기도 했다. 본인이 '창조경제' 주창자이자 이명박 정부 시절엔 중소기업청 '기업호민관'을 맡아 '대·중소기업 공정경쟁'을 위해 노력한 전례도 있기 때문이다. 하지만 이 교수는 "(장관은) 절대 안 한다"고 딱 잘랐다.

"호민관 그만두면서 이미 내 역할이 아니라고 결론지었다. 일이란 게 내가 잘하고 좋아하고 상대방도 좋아해야 하는데 내가 잘하지도 않고 좋아하지도 않는 일이다. 짜인 규격 안에 들어가는 것도 맞지 않는다."

서로 위치는 다르지만 이민화와 박근혜는 '한 배'를 탔다. 앞으로 5년 박근혜 정부의 성패에 따라 이 교수의 창조경제도 그 가치를 평가받게 될 것이다. 일단 이 교수는 오는 9월 창조경제연구회 차원에서 그들 나름의 '창조경제 실현계획'을 발표할 예정이다.

일방적인 정부 발표와 달리 '크라우드 소싱' 방식을 이용해 누구든 참여해 아이디어를 낼 수 있도록 할 계획이다. 이 교수가 굳이 '창조경제연구회'를 닫힌 느낌인 '싱크탱크' 대신 '싱크 네트워크'라고 부른 것도 이 때문이다.

"나를 따르라'가 아니라 갑과 을이, 정부와 민간이 서로 창조경제에 대해 대화하면서 가야 합니다. 위에서부터 전지전능하신 대통령 각하께서 '이거다' 하고 던져주면 그걸 받아서 진격하는 시대는 아니잖아요."

창조경제연구회는 창조경제를 이끌어가기 위한 정책을 연구하고, 실제로 실현할 수 있도록 정부에 제안하는 것을 목적으로 2009년 발족했다. 출범 당시에는 단순 연구회의 성격이었다. 이민화의 처음 생각은 벤처생태계를 복원하는 역할로 벤처기업협회와 벤처기업부설연구소가 나서주기를 바랐다. 하지만 현실적으로 어려운 점들이 많다 보니 결국 창조경제연구회라는 새로운 조직을 꾸릴 수밖에 없었다. 처음에는 벤처기업협회 연구조직과 공동연구로 시작했다. 당시 참가 인원이 5~6명이었는데, 그 멤버들의 면면을 보면 학부생, 휴학생, 석사 졸업생, 석사과정 밟는 학생이 주류를 이뤘다. 연구조직마저 벤처 개념을 도입한 셈이었다.

구성원 각자에게 따로 부여한 역할은 없었다. 이민화가 연구 방향, 필요성, 주장하고자 하는 내용 등 큰 틀만 잡아주었다. 그러면 멤버들은 2~3명씩 한팀이 돼 구체적으로 틀을 짜고 조사를 했다. 학생들이라 경험은 적었지만 이민화의 학식과 벤처기업협회 경험, 정책을 직접 만들어 본 경험 등이 있었기 때문에 문제는 없었다.

이민화는 연구원들의 경험 부족을 메우기 위해 초기에는 전문가를 초빙해서 좌담회를 열었다. 초빙된 전문가들은 연구원들의 주장이 타당한지, 이론적으로 규명해야 할 것들이 무엇인지 검토해서 빠르게 연구 방향을 잡아주었다. 우리나라 연구자의 한계는 과감한 돌파가 어렵다는 점에 착안해서, 이민화는 기존의 틀을 바꾸고 문제를 새롭게 보는 시도를 했다. 그 시도 중 하나가 '한 달에 한 번 포럼을 여는 것'이었다. 연구를 시작하면 그해 연말쯤 포럼을 갖는 것이 보통인데 창조경제연구회에서는 한 달에 한 번 포럼을 열고 동시에 자료집을 냈다. 5~6명밖에 안 되는 적은 인원으로 1년에 열 번씩 포럼을 한다는 것은 벅찬 일이었다. 그런 환경을 버티지 못하고 중간에 그만두는 사람도 있었다. 포럼의 주제로는 금융, 모빌리티, 복지, 기술, 인공지능, 블록체인, 클라우드, 데이터 규제, 창업생태계, 재도전 기회, 국가 100대 전략 등 특정 분야가 아닌 생태계 전반을 아우르는 내용을 다뤘다.

창조경제연구회는 비영리 기구였지만 스스로 세운 미션은 국가혁신이었다. 국가혁신을 위해서 정책을 연구하고, 사회적으로 무엇이 문제인지 분석하고, 대안으로 기술을 어떻게 접목할 수 있는지, 정책이 어떻게 보완돼야 하는지 고민했다.

이민화가 그리는 그림은 우리 미래의 모습이었다. 한국경제가 급격히 성장할 수 있던 배경은 인구증가에 있었는데, 인구증가는 곧 노동력의 증가이며 경제 볼륨이 커질 수 있는 기회였다. 하지만 저출산과 고령화의 시대로 접어들면서 그런 방식의 장점이 사라지고 있다는 현실이 고민의 출발점이었다. 이민화는 이제부터는 혁신과 창조성을 기반으로 경제발전을 이룩해야 하고, 그것이 10년 사이에 진행되지 않으면 나라가 힘들어질 것으로 예측했다. 나라의 크기가 작은 것도 성공에 불리한 환경이었다. 그런 약점을 극복하기 위해 유라시안 네트워크를 구성하고, 그를 통해 한국의 창조성과 유라시아의 경제성을 엮어 글로벌로 진출해야 한다고 역설했다.

이민화는 창조경제연구회를 이끄는 방법론으로 목표관리를 내세웠다. MBO(Management by Objectives)는 조직 구성원들이 참여해서 목표를 설정하고, 그에 따라 생산 활동을 한 뒤, 성과를 평가하는 포괄적 조직 운영 방법이다. 기존의 MBO는 절차를 통해 지시하는 식이라 개인의 자율성이 보장되지 않고, 성장도 더뎠다. 이민화는 이것을 small MBO, '선의 경영'이라고 표현하면서 구성원들에게 "small MBO에서 벗어나 본인의 목표와 방법, 시행착오를 통해 성장하는 '폭의 경영'을 해야 한다"고 강조했다. 폭이라는 영역 안에서 개인의 자유를 주는 것이 폭의 경영이다. 이때 폭을 넘으면 탈선이 되는데, 이를 방치하지 않고 매니저가 개입해서 막아주면 된다. 창조경제연구회도 포럼을 하기 전에 매주 진척되고 있는 과정을 보고하고 피드백을 받았다.

12회와 13회 포럼까지는 벤처와 관련된 연구를 진행했다. 지금은 벤처창업생태계가 활발해졌지만 당시에는 그렇지 않았기 때문에 망가진 창업 생태계를 어떻게 복원할 것인지를 주제로 잡았다. 다음으로 2015~2017년까지는 4차 산업혁명이 다가오는 상황 속에서 어떻게 국가가 나서야 하는지를 주제로 잡고 연구를 진행했다. 많은 연구를 하면서 구성원들이 느꼈던 점은 혁신 생태계를 재건하고, 만들어 내는 과정에서 사회·제도적 측면이 중요하다는 것이었다. 이러한 생각으로 2018년부터는 복지시스템, 법률체계, 지방자치제도의 방향성 등 사회 전반에 필요한 연구에 무게를 두었다.

창조경제연구회는 2013년 정기포럼 1회 주제였던 '창업자 연대보증과 국가편익'을 시작으로 다양한 정책제안을 했고, 초기에는 청와대에서도 직접 보고서를 요청할 정도로 관심을 기울였다. 그 결과 많은 아이템이 정책으로 채택됐다. 교육 부문으로는 3회 때 연구했던 기업가정신이 있는데, 교육 내용에 반영돼 지금도 학생들에게 기업가정신을 가르치고 있다. 연대보증 철폐도 정책에 영향을 주었고 크라우드 펀딩이나 코스닥 상장, 공인인증서 폐지 역시 국가정책에 반영됐다. 그 밖에도 기술 금융 전략, M&A 활성화, 핀테크 규제 해소, 데이터 쇄국주의 타파 등 주요 국가혁신 정책에 기여하는 한편 스마트 트랜스폼 기술 모델과 디지털 헬스케어 전략 등 국가혁신 방안을 제안했다. 4차 산업혁명 강사 육성 과정과 청년정책학교 과정 등을 통해 인재 육성에도 기여했다.

정부에 제안한 아이템들이 정책으로 반영되는 과정에 애로사항도 많았다. 가장 큰 애로는 창조경제연구회의 설득만으로 문제가 해결되지 않는다는 것이었다. 사회적 분위기도 변화를 곧바로 받아들이지 않았고, 어떤 정책은 법안 통과 과정에서 사장되기도 했다. 반영이 되더라도 디테일한 부분에서 부족한 것도 많았다. 기업들의 태도도 문제였다. 대국적인 측면으로 바라보기보다는 유불리에만 시선이 가 있었다. 정책이 본인들에게 유리하면 지지하고 불리할 것 같으면 앞장서서 반대했다. 정책은 국민에게 그리고 국가혁신에 도움이 되는 방향으로 만들어져야 하는데, 그것과 무관하게 이익 단체들의 반대가 심했다. 결국은 눈치 보지 않고 할 말을 하는 이민화에 대한 비판으로 연결되기도 했다.

이민화를 늘 따라다니는 화두는 미래세대에 대한 '교육'이었다. 창조경제연구회 자체를 교육의 수단으로 활용하기도 했다. 창조경제연구회 설립 직전에 만들었던 프로그램을 KAIST IP-CEO 과정에 교육자료로 활용했고, 연구원들이 직접 가서 학생들을 교육하기도 했다.

청년정책교육학교 설립에도 심혈을 기울였다. 이 학교는 역량 있고 순수한 청년들이 장차 정책의 중심이 돼야 한다는 취지로 만든 것이었다. 이민화는 청년들에게 기술이 어떻게 만들어지는지, 정책이 어떻게 만들어지고 변화하는지 가르쳐야 한다고 생각했다. 그는 청년정책학교를 열기에 앞서 공감대를 형성하기 위해 '청년정책학교를 출범하며'라는 취지문을 발표했다. 먼저 4차 산업혁명에서 뒤져 있는 우리의 현실과 정책보다 정파에 우선을 둔 정치권, 과거의 닫힌 패러다임에 묶인 정부 등을 통렬하게 비판했다. 아울러 청년정책학교를 설립하게 된 취지, 교육 방법, 목적 등도 상세히 기술했다. 이 취지문을 통해 이민화가 청년정책학교에 얼마나 심혈을 기울였으며 얼마나 큰 기대를 걸었는지 확인해 볼 수 있다.

청년정책학교를 출범하며

전 세계 최초로 산업화와 민주화를 동시에 달성한 자랑스러운 대한민국은 지금 저성장, 양극화, 고착화 그리고 리더십 부재의 위기에 봉착했다. 전 세계는 2025년이 임계점이 될 4차 산업혁명을 향해 달려가는데 한국은 2차 산업혁명적 패러다임에 갇혀 있다. 이미 핀테크, 공유차량, 사물인터넷 등 모든 4차 산업혁명 분야에서 한국은 중국에 현저히 뒤져 있다. 그 이유는 기술이 아니라 제도에 있고, 제도는 결국 정치의 산물이다.

한국 정치는 정책보다 정파에 우선을 둔다. 옳고 그른 정책적 판단이 아니라 편가르기와 대중영합이란 정치공학적 판단에 입각해 정치가 진행되고 있다. '현실과 가상이 융합하는' 4 차 산업혁명은 기술보다 정책 혁명이다. '현실과 가상의 융합기술 개발이 어려운가? 현실과 가상의 가치 충돌 극복의 제도가 어려운가?'라는 질문에 80% 이상의 압도적 다수가 제도가 기술보다 어렵다고 답을 한다.

2·3차 산업혁명을 넘어 4차 산업혁명으로 가는 공유경제, 개인정보, 클라우드의 규제정책이 국가의 미래를 좌우한다. 한국은 늦어도 너무 늦었다. 그런데 제도를 결정하는 국회와 정부의 벽은 높아도 너무 높다. 가장 본질적인 문제는 4차 산업혁명의 정책 패러다임을 이해하지 못하는 국회의원과 고위관리의 관점이다. 국가가 산업 목표를 정하고 특정 기업을 골라 지원하고 평가하는 가두리 양식에 익숙한 그룹과 이를 반대하는 그룹 모두가 과거 닫힌 패러다임에 속박돼 있다.

세계은행, OECD, 세계경제포럼 등에서 일관되게 지적하는 한국의 3대 취약점은 제도·노동·금융 분야이고, 이 모두는 정책의 산물이다. 정책 중심의 정치 혁신이 한국의 미래를 여는 길이다. 이를 위해 미래 정치를 할 청년들에게 미래 정책의 화두를 던지고 풀어가게 하는 노력이 시작돼야 한다는 데 뜻을 모았다. 오랜 시간이 걸릴 것이다. 그러나 역시 청년들이 미래다.

스웨덴 정치학교와 일본 마쓰시타 정경숙의 역할을 시대정신에 맞추어 가볍게 재창조해 보기로 했다. 우선 정파에 무관하게 뜻있는 청년들 30명을 선발해 4개월 동안 10개 화두를 푸는 시도를 해보고자 한다. 10개의 화두는 포용성장 패러다임에 이어 산업, 금융, 복지, 생활, 교육, 규제, 환경과 에너지, 외교와 국방, 거버넌스 구조의 9대 분야로 구성될 것이다. 이 과정은 세부 청년정책학교를 출범하며 콘텐츠를 가르치는 Teaching을 넘어 실사회의 화두를 찾아 푸는 콘텍스트를 학습하는 Learning을 중심으로 한다. 과거의 정책을 일방적으로 가르치는 정책 교육의 한계를 넘어, 발제자에게서 화두를 얻어 급변하는 현실 사회의 실제 문제를 팀 프로젝트로 다양한 각도에서 풀어가는 역량을 키우자는 것이다.

미래 정치의 역량은 '창조성과 협력성'이다. 현실과 가상의 가치 갈등을 승화시키는 역량은 실사회의 문제를 팀 프로젝트로 푸는 SPBL(Social Project Based Learning)로 길러질 것이다. 그러면 스승은 바로 동료들이 된다. 각 5명으로 구성된 6개의 팀이 노력해 풀어낸 화두를 모두가 함께 공유하는 과정이 집단 학습의 과정이고 평가의 대안이다. 교수는 질문을 하고 동료들이 Peer Review로 평가하는 과정에서 압축된 학습이 다시 이루어진다.

교수진은 화두와 참고자료들을 공유 클라우드를 통해 제공할 것이다. 학습자들은 인터넷을 통해 교수진의 화두 중 일부를 골라 팀 토론으로 풀고 그 결과를 다시 클라우드에서 공유할 것이다. 이 모든 과정은 페이스북과 같은 SNS에서 내부자들 간 공유가 이루어질 것이다. 각자 보유한 학습 자료의 공유는 조교에 의해 가점을 받게 된다. 공유가 미덕이 돼야 집단의 역량이 증가된다. 1기가 2기의 페이스북 발표 평가에 원격으로 참여할 수도 있다. 그러면 기수가 거듭될수록 집단지능은 증가된다. 제안된 정책 중 우수 정책은 국정에 반영이 가능하다. 정책을 대외에 공개해 국민 평가도 가능해진다.

교수진과 참여자의 일정을 고려해 매월 1회 토요일 전일 학습과 주중 2회에 걸친 학습으로 구성된다. 각 과정은 발제-팀 화두 해결-발표로 구성되며, 발제는 편향성을 줄이기 위해 복수로 구성되고 내용 전달보다는 현재와 미래의 분야별 문제 제시에 중점을 둘 것이다. 발표는 조당 10분 발표를 원칙으로 운영하고 질문과 답은 페이스북을 활용한다. 이 과정을 통해 학습자들은 10개 주제의 팀 정책과 1개의 개인 정책 보고서라는 성과를 거두게 될 것이다.

이 과정은 교수진과 더불어 학습진의 동참으로 만들어 갈 것이다. 운영 방식도 커리큘럼도 토론을 통해 진화될 것이다. 리더십에 대한 비판적 참여를 장려한다. 발제자료-화두-팀 프로젝트-경쟁발표-공유-시민참여-국정 반영-역량 강화의 선순환을 만들어 가고자 하는 것이다.

청년정책학교는 좋은 평가를 받았지만 이민화가 그해 갑작스럽게 타계하면서 안타깝게도 1회 교육에 그치고 말았다.

여러 어려움 속에서도 창조경제연구회는 60개의 보고서와 25편 내외의 논문을 내는 등 다양한 결실을 거뒀다. 이 숫자에 국가정책보고서를 더한다면 그 양은 훨씬 많아질 것이다. 도서도 1년에 3~4건씩 발간했다.

창조경제연구회는 자신들의 실적이나 구성원들의 능력에 대해 큰 자부심을 갖고 있다. 이를 이명호가 확인해 준다.

"연말에 포럼을 안 하는 대신에 논문을 써서 학술지나 학회에 발표했습니다. 대부분 박사과정을 졸업한 사람이 발표했다면, 우리는 학부나 석사 졸업생이었습니다. 하지만 우리의 발표를 들은 사람들은 수준이 거의 박사급이라고 평가했습니다. 포럼을 위한 연구 과정에서 남다른 분석을 제시했기 때문에 그런 칭찬을 받지 않았나 싶습니다."

이민화가 일찍 떠나는 바람에 좀 더 많은 일을 할 수 있는 기회를 놓쳤다는 아쉬움이 있지만, 창조경제연구회가 남긴 실적은 결코 적지 않다. 워낙 넓고 탄탄한 네트워크를 가진 이민화이기에 가능했던 일들도 많았다. 함께했던 멤버들의 회고 속에서 이민화의 영향력이 얼마나 크고 깊었는지 확인할 수 있다.

● **주강진 창조경제연구회 이사**

이민화 이사장님은 내게 스승이자 직장 상사이자 멘토이셨다. 개인적으로 일이 힘들었지만 좋은 경험이었다고 생각한다. 내 생에 다시 그런 분을 모시고 일할 수 있을까 싶을 정도다. 이사장님도 고집이 있었고 나도 자기주장이 강해서 프로젝트를 할 때 서로 부딪히는 면이 있었다. 하지만 결론적으로 좋은 연구 결과를 위해 생기는 갈등이었기 때문에 별일은 없었다. 오히려 외부, 특히 공공 프로젝트는 시작할 때 어느 정도 방향성이 정해진 경우도 있는데, 연구자의 소신과 충돌하기도 한다. 그럴 때마다 이사장님은 직원들이 자신의 소신대로 의견을 말할 수 있도록 기회를 주곤 하셨다. 연구하는 중에도 우리의 의견이 무사히 진행될 수 있도록 바람막이가 돼 주셨다.

● **이명호 태재연구재단 자문위원**

내가 접해 본 사람 중에 가장 인문과 기술을 겸비한 분이었다. 유라시안(고대사) 인문학, 기술 창업, 정책 활동 등 세 가지를 모두 했던 사람은 드물다. 특히 유라시안 네트워크는 학설에 따라 서로 교류하지 않는 다른 입장을 가진 사람들까지 참여했다. 절대 같은 자리에 모일 수 없을 것 같은 이들이 함께한 이유는 바로 이민화 교수가 주도한 세미나를 듣기 위해서였다. 그 분은 다른 입장을 가진 사람들을 같이 끌고 가는 리더십을 갖고 있었다.

02

4차 산업혁명

• "4차 산업혁명은 기술혁명이 아니라 사회혁명이기에 국민의 공감을 이끌 미래 비전의 브랜드가 필요하다."

"가상과 현실의 선순환, 다시 말해 온라인과 오프라인의 융합이 4차 산업혁명의 본질이다."

"우리나라가 4차 산업혁명 시대를 잘 대비하기 위해서는 무엇보다 규제들을 걷어내야 한다."

이민화가 4차 산업혁명의 의미를 밝히고 방향성을 제시하면서 남긴 말들이다. 흔히 정보통신기술(ICT)의 융합으로 이뤄지는 차세대 산업혁명을 4차 산업혁명이라고 한다. 인공지능(AI), 사물인터넷(IoT), 로봇기술, 드론, 자율주행차, 가상현실(VR) 등이 주도한다. 이 용어는 2016년 6월 스위스에서 열린 다보스포럼(Davos Forum)의 의장이었던 클라우스 슈바프(Klaus Schwab)가 '향후 세계가 직면할 화두'로 처음 던지면서 회자되기 시작했다.

국내에서는 이민화가 4차 산업혁명의 전도사를 자처했다. 지금이야 4

차 산업혁명이라는 말이 친숙하지만, 이민화가 "4차 산업혁명에 우리의 미래가 달렸다"고 역설할 때만 해도 고개를 갸웃거리는 사람이 많았다. 실체가 잡히지 않으니 막연한 구호처럼 들리기도 했다. 창조경제연구회 수석연구원을 지낸 주강진의 말을 통해 이민화가 4차 산업혁명을 전파하기 위해 어떤 노력을 했는지 확인해 본다.

"이민화 이사장은 4차 산업혁명 전도사라고 할 수 있습니다. 4차 산업혁명과 관련해서 논문도 많이 썼고, 강의도 많이 하셨습니다. 4차 산업혁명이 우리나라에 커다란 흐름을 바꿀 가능성에 대해 끊임없이 고민하면서, 본인의 머리에서 정리된 강의자료를 많은 사람과 공유했습니다. 일각에서는 이러한 모습을 오해해서 돈벌이를 한다고 비판하기도 했습니다. 그러나 이사장님에게 찾아온 다양한 기회를 옆에서 지켜본 저로서는 이러한 비판에 동의하기 어렵습니다. 만약 경제적 영달을 추구하셨다면 전혀 다른 길을 가셨을 분입니다."

이민화가 언론 등을 통해 정의한 4차 산업혁명은 온라인과 오프라인의 융합을 만드는 세상이다. 그는 "1·2차 산업혁명은 오프라인을 발전시킨 혁명이고, 3차 산업혁명은 온라인 세상을 만든 혁명"이라고 정의했다. 2016년 10월 4일 자 〈문화일보〉와 가진 인터뷰에서 그 내용을 확인할 수 있다.

문화일보
2016년
10월 4일

"내비게이터가 없던 시절 오프라인의 운전만 있었다면 내비게이터가 생기면서 온라인과 오프라인의 융합이 생겼고, 자율주행차가 나오면 완전한 온·오프라인 융합이 되는 것과 같다." 또 "사물인터넷(IoT), 클라우드, 인공지능(AI), 빅데이터 등을 개별 기술로 바라봐 4차 산업혁명으로 이해하는 것은 오해"라며 "오프라인에서 데이터를 온라인에 저장하고 그 데이터를 분석해 오프라인 세상을 더 좋은 세상으로 만드는 것, 즉 온라인과 오프라인의 순환 과정을 이해하는 것이 중요하다"고 강조했다.

4차 산업혁명을 설파하는 이민화의 어조는 단호했다. 우리나라가 4차 산업혁명을 준비하기 위해 가장 필요한 것은 '규제 철폐'라고 잘라 말했다. 한강의 기적을 만들기 위해서 경부고속도로를 만들었던 것처럼 O2O(Online to Offline) 고속도로를 만들면 되는데, 우리나라는 고속도로 곳곳에 바리케이드를 세워 놓았다는 말로 규제의 폐해를 지적했다. 또 의료·금융·교육 모두 클라우드 사용을 못 하게 하고 있다면서 "세계 최악의 규제 국가"라고 비판했다.

늘 그랬듯이 이민화는 자신의 견해와 주장을 펼치기 위해 언론을 많이 활용했다. 〈서울경제〉에 연재했던 '이민화의 4차 산업혁명' 첫 회를 보면 4차 산업혁명에 대한 이민화의 생각을 제대로 읽을 수 있다.

서울경제
2016년
10월 7일

전 세계 열강들은 제4차 산업혁명에 국력을 쏟아붓고 있다. 인류사적 혁명에 뒤처진 참혹함은 한일병합이라는 쓰라린 치욕의 역사로 우리 기억에 남아 있다. 불과 10년 앞으로 닥쳐온 초고령사회 진입 이전에 우리는 4차 산업혁명을 완수해야 한다. 대한민국의 일류 국가 도약을 위해 하늘이 준 마지막 기회를 정중히 맞이해 보자.
4차 산업혁명의 본질을 우선 정리해 보자. 올해 1월 다보스포럼에서는 '빠르고 넓고 강하게 세상을 바꾸어 모든 것이 연결되고 보다 지능적인 사회로의 변화'라고 4차 산업혁명을 설명했으나 아직 정의는 미루고 있다. 그렇다면 우리가 먼저 정의해 보기로 하자.
증기기관으로 대표되는 1차 산업혁명은 현실 세상의 양적 확대로, 전기혁명으로 일컫는 2차 산업혁명은 현실 세상의 질적 향상으로 정의하고자 한다. 이어서 인터넷으로 오프라인의 현실 세상과 분리된 온라인의 가상 세상을 만든 것이 3차 산업혁명이다. 이제 4차 산업혁명은 가상과 현실의 융합(O2O·Online to Offline) 세상을 만드는 혁명이라고 정의해 보자. 실제로 스마트 공장, 자율주행차, 드론, 핀테크(fintech) 등 대부분의 4차 산업들은 O2O를 본질적 속성으로 하고 있다. 우버·에어비앤비 등 1조원 가치가 넘는 스타트업을 일컫는 유니콘들의 사업 대부분은 바로 O2O다. 4

차 산업혁명은 현실과 가상이 순환해 현실을 최적화하는 O2O 혁명이라고 정의한다.

그런데 우리 대한민국은 미국·독일·일본 등 4차 산업혁명 선도 국가들에 비해 두 가지 문제를 추가로 풀어야 한다. 그 하나는 초고속 고령화이고 다른 하나는 추격에서 탈추격으로의 패러다임 전환이다. 북핵과 통일 문제가 추가될 수도 있다. 여하튼 우리는 기술혁명과 더불어 경제사회 제도의 혁명을 동시에 달성해야 한다.

초고속 고령화는 쓰나미처럼 한국을 덮쳐오고 있다. 저출산·고령화라는 세계적인 추세에 710만 베이비붐 세대의 퇴장은 한국을 전 세계에서 최고 속도로 고령화하는 국가로 부상시켰다. 불과 10년 후면 65세 이상의 인구가 전체의 20%가 넘는 초고령화 국가에 돌입하게 된다. 4차 산업혁명에 임할 시간제한이 10년이라는 것이다. 정치공학적 계산으로 야기된 집단 갈등으로 국력을 낭비해서는 안 된다는 의미이기도 하다.

탈추격 패러다임 전환은 한국이 이룩한 과거 성공의 굴레에서 이제는 벗어나야 한다는 의미다. 대한민국이 전 세계 최빈국에서 부유국 클럽인 경제협력개발기구(OECD) 가입을 이룩한 놀라운 한강의 기적의 비결은 빠른 추격자 전략이었다. 선진국을 모방해 따라잡은 비결은 지원과 규제의 정부후견주의, 대기업 중심의 갑을 구조, 정답 위주의 교육, 실패에 대한 징벌 등이었다. 그런데 빠른 추격 전략의 강력한 경쟁자인 중국·인도 등의 등장으로 우리가 탈추격 전략으로 전환해 이행하게 되면서 추격 패러다임의 핵심 역량들이 바로 탈추격 패러다임의 핵심 장애 요인들로 탈바꿈하게 됐다. 지난 10년간 한국이 국제 경쟁에서 뒤처지게 된 근본 원인은 바로 탈추격 패러다임 전환의 실패로 요약된다.

한국이 이룩한 놀라운 한강의 기적은 오프라인의 경부고속도로로 시작했다. 한국의 새로운 도전인 4차 산업혁명은 O2O의 고속도로로 시작돼야 할 것이다. 그런데 한국의 데이터와 클라우드 관련 제도는 사전 규제의 틀을 벗어나지 못하고 있다. 핀테크, 사물인터넷(IoT), 웨어러블, 자율주행차, 드론 등 대부분의 4차 산업혁명에서 중국에 현격히 뒤처지게 된 것은 기술이 아니라 전 세계 90위권의 경직된 규제정책 때문이다.

4차 산업혁명과 더불어 초고속 고령화, 탈추격 패러다임이라는 국가 위기 3종 세트는 우리에게 하늘이 준 마지막 기회다. 한국인은 위기를 기회로 만드는 놀라운 저력을 보여주지 않았는가. 정치권·정부·기업인과 국민들 모두가 위기를 심각히 인식하는 것이 4차 산업혁명으로 가는 길의 출발선이 될 것이다.

03

공유 플랫폼 경제

서울경제
2017년
2월 18일

4차 산업혁명은 공유경제로 진화한다. 세계경제포럼(WEF·다보스포럼)은 오는 2027년 공유경제 시대가 열린다고 예측하고 있다. 온라인 영역에 머물던 한계비용 제로의 공유경제가 O2O(online 2 offline) 융합에 따라 우리 삶의 전 영역으로 확산된다는 것이다. 공유경제의 본질적 속성들을 살펴보고 공유경제의 선도 전략을 세워야 하는 이유일 것이다.

● 〈서울경제〉에 연재했던 '이민화의 4차 산업혁명' 중 공유경제와 관련된 내용이다. 이민화는 이 칼럼에서 "4차 산업혁명은 공유경제로 진화한다"고 밝히고 있다.

공유경제(sharing economy)의 기본 개념은 자신에게 필요 없게 된 재화나 서비스를 다른 소비자에게 빌려주어 사용하게 하는 경제를 일컫는다. 즉 소유의 개념이 아니라 차용의 개념으로, 물품은 물론 생산설비나 서비스 등을 필요한 만큼 빌려 쓰고 다른 사람에게 빌려주는 공유소비의 의미를 갖는다. 일상적 용어로 쉽게 설명하면 '나눠 쓰기'의 개념으로 자동차, 빈방, 책 등 활용도가 떨어지는 물건이나 부동산을 다른 사람들과 함께 공유함으로써 자원 활용을 극대화하는 것이다. 소유자 입장에서는 효율을 높이고, 구매자(이용자)는 싼값에 쓸 수 있는 소비 형태다. 대량생산과 대량소비가 특징인 20세기 자본주의 경제에 대비해 생겨난 개념으로 2008년 미국 하버드 로스쿨 교수인 로런스 레시그(Lawrence Lessig)에 의해 쓰이기 시작했다.

이민화는 일찍부터 이 공유경제에 주목했다. 〈서울경제〉에 연재한 '이민화의 4차 산업혁명'에서는 공유경제를 이렇게 정의했다.

서울경제
2017년
1월 18일

공유경제는 획일화가 아니라 집단지능을 통한 개인화다. 반복적인 요소는 플랫폼을 통해 공유해 최소 비용으로 나의 욕구를 충족하는 것이다. 예를 들어 3D프린터의 공유 사이트(shapeway 등)에서 취향에 맞는 디자인을 다운받아 나만의 아이디어를 가미해 작품을 만드는 것이다. 공유경제를 집단지능 기반의 개인화인 소셜(social) 맞춤화라고 정의하고자 하는 이유다.

이민화가 2018년 '세계 최초의 공유경제 모델 제시'를 표방하며 펴낸 책 『공유 플랫폼 경제로 가는 길』(창조경제연구회)에는 그가 정립한 공유경제의 모든 이론이 들어 있다. 그가 생각하는 공유경제 그리고 공유 플랫폼 경제는 무엇인지, 우리 산업에 어떻게 적용되는지를 들여다볼 수 있다. 이민화는 이 책에서 공유경제가 새로운 것이 아닌 과거에서부터 있었던 개념으로 그 범위를 넓혀 설명하면서 몇 가지 사례를 제시했다.

『공유 플랫폼 경제로 가는 길』 中

공유경제는 우버(Uber), 에어비앤비(Airbnb)의 등장으로 가시화됐지만, 역사적으로 본다면 과거부터 있었고 전혀 새로운 개념이 아니다. 우리나라의 경우 삼한 시대에는 공동 노동을 위한 마을 성년 남자들 간의 공동체인 '두레'가 존재했다. 두레가 농업에서 활용되는 공유경제라면, 상인들도 '부보상'이라는 또 다른 형태의 공유경제 활동을 했다. 부보상은 고대부터 있었으나 조선 시대에 전국적인 조직을 갖추고 발달했다. 유럽에서도 중세시대 상인들은 자신들의 기술이나 돈을 보호하기 위해 부보상과 유사한 '길드'(Guild)를 만들었다.

이민화는 또 공유경제의 대표적인 사례로 우버와 에어비앤비를 예로 들어서 어떻게 경제적 가치를 창출하는지 설명했다. 우버는 소유한 차 한 대 없이 세계에서 가장 큰 교통서비스 제공 회사로 성장했고, 스타트업 가운데에서 유례없는 성장을 보여줬다. 또한 일상생활에서 무엇이든 필요할 때 불러 쓰는 온디맨드(On-Demand) 서비스 분야를 선도하고 있다.

『공유 플랫폼 경제로 가는 길』 中

우버는 차를 한 대도 직접 생산하지 않지만 운전자와 탑승자를 연결하는 최고의 교통서비스를 제공하고, 숙박공유의 에어비앤비는 보유하고 있는 호텔 하나 없이 최고의 숙박서비스 기업으로 발전했다. 이것은 무엇을 의미할까?
공유경제 모델의 핵심은 유휴 경제 요소를 공유하는 것이라는 점이다. 유휴자원 공유에 대한 수요와 공급을 연결해 새로운 경제적 가치를 창출한다. 이로써 한계비용 제로를 실현하는 것에 의의를 둔다.
기존 호텔 사업자가 객실의 숫자를 늘리기 위해서는 건물을 매입하고 인테리어 등을 위한 투자가 필요하다. 이에 비해 숙박 공유경제 모델인 에어비앤비는 수많은 집의 유휴자원을 네트워크로 연결함으로써 비용을 거의 들이지 않고 사업을 확장할 수 있다. 즉 한계비용이 거의 들지 않는 것이다. 물론 서비스 개발이나 플랫폼 확보와 같은 초기 비용은 들지만, 그 이후에는 기존 숙소들을 네트워크로 연결만 하면 된다. 유휴자원을 네트워크로 연결함으로써 새로운 경제적 가치를 만드는 것이다.

이민화는 공유경제 이론을 펼치면서 '플랫폼(Platform)'에 초점을 두었다. 공유경제를 가능하게 하는 인프라가 바로 플랫폼이라고 정의했다. 자신만의 차별화된 모듈만 설계하면 나머지는 공유플랫폼에서 조달하면 된다는 것이다.

플랫폼은 객체와 주체가 어떤 요소를 공유할 수 있도록 장소를 제공하는 기술이다. 기술의 발달로 그 요소는 어떤 것이든 가능해졌다. 기존 소비 측면의 공유경제를 생산까지 확장될 수 있도록 한 것은 O2O 플랫폼이다. 온라인 플랫폼의 등장은 정보의 공유비용 제로 사회로 진입하게 했으며, O2O 플랫폼은 물질의 공급비용을 급격히 떨어뜨리고 있다.

이민화는 구글, 아마존, 페이스북, 텐센트와 알리바바를 전형적인 플랫폼 기업으로 들었다. 이들은 온라인 중심으로 성장해서 오프라인으로 사업영역을 확대하고 있다. 반면에 애플이나 MS는 제조업이나 소프트웨어를 만드는 기업이었지만, 이제는 플랫폼을 사업의 핵심으로 하고 온라인과 오프라인 양측으로 사업을 확장하고 있다. 이민화는 『공유 플랫폼 경제로 가는 길』을 통해 플랫폼이 세계 경제를 관통하는 핵심 키워드가 되고 있다고 단언했다.

04

호모 모빌리언스

호모 모빌리언스(Homo Mobiliance)라는 다소 낯선 용어를 처음 만들어 쓴 사람이 바로 이민화다. 가장 단순하게 설명하면 스마트폰의 대중화로 모바일 정보가 생활화된 현대인을 가리킨다. 이민화는 인류가 호모에렉투스, 호모사피엔스, 호모루덴스, 호모 디지쿠스에 이어 새로운 인류상인 호모 모빌리언스로 진화하고 있다고 주장하면서 호모 모빌리언스를 '슈퍼 초인류'라고 정의했다. 개인은 스마트폰을 아바타로 한 사이보그적 진화를 거쳐 슈퍼맨이 되고, 집단은 소셜네트워크를 통해 초인류로 진화한다는 것이었다. 2012년 발간한 저서 『호모 모빌리언스』(북콘서트)에서 이민화는 이러한 신인류의 등장 배경부터 그들이 누구이며 어떻게 미래를 바꾸고 있는지, 신인류 진화설에 대해 상세히 설명하고 있다.

『호모 모빌리언스』 中

호모 모빌리언스는 두 가지 중요한 특징을 가진다. 하나는 개개의 인간이 스마트폰이라는 아바타와 결합해 슈퍼맨이 된다는 것이다. 과거 상상 속의 슈퍼맨이 가졌던 백과사전적 지식, 초능력, 초감각 등을 스마트폰이라는 아바타를 통해 평범한 사람도 소유할 수 있게 된다. 이제 누구나 슈퍼맨이 되는 세상이 다가오고 있다. 또 하나의 큰 변화는 개개인의 인간에서 집단으로서의 인류로 재탄생하는 것이다. 마치 개미 한 마리 한 마리가 생명이지만 개미집단이 거대한 생명이듯 한 명 한 명이 생명체인 인간이 집단으로서 새로운 초인류를 형성하는 것이다.

이민화는 호모 모빌리언스의 탄생 배경을 설명하기 위해 '네트워크 파워'에 주목했다. 먼저 인류의 역사를 네트워크의 역사라 정의했다. 역사의 시작인 4대 문명부터 육상 네트워크인 실크로드, 해상 네트워크인 대항해 시대, 이어 온라인 네트워크인 인터넷에 이르기까지 네트워크의 발달이 사회의 발달을 촉진했고, 이 네트워크를 주도하는 세력이 역사를 이끌었다는 것이다. 이러한 네트워크의 역사 속에 과거와 매우 다른 초강력 네트워크가 새롭게 부상하고 있는데, 그게 바로 모바일 네트워크라고 설명했다. 실크로드부터 유선 인터넷까지는 인류를 도와주는 '기계적 네트워크'였으나, 모바일 네트워크는 인류 자체를 변화시키는 '창발적(創發的) 네트워크'라며 이 새로운 모바일 네트워크를 주도하는 세력이 미래 역사의 주역이 될 것이라고 역설했다. 즉 모바일 네트워크 시대를 주도하는 신인류가 바로 호모 모빌리언스인 것이다.

그렇다면 호모 모빌리언스가 주도하는 세상은 무엇이 어떻게 바뀌어 있을까? 그 결과에 대해서도 이민화는 구체적인 결과를 제시했다.

『호모 모빌리언스』 中

원격투시와 초감각, 백과사전적 지식 등 과거의 슈퍼맨이 지닌 능력을 스마트폰과 결합한 평범한 회사원이 지니게 된다. 이러한 진화과정은 생물학적 인간이 아니라 스마트폰과 결합한 사이보그 인간으로 이루어지며, 이는 호모 모빌리언스를 촉발하는 첫 번째 동인이다.

스마트폰과 결합한 평범한 회사원은 놀라운 능력을 보여준다. 과거에 원격투시를 하려면 수십 년 면벽 수도를 한 도사님들만이 가능(?)할 수 있었다. 그러나 이제는 아무런 수도를 하지 않은 사람도 스마트폰을 통해 원격투시 능력을 갖게 됐다. 애플의 페이스타임(Face Time)과 스카이프(Skype) 등 원격투시를 가능케 해주는 솔루션들이 다양하게 제공되고 있다. 실력 있는 가수들의 경연 프로그램인 '나가수' 공연장을 가보지 않은 사람도 친구들을 통해 현장의 분위기를 전달받을 수 있다. 과거의 인간과 스마트폰으로 원격투시 능력을 지니게 된 인간이 과연 동일한 종이라고 할 수 있겠는가.

인간은 스마트폰을 통해 스마트한 오감을 갖추어 가고 있다. 귀의 능력은 이미 제공되고 있다. 사람의 귀보다 훨씬 예민한 청각 기능을 부가할 수 있다. 사람이 듣지 못하는 영역도 녹음할 수 있다. 메모리가 허용하는 한 거의 무제한 녹음할 수 있다. 시각 기능과 더불어 청각 기능이 결합돼 인간의 시청각 정보를 평생 저장하는 데 불과 수 테라(tera) 바이트면 충분하다.

이제 인간은 역사를 통해 이룩한 인류 집단의 지식을 인터넷 클라우드에 올려 공유한다. 노래방 기기가 등장하면서 가사를 외울 필요가 없어졌듯이 이제 인간은 외부의 정보기기를 인간 뇌의 일부로 차용하기 시작한 것이다. 스마트폰은 인간이 필요한 대부분의 활동을 보조하기 시작한다.

05

스마트시티

● 스마트시티를 단어 그대로 풀이하면 '똑똑한 도시'쯤 될 것이다. 현실에서는 좀 더 구체적 의미를 갖는다. 첨단 정보통신기술(ICT)을 이용해 생활 속의 교통 문제, 환경 문제, 주거 문제 등을 해결해서 시민들이 편리하고 쾌적한 삶을 누릴 수 있도록 한다는 개념이다. 이런 환경을 구현하기 위해 인공지능(AI), 빅데이터, 클라우드, 차세대 이동통신, 자율주행, 사물인터넷(IoT), 블록체인 등 다양한 기술이 투입된다. 원리는 비교적 간단하다. 집과 개인이 O2O로 연결되면 스마트홈이 된다. 여기서 더 나아가 교통, 에너지, 보건과 같은 국가시스템과 연결되면 스마트시티가 된다. 스마트시티가 구현되면 텔레커뮤니케이션(telecommunication)을 위한 기반시설이 인간의 신경망처럼 도시 구석구석까지 연결된다. 직장인들은 사무실에 출근하지 않아도 집에서 업무를 처리할 수 있는 텔레워킹(teleworking)이 일반화된다.

이민화는 이런 개념을 산업과 연계해 구체적으로 설명하면서, 스마트

산업을 통한 부가가치 창출이 전제돼야 스마트시티가 지속 가능할 수 있다고 역설했다. 2019년 10월에 발간된 그의 마지막 기고문 모음집 『대한민국을 위하여』(창조경제연구회)에는 스마트시티는 무엇이며 어떻게 구현돼야 할지, 그 전략이 적시돼 있다.

그는 "4차 산업혁명의 실증은 스마트시티에서 구현된다"면서 스마트 '산업'으로 일자리를 창출하고 스마트 '시민'이 행복을 추구하고, 스마트 '행정'이 예측과 맞춤의 공공 인프라와 서비스를 제공하는 것이 스마트시티의 3대 요소라고 정의했다. 또 도시는 인간 삶의 플랫폼으로, 스마트시티 4.0에서는 온·오프라인 연계(O2O) 플랫폼으로 확산될 것이라고 내다봤다.

『대한민국을 위하여』에 실린 '스마트시티 모델'이라는 칼럼을 통해 이민화가 생각하는 스마트시티의 모습을 들여다본다. 이 칼럼은 〈서울경제〉 2018년 12월 19일 자에 실렸다.

서울경제
2018년
12월 19일

4차 산업혁명의 시금석은 스마트시티다. 국가 국내총생산(GDP)의 70%를 창출하고 소비하는 도시의 경쟁력이 국가의 경쟁력이다. 전 세계 주요 국가들이 스마트시티 경쟁에 뛰어들고 있는 이유일 것이다. 그런데 스마트시티의 본원적 의미와 체계적 모델은 전 세계적으로 아직 미진하다. 한국의 미래 먹거리로 스마트시티 전략을 도출해 보고자 한다.

생산과 소비의 순환이 도시의 본원적 의미다. 스마트시티란 스마트산업과 스마트시민이 스마트행정으로 최적화되는 것을 의미한다. 스마트산업으로 일자리를 창출하고 스마트시민이 행복을 추구하고 스마트행정이 예측과 맞춤의 공공 인프라와 서비스를 제공하는 것을 스마트시티의 3대 요소로 정의하고자 한다.

지금까지 전 세계의 스마트시티 논의는 시민의 불편을 해소하는 공공 인프라에 집중돼 왔다. 교통체증과 미세먼지 감소 등의 도시 문제 해결은 당연히 중요하다. 그러나 스마트시티의 목표는 시민의 불편 해소 차원을 넘어서야 한다. 스마트시티는 시민의 불행 축소에서 시민의 행복 추구로 진화해야 할 것이다. 불행하지 않은 것과 행복한 것은 분명히 다르다. 불행은 외부 환경의 변수이나 행복은 내부 도전의 함수다. 바로 시민의 적극적 참여가 중요한 이유다.

시민의 불편 해소는 엄청난 예산 투입을 전제로 한다. 그런데 누가 그 비용을 조달할 것인가. 중앙정부도 지방정부도 세원 확보 없이는 지금과 같은 스마트시티 전략을 지속할 수 없다. 스마트시티는 스마트산업을 통한 부가가치 창출로 비로소 지속가능할 수 있게 된다. 도시의 수익 창출로 도시민의 행복 추구가 가능해진다.

스마트산업과 스마트시민은 스마트행정으로 순환되는 손바닥의 앞뒤와 같은 관계다. 스마트시티의 3대 요소는 각각 4차 산업혁명의 스마트트랜스폼으로 예측과 맞춤의 최적화를 이루게 된다. 4차 산업혁명의 최적화는 인간의 뇌와 같이 현실과 가상의 4단계 융합으로 이뤄진다. 인간이 오감으로 현실을 인식해 대뇌피질에 저장하고 전전두엽의 분석으로 최적화된 예측과 맞춤의 행동을 한다. 오감에 해당하는 사물인터넷(IoT) 기술 등의 데이터화와 대뇌피질에 해당하는 클라우드의 빅데이터와 전전두엽에 해당하는 인공지능(AI)의 지능화를 거친 현실의 스마트화 단계가 4차 산업혁명의 스마트트랜스폼 모델이다. 이를 스마트시티의 3대 요소에 적용해 보면 현실과 가상이 디지털 트윈으로 연결되는 스마트시티 구현 모델이 도출될 수 있게 된다.

우선 스마트산업은 개별 기업들의 데이터화로 시작된다. 이어 기업들의 홈페이지를 연결하고 기업들을 산업인터넷으로 연결해 빅데이터를 구성하자. 홈페이지가 집약된 기업 포털은 도시산업의 디지털 트윈 구축의 시작이다. 기업들의 동적인 활동까지 포함하는 산업플랫폼이 산업 디지털 트윈의 목표가 된다. 이를 통해 기업 간 개방 혁신이 촉진되고 공공 지원이 최적화된다. 산업이 데이터를 통한 융합으로 스마트화하는 것이다.

다음으로 스마트시민은 시민들의 온·오프라인 참여로 시작된다. 그런데 오프라인의 시민 참여는 의사결정 비용과 의사집행 비용의 패러독스 관계에 있었다. 시간과 노력이 투입되는 시민 참여는 결코 공짜가 아니다.

온·오프라인을 융합하는 리빙랩이 등장하는 이유다. 우선 스마트폰을 활용해 시민 참여 패널을 구축하는 것이 시작이다. 시민의 의견이 데이터화돼 클라우드에서 정보화되고 시민들의 의사결정으로 이어지는 과정을 블록체인 기반의 리빙랩 플랫폼이 뒷받침하게 된다. 시민의 디지털 트윈화다. 도시 전체의 정보는 클라우드에 모이고 도시민은 스마트폰으로 참여하는 '스마트폰 속의 스마트시티'로 도시는 스스로 진화하는 생명을 얻게 된다. 바로 '자기조직화하는 스마트시티'다.

스마트산업과 스마트시민은 스마트행정으로 순환된다. 공공 데이터를 개방하고 도시의 공간을 데이터화하고 도시의 교통과 통신 연결 인프라를 제공하는 것이 도시 디지털 트윈화의 시작이다. 그리고 산업과 시민과 행정의 현실 및 가상을 4단계로 스마트트랜스폼하는 도시 전체의 디지털 트윈 구축으로 진화해야 한다.

가자,

길이

보이지

않아도

계속해서 새로운 일을
만들어 가는 그 모든 과정이
나의 취미다.
내 취미가 세상에
도움이 된다면
더욱 즐겁지 않겠는가.
길 없는 길을 가는 것,
답이 없는 답을 찾아가는 것이
결국 삶의 궁극적 목적
아니겠는가.

VII

이민화

뒤의

이민화

이민화를 증언하는 인터뷰를 진행하는 과정에 가장 자주 나온 말 중 하나는 "이민화가 자신의 시간을 너무 못 가졌다"는 안타까움이었다. 그에게도 가족이 있고, 그만의 내밀한 삶이 있을 텐데, 그는 늘 공개된 자리에서 눈코 뜰 새 없이 일하고 누군가 가르치고 뭔가 해결하는 모습으로 존재했다. 그러다 보니 가족에게 나눠줄 시간은 절대적으로 부족했을 것이다. 부인 이사랑과 세 딸이 가장 없이 감당해야 할 시간이었다. 그렇다고 이민화가 가족에게 마음을 쓰지 않았다는 뜻은 아니다. 그는 누구보다 가족을 사랑했고, 그가 걸어온 걸음 곳곳에는 가족에 대한 깊은 애정이 배어 있다. 본인이 남긴 기록과 여러 사람이 전해주는 말을 통해 이민화 뒤의 이민화, 그의 내면을 만나본다.

01

가족

● 늘 바빴던 사람이었지만, 그 바쁜 중에도 이민화의 가족 사랑은 남달랐다. 특히 아내에 대한 사랑은 많은 이들이 하나같이 인정할 정도였다. 아내 이사랑의 남편에 대한 사랑 역시 지극했다. 부부는 같이 사는 동안 거의 싸워본 적이 없다고 한다. 이사랑은 이민화가 급작스럽게 세상을 뜬 뒤 딸들에게 "부부싸움 한 번 제대로 못 해 보고 헤어졌다"는 말로 못다 나눈 사랑에 대한 안타까움을 표현했다고 한다. 그들은 서로에게 진정으로 편안한 부부였다. 이민화는 자신의 의견을 관철하면서도 아내를 윽박지른 적이 없었다. 아내가 불만을 갖지 않도록 부드럽게 설명하고 설득했다. 바쁜 가운데에서도 집안의 평화를 우선으로 여겼다. 이민화 부부는 기회만 되면 함께 다녔다. 부인이 '운전기사' 노릇을 한다는 명분이었다. 이사랑의 증언으로 들어본다.

"남편은 한 번도 정식 기사를 고용해 본 적이 없어요. 지방을 갈 때나 대리기사를 썼고, 대부분 중요한 자리는 제가 운전했습니다. 그러다 보니 재미있는 에피소드도 많았어요. 어느 날 남편이 회사 회식 자리에서 취한 상태로 '전용기사 좀 불러 달라'고 장난스럽게 말했답니다. 그런데 사원 하나가 제게 전화해서 '기사대기실이죠?' 하고 물어보는 겁니다. 그 사람은 아내인 제가 운전하는 줄 몰랐던 거지요. 남편은 술을 마시면 항상 제게 운전을 해 달라고 불러냈고, 직원들하고 저녁 약속이 있는 날은 꼭 집으로 3차를 왔습니다. 그래서 집에는 언제 올지 모를 손님을 위해 맥주나 와인을 준비해 놓고 있었습니다."

이민화는 그의 마지막 여행이었던 동해 여행도, KAIST에서 진행한 마지막 행사도 아내와 함께했다. 고등학교, 대학, KAIST 선배이자 처남인 이재성(전 현대중공업 회장)은 이민화가 아내 이사랑의 환갑잔치를 네 번이나 열어준 일화는 가족들 사이에서 유명하다고 전한다.

이민화의 가족 사랑은 뿌리가 깊다. 성장기에 몸과 마음에 깊숙이 배어들었다고 보면 될 것 같다. 특히 아버지의 성품이나 행동이 큰 영향을 끼친 것으로 보인다. 큰누나 이영희가 그 시절의 집안 풍경을 전한다.

"아버지는 참 따뜻한 분이셨어요. 민화가 아버지의 그런 성품을 많이 닮은 것 같아요. 아버지는 젠틀한 분이셨는데요. 사촌들, 조카들이 대학생이 되면서 우리 집에 여러 학생이 함께 살았는데, 마루를 카페처럼 만들어서 맥주나 과일 같은 것을 사다 놓은 뒤, 가족들이 함께 모여서 그것을 먹고 있으면 뒤의 의자에 앉아 흐뭇하게 바라보셨던 것이 기억납니다. 아버지는 그렇게 가족끼리 모이는 것과 단합을 매우 장려하고 좋아하셨는데 민화 역시 그런 영향을 받은 것이 아닌가 합니다. 우리 집안의 분위기를 한마디로 표현하자면 가족중심문화였습니다."

이민화가 가족을 지극히 사랑했고, 부부싸움을 거의 안 했다고 해서 아내와 성격이 일치하거나 취미가 같은 것은 아니었다. 서로 달랐지만 상대방을 존중하고 사랑함으로써 평화를 지켜나갔다고 하는 것이 더 정확한 표현일 듯하다. 이사랑은 남편과의 관계를 이렇게 표현한다.

"우리는 완전 다른 사람이었습니다. 하지만 우리는 다름을 존중하는 관계였습니다. 예를 들자면 저는 음악을 전공했는데 남편은 음치였고, 저는 음식보다 옷 사는 것이 더 좋았지만 남편은 좋은 곳에 좋은 사람과 함께 가서 맛있는 걸 먹는 것이 중요하다고 생각하는 사람이었습니다. 그는 감정은 충만했지만 멜로디, 음정이 엉망이었습니다. 노래 몇 개를 집중적으로 배워서 열심히 불렀습니다. 그것만 들으면 잘 부르는 줄 아는 사람도 있었습니다. 특히 〈선구자〉를 좋아했습니다. 본인의 옷과 가방, 지갑은 너덜너덜해질 때까지 쓰고, 좋은 것은 남에게 나눠주는 사람이었습니다."

어찌 보면 아이러니한 측면이 있지만, 이민화가 아내와 가장 많은 시간을 보낼 수 있었던 시기는 2002년 메디슨 부도 이후 한동안 백수로 지낼 때였다. 잠깐 그 시절로 거슬러 올라가 보면, 이민화는 재산 축적이라는 측면에서는 거의 무능력자에 가까운 사람이었다. 메디슨 대표이사로 있을 때도 부인 이사랑은 돈 빌리기에 바빴다. 이민화는 애당초 돈이 없었기 때문에 회사가 증자할 때면 일부는 기존주식을 매각하고 일부는 빌려서 증자에 참여했다. 많을 때는 40억 원이 넘는 개인 빚이 있었다.

부인의 힘으로 1997년에 마련했던 압구정동 현대아파트도 메디슨 부도 이후 남에게 넘어갔다. 2002년 1월 이후 이민화 가족은 같은 동네에서 월세를 살았다. 막내딸이 고등학생이라 학군을 옮길 수 없기 때문이었다. 막내딸이 대학에 들어간 뒤에나 천호동으로 이사할 수 있었다. 천호동 집 역시 이사랑이 번 돈으로 메디슨 주식에 조금 투자했기 때문에 살 수 있었다. 알려진 대로 이민화의 개인 지분은 모두 소각됐다.

이민화가 백수가 되면서 아내는 날마다 함께하는 유일한 '절친'이 됐다. 메디슨에서 일할 때는 골프장 근처에도 가볼 기회가 없었는데, 일이 없어지면서 골프를 배우고 아내와 골프여행을 가기도 했다. 이민화로서는 거의 신천지였을 것이다. 그때의 심정을 "세상에 이런 삶도 있었구나" 하고 기록할 정도였다. 운동할 시간도 생겼고 책 읽을 시간도 많아졌으니, 이민화로서는 인생에서 가장 여유로운 시절이었다. 그때 늘 함께해 준 아내에게 이민화는 자서전 『끝나지 않은 도전』에서 이런 감사 인사를 남겼다.

『끝나지 않은 도전』 中	아내는 나와 전혀 다르다. 현실감이 있고, 복잡하게 생각하지 않고, 그야말로 보통 사람이다. 그래서 나의 부족한 부분을 언제나 메워준다. 아내와 나는 주변에서 닭살이라고 할 정도로 붙어 지낸다. 당연한 얘기지만 편하기 때문이다. 비록 가사일도 음식도 서툴지만 우리는 마음이 통한다. 정말 감사한 일이다.

이민화의 가족 사랑은 아내뿐 아니라 자식으로 이어졌다. 아이들의 성적이 낮게 나와도 혼내본 적이 없었다. 바쁠 때도 일요일은 꼭 좋은 식당에 가서 함께 식사했다. 아이들하고 대화를 나누는 시간이었다. 딸들과 사위들은 그런 아버지, 장인을 어떤 모습으로 간직하고 있을까? 먼저 큰사위의 기억 속에 있는 이민화다.

"아버님 첫인상은 부드러웠습니다. 환하게 웃어주던 모습이 정말 좋았습니다. 첫인사를 드리는 자리라 제가 긴장을 많이 했는데 편하게 대화를 이끌어 주셔서 많이 감사했습니다."

둘째 딸은 아빠를 '다름을 인정하는 사람'으로 추억한다. "인상 깊었던 아빠의 습관이나 취향이 있다면?"이라는 질문을 던졌더니 이렇게 대답했다.

"본인의 옷이나 물건 등은 심할 정도로 관심이 없어서 딸들이 '패션 테러리스트'라고 할 정도였습니다. 하지만 자신이 그렇다고 다른 사람에게 그런 점을 강요하거나 비난하지 않았습니다. 오히려 엄마의 예쁜 것 좋아하는 취향을 존중해 주셨습니다. 얼리어답터여서 기기는 가장 먼저 사서 써 보고,

음치인데 노래를 크게 부르는 분이셨습니다."

막내 사위는 첫인사를 하러 갔을 때의 장인을 가장 인상 깊게 간직하고 있었다.

"상대가 누구든 그에 맞게 편하게 대화를 이끌어 주시는 분이었습니다. 저 같은 경우 첫인사 전의 불안감이 대화 시작 후 바로 기분 좋은 긴장감으로 바뀌었습니다. 젊은 세대와도 재미있게 대화가 가능한 분이었습니다. 첫인사를 드리러 갔을 때 여자친구 아버지로서의 긴장감은 있었지만 어른으로서의 대화는 오히려 재미있고 흥미로웠습니다. 사회적으로 많은 것들을 이루셨는데도, 사무실에서 막 나온 수수한 모습이 상당히 멋진 느낌으로 다가왔습니다. 푸근한 인상 그리고 크지 않은 목소리지만 소음을 관통하는 또렷한 소리가 특히 기억에 남아 있습니다. 첫인사 자리 후 막내딸에게 '멋진 청년'이라는 문자를 보내주셨습니다."

막내딸에게 '인상 깊었던 아빠의 습관이나 취향'을 물었더니, 일 속에 묻혀 살았지만 가족과 나누는 시간을 소중히 여겼던 아빠를 추억했다.

"주말에도 서재에서 일하시던 모습이 가장 기억에 많이 남아 있습니다. 주말이니까 일 좀 그만하시라고 말씀드리면 재미있어서 하는 거라고 대답하시곤 했습니다. 바쁜 일정 속에서도 일주일에 한 번 가족 식사는 빠지지 않으려 애를 쓰셨고, 맛집도 직접 검색해서 데려가셨습니다. 가족과 함께 보낼 시간이 부족했던 것은 사실이지만 저희와 보내는 시간을 늘 소중하게 여기시는 것이 느껴졌습니다."

자서전 『끝나지 않은 도전』에는 '세 딸들에게 보내는 글'이 있다. 읽다 보면 이민화의 깊은 가족 사랑을 느낄 수 있다. 딸들에게가 아니라 다음 세대에게 당부하는 육성 편지, 혹은 세상에 남기는 유서처럼 읽히기도 한다. 어떻게 살아야 할지, 삶을 바라보는 통찰이 담긴 이 글에서 이민화의 내면을 만날 수 있다. 일부를 옮긴다.

『끝나지 않은 도전』 中

아내는 우리 세 딸들에게 늘 미안해한다. 남편 쫓아다니느라 자식들에게는 그다지 시간 투자를 하지 않은 것이 사실이다. 적어도 극성 엄마는 아니다. 어쩌면 딸들에게 더 좋은 일일 수도 있다. 막내 다정이를 2011년에 유학 보냈을 뿐 위의 두 딸은 해외 유학을 보내지 않았다. 사실 믿거나 말거나 메디슨 대표 시절에도 개인적으로 돈이 없었기 때문이다. 무엇을 크게 강요한 적도 없다.

(중략)

우리 딸들은 아마도 아빠를 가장 잘 모르는 사람이지 않나 싶다. 세 딸들은 아빠의 활동에 거의 관심이 없다. 아내가 모든 것을 알고 싶어 하는 것과 비견된다.

나는 평소 딸들에게 이러쿵저러쿵 말하는 아빠는 아니지만 이 지면을 빌려 꼭 한 가지는 말하고 싶다. 이 세상에 기여하는 가치 있는 일을 하고, 사회를 선순환시키는 활동을 하기 바란다는 점이다. 그 시작은 감사하는 마음이다. 생명의 탄생 자체가 감사한 일이기 때문이다. 감사는 다시 돌려주는 베풂으로 연결되고 이 과정이 선순환될 때 진정한 즐거움이 있다는 것을 깨닫기를 바란다. 남들에게 피해를 주는 삶은 바람직하지 않다. 그렇다 해서 나 혼자 잘사는 삶이 진정한 행복을 주는 것은 아니다. 남들과 더불어 잘사는 것이 더 큰 행복을 가져온다. 소유보다는 진정한 삶으로 가기를 바라는 것이 아빠로서의 바람이다.

또 하나는 아빠가 쓴 글들과 저술한 책들, 언론에 실린 기사들을 주의 깊게 읽지는 않더라도 간직하기만은 바라는 마음이다. 모두가 아빠가 지나온 삶의 과정이기 때문이다. 삶은 개체로서가 아니라 가치 자체가 전달됨으로써 연속되는 것이 아닌가 한다. 개개인이 백 세를 사는 세상은 인류 전체에는 재앙이 된다. 건강하게 오래 사는 것이 사람들의 희망이다.

내가 오래 사는 것보다 더 중요한 것은 나의 자손이 번성하는 것이다. 그러나 그보다 더 중요한 것은 내 생각이 더 많은 사람에게 전파되는 것이다. 개체로서의 삶을 떠나, 육체적 자손을 떠나 마음의 자식들이 삶을 더욱더 가치 있게 하는 일이 진정한 삶이다. 모두 행복하게 살기를 바라며 행복을 나누는 노력을 지속하기를 바란다.

02 취미

● "항상 뭔가를 마셨습니다. 물도 많이 마시고 홍차를 주로 마셨습니다. 집에는 늘 홍차, 인삼차, 커피 등 차 종류가 많이 있었습니다. 음식에도 조예가 깊었습니다. 어디를 데려가도 맛있는 걸 주문했습니다. 그렇게 잘 고를 수 있는 이유를 물어보면 '당신은 본인 먹고 싶은 걸 시키지만 나는 이 가게가 어떤 걸 잘하고 무엇이 맛있는지 보기 때문이야. 그것을 고민하고 시키면 맛있는 걸 고를 수 있거든.' 그렇게 대답하곤 했습니다. 특히 제가 육류를 못 먹기 때문에 그것을 배려해서 다양한 음식으로 주문했습니다."

이사랑에게 "이민화 회장님의 취미는 무엇이었습니까?"라고 물었더니 이런 대답이 나왔다. 어쩌면 "특별한 취미가 없었다"는 대답에 가까웠다. 그나마 취미라고 할 수 있는 것은 다음 대답에서 들을 수 있었다.

"일을 워낙 많이 하고, 끊임없이 하다 보니 서재에 들어가면 나올 생각을 안 했습니다. 저는 항상 타이머를 '두 시간'으로 맞춰 두고 때가 되면 나오라고 불렀습니다. 그러면 잠깐 나와서 쉬고 다시 들어가 일을 했습니다. 그렇게 머리 아픈 일이 가득하니 쉴 겸 해서 저하고 영화를 보러 가기도 했습니다. 신혼 초부터 개봉하는 영화를 다 봤을 정도로 많이 봤습니다. 영화를 보면서 또 어떻게 만들었는지 분석하는 걸 좋아했습니다. 함께 여행도 자주 갔습니다."

이민화에게는 취미도 일을 위해 존재하는 셈이었다. 즉 일하는 틈에 잠깐 시간을 내서 하는 게 취미였다. 그러다 보니 취미가 무엇이었느냐는 질문에 "늘 무언가 마셨다" "쉴 겸 해서 영화를 봤다" "여행을 갔다"와 같은 대답이 나왔을 것이다. 취미를 설명하는 말이지만, 그의 삶이 얼마나 분주했는지 보여주는 역설이기도 하다.

이민화 스스로도 "길 없는 길을 가는 것이 곧 나의 취미"라고 할 정도였다. 굳이 따지자면 이민화가 가장 즐긴 취미는 공부였다. 그것 말고도 한 가지가 더 있었는데, 평생 놓지 않은 것 중 가장 취미에 가까운 것은 바둑이었다. 누가 취미가 뭐냐고 물을 때도 바둑이라고 대답했다. 이민화의 바둑 실력은 취미로 두는 수준을 넘어서 아마추어 5단의 '고수'였다. 중앙고등학교 기별대회를 비롯해 서울대 공대와 KAIST 시절에도 바둑대회에 대표로 참가할 정도였으니 '선수급' 바둑이라고 할 수 있었다.

이민화가 공부나 바둑 같은 정적인 취미만 가진 것은 아니었다. 한때는 탁구도 쳤다. KAIST 시절 시합에서 과 대표로 뛰었으니 운동에도 소질이 있었다. 젊었을 때는 단학(丹學)이나 한의학에 심취한 적도 있었다. 메디슨에서 설립한 회사 중 메디코어와 메리디안이라는 한의학 회사가 있는 이유다.

이민화의 취미를 꼽다 보니 다시 '공부'로 돌아갈 수밖에 없다. 그의 삶 자체가 공부였기 때문이다. 한때는 역사 공부에 깊이 빠져들었다. 취미 수준을 넘어서서 역사를 공부하다 납득할 수 없는 부분이 있으면 자료를 찾아서 추리소설 파헤치듯이 풀어보는 재미에 빠져들기도 했다. 그렇게 공부한 결과 이민화는 수수께끼를 하나씩 풀어가며 그 나름의 새로운 학설들을 정립할 수 있었다. 세계사의 중심은 17세기까지 몽골리안이었다는 사실, 유럽의 르네상스가 십자군 운동이 아니라 팍스 몽골리아의 결과라는 점, 신라의 삼국통일은 티베트의 발흥 결과라는 점 등이 그것이다. 그의 저서 『스마트 코리아로 가는 길 : 유라시안 네트워크』의 절반 정도가 역사책이라는 사실도 그의 그러한 취미를 뒷받침한다.

일이라고 할지 취미라고 할지 조금 애매하기는 하지만 이민화는 한때 특허를 내는 것도 취미처럼 즐겼다. 그 결과 170개의 발명특허를 가지고 있었다. 하지만 소유권은 대부분 소속 회사의 것이었다. 메디슨에 있을 때는 메디슨, 이후에는 헬스피아 이름으로 등록돼 있다.

메디슨에서 물러난 뒤에는 골프를 치기도 했다. 2003년에서 2009년까지는 여유 시간이 꽤 있었기 때문이다. 골프를 정식으로 배운 적은 없고 독학이라 폼이 엉망이었다고 한다. 하지만 골프에서도 '이민화다운' 결과를 보여주곤 했다. 이글을 네 번이나 하고, 홀인원도 하고 싱글도 한 번 했다. 무엇이든 한 번 빠지면 집중하는 그의 성격이 골프에서도 발휘됐기 때문일 것이다. 하지만 딱 거기까지였다. 다시 바빠지면서 골프와 작별했다. 2009년 기업호민관을 맡은 뒤로 세상을 뜨기까지 한 번도 골프채를 잡지 않았다.

그의 취미를 기록하면서 여행을 빼놓을 수는 없다. 이민화의 여행은 가족을 위한 봉사이기도 했다. 늘 바빴던 그가 가족과 함께 해외여행을 처음 떠난 것은 메디슨을 그만둔 2002년 여름이었다. 그 뒤로 이민화가 기억하는 여행 속에는 늘 '가족'이 있었다. 일로 멀리 갈 때는 부인을 대동하기도 했다. 메디페이스 이사를 지낸 최승욱(아이알엠 대표)이 여행과 관련한 에피소드를 전한다.

"생각나는 이야기가 하나 있습니다. 2014년에 회장님, 사모님과 함께 3주간 아프리카 출장을 다녀온 적이 있습니다. 그곳에서 회장님의 새로운 모습을 많이 봤습니다. 인간적인 부분들도 보였습니다. 도착한 뒤 보니 아프리카에 대한 공부를 엄청 많이 하고 오신 겁니다. 전체적인 일정은 물론 매일매일의 식사 장소까지도 '어느 골목 어디에 있는 무슨 식당' 수준으로 꼼꼼하게 작성해 오셨습니다. 마치 백과사전을 외운 것처럼 아프리카의 역사, 문화, 정치, 경제, 종교 등에 대한 설명을 줄줄 해주는 걸 보던 사모님이 한마디 하셨습니다. '돈은 언제 벌어 올 건데?' 그 말씀에 살짝 머쓱해하셨는데, 다른 곳에서는 볼 수 없었던 모습이었습니다."

이민화는 그의 책 『끝나지 않은 도전』에서 자신의 취미에 대해 이렇게 적었다.

『끝나지 않은 도전』中

나의 취미는 하나로 요약할 수 있다. '새로운 일을 하는 것'이 나의 취미다. 하던 일을 반복하는 것에는 별 흥미가 없다. 소유하는 것도 반갑지 않다. 아내가 나를 향해 힘주어 비판하는 부분이다. 그럼에도 계속해서 새로운 일을 만들어 가는 그 모든 과정이 나의 취미다. 내 취미가 세상에 도움이 된다면 더욱 즐겁지 않겠는가. 길 없는 길을 가는 것, 답이 없는 답을 찾아 가는 것이 결국 삶의 궁극적 목적 아니겠는가.

결국 이민화에게는 도전이 곧 취미였던 셈이다. 도전이라는 단어를 빼놓고 이민화를 말할 수 없는 이유 중 하나다.

가자,

길이

보이지

않아도

남겨진 사람들 · 후배 인터뷰

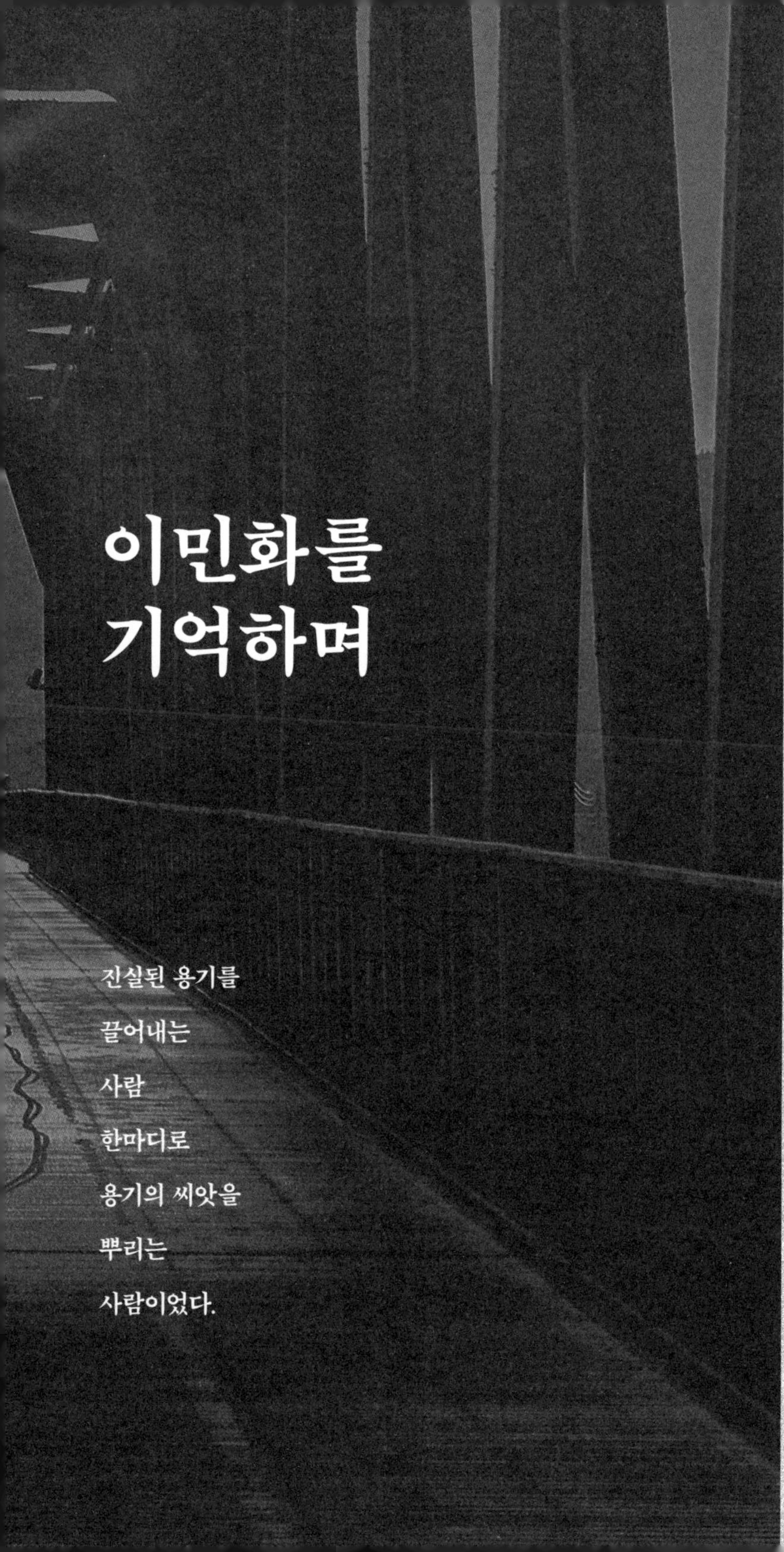

이민화를 기억하며

진실된 용기를

끌어내는

사람

한마디로

용기의 씨앗을

뿌리는

사람이었다.

●

손재권 더밀크 대표

전 매일경제 실리콘밸리 특파원

본인 소개를 해 주세요.

나는 미국 실리콘밸리에서 2019년에 <더밀크>라는 미디어 사업을 창업했다. 창업 전 2016~2019년에는 매일경제 실리콘밸리 특파원을 맡고 있었다. 더밀크는 미국에 있는 회사들의 혁신적인 정보를 한국으로 생생하게 전달하겠다는 의도로 만들어졌다.

이민화와 처음 만났을 때는 언제이고 첫인상은 어땠나요?

나는 매일경제 취재기자였고 이민화 회장님은 벤처기업협회 회장, 유라시안 네트워크 이사장, KAIST 교수, 기업호민관 등을 맡고 계셨다. 여러 분야에서 뛰어난 분이었고 업계의 어른이셨기 때문에 다양한 루트를 통해 만나 뵐 수 있었다.

이민화 회장님이 유라시안 네트워크를 주창하셨던 모습이 생각난다. 보통 기업경영과 KAIST 교수를 했다고 하면 이과적인 재능이 많을 것이라 생각하는데, 회장님은 문과 쪽에도 재능이 있는 대표적인 '융합형 인재'였다.

옆에서 봐 온 이민화의 모습 중 가장 강렬한 부분이 있다면?

많은 분들과 함께 있는 자리나 공식 행사, 콘퍼런스 등에서 많이 뵈었던 분이라 1 대 1로 독대할 기회는 많지 않았다. 친분이 깊지 않음에도 나를 먼저 알아보고, 다가와 주셨기에 더 기억에 남는다. 짧은 순간에도 오래된 인연이라는 느낌을 주는 사람이 있는데, 회장님이 그런 분이었다. 마치 5분을 만나도 오래 만났던 사람처럼 느껴졌다.

후배로서 이민화의 어떤 부분에 영향을 많이 받았나요?

창업할 때 가장 중요한 것은 지식이나 돈도 있지만 참된 용기라고 생각한다. 용기는 누가 줄 수 있지 않고, 스스로 발현하는 것이다. 누군가 "용기 내! 용기 내서 해봐" 라고 말한다고 해도 용기가 생겨나지는 않는다. 본인에게 의도가 있었는지는 모르겠지만 회장님은 그런 진실한 용기를 끌어내는 사람이었다. 본인의 말로 다른 이의 가슴속 깊숙이 씨앗이 자라나는 것이다. 한마디로 용기의 씨앗을 뿌리는 사람이라고 할 수 있다.

이민화가 말하는 기업가정신을 본인이 직접 실천한다고 느끼신 적이 있나요?
구체적인 사례가 있다면 무엇일까요?

회장님이 주창한 기업가정신과 지금의 기업가정신은 많이 다르다. 프랑스에서 유래된 단어인 'Entrepreneurship'이라는 용어가 한국어로 '기업가정신'으로 번역됐다. Entrepreneurship은 기업가정신일 수도 있고, 선구자 정신일 수도 있고, 뭐든지 새로 시작한다는 실천 정신일 수 있다. 비전을 파는 것도 마찬가지다. 회장님은 기업가정신을 몸소 실천한 분이다. 기업가정신의 개념이 알려지기 전에 이 개념을 주창하셨다. 기업가정신은 기업을 만들고, 일자리를 만들고, 기업 이미지를 살리는 일이라 생각했을 것이다.

나도 회사를 창업한 자체가 Entrepreneurship을 실천하는 것이라고 생각한다. 내가 강조하고 싶은 부분은 내가 바로 기업가정신을 실천할 수 있던 이유도 회장님 같은 분이 있었기에 가능했다는 것이다. 이런 부분을 잊지 말고 조명해야 한다고 생각한다.

이민화를 개인적인 기억과 객관적인 평가로 나눈다면 어떻게 나눌 수 있을까요?

회장님이 돌아가신 당일에도 끝까지 PT에 참여하셨던 것을 듣고 굉장히 놀랐다. 본인의 몸이 많이 힘든 상황에도 언제나 현역으로 남으려고 한 것이다. 유명한 분이었지만 PT를 한다고 모든 사업을 딸 수 있는 것은 아니지 않은가. 탈락할 때도 있었을 것이다. 하지만 회장님은 한결같이 본인의 자리에서 굳건히 노력해 오셨다. 내가 보는 그분은 그런 모습이 많았다.

그 외에도 고인과 관련해 생각나는 에피소드가 있다면 말씀해 주세요.

이민화 회장님은 기업가정신과 관련해서 많은 에피소드를 남겼는데, 나는 그동안 잘 알려지지 않은 '사내벤처' 관련 에피소드를 회고하고 싶다. 지금은 사내벤처가 각 기업에 있지만 2015년 당시만 해도 막 태동하던 시기였다. 나는 2015년 매일경제에서 사내벤처 프로젝트를 했는데 당시 이민화 회장님이 사내벤처에 관한 책과 리포트를 쓰셨다.

그런 와중에 사내벤처 프로젝트를 만들고 전사적으로 도입하려는 나에게 많은 조언과 도움을 주셨던 기억이 있다. 회장님은 혁신과 관련해 여러 분야에서 다양한 활동을 하셨는데, 기업 안에서 사내혁신을 육성하는 것을 중요하게 생각하셨고, 실제로 그런 프로젝트를 하려고 노력하셨던 분이다. 내가 만든 사내벤처에도 많은 영향을 주셨다.

이후 창업을 위해 회사에 사직서를 냈는데 무슨 마음에선지 사직서를 찍어서 회장님께 보여드렸다. 이 회장님의 반응은 "그 순간을 기다렸다. 그럴 줄 알았다"였다. 사직서를 내는 것은 나에게 사내혁신가에서 창업가로 알을 깨고 나온 순간이었고, 나는 회장님의 말씀을 이렇게 실천했다고 보고하고 싶었던 것 같다. 그런데 회장님도 "잘했다"라는 상투적인 대답이 아닌 "기다렸다"고 말씀해 주셔서 뿌듯했다.

사적인 인간 이민화는 어떤 사람이었나요?

회장님은 인맥이 굉장히 넓었다. 하지만 회장님이 거친 메디슨, 벤처, 유라시안, 호민관, KAIST 등의 사회적 활동은 나와는 연결고리가 없었다. 이 회장님과 나와의 연결고리는 오직 회장님의 생각과 말 그리고 행동이었다. 이민화 회장님의 말씀으로 인해서 나는 회장님과 연결된 것이다.

이민화를 상징할 수 있는 단어를 들라고 하면 무엇을 들 수 있을까요?

열정이다. 조선왕조의 이성계처럼, 한국의 스타트업 생태계의 파운더라 할 수 있다. 별다른 인연이 없는 사람에게도 말씀으로 씨앗처럼 비전을 퍼뜨리는 듯 영향을 많이 주셨기 때문이다.

이민화는 경영자일 뿐 아니라 이론가이고 시대를 선도하는 사상가이기도 했는데, '이민화 정신'이라는 것이 있다면 무엇이라고 생각하시나요?

실패를 두려워하지 않는 용기라고 생각한다.

제2의 이민화가 나올 수 있을까요?

제2의 이민화는 없다. 제2의 이민화를 만드는 것은 이민화 회장님이 바라시는 이민화 정신이 아니다. 제1의 이민화가 존재했으며 제1의 손재권, 제1의 OOO만 있을 뿐이다. 이민화 회장님보다 더 훌륭한 사람이 되는 것이 바로 이민화 정신이다.

이민화 평전을 읽는 독자(후배들)에게 해주고 싶은 말이 있다면?

용기를 가지고 도전하고, 이민화 회장님이 남기신 말과 실천보다 한발 더 나아가고, 이 회장님보다 더 뛰어난 기업가정신을 가지는 것, 또 더 많이 사회에 기여하는 것이 회장님의 유지를 잇는 것이 아닌가 싶다.

이현세 아우토크립트 유럽 법인 VP

KAIST IP영재교육원 수료생

본인 소개를 해주세요.

나는 이민화 교수님이 주도하셨던 KAIST IP영재교육원의 4기 수료생이다. 그곳에서 중학교 교육을 받고 고등학교 때 바로 기술창업에 도전했다. 지금은 기술경영 학부과정을 휴학하고 벤처기업에서 병역특례로 복무하고 있다. 올해부터 사이버 보안회사에 근무 중이다.

이민화와의 첫 인연, 첫인상은 어땠나요?

KAIST IP영재교육원은 시험이나 서류가 아닌 선발캠프로 학생들을 뽑았다. 선발캠프는 학생들의 그룹활동과 발표를 통해 다면적인 평가가 이루어졌다. 나는 선발 과정에서 메디컬 크루즈라는 건강과 의료를 합친 콘셉트를 주제로 아이디어를 발표했다. 당시 중학교 1학년이었던 내가 발표를 했고, 이민화 교수님은 아이디어를 평가해 주셨다. 나는 평가를 받는 입장이다 보니 이민화 교수님의 첫인상이 엄격하게 느껴졌다.

이민화의 모습 중 지금도 기억나는 가장 강렬한 부분이 있다면?

보통의 선생님이라면, 우리의 발표를 듣고 중학생치고는 어려운 발표를 잘했다며 칭찬했을 텐데 이민화 교수님은 달랐다. 그분은 발표하는 학생이 아이디어를 가지고 바로 창업했을 상황을 가정해 피드백을 주셨는데, 말 그대로 중학생을 상대로 꽤 엄격한 피드백을 주셨다. 하지만 되돌아보면 그러한 점은 나에게 중요한 과정이자 터닝포인트 중 하나였다는 생각이 든다. 벤처 대부였던 이민화 교수님이 나의 의견을 존중하고 제대로 평가해 주셨기 때문이다. 물론 당시 나이가 어렸기에 엄격한 평가를 받는 과정이 그리 유쾌하지는 않았지만, 결과적으로 봤을 때 나를 청소년기의 학생이 아닌, 보통 사업가와 동일한 수준으로 보시고, 그러한 존중 속에 평가를 해주셨다는 점에서 굉장히 감사하다.

또 하나 당시 인상 깊었던 부분은 "사람에게 어떻게 접근하고 다가갈 것인지를 더 고민하라"는 교수님의 피드백을 받은 것이었다. 내가 너무 기술적인 부분에만 집중했다는 지적이다. A라는 목표 달성을 위해 기술적 · 과학적으로만 접근할 것이 아니라 더 나아가 이 아이디어가 실제로 어떻게 비즈니스화돼 사람들에게 널리 이롭게 될 수 있을지를 고민하게 하셨다. 일반적인 스승의 모습과는 사뭇 다르지만 지나고 나니 그러한 피드백으로 많은 깨달음을 얻을 수 있었던 것 같다.

이민화의 리더십을 느꼈다면, 어떤 부분에서 어떤 특징으로 많이 느끼셨나요?

보통 리더나 교육자들은 가이드라인을 지키고 그 안에서 가르치는 편이지만 이민화 교수님은 큰 맥락을 보면서 학생들이 무엇을 모르는지 먼저 짚어 얘기해 주시는 분이었고, 내가 무엇을 모르는지도 모른 채 방황할 때, 내가 무엇을 모르는지 깨우쳐 주신 스승이었다. 또 그분은 '사람이 중심에 있는 리더십'을 보여주셨다. 어떤 목적이나 성과, 평판에 있어서 이민화 교수님의 궁극적인 목적은 항상 사람을 향해 있었다. 본인의 경제적 · 사회적 평판보다 많은 사람에게 어떤 영향을 끼칠지를 생각한 것이다.

후배로서 이민화의 어떤 부분에 영향을 많이 받았나요?

기본적으로 이민화 교수님이 가진 기업가정신에 영향을 많이 받았다. 새로운 통찰력이 생긴 것이다. 그리고 일을 대하는 태도에 있어서도 이 일을 통해 주어진 파이 속에 누군가를 착취하겠다거나, 내가 더 파이를 가져가야겠다는 생각보다 나에게 주어진 것을 어떻게 키워 나갈 수 있을지, 그것을 통해 어떤 사회적 가치를 창출할 수 있을지에 대해 고민하게 됐다. 꼭 벤처 분야가 아니더라도 삶의 태도를 어떻게 가져야 할지에 대해 긍정적인 영향을 받았다고 할 수 있다.

스타트업을 경영하면서 이민화에게 실질적으로 도움받은 부분이 있나요? 있다면 무엇일까요?

우선 IP영재교육원 과정을 통해 나는 새로운 도전을 장려하고, 실패에 좌절하지 않는 문화를 배웠다. 이런 문화는 영재교육이 산실이며 정신 그 자체라고 생각한다. 한국에는 이러한 베이스캠프가 부족하기 때문에 앞으로 더 많이 생겨났으면 한다. 나 역시 새로운 시도를 두려워하지 않고 다른 이의 도전을 쉽게 비판하지 않는 태도를 유지하기 위해 노력하고 싶다.

이민화가 말하는 기업가정신을 본인이 직접 실천한다고 느끼신 적이 있나요? 구체적인 사례가 있다면 무엇일까요?

기업가정신은 창조적 활동을 하며 그 가능성을 쉽게 재단하지 않는 문화다. 나는 가상현실 분야로 기술창업을 한 적이 있다. 당시 '정션X서울'이라는 아시아 최대 규모의 그룹 해커톤(개발자 대회)을 열었다. 해커톤 문화 자체가 도전을 장려하고 실패를 지탄하지 않는 정신을 가지고 있다. 기업가정신과 닮았다. 우리나라와 20개국 청년들의 화합을 통해 창조적 솔루션을 만들었으니 이것이 이민화 교수님이 말했던 기업가정신과 맞닿아 있는 것이 아닐까 생각한다.

이민화는 경영자일 뿐 아니라 이론가이고 시대를 선도하는 사상가이기도 했는데, '이민화 정신'이라는 것이 있다면 무엇이라고 생각하시나요?

이민화 교수님은 사람들이 어디서 왔고 어디로 가는지, 즉 사람에 대한 통찰을 했던 이론가이자 사상가였다. 많은 사람이 과학, 기술, 문화, 경제, 자연 등을 발전시키기 위해 첨예하게 달려가지만 가끔은 우리가 어디에 위치하고 있는지 잊어버린다. 이민화 교수님은 그런 사람들에게 가야 할 길을 알려주는 나침반 역할을 해주셨던 분이다.

그 외에도 고인과 관련해 생각나는 에피소드가 있다면 말씀해 주세요.

교수님은 누구에게나 친절했지만 사실 친해지기는 어려운 분이었다. 기억에 남는 장면은 KAIST 영재학생들이 굉장히 많았는데, 한 명 한 명 피드백을 참 열심히 해주셨던 모습이다. 그러다 보니 교수님도 지치셨는지 쉬는 시간에 평가하던 그 책상에서 졸고 계셨던 모습이 떠오른다. 그 주변에는 중 · 고등학생들이 토론 · 토의를 준비하고 있었기에 그 모습이 더 대비돼 보였다. 한편으로 짠한 마음이 들기도 했다.

우리는 이민화의 무엇을 계승하고 발전시켜야 할까요?

이민화 교수님은 돈이나 명예보다 항상 사람을 중심에 두셨다. 그것을 명심해야 한다.

이민화 평전을 읽는 독자(후배들)에게 해주고 싶은 말이 있다면?

최근에 자기계발 도서가 굉장히 많이 나오는데 그 주제들이 점점 현상과 물질을 중심으로 보고 있는 것 같다. 하지만 이민화 교수님의 시선은 항상 후배들을 포함한 사람으로 향해 있고, 실제로 그것이 사람 중심의 기업가정신으로 발현됐다. 이 점을 꼭 기억해 주셨으면 한다.

●

문건기 해치랩스, 한국디지털에셋 대표이사

KAIST 영재교육원 1기 수료생

본인 소개를 해 주세요.

현재 해치랩스의 대표이사이자 한국디지털에셋의 대표이사를 겸하고 있다. 고등학교 때 KAIST IP영재교육원을 1기로 수료하고, 서울대학교 경영학과에 입학해 컴퓨터공학을 복수 전공하다 자퇴했다. 사업을 시작한 지 3~4년 됐다. 현재 회사는 블록체인 기술을 활용한 비즈니스를 하는 스타트업이다.

사실 중학교 때 프로그래머가 꿈이었고, 고등학교 때 KAIST IP영재교육원에 입학해 커리큘럼을 배웠다. 그 과정에서 2학년 때 기업인을 꿈꾸게 됐다. 고3 때 문과로 전향해 서울대 경영학과와 컴퓨터공학과를 복수 전공했다. 하지만 나의 기대와 달리 대학교 교육과정은 사업과 관련된 공부를 하기가 어려웠다. 나는 고등학교 때 받았던 생동감 있는 교육을 더 이상 받을 수 없으니 직접 찾아 나서야겠다고 생각했다. 그렇게 한국의 스타트업을 찾아가 일을 배우다 보니 휴학 기간이 지나면서 자연스럽게 자퇴하게 됐다.

이민화와의 첫 인연, 첫인상은 어땠나요?

교수님은 KAIST IP영재교육원 입시 과정에서 처음 뵙게 됐다. 당시 교수님께서 후학양성을 위해 신경써서 만든 곳이었기 때문에 선발 과정부터 직접 연설하셨다. 합격한 뒤 교수님의 세미나를 듣거나 프로젝트를 통해 조언을 듣고 이야기를 나누면서 연을 쌓게 됐다. 교수님의 첫인상은 선구자적인 느낌을 받았다. '왜 이런 교육이 필요한가'를 설명하시던 모습이 기억난다. "세상은 새로운 기업과 기업가들이 발전시켜 왔다. 지금의 미국 실리콘밸리를 중심으로 한 기업가들도 결국 성공 요인이 있었을 것이고, 나도 한국에 그런 요인을 만들어서 미래에 성공할 수 있는 기업가들을 만들겠다"는 내용이었다. 나는 어린 나이에 그 연설을 들으면서 모든 것이 새로웠고, 교수님에게 선구자적인 모습을 느꼈다.

이민화의 모습 중 지금도 기억나는 가장 강렬한 부분이 있다면?

굉장히 인자하게 웃던 하얀 얼굴이 떠오른다. 학생들의 아이디어에서 좋은 부분을 짚어내어 다독여 주시던 모습이나 좋은 아이디어가 나왔을 때 연구원분에게 특허를 낼 수 있도록 도우라며 카리스마 있게 지시하던 모습이 기억난다.

이민화의 리더십을 느끼셨다면, 어떤 부분에서 어떤 특징으로 많이 느끼셨나요?

내가 기억하는 이민화 교수님의 리더십은 강연을 통해 비전을 주입하는, 미래의 모습을 제안하는 리더십이다. 다양한 리더십이 있는데, 그중에서 비전을 제시하는 리더십에 가까웠다고 생각한다.

후배로서 이민화의 어떤 부분에 영향을 많이 받았나요?

첫째, 교수님은 그동안 내가 학교 공부로만 알고 있던 세상을 확장해 준 분이다. “전 세계에 있는 수많은 인재는 공부만 하는 것이 아니라 어린 나이부터 세상이 어떻게 바뀔지를 상상하고, 아이디어를 내고, 사업 비즈니스를 제시한다.” 이 말로 인해 내가 알고 있던 세상이 확장됐고, 알을 깨고 나온 느낌이 들었다. 교육원 커리큘럼을 통해서 우리도 그렇게 할 수 있다는 확신이 생겼다.

그리고 당시 모바일 스마트폰이 처음 나오는 시기라 왜 스마트폰이 쏟아져 나오고, 모바일의 변화가 세상에 어떤 의미를 주는지 강연을 통해서 배웠다. 우리도 강연과 관련된 좋은 아이디어를 생각해 내며 발전시키고, 특허를 내거나 사업화까지 하는 과정을 배웠다. 그 과정에서 나는 기업가로서 살아야겠다고 다짐했다. 삶의 목표를 재정비하게 된 것이다.

스타트업을 경영하면서 이민화에게 실질적으로 도움받은 부분이 있나요? 있다면 무엇일까요?

그런 것은 없었다. 고등학생 때 이민화 교수님이 말씀하셨던 사상과 정보를 완전히 흡수하기에는 너무 어려웠다. 내가 당시에 소화할 수 있는 자극은 나도 IT 서비스를 만들고, 전 세계 사람들이 쓸 수 있게 하고 싶다는 생각이었다. 그 마음을 바탕으로 내 삶을 열심히 개척했다고 생각한다.

그 외에도 고인과 관련해 생각나는 에피소드가 있다면 말씀해 주세요.

과거 메디슨에서 일했던 국내 상장사 대표님과 저녁 식사를 하다가 이민화 교수님 이야기를 한 적이 있다. 그분 말씀으로는 이민화 교수처럼 똑똑하고 미래를 내다보는 사람은 태어나서 지금까지 본 적이 없다고 하셨다. 역시 함께 일했던 직원에게도 좋은 평가를 받는다고 생각했다. 그리고 메디슨 출신 기업가 네트워크(일명 메디슨 마피아)를 실감했다. 혁신적인 기업은 또 다른 혁신적인 기업을 탄생시킨다.

이민화를 한 단어로 정의한다면?

선구자다.

이민화 평전을 읽는 독자(후배들)에게 해주고 싶은 말이 있다면?

나는 아직 사업을 한 지 3~4년밖에 되지 않았기에 사업을 하면 이렇다 저렇다 말하기는 조심스럽다. 사업하면 많이 힘들다는 것만 알고 있다. 그렇지만 내가 사업을 결심했던 순간처럼 혁신적인 기업가의 삶을 통해 본인의 가슴이 뛴다면 사업을 해야 한다고 생각한다. 미래는 그냥 발전하는 것이 아니다. 미래를 그리면서 도전하고, 실현하는 사람들이 존재해 왔고, 그들이 세상을 발전시켜 왔다. 그것을 알고 느꼈을 때 가슴이 뛴다면 사업가로서의 준비가 돼 있는 사람이다. 우리나라엔 똑똑한 인재들이 아주 많은데, 이러한 자극을 받지 못해서 정해진 길을 걷는 사람도 많을 것이다. 이 글을 읽고 본인의 가슴이 뛴다면 인생을 한 번쯤 베팅할 수 있지 않나 생각한다.

세상은 가만히 있으면 발전하지 않는다. 미래를 만들고 도전하고 시도하는 사람들을 통해 발전해 왔다. 이민화 교수님은 그것을 알고 다른 사람들에게 전염시키고자 했다. 이 책을 통해 미래를 그리며 현재를 발전시키는 용기를 얻을 수 있지 않나 싶다.

인간, 이민화를 생각한다

인간(人間)이라는 단어는 '사람이 사는 세상'이라는 통칭이기도 하고 '생각을 하고 언어를 사용하며, 도구를 만들어 쓰고 사회를 이루어 사는 동물'이라는 개별적 주체로서의 의미를 지니기도 한다. 그리고 또 하나, '일정한 자격이나 품격 등을 갖춘 이'라는 뜻도 있다. 이민화라는 이름 앞에 붙이고 싶은 '인간'은 한 사람이 지닌 품성이나 됨됨이라는 뜻에 가깝다. 사회적 성취나 업적을 떠나, 사람 됨됨이라는 잣대로 재 보는 이민화는 어떤 모습일까?

이민화 생전에 인연을 나눴던 사람들에게 "인간 이민화는 어떤 사람이었어요?"라고 물으면 기억을 뒤지느라 바빠진다. 저마다 할 이야기가 있기 때문이다. 다양한 진술이 쏟아졌지만 결국은 '이타적' '인간적' '열린 사람' '소탈한 사람' 등 몇몇 단어로 수렴됐다.

● 이재성 전 현대중공업 회장

이민화는 어떤 상황에서도 남 탓을 하거나 운이 없다고 하거나 하는 불평·불만을 털어놓는 사람이 아니었다. 그와 같이 지내며 단 한 번도 주변이나 타인, 조건 등을 탓하는 것을 본 적이 없다. 누구의 험담도 하지 않았고 "힘들다" "지쳤다"라는 말을 하거나 뉘앙스조차도 풍긴 적이 없다. 이민화는 항상 어려운 사람을 도우려고 애썼다. 하루는 동생 이사랑이 "속상하다"며 전화를 했다. 술 마신 젊은 운전자가 사고를 냈는데, 심지어 무면허였다. 그런데 이민화는 "이 사고 때문에 젊은 사람 앞길을 망칠 수 있겠느냐"며 그 가해자를 그대로 돌려보냈다는 것이었다.

● 이사랑 이민화 부인

남편이 평소에 자주 하던 말은 "감사해라" "많이 베풀어라" "돈, 돈, 돈 하지 마라"였다. 특히 돈을 버는 것보다 새로운 길을 개척하는 것에 흥미를 느꼈다. 본인이 새로운 고속도로를 개통하면 다른 후배 기업가들이 그곳을 통해 더 손쉽게 지나갈 수 있게 되고, 그것이 사회 전반에 도움이 되면 만족한다는 것이다. 중요한 것은 모두에게 '공유'되고 '실현'되는 것, 세속적인 것보다 영예롭게 '이름을 남기는 것'이라고 말하곤 했다. 나도 이민화라는 사람이 어떤 사람이라는 것을 사람들이 알아준다면 그것만으로 뿌듯할 것 같다.

● 이장우 경북대 교수

이민화 회장은 훌륭하고 존경스러운 인물이다. 특히 기억에 남는 점은 수십 년을 가까이에서 봤어도 대한전선 시절과 변한 부분이 거의 없었다는 것이다. 메디슨의 성공이나 부도와 같이 인생에 중요한 시기를 맞으면 대부분의 사람은 지위에 따라 태도가 바뀌기 마련이다. 하지만 이민화는 처음부터 끝까지 인간적이고 검소했다. 심지어 자신의 가족을 위해 따로 챙겨둔 재산도 없다는 걸 나중에서야 알고 놀랐다.

● 권용기 리슬 마케팅 책임자

회장님은 인간적이고, 허심탄회하게 말하는 사람이었다. 그리고 개개인의 개성을 높이 사는 분이기도 했다. '청실살롱'이 생각난다. 청실살롱은 이민화 회장님 댁(당시 대치동 청실아파트)을 말하는 것으로, 이민화 회장님과 술을 마시면 마지막으로 댁에 가서 한 잔씩 더하곤 했다. 거기서 건설적인 이야기들이 많이 나왔다. 결국 마케팅 회의와 다름없었다. 그러다 보니 사모님이 새벽까지 고생이 많으셨다. 또 회사 근처에 호프집을 정해서 직원들이 일을 마친 뒤 마음 놓고 맥주 한 잔씩 하게 했는데, 매일 늦은 시간까지 직원들로 가득 차고는 했다. 그 때 나는 밤 12시 전에 집에 들어가 본 적이 거의 없었다. 퇴근하는 길에 들러보면 여러 부서들이 모여 있는 터라 대화의 대부분은 부서 간 현안이었으며, 회의 때 못했던 이야기들을 통해 타 부서를 이해하는 데 도움이 됐다. 회장님은 사모님에게 개인카드를 주면서 "부장급 이상 부인들을 너무 고생시키니까 한 달에 한 번씩 불러서 함께 문화생활을 즐기도록 하라"고 하셨다. 간부급 사원 부인들이 남편이 늦게 들어와도 이해를 해주는 이유 중 하나였다.

● 고정식 전 특허청장

이민화라는 사람은 힘든 내색을 안 한다. 그래도 눈에 보인다. 본인이 모든 걸 안고 갔다. '불꽃'같이 살다 갔다는 말이 맞는 것 같다. 우리나라는 대학 학사나 석사과정을 밟은 사람 중 많은 이가 미국으로 향한다. 하지만 선배는 한국에서 공부하기를 고집했다. 그것이 우리나라가 사는 길이라 생각하는 걸 보면 약간의 국수주의 면도 있었던 것 같다. 하지만 나는 그분이 KAIST 후배들에게 벤처라는 영감을 심어주는 것을 보면서 정말 대단한 사람이라 생각했다. 메디슨이 잘나가던 시기에 내가 이민화 선배와 가깝다고 해서 만나게 해 달라는 부탁을 받기도 했다. 하지만, 만난 분들뿐 아니라 주변에서도 사람이 변했다는 말을 많이 했다. 나는 선배에게 "형! 새로운 길에서 여러 사람과 이런저런 일들이 있었고, 많은 것을 이루었으니, 어렸을 때처럼 모든 후배들에게 존경만 받을 수는 없지"라고 말했다. 어릴 때 선배의 이미지는 후배들에게 그 자체로 따르고 싶었고 멋있는 사람이었는데, 기업인이 되고 이런저런 이야기를 들으니 한편으로 마음이 아팠을 것이다.

● 김태형 범부처전주기의료기기연구개발사업단 사업화지원본부장

내 눈에는 항상 바쁘셨던 분이다. 제일 많이 떠오르는 모습은 도전하는 모습이다. 생전 회장님이 가장 좋아하셨던 단어도 도전이었다. 나와 술도 여러 번 마셨는데 취한 모습을 한 번도 본 적이 없다. 그리고 사모님과 굉장히 사이가 좋았다. 정말 바쁜 시기에도 짬을 내서 매주 토·일요일 아침은 두 분이 조조 영화를 보았고, 회장님이 지방을 갈 때도 동행했다. 그 모습이 굉장히 인상적이었다. 새로운 일에 직면할 때, 선택의 기로에 섰을 때, 현실에 안주하고 있는 나 자신을 발견했을 때, 가장 먼저 떠오르는 분이다. 사실 어떤 말씀을 해주실지 예상이 되지만 그래도 듣고 싶다.

● **김현기 한국전자정보통신산업진흥회 전 병원수출사업단장**

'이민화' 하면 외로움이라는 단어가 떠오른다. 나하고 가끔 술 한잔할 때 옛날얘기를 하는 것을 듣다 보면 그런 것이 느껴졌다. 다만 본인이 직접적으로 외롭다는 말을 하지는 않았다. 또 하나 생각나는 것은 "하고 싶은 일은 많지만 갈 길은 멀고, 마음은 급하다"라고 하시던 말씀이다. 그분이 하는 일들은 일시적인 것이 아니라 오래 뒤까지 지속돼야 할 것들이라서 더 힘들었을 것이다.

● **이공래 DGIST 교수**

이민화는 도전적인 사람이다. 그 정도 학벌이면 대학교수 또는 국책연구기관의 연구원이 되거나 삼성 같은 대기업 입사도 가능했겠지만 본인이 선택한 길은 메디슨 창업이었다. 엘리트 코스를 밟았음에도 본인이 개발한 초음파기기를 갖고 연구실 창업을 성공시킨 것은 굉장히 희귀한 케이스라고 볼 수 있다. 불굴의 의지가 없었다면 성공하기 힘들었을 것이다. 이민화 신화이자 이민화 기업가정신이라 부를 만하다. 성공은 누구나 할 수는 있지만 그것을 유지하는 것은 매우 어렵다. 특히 정직하고 실력 있는 사람이 진흙탕 싸움에서 살아남는 것은 더욱 어렵다. 이민화는 그 모습을 유지하면서 도약한 기업가정신의 상징이라고 할 수 있다.

● **이명호 태재연구재단 자문위원**

이민화 교수는 회갑 기념으로 사모님과 여행을 다녀왔는데, 그때 찍었던 사진을 모아 사진집으로 만든 것을 보았다. 일할 때는 엄했지만 그런 측면에서 굉장히 다정다감하고 아기자기한 부분이 있다는 것을 알게 됐다. 다만 너무 일에 치이며 살았다는 것이 안타깝다.

● **주강진 창조경제연구회 이사**

이민화 이사장님은 남들이 하기 싫어하는 이야기라도 옳은 방향이라는 생각이 들면 당당히 말했던 사람이다. 항상 바른 말씀을 해서 비판과 공격을 받기도 했다. 심지어 우리의 목소리를 부정적으로 생각한 사람들로 인해 감사를 받은 적도 있었지만 떳떳했기 때문에 문제 될 것은 없었다.

● **박병욱 유럽부흥개발은행(EBRD) Medical Project Senior Advisor**

이민화 회장님 옆에서 대형 프로젝트를 진행하다 보니 여러모로 부담스러운 부분이 있었는데 회장님이 나를 많이 믿어 주셨다. 회장님은 본인이 아는 부분이 있으면 확실히 지적했지만, 모르는 부분은 그것을 잘 아는 사람이 추진할 수 있도록 케어해 주셨다. 나와 일할 때도 관여를 많이 안 하셨고, 오히려 “확신이 있다면 추진을 하고, 문제가 생기면 같이 해결하자”고 말씀하셔서 참 든든했다. 그리고 굉장히 공부를 열심히 하는 분이라 박식함은 따라올 사람이 없었다.

● 여인국 전 한국기술거래소 사장대행

이민화라는 사람은 진취적이고, 모험적이다. 원래 추진력이 강한 사람은 고집이 세기 마련인데 그분은 그렇지 않았다. 나와 대화를 할 때도 내 의견이 합리적으로 맞는다고 생각하면 본인의 생각을 접었다. 특히 본인이 모르는 부분은 내 의견을 많이 들어주고 인정해 주셨다. 나도 기술거래소 창립 멤버이지만 처음에 기술거래소를 만든다고 했을 때 솔직히 비즈니스적으로 잘 안 될 것이라고 생각했다. 많은 사람이 그렇게 생각했지만 이민화 회장은 달랐다. 그분의 의견을 듣고 있으면 미래에는 저런 세상이 올 수 있겠다는 생각이 들었다. 이민화 회장이 기업가들을 모아두고 레슨하는 곳을 따라가면 처음에는 ‘벤처 대부라는 사람이 뭐 얼마나 대단한지 보자’는 생각으로 다들 반신반의하다가도 20분이 지나면 완전 상황이 역전돼 빨려 들어 갔다. 이후 “누구한테 멘토링을 받을래?” 하고 물어보면 다들 이민화 회장님에게 받고 싶어했다.

● 백민정 KAIST 과학영재교육연구원 교수

이민화 교수님은 학생들에게는 옆집 삼촌 같은 분이었다. 장난도 잘 받아주고, 매번 캠프에 참여해서 메인 주제를 정해주고 강의와 심사까지 했으니, 학생들은 교수님이 유명한 사람인지도 몰랐을 것이다. 교수님은 생각이 열린 분이었다. 평소에 공유와 개방을 강조했는데, 사람과 사람의 만남에도 적용했다. 이 사람이 괜찮다 싶으면 쓰임이 있는 곳에 소개해 주었던 기억이 있다. 나에게는 참 어려운 분이었다. 10년 동안 교육 분야에서 함께한 측근이었으나 너무 대단한 분이다 보니 내가 그만큼 못 미친다는 생각이 들었다. 대의를 중요하게 생각하다 보니 개인적으로 서운한 일도 있었다. 하지만 워낙 뛰어난 분이라 내가 이해하기 어려운 부분이 있다고 생각하고 말았다. 대단하다는 생각이 들었던 부분은 교수님이 사모님·부모님·창조경제연구회·영재교육원 등 많은 것을 직접 챙기고, 매 순간 최선을 다했다는 것이다.

● 성명기 여의시스템 대표

이민화 회장님을 벤처클리닉을 통해 처음 알게 됐다. 벤처클리닉은 성공한 벤처기업이 후배 벤처기업을 지원해 주는 프로그램이다. 그때 느꼈던 것이 '남자가 남자한테 반할 수 있구나'였다. 전자공학도였지만 전공은 말할 것도 없고, 경제·정치·역사·인문학 등 모든 분야를 통섭(서로 다른 것을 한데 묶어 새로운 것을 만듦)하신 분이었다. 이민화 회장의 강연은 수도 없이 들었지만 나는 매번 감동받았다. 어느 날은 아내와 함께 들었는데, 강연을 듣고 나오는 길에 아내가 "당신이 이민화 회장에게 반할 만하다"고 할 정도였다. 나는 이민화 회장님을 나의 기업경영 멘토로 모시고 있다. 인간 이민화는 소탈했다. 술자리에서는 분위기를 업(UP)시키는 재능이 있었다. 그리고 강의를 요청하면서 "회장님, 강의료는 많이 못 드립니다" 하면 "안 줘도 괜찮다"고 하시며 열정적으로 강의하셨다. 기업인과 기업체 임직원을 아끼는 소탈한 면모가 인간 이민화라고 할 수 있다.

● 조현정 비트컴퓨터 회장

이민화는 뛰어난 사고력을 지닌 사람이었다. 고등학생 때 문과였으나 서울대학교와 KAIST에서 전자공학을 전공했다. 문과와 이과를 섭렵한 것이다. 요새 고등학교에서는 문·이과를 통합하는 추세지만 개인적으로는 문·이과 통합에 찬성하지 않는다. 각자 가지고 있는 특성을 깊게 살려야 한다고 생각했는데, 이민화를 보고 통섭형 사람이 더 큰 사람이 될 수 있다는 걸 느꼈다. 하지만 이민화 같은 사람은 아마 몇 없는 인재일 것이다. 우리와 같은 시대에 활동한 것 자체가 행운이었다.

● 서승원 중소기업중앙회 전 상근부회장

이민화 호민관과 같이 일했던 것은 5개월밖에 안 되지만, 이후 벤처협회와 교류하면서 10년 이상 가까이에서 조언을 들었다. 그분을 보면서 일의 모든 것을 배웠다고 생각한다. 굉장히 열정이 충만했던 분이다. 시대·국가·사회에 대한 책임감이 아주 대단했던 분이고, 자기관리를 굉장히 열심히 해서 흐트러지는 모습을 보이지 않았다. 시대를 너무 앞서간 점도 있다. 이민화 호민관이 지금 계셨다면 제도를 개선하면서 빠르게 결과를 이뤄낼 수 있었을 것이다. 참 아쉬울 뿐이다.

● 홍순만 유라시안 네트워크 이사

아기 같다. 호기심 많고 대단히 역동적인 분이다. 순수한 분이다. 새로운 기술과 국가의 미래를 세계적 관점에서 보는 열린 지식인이다.

● 전하진 SDX재단 이사장

이민화 회장 머릿속에는 자신만의 고유한 철학이 있어서 모든 관점을 생각하고 그것을 실현해 내는 능력이 있었다. 누구나 아이디어는 있겠지만 그것을 캐치해서 추진하는 데는 한계가 있지 않은가. 하지만 이민화는 실제로 치고 나가는 능력이 대단했다. 결과를 만들어내는 걸 볼 때마다 보통 사람이 아니라는 생각이 들었고 존경심이 생겼다. 개인적으로는 까다로운 형이었다. 술 마시면서 대화를 하면 지식이 워낙 많아 대꾸를 못 했다. 형은 수치(數値)로 대답을 했기 때문에 우길 수 없는 상대였다.

● 변대규 휴맥스홀딩스 회장

이민화 회장님과 나는 벤처협회를 설립하는 과정에서 처음 인연을 맺게 됐다. 이민화 회장님을 만나면서 느낀 인상은 그분이 생각보다 냉담한 구석이 있다는 점이었다. 냉담하다고 설명한 이유는 그분이 개인적으로 주변과 관계를 맺는 것보다 사회 전반의 모습을 우선시했기 때문이다. 그런 의미로 사회적 혁신가의 면모도 드러난 것이다.

● 명승은 벤처스퀘어 대표

이민화 회장님을 뵐 때마다 차갑다는 인상을 받았다. 하지만 가깝게 된 후 이 회장님의 애정이 담긴 격려와 챙겨주는 모습을 보면서 다정다감한 아버지 같다는 느낌을 받을 수 있었다.

● 김민지 KAIST 도곡캠퍼스 직원

학자로서의 이민화, 사업가로서의 이민화보다는 인간 이민화의 모습이 가장 기억에 남는다. 교수님의 연구실은 내 사무실과 같은 층이어서 종종 복도에서 마주치곤 했는데, 그때마다 항상 환하게 웃으시며 먼저 안부를 물어주셨다. 정말 단 한 번도 찡그리거나 힘든 기색 없이 웃어주셨는데 그 모습이 너무 아이같이 환해서 복도 끝에서도 미소가 보일 정도였다. 교수님께서 갑작스레 타계하신 뒤에도 "굿모닝, 민지 씨!" 하며 어깨를 툭 치고 지나가실 것만 같아 여러 차례 사무실로 바로 들어가지 못하고 복도에서 머무르곤 했다. 더 많이 반갑게 인사드릴걸, 더 크게 웃어드릴걸 하고 후회를 많이 했다.

이민화 정신을 말하다

여러 사람에게 '인간 이민화'와 함께 '이민화 정신은 무엇인지' 물었다. 어떻게 보면 막연한 질문일 수 있었는데도 대개는 큰 고민 없이 대답했다. 그만큼 이민화가 보여준 이민화만의 정신이 각인돼 있다는 뜻일 것이다. 다양한 대답을 들을 수 있었는데, 그중 '열정'이나 '혁신'을 이민화 정신으로 꼽는 사람이 많았다. 또 실패를 받아들이는 것이 이민화 정신이라는 사람도 있었고, 기업가정신 자체가 이민화 정신이라는 사람도 있었다. 역시 '도전'을 꼽은 사람이 가장 많았는데, 도전이야말로 그의 생애를 관통한 화두라는 점을 다시 한번 확인할 수 있었다

- **조현정 비트컴퓨터 회장**

역사가이자 시대정신을 이끈 혁명가였다. 현대사회는 개인주의가 만연하고 이기심이 더욱 강해졌다. IMF 때 모두가 자기 기업의 생존에 급급해했지만, 이민화 회장은 오히려 혁신경제 구조로 바꾸는 적기로 보고, 많은 벤처기업인들의 역량과 이타심을 이끌어 내어 지식정보화 사회를 연 애국자였다.

- **전하진 SDX재단 이사장**

혁신이다. 혁신은 한 곳에서만 일어난 것이 아닌 각 업계에서 일어났다. 이민화의 혁신은 사회혁신을 더 크게 보는 관점이다. 기존의 혁신이 패러다임 촉진을 위한 성장 과정의 혁신이라면 이민화와 벤처의 혁신은 패러다임을 바꾸는 혁신이다. 사회적 혁신을 주창하는 인사이트를 제시했다는 점에서 이민화 회장은 사회혁신운동가로 볼 수 있을 것이다.

- **김태형 범부처전주기의료기기연구개발사업단 사업화지원본부장**

메디슨에서 만든 메디슨 문화는 시대와 상황이 바뀌어도 핵심 가치는 변하지 않았다. 그분은 변하지 않는 원칙을 잘 캐치한다. 일례로 내가 한국디지털병원수출사업협동조합 설립 전에 필기했던 수첩을 본 적이 있는데, 회장님이 기업호민관 당시에 메모했던 것들이었다. 수첩을 발견했을 때는 이미 코헤아가 만들어져서 일하고 있었는데, 과거에 구상한 일과 현재 하고 있는 일이 거의 똑같아서 놀랐던 적이 있다. 회장님은 진정한 혜안을 가진 전략가가 아닌가 싶었다.

● 박지욱 서울대학교 국제보건연구센터 연구원

더 높은 곳에 올라간 사람일수록 아래 사람에게 완벽을 요구하는데, 회장님은 달랐다. 그분의 철학 중 하나가 우리나라는 실패를 인정하지 않아서 문제라는 것이다. 청년들이 창업 중에 실패할 수도 있고 이를 통해 배울 수도 있으나, 그것을 인정해 주지 않으니 대기업만 선호하게 된다는 것이다. 청년들의 도전과 창조 정신을 높게 평가하고, 창업하다 실수나 실패를 해도 괜찮다는 마인드를 심어주자는 것이 이민화 정신이 아닐까 생각한다.

● 이공래 DGIST 교수

이민화 정신은 '한국의 기업가정신'으로 대표될 수 있다. 한국에서 박사학위를 받으면 모두 교수 또는 연구원을 원하거나 대기업에 취업하려고 하지 벤처 창업을 하려는 사람은 극소수인 형편이다. 고학력자나 일류대학 졸업자들에게 기업가정신이 부족한 것이다. 그런 고정관념을 깬 사람이 이민화다. 그의 메디슨 창업과 성장 과정을 보면 벤처기업의 성장을 위한 불굴의 투지와 지칠 줄 모르는 열정을 느낄 수 있다. 한국에서 이민화 교수와 같은 사례를 찾아보기 힘든 것이 현실이다.

● 주강진 창조경제연구회 이사

자신의 이야기를 담은 자서전을 환갑 때 직접 쓰셨다. 제목이 『끝나지 않은 도전』인데, 제목처럼 이사장님은 나이가 환갑이 됐음에도 도전을 계속 즐긴 분이다. 기업가정신도 마찬가지다. 쉴 틈 없이 변화하는 세상에서 우리는 끝나지 않는 도전이 필요하다.

● 박병욱 유럽부흥개발은행(EBRD) Medical Project Senior Advisor

한마디로 도전이라고 생각한다. 한국의 의료장비 회사가 해외로 나갔을 때 대형 의료장비 회사보다 낙후되고 소규모여서 인정받기 어려운 실정이었다. 하지만 위기를 과감히 돌파하면서 추진하는 것을 보며, 그게 이민화 회장님의 진짜 면모라 생각했다.

● 여인국 전 한국기술거래소 사장대행

"새로운 것에 대한 도전을 두려워하지 말고, 포기하지 않고 끝까지 밀어붙여라." 이민화 회장의 도전정신과 열정은 역사가 흘러도 후대가 본받아야 할 모습이라고 생각한다.

● 장흥순 서강대학교 기술경영전문대학원 교수

예전과 완전히 바뀌어 가고 있는 세상에 디지털로 무장한 세력들이 현재 주요 기업가가 됐다. 이들이 가지고 있는 사회적 영향력이 크기 때문에 기업이 가진 메시지(철학)가 더 중요해졌다. 많은 기업 중에서 1등을 하려면 사업전략이 있어야 한다. 하지만 1등이 아닌 초우량 기업이 되려면 철학이 있어야 한다. 결국 벤처에서 플랫폼을 하고 있는 기업에 계속적으로 요구되는 사항은 철학을 기반으로 한 기업가정신이다.

● 고영하 고벤처포럼 회장

이민화 회장이 계속해서 언급한 것은 '기업가정신'이다. 우리 사회의 수많은 문제를 해결하려는 노력에는 리스크가 수반된다. 또 새로운 가치를 만들려고 하는 사람이 혁신할 때는 자신의 리스크를 감수하고 뛰어들어야 한다. 세상을 변화시키기 위해 가지고 있는 두려움이나 어려움을 떨쳐내고 도전하는 것이 기업가정신이라 할 수 있다. 그런 기업가정신을 이민화 회장이 앞장서서 주창했고, 젊은이들에게 뿌리를 심어주고자 노력했다.

● 성명기 여의시스템 대표

혁신과 도전 그리고 열정이다. 본인이 어떤 이익을 받을지는 생각 않고, 기업인들에게 어떤 도움이 될지만을 고민하셨던 분이다. 이는 현재 벤처 및 혁신기업인들이 가져야 할 기업가정신이라고 생각한다.

● 김선홍 한림대학교 산학협력단 산학협력교수

한마디로 실험적 도전정신, 목표지향적 태도가 이민화 정신이다. 이민화 회장과의 대화가 떠오른다. 나에게 "김 실장, 이런 걸(아이디어) 한번 해보는 게 어때?" 하신 적이 있었다. 나는 "저는 게으른 사람이라 못합니다" 하고 거절했다. 그에 대한 답변으로 이 회장은 "게으른 사람이 순발력이 좋아서 다르게 쓸모가 있지!"라고 하셨다. 이처럼 그분은 사람을 기분 좋게 아울러서 활용하는 기질을 가지고 있었다. 목표를 이루는 데 있어서 수단(사람, 인력 등)을 다루는 마음과 기술이 있는 것이다. 후배들도 이 회장의 이런 부분은 배워야 한다.

● 서승원 중소기업중앙회 전 상근부회장

벤처에서 일하면서 느낀 것은 제도를 바꾸기 위해서는 시대를 뛰어넘는 혜안을 가진 사람이 필요하다는 것이다. 이민화 호민관은 명확한 비전을 공유하고, 비전을 실천하고자 하는 열정이 있었다. 끊임없이 시대정신에 대해 고민하고 이를 달성하고자 노력하는 열정이 이민화 정신이라고 할 수 있다.

● **홍순만 유라시안 네트워크 이사**

격변기 도산 안창호 선생이 주창한 무실역행(흥사단)의 현대적 버전이라고 할 수 있다. 안창호 선생 전기를 읽고 활동했던 일제강점기를 생각해 보면 이민화 선생과 비슷하다는 것을 느낀다. 안창호 선생도 대단한 조직가였고 지식인들이 어떤 방식으로 국가에 기여할 것인가 고민했던 사람이다. 안창호 하면 나는 두 가지가 떠오른다. 하나는 사상 그리고 실천이다. 사상과 실천이 겸비가 되는 것, 바로 이민화 정신과 맞닿아 있다.

● **이사랑 이민화 부인**

나라를 많이 생각한 사람이다. 나라를 위해서 내가 할 일이 무엇인지를 고민하며 후배, 젊은 영재들에게 기업가정신을 심어주고자 했다. 본인의 생각을 본인만 가지고 있으려고 하지 않고 아낌없이 오픈했던 사람이다. 자신보다 나라 발전을 먼저 생각한 사람이었다.

이민화가 남긴 '이민화 정신'은 여전히 많은 이들의 가슴속에서 푸르게 빛나고 있었다. 이민화와 오랫동안 벤처생태계를 함께 가꿔온 조현정 비트컴퓨터 회장에게 이민화를 상징할 수 있는 말을 하나만 추천해 달라고 청했다. 그는 망설이지 않고 "시대정신을 가진 선구자"라고 대답했다. 그리고 덧붙였다.

"이민화 회장과 노래방에 갈 때마다 애창곡이 홍을 깨는 〈선구자〉였습니다. 스스로 선구자로서의 삶을 살기 위해 노력했음을 알 수 있습니다. 영결식 마지막에 제가 이민화 회장을 보내며 그런 의미를 담아서 〈선구자〉를 다 같이 부르자고 제안했고, 참석자 모두가 눈시울을 적시면서 이 시대의 선구자를 추모하며 합창했습니다."

선구자! 더 이상 긴 설명이 필요할까? 영결식장에 울려 퍼진 〈선구자〉, 이민화가 생전에 즐겨 부르던 노래였다. 그리고 그 선구자는 바로 이민화였다. 남들보다 시대를 먼저 읽으며 앞서 살았던 사람, 이 세상을 좀 더 나은 곳으로 바꿔 보려고 쉬지 않고 달렸던 사람, 시선이 늘 물질 아닌 사람에게 닿아 있었던 사람, 앞서 걸어가는 이가 필연적으로 겪는 외로움을 품고 살다 불현듯 떠난 작은 거인, 이민화. 그가 진정 우리 시대를 이끈 선구자였다.

이민화

연혁

1953년 9월 22일(음력)	출생
1969. 03 - 1972. 02	서울 중앙고등학교
1972. 03 - 1976. 02	서울대학교 공과대학 전자공학과 학사
1976. 03 - 1978. 02	KAIST 전기 및 전자공학 석사
1982. 03 - 1986. 02	KAIST 전기 및 전자공학 박사
1985. 07 - 2001. 10	㈜메디슨 대표이사
1995. 12 - 2000. 02	벤처기업협회 초대 회장
1996 - 1997	APEC Business Advisory Council Member
1998. 04 - 1999	중소기업 특별위원회 위원
1998. 04 - 2000. 03	규제개혁위원회 위원
1999. 02 - 2000. 02	한국의료용구협동조합 이사장
1999. 02 - 2002. 01	경제사회연구회 이사
1999. 05 - 2000. 03	사법개혁위원회 위원
2000. 06 - 2002. 01	KAIST 총동창회 회장
2000. 07 - 2002. 03	KAIST 이사
2006. 07 - 2009. 04	한국기술거래소 이사장
2009. 07 - 2010. 11	초대 기업호민관
2011. 02 - 2016. 03	한국디지털병원수출사업협동조합 이사장
2014. 04 - 2016. 10	DGIST 석좌교수
2008. 10 - 2019. 08	(사)유라시안 네트워크 이사장
2009. 06 - 2019. 08	KAIST 교수
2009. 06 - 2019. 08	창조경제연구회 이사장

주요 업적

· 한국 1세대 벤처기업 메디슨 설립, 국내 최초 초음파 진단기 개발(1985)
· 벤처기업협회 설립, 초대 회장(1995)
· 코스닥(KOSDAQ) 설립과 벤처기업특별법 제정을 주도해 벤처진흥 기반 구축(1996)
· 디지털 3차원 초음파 진단기 세계 최초 상용화(1997)
· 메디슨을 플랫폼 기업으로 한 의료벤처연방 운동으로 의료 산업 성장 기여(1998)
· 한국기술거래소 설립을 주도해 개방 혁신 기초 정립(2000)
· 차관급 중소기업 호민관실 설립으로 중소기업 규제 혁신(2009)
· 창조경제연구회 설립과 창업자연대보증 폐지, 기업가정신 의무교육화, 공인인증서 폐지, 코스닥 혁신, 크라우드 펀딩, 기술 금융, M&A 활성화, 핀테크 규제 해소, 데이터 쇄국주의 타파
· KAIST 동문 창업관 기증, 사이버 KAIST 50억 원 지원
· Poemtopia(인터넷 詩 사이트) 설립 기금 1억 원 지원

저서

『TTL IC의 설계와 응용』 이민화 역, 1975
『혼경영』 이민화·이장우, 김영사, 1994
『21세기 벤처대국을 향하여』 이민화·이광형, 김영사, 2000
『한국벤처산업발전사』 이민화·김명수, 김영사, 2000
『초생명기업』 이민화·이장우, 김영사, 2000
『생명경영』 이민화·이장우, 김영사, 2000
『스마트 코리아로 가는 길 : 유라시안 네트워크』 이민화, 새물결, 2010
『한국교육 미래 비전』 이민화 등 다수, 학지사, 2011
『호모 모빌리언스』 이민화, 북콘서트, 2012

『끝나지 않은 도전』 이민화, 북콘서트, 2012

『창업의 정석』 이민화 감수, 북콘서트, 2013

『기업가정신』 이민화·이현숙 역, 동서미디어, 2013

『지금, 당신의 스타트업을 시작하라!』 이민화·명승은 외 다수, 클라우드북스, 2012

『창조경제』 이민화·차두원, 북콘서트, 2013

『Creative Economy @Korea』 창조경제 영문판, KCERN(창조경제연구회)

『Homo Mobilians』 호모 모빌리언스 영문판, KCERN

『벤처에세이』 이민화, KCERN, 2014

『창조경제 어디로 가는가』 이민화, KCERN, 2015

『기업가정신 2.0』 이민화, KCERN, 2016

『메디슨 마피아 이야기』 이민화, KCERN, 2016

『4차 산업혁명으로 가는 길』 이민화, KCERN, 2016

『가상현실을 말하다』 이민화 김영준 외 다수, 클라우드북스, 2016

『하드웨어 스타트업』 이민화, 박시온, KCERN, 2017

『제4차 산업혁명 선도국가』 이주호·이민화·유명희, 한반도선진화재단, 2017

『대한민국의 4차 산업혁명』 이민화 · KAIST 문술미래전략대학원, KCERN, 2017

『노마드 기업가정신』 이민화, 디투스튜디오, 2017

『협력하는 괴짜』 이민화, 시그니처, 2017

『공유 플랫폼 경제로 가는 길』 이민화, KCERN, 2018

『호모 파덴스』 이민화, 서울신문·KCERN, 2017

『포용적 성장의 길』 이민화, KCERN, 2018

『자기 조직화하는 스마트시티 4.0』 이민화·윤예지, KCERN, 2018

『디지털 트랜스폼에서 스마트 트랜스폼으로』 이민화·주강진, KCERN, 2019

『대한민국을 위하여』 이민화, KCERN, 2019

수상내역

1991. 04. 03.	제1회 벤처기업대상 수상(과학기술처)
1995. 02. 10.	'95전자공업대상 수상(전자공업진흥회)
1995. 05. 25.	생산성대상 대통령상 수상(한국생산성본부)
1996. 03. 29.	인사조직학회 '창업기업인상' 수상
1997. 02. 12.	산업기술진흥협회 주관 제1회 기술경영인상 중소기업 최고경영자 부문
1997. 11. 30.	금탑 산업훈장 수상
1998. 03. 10.	'제2회 한국공학기술상 특별상 젊은 공학인상' 수상(한국공학원)
1999. 06. 07.	한국경영자 대상 수상(한국능률협회)
1999. 06. 11.	아시아 위크지 선정 '아시아 밀레니엄리더 20인'
2000. 06.	비즈니스 위크지 선정 '아시아스타 50인'
2006. 11.	한국을 일으킨 60인의 엔지니어 선정
2010. 12.	한국의 100대 기술인 선정
2015. 08. 15.	광복 70년 70대 기업인 선정
2019. 02. 15.	제2회 KAIST 발전 공로상 수상
2020. 05. 19.	'국민훈장 모란장' 수훈

1. “Development of ultrasound B scanner I -digital scan converter,” J. of Korea Soc.Med. Bo Eng., vol. 5, no. 1, pp.77-84, June 1984.
2. “Development of ultrasound B scanner II -digital scan converter,”J. of Korea Soc.Med. Bo Eng., vol. 5, no. 1, pp.85-92, June 1984.
3. M. H. Lee and S. B. Park, “A new scan conversion algorithm for real time sector scanner” in Proc. of IEEE Symp. on Ultra sonic, pp. 723-727, Dallas TX, USA, Nov.1984.
4. M. H. Lee and S. B. Park, “New continuous dynamic focusing technique in ultrasound imaging,” Electronics Letters, vol. 21, no. 17, pp. 749-751, Aug. 1985.
5. M. H. Lee, J. H. Kim, and S. B. Park, “Analysis of a scan conversion algorithm for a real time sector scanner,” IEEE Trans. Medical Imaging, vol.MI-5, no. 2, pp.96-105, June 1986
6. S. W. Lee, M. H. Lee, and S. B. Park, “A high-performance variable sampling clock generator for the nearest neighbor sampling technique,” IEEE Trans. Instrumentation and Measurement, vol.IM-36, no.3, pp. 707-710, Sept. 1987.
7. H. S. Chang, M. H. Lee, and S. B. Park, “Ultrasound attenuation estimation using the LMSE filters and median filter,” Ultrasound in Medicine and Biology, vol. 14, no. 1, pp. 51-58, Jan. 1988.
8. M.H.Lee and S.B.Park “New Continous dynamic focusing technique in ultrasound imaging”, Electronic Letters, vol. 21, no.17, pp749-751, Aug. 1985
9. Junic Kim** · Achim Jang*** · Minhwa Lee****(2017) "The Effects of Venture Companies' Core Competence and Cooperation Strategy on their Business Performance " The e-Business Studies Volume 17, Number 2, April, 30, 2016 : pp. 59~93 ISSN 1229-

9936 (Print), ISSN 2466-1716

10. *Lee, MH., Lee, M., and Kim, J. (2017). A dynamic approach to the startup business ecosystem: A cross-comparison of Korea, China, and Japan. Asian Academy of Management Journal, 22(2), 157–184. https://doi.org/10.21315/aamj2017.22.2.6
11. The 4th Industrial Revolution and Artificial Intelligence: An Introductory Review(2017) Kangjin Ju1 · Minhwa Lee1 · Heejin Yang2 · Doojin Ryu2
12. How to Respond to the Fourth Industrial Revolution,or the Second Information Technology Revolution? (2018):Journal of open innovation , M.H.Lee et al

외 국내 논문 다수

출원 특허

Ultrasound Technology, Mobile Technology and u-Health 등에 걸친 다양한 국내외 특허가 200여 건에 달하고 있으며, 특히 초단스티어링을 하기 위한 초음파영상처리장치-1019850003824, 균일사다리방식에 의한 초음파 섹터스캔 변환방식-1019850001506, 누적오차 수정에 의한 펄스 발생기-1019850001505, 동심정방형 래스터 샘플 방법에 의한 초음파 섹터복합 스캔변환 방식-1019850004360, 샘플링-지연에 의한 초음파영상 신호의 집속방법-1019850003848, 초음파영상화시스템에서의 신호집속방법-1019980053976, 휴대용 란셋장치 10-2003-0095502, 혈당관리장치와 혈당관리용 통신 단말기 및 혈당 관리 시스템(BLOOD SUGAR MANAGEMENT SYSTEM)10-2004-0027161 등은 실제로 사업화된 특허들로서 메디슨과 한국의 U-HEALTH 산업에 근간이 됐다.

1. 이동통신단말기를 이용한 혈당측정장치 및 그 측정치를 인터넷상의 서버에 전송하는 방법(A blood sugar test device using a wireless phone and a method to transmit the blood sugar level to internet server) [10-2002-0026511 2002. 05. 14.]
2. 휴대용 통신 단말기를 이용한 일정 관리 방법(Method for scheduling using portable communication unit) [10-2002-0052139 2002. 08. 30.]
3. 저주파 세라믹 진동자(A ceramic vibrator for a pocket size device) [10-2002-0052143 2002. 08. 30.]
4. 통합된 미용치료장치(Integrated beauty care apparatus) [10-2002-0052994 2002. 09. 03.]
5. 통합된 미용치료장치(Integrated beauty care apparatus) --- 초음파, 저주파 통합 [10-2002-0053004 2002. 09. 03.]
6. 수 개의 프로브를 지닌 피부 자극용 초음파/저주파 발생기(An ultrasonic generator with several probe for a skin stimulus) [10-2002-0063403 2002. 10. 17.]
7. 이동통신 단말기용 배터리팩과 그 팩에서의 벨소리 출력 제어 방법(Battery pack for a mobile terminal) [10-2002-0076271 2002. 12. 03.]
8. 기능성 배터리팩 및 그와 결합되는 이동통신 단말기(Functional battery pack and mobile communication terminal combined with the same) [10-2002-0077091 2002. 12. 05.]
9. 휴대용 초음파 의료기기(Portable ultrasonic unit for medical use) [10-2003-0005463 2003.01. 28.]
10. 경혈점 자극 치료 시스템(System for stimulating a spots on the body suitable for acupuncture) [10-2003-0007196 2003. 02. 05.]
11. 배터리팩 내장회로와 이동통신 단말기 본체를 연결하는 통신용 커넥터(Connector for communicating which connects between battery pack with a built-in circuit and main body of mobile communication terminal) [10-2003-0015443 2003. 03. 12.]
12. 폐기능 측정 시스템(System for measuring a functions of the lungs) [10-2003-0016171 2003. 03. 14.]
13. 암기력 자가 증진 트레이닝 시스템(Self training system for improving a remembrance) [10-2003-0016172 2003. 03. 14.]
14. 향기치료 기능을 가진 휴대용 단말기(Mobile phone having aroma medical treatment

function) [10-2003-0023169 2003. 04. 12.]

15. 데이터 저장 가능한 이동통신 단말기의 배터리팩(Battery pack for storing a data) [10-2003-0029495 2003. 05. 09.]
16. 블루투스가 내장된 배터리팩 및 블루투스가 내장된 배터리팩을 이용한 통화라인 연결시스템(Battery pack having bluetooth and communication line connecting system using battery pack having bluetooth) [10-2003-0032657 2003. 05. 22.]
17. 자가진단용 배터리팩과 자가진단 시스템(BATTERY PACK AND SYSTEM FOR SELF-DIAGNOSIS) [10-2003-0034524 2003. 05. 29.]
18. 만보기 및 운동량 측정기로 사용 가능한 배터리팩(BATTERY PACK FOR MEASURING A MOMENTUM AND A WALKING) [10-2003-35733 2003. 06. 03.]
19. 입력 디바이스로 사용 가능한 배터리팩(BATTERY PACK FOR INPUT A DATA) [10-2003-36930 2003. 06. 09.]
20. 생체신호 측정 가능한 군사용 개인 휴대통신 단말기(MILITARY PHONE) [10-2003-44258 2003. 07. 01.]
21. 휴대용 단말기 및 지자기센서/위치기반 서비스를 이용한 위치정보 제공 시스템(Mobile Phone and Location Information Providing System Using a Magnetic Sensor/Local Based Service) [10-2003-48348 2003. 07. 15.]
22. 블루투스가 내장된 배터리팩 및 블루투스가 내장된 배터리팩을 이용한 통화라인 연결 시스템(BATTERY PACK HAVING BLUETOOTH AND COMMUNICATION LINE CONNECTING SYSTEM USING BATTERY PACK HAVING BLUETOOTH) [2003-0032657]
23. 생리적 신호를 이용한 차량의 전자 디바이스들의 제어(CONTROLLING VEHICULAR ELECTRONICS DEVICES USING PHYSIOLOGICAL SIGNALS) [2007-0054497]
24. 이동 단말 사용자들의 가상 그룹을 형성하는 시스템 및 방법(SYSTEM AND METHOD FOR FORMING A VIRTUAL GROUP OF MOBILE TERMINAL USERS) [2007-0014221]
25. 이동 단말기 사용자의 건강 상태를 진단하는 방법, 장치 및 시스템(METHOD, APPARATUS, AND SYSTEM FOR DIAGNOSING HEALTH STATUS OF MOBILE TERMINAL USERS) [2006-0108195]
26. 이동 단말기에서 캐릭터 개체를 관리하는 시스템 및 방법(SYSTEM AND METHOD FOR MANAGING A CHARACTER ENTITY IN A MOBILE TERMINAL) [2006-0062915]
27. 학습 서비스를 제공하기 위한 장치 및 방법(APPARATUS AND METHOD FOR PROVIDING A LEARNING SERVICE) [2006-0062913]

28. 네트워크상에서 가상 애완동물을 분양하고 기르도록 하는 방법 및 그 방법을 기록한 컴퓨터로 읽을 수 있는 기록매체(Method for providing and raising of cyber pets in the network and computer-readable medium recording the method) [1999-0061240]
29. 자동차용 ABS 브레이크통의 조립 장치 [1993-0000583]
30. 레이스가 부착된 양말 [1992-0015269]
31. 자동차의 연료절감 시스템 [1998-0012322]
32. 적응적 주사선 데이터를 형성하는 송신집속 및 수신집속 장치 및 방법(TRANSMITTING FOCUSING AND BEAM FORMING METHOD AND APPARATUS FOR PROVIDING ADAPTIVE SCALING DATA) [2001-0088786]
33. 의료용 초음파 진단 시스템에 사용되는 집적된 고전압 펄스 발생 회로(INTEGRATED CIRCUIT FOR GENERATING HIGH VOLTAGE PULSE FOR USE IN A MEDICAL ULTRASOUND DIAGNOSTIC SYSTEM) [2000-0059925]
34. 도플러 효과를 이용하여 혈류 속도를 측정하기 위한 초음파 진단 장치 및 방법(AN ULTRASONIC DIAGNOSTIC APPARATUS AND METHOD FOR MEASURING BLOOD FLOW VELOCITIES USING DOPPLER EFFECT) [2000-0039086]
35. 도플러 효과를 이용하여 혈류 속도를 측정하기 위한 초음파 진단 장치 및 방법(AN ULTRASONIC DIAGNOSTIC APPARATUS AND METHOD FOR MEASURING BLOOD FLOW VELOCITIES USING DOPPLER EFFECT) [2000-0039084]
36. 합성 라이트 줌 기법을 이용하는 초음파 영상 확대 장치 및 방법(APPARATUS AND METHOD FOR EXPANDING ULTRASOUND IMAGES USING SYNTHETIC WRITE ZOOM TECHNIQUE) [2000-0033752]
37. 확산 대역 신호를 이용한 펄스 압축 방식에 기초한 초음파영상 형성 방법 및 장치(ULTRASOUND IMAGING METHOD AND APPARATUS BASED ON PULSE COMPRESSION TECHNIQUE USING A SPREAD SPECTRUM SIGNAL) [2000-0033417]
38. 스티어링이 가능한 프로브를 사용한 3차원 초음파 영상 시스템 및 영상 형성 방법(SYSTEM AND METHOD FOR 3-D ULTRASOUND IMAGING USING AN STEERABLE PROBE) [2000-0031929]
39. 다단계 지연 소자를 이용한 초음파 수신 비임 형성 장치(ULTRASOUND RECEIVE BEAMFORMING APPARATUS USING MULTI-TIER DELAY DEVICES) [2000-0031894]
40. 중첩 다중 주사선 수신 초음파 영상 시스템(OVERLAPPED MULTI-LINE RECEIVING ULTRASOUND IMAGING SYSTEM) [2000-0010986]

41. 표시 장치의 화소에 해당하는 점에서 수신 집속하는 초음파 영상 시스템 및 방법(AN ULTRASOUND IMAGING SYSTEM FOR PERFORMING RECEIVING FOCUSING AT POINTS CORRESPONDING TO DISPLAY PIXELS AND A METHOD THEREOF) [2000-0007236]
42. 초음파 영상 시스템용 인터레이싱 다중 빔 집속 장치 및 집속 방법(METHOD AND APPARATUS FOR INTERLACED MULTI-BEAM FOCUSING FOR USE IN ULTRASOUND IMAGING SYSTEM) [2000-0005393]
43. 변형된 골레이 코드를 이용한 펄스 압축 방식의 초음파영상 형성 방법 및 장치(ULTRASOUND IMAGING METHOD AND APPARATUS BASED ON PULSE COMPRESSION TECHNIQUE USING MODIFIED GOLAY CODE) [2000-0004830]
44. M R A의 영상구현 시 발생하는 아티팩트 제거 방법(Method for removing artifact at implementing image of MRA) [2000-0003382]
45. K 공간을 공유함으로써 F S E 기법에 3-포인트 D i x o n 기법을 적용한 방법(The method of three-point Dixon technique incorporated into FSE technique by sharing K-space) [2000-0003381]
46. 초음파영상검색 장치(An apparatus for searching ultrasonic image) [1999-0052913]
47. 대상체 분리를 위한 초음파영상 장치(Ultrasound imaging apparatus and method for a target separation from background) [1999-0038346]
48. 듀얼밴드의 사전포화를 이용하여 영상영역의 부분포화를 방지하는 방법(Reduction of partial saturation of imaging slice by use of dual-band) [1999-0038052]
49. 2D T O F 혈관 조영술에서의 플로우 아티팩트 제거 방법(Elimination Method of Flow Artifacts in 2D TOF Angiography) [1999-0032283]
50. S T E A M 시퀀스를 이용하여 와전류를 측정하는 방법(Method for measuring of eddy current by use of STEAM sequence) [1999-0032282]
51. 샘플 볼륨 위치를 자동적으로 추적하는 방법(auto-tracking method of sample volume position) [1999-0032281]
52. 칼라 도플러 영상화 시스템을 위한 칼라 영상 표시 방법 및 장치(Color image display method and apparatus for color doppler imaging system) [1999-0016161]
53. 초음파 칼라 도플러 영상 시스템을 위한 클러터신호 필터링 방법 및 장치(Clutter signal filtering method and apparatus for ultrasound color doppler system) [1999-0016160]
54. 샘플 볼륨 위치의 자동추적 방법 및 이를 적용한 초음파 진단 장치(auto-tracking method of sample-volume position and ultrasound diagnostic system adopting the method) [1999-0016159]

55. 3차원 칼라 초음파영상의 부호화 및 복호화 시스템(System for encoding and decoding a 3-D color ultrasonic wave image) [1999-0011800]
56. 최적의 하모닉영상(O H I)을 구현하는 초음파영상 시스템 및 그 방법(ultrasound imaging system for optimum harmonic imaging and the method) [1999-0008744]
57. 수의 활동을 위한 휴대용 초음파진단기(A wearable ultrasound system designed for the way veterinarians work) [1999-0005017]
58. 초단수신신호의 저장과 저장된 데이터의 재사용이 가능한 디지털 초음파영상 장치(Digital ultrasonic imaging device of memorizing the pre-received signals and again using the memorized signals) [1999-0004474]
59. 초음파영상화 시스템에서의 집속 방법 [1998-0053976]
60. 제한된 평면파의 중첩에 의한 구면파의 형성 방법 [1998-0036792]
61. 초음파 영상에서 제한회절빔의 구현 방법 [1998-0036791]
62. 차폐된 두뇌촬영용 R^2 경사자계코일 [1998-0007610]
63. 자기공명영상(MRI) 촬영을 위한 구형 가슴 코일 [1998-0007609]
64. 위치검출이 가능한 초음파탐촉자 및 이를 이용한 초음파 3차원 영상 획득 방법 [1997-0069307]
65. 동맥 / 정맥의 구별 가능한 초음파 칼라 도플러 영상 시스템 [1997-0068857]
66. 초음파 3차원 영상과 X - r a y 를 이용한 유방암 검사 방법 [1997-0062387]
67. CT 촬영이 가능한 X선 촬영 장치 및 방법 [1997-0062386]
68. 초음파영상화 시스템의 초음파신호집속 방법 및 장치 [1997-0059057]
69. 클러터신호의 과도응답을 최소로 하는 초음파 칼라 도플러 영상 시스템 [1997-0045844]
70. 반응용기 수납대와 이를 가열하는 반응용기 가열 방법 [1997-0017189]
71. 초음파스캔 시스템의 방사형 디지탈스캔 방법 및 그 장치 [1997-0005674]
72. 환자용모니터를 구비한 초음파진단 장치 [1997-0003421]
73. 순환 미디언필터 [1997-0003420]
74. 초음파 칼라 도플러 영상 시스템을 위한 주사선 내삽(Scanline Interleave) 방법 [1997-0003419]
75. 실시간 디지털 집속을 위한 집속지연계산 방법 및 그 장치 [1997-0003418]
76. 수술부위 관찰이 가능한 레이저수술 장치 [1997-0003417]
77. 광학적 샤프트 인코더의 회전 디스크 및 이를 이용한 회전위치 제어 방법 [1997-0002902]
78. 생화학 분석기용 시린지 펌프 [1997-0000937]
79. 일체형 시약 및 샘플 흡입 / 배출 장치 [1996-0045175]
80. 3차원 초음파 영상 시스템의 교차 어레이를 사용한 고속 스케닝 방법 [1996-0043565]

81. 측부로 경사진 작업판을 구비한 초음파진단 장치 [1996-0029664]
82. 3차원핵 초음파진단기에서의 입체영상 재현 방법 [1996-0027485]
83. 초음파 시스템의 3차원 영상 획득 장치 [1996-0027484]
84. 차수확장이 용이한 미디언필터 [1996-0027483]
85. 초음파영상구성의 3차원 스캔을 위한 초음파 변환기 소자의 2차원 - 어레이 방법 [1996-0023662]
86. 휴대 가능한 초음파진단기 [1996-0020219]
87. 확장된 균일사다리방식(ULA)을 이용한 초음파시스템의 디지털 스캔 방법 및 그 장치 [1996-0012912]
88. 균일사다리방식을 이용한 초음파진단 장치의 디지탈스캔컨버터 [1995-0035820]
89. 무선 통신망을 이용한 실시간 휴대용 생체신호모니터링 시스템 [1995-0029913]
90. 휴대 가능한 일체형 초음파진단기 [1995-0029912]
91. CINE 메모리에 데이타를 압축 저장하는 초음파진단 장치 [1995-0029911]
92. 초음파진단에 의하여 청진기소리를 발생시키는 방법 및 그 장치 [1995-0029910]
93. 프로세서 기반의 초음파 진단 장치 [1995-0029909]
94. 칼라초음파진단기의 혈류 / 조직 신호 분간 방법 및 그 장치 [1995-0020500]
95. 초음파섹터스캔 시스템의 디스플레이 에러보정 장치 [1995-0011169]
96. 순차주사방식의 초음파시스템 디스플레이 장치 [1995-0011168]
97. 초음파 칼라 도플러영상 시스템의 클러터신호 필터링 방법 [1995-0011167]
98. 최단걷기변환을 이용한 영상분할 방법 [1995-0002085]
99. 실시간 디지탈 수신집속 방법 및 장치 [1995-0002084]
100. 다차 샘플링을 이용한 디지탈 빔포밍 방법 및 그 장치 [1995-0001095]
101. 진폭변조파의 포락선 검출 방법 및 그 장치 [1993-0017644]
102. 초음파신호의 디지탈집속 방법 및 그 장치 [1993-0008944]
103. 초음파진단기의 디스플레이방식 [1993-0004180]
104. 범용 에뮬레이션 방식 [1993-0002023]
105. 메모리제어 방법 [1993-0001439]
106. 통합키보드를 구비한 범용컴퓨터 [1993-0001438]
107. 초음파검사 시스템의 스트립시네메모리 제어 장치 [1992-0026788]
108. 초음파검사 시스템의 샘플링클럭발생 방법 및 장치 [1992-0026787]
109. 초음파검사 시스템 [1992-0024366]
110. 초음파검사 시스템의 신호집속 방법 및 장치 [1992-0024365]
111. 초음파진단용 직교이중탐촉자 [1992-0018839]

112. 가동조작 가능한 의료진단 장치 [1992-0016444]
113. 소자의 크기를 가변시키는 초음파진단 시스템 [1992-0011731]
114. 선형보간방식을 이용한 초음파 섹터스캔 시스템 [1992-0010789]
115. 디지탈신호의 디코딩 방법 및 장치 [1992-0006857]
116. 탐촉자의 회동각도 범위의 변동에 대한 디스플레이 보상이 가능한 섹터스캐너 및 보상 방법 [1991-0017626]

외 다수

해외 특허(총 58 개)

1. BATTERY PACK OF A MOBILE COMMUNICATION TERMINAL AND CONNECTOR FOR CONNECTTING THE BATTERY PACK WITH(이동통신 단말기용 기능성 배터리 팩 및 그 연결용 커텍터)[PCT/KR2003/002194]
2. MOBILE COMMUNICATION TERMINAL WITH AN ELECTROCARDIOGRAPH(심전도계기능을 가진 이동통신단말기)[PCT/KR2003/001759]
3. PORTABLE NERVE/MUSCLE TREATMENT APPLIANCE(휴대용 신경/근육 치료 기기) [PCT/KR2003/001910]
4. PORTABLE ULTRASONIC MEDICAL APPLIANCE(휴대용 초음파 의료기기) [PCT/KR2003/001906]
5. MEDICAL TREATMENT SYSTEM FOR STIMULATING SPOTS ON THE BODY SUITABLE FOR ACUPUNCTURE(경혈점 자극 치료 시스템) [PCT/KR2003/001909]
6. RULMONARY FUNCTION MEASURING SYSTEM(폐기능 측정 시스템) [PCT/

KR2003/001908]

7. SELF-TRAINING SYSTEM FOR IMPROVING ONE'S REMEMBRANCE(암기력 자가 증진 트레이닝 시스템) [PCT/KR2003/001907]
8. PROBE MODULE FOR TREATING PROSTATE DISEASES AND PORTABLE PROSTATE MEDICAL TREATMENT APPARATUS(전립선 치료용 프로브 모듈, 휴대용 전립선 치료 기기) [PCT/KR2003/001928]
9. BATTERY PACK OF A MOBILE COMMUNICATION TERMINAL TO BE CAPABLE OF READING OUTPUT OF BIO-SENSORS AND S(자가 진단용 배터리팩) [PCT/KR2003/001927]
10. BATTERY PACK OF A MOBILE COMMUNICATION TERMINAL TO BE CAPABLE OF MEASURING QUANTITY OF MOTION AND BO(만보기 및 운동량 측정기로 사용 가능한 배터리팩) [PCT/KR2003/001922]
11. HEALTH GAME APPARATUS AND METHOD USING VITAL SIGNS(헬스 게임장치 및 헬스 게임 데이터 처리방법) [PCT/KR2003/001921]
12. MOBILE COMMUNICATION TERMINAL HAVING IC CARD SETTLEMENT FUNCTION (아이씨 카드 결제기능을 가진 이동 통신 단말기) [PCT/KR2003/002092]
13. MILITARY WIRELESS COMMUNICATION TERMINAL (생체 신호 측정 가능한 군사용 개인 휴대통신 단말기) [PCT/KR2004/001619]
14. ELECTRONIC COMMERCE METHOD OVER WIRELINE/WIRELESS NETWORK ENVIRONMENTS(유무선 네트워크를 통한 전자상거래방법) [PCT/KR2004/003096]
15. SYSTEM FOR MANAGING SCHEDULE(지능적인 일정관리 기능을 제공하는 이동통신 단말기 및 장치와 그 일정관리 시스템) [PCT/KR2005/001781]
16. CONTROLLING VEHICULAR ELECTRONICS DEVICES USING PHYSIOLOGICAL SIGNALS [2008-123122]
17. Method and apparatus for separating an object from an ultrasound image [2004-849419]
18. Transmit-focusing and beam-forming method and apparatus for providing adaptive scan-line [2002-042420]
19. Intergrated circuit for generating a high-voltage pulse for use in an ultrasound diagnostic system [2001-909521]
20. Ultrasound diagnostic apparatus and method for measuring blood flow velocity using doppler effect [2001-898783]
21. Ultrasound diagnostic apparatus and method for measuring blood flow velocity using doppler

effect [2001-899009]

22. Ultrasound imaging method and apparatus based on pulse compression technique using a spread spectrum signal [2001-882751]
23. System and method for three-dimensional ultrasound imaging using a steerable probe [2001-877866]
24. Ultrasound receive beamforming apparatus using multi stage delay devices [2001-821179]
25. Ultrasound imaging system for performing receiving focusing at points corresponding to display pixels and method thereof [2001-785968]
26. Ultrasound imaging system for performing receiving focusing at points corresponding to display pixels and method thereof [2001-785968]
27. Ultrasound imaging method and apparatus based on pulse compression technique using a spread spectrum signal [2001-882751]
28. Encoding and/or decoding system for three-dimensional color ultrasonic image [1999-368027]
29. Ultrasound diagnostic apparatus and method for measuring blood flow velocity using doppler effect [2001-899009]
30. Medical digital ultrasonic imaging apparatus capable of storing and reusing radio-frequency (RF) ultrasound pulse echoes [2000-500206]
31. Ultrasound receive beamforming apparatus using multi stage delay devices [2001-821179]
32. System and method for three-dimensional ultrasound imaging using a steerable probe [2001-877866]
33. Ultrasonic image searching apparatus and ultrasonic image transmission and reception system adopting the same [2000-621924]
34. Ultrasound diagnostic apparatus and method for measuring blood flow velocity using doppler effect [2001-898783]
35. Color imaging display method and apparatus for color doppler imaging system [2000-565141]
36. Ultrasound imaging method and apparatus based on pulse compression technique using modified golay codes [2000-633308]
37. Ultrasonic signal focusing method for ultrasonic imaging system [1999-393118]
38. Method for forming a spherical wave by superposition of a plurality of limited plane waves [1999-391143]
39. Method for realizing transmit focusing by synthesizing pulse patterned plane waves having same

imaging point [1999-391115]

40. Portable ultrasonic diagnostic apparatus for veterinary activity [1999-393111]
41. Ultrasonic color doppler imaging system capable of discriminating artery and vein [1998-212158]
42. Ultrasonic signal focusing method and apparatus for ultrasonic imaging system [1998-189690]
43. Digital scan conversion method and apparatus for an ultrasonic system [1998-028981]
44. Ultrasonic color flow mapping(CFM) system and ultrasonic doppler signal filtering method [1998-148036]
45. Element arranging structure for transducer array for forming three-dimensional images and ultrasonic three · dimensional imaging apparatus adopting the same [1997-889248]
46. Real-time biological signal monitoring system using radio communication network [1998-043089]
47. Circular median filter [1998-018003]
48. Ultrasonic diagnostic apparatus having a patient-use monitor [1998-018009]
49. Method and apparatus for forming ultrasonic three-dimensional images using cross array [1997-942348]
50. Transducer element alignment structure in two-dimensional transducer array for forming ultrasonic three-dimensional images [1997-881058]
51. Median filter apparatus and method therefor [1997-889753]
52. Focusing delay calculation method for real-time digital focusing and apparatus adopting the same[1998-018007]
53. Ultrasonic imaging system adopting a non-interlaced scanning method [1996-646618]
54. Portable ultrasonic diagnostic apparatus [1996-712295]
55. Filtering method for ultrasonic color doppler imaging system [1996-646526]
56. Digital scan converter for ultrasonic scan system using uniform ladder algorithm [1996-731590]
57. Real time digital reception focusing method and apparatus adopting the same [1996-718353]
58. Bandwidth sampling technique for digital focusing in array imaging systems [1995-367281]

외 다수

고영하	고벤처포럼 회장
고정식	전 특허청장
권용기	리솔 마케팅 책임자
김명수	매일경제 편집국장
김민지	KAIST 도곡캠퍼스 직원
김선홍	한림대학교 산학협력단 산학협력교수
김영모	건양대학교 교수
김영수	한국청년기업가정신재단 사무총장
김영지	강원대학교 연구교수
김진태	유투바이오 대표
김태형	범부처전주기의료기기연구개발사업단 사업화지원본부장
김현기	한국전자정보통신산업진흥회 전 병원수출사업단장
명승은	벤처스퀘어 대표
문건기	해치랩스, 한국디지털에셋 대표
박병욱	유럽부흥개발은행(EBRD) Medical Project Senior Advisor
박지욱	서울대학교 국제보건연구센터 연구원
배종태	KAIST 경영대학원 교수
백만기	김앤장 법률사무소 변리사
백민정	KAIST 과학영재교육연구원 교수
변대규	휴맥스홀딩스 회장
서승원	중소기업중앙회 전 상근부회장
성명기	여의시스템 대표
손재권	더밀크 대표
송락경	GIST 산학교수
신수진	이민화 비서
여인국	전 한국기술거래소 사장대행
유영종	유니텍의료기 대표이사
은세윤	의사

이경희	이민화 사촌동생
이공래	DGIST 교수
이명호	태재연구재단 자문위원
이승우	리솔 연구소장
이사랑	이민화 부인
이시애	방송작가
이영희	이민화 큰누나
이장우	경북대학교 교수
이재성	전 현대중공업 회장
이정민	벤처기업협회 사무국장
이현세	아우토크립트 유럽 법인 VP
임형규	전 삼성전자 사장
장흥순	서강대학교 기술경영전문대학원 교수
전하진	SDX재단 이사장
조현정	비트컴퓨터 회장
주강진	창조경제연구회 이사
최승욱	아이알엠 대표
한정화	전 아산나눔재단 이사장
홍순만	유라시안 네트워크 이사

인용 및 참고한 도서

『스마트 코리아로 가는 길 : 유라시안 네트워크』 이민화, 새물결, 2010

『호모 모빌리언스』 이민화, 북콘서트, 2012

『끝나지 않은 도전』 이민화, KCERN, 2012

『창조경제』 이민화·차두원, 북콘서트, 2013

『창조경제 어디로 가는가』 이민화, KCERN, 2015

『기업가정신 2.0』 이민화, KCERN,2016

『메디슨 마피아 이야기』 이민화, KCERN, 2016

『4차 산업혁명으로 가는 길』 이민화, KCERN, 2016
『하드웨어 스타트업』 이민화, 박시온, KCERN, 2017
『대한민국의 4차 산업혁명』 이민화·KAIST 문술미래전략대학원, KCERN, 2017
『노마드 기업가정신』 이민화, 디투스튜디오, 2017
『공유 플랫폼 경제로 가는 길』 이민화, KCERN, 2018
『호모 파덴스』 이민화, 서울신문·KCERN, 2017
『포용적 성장의 길』 이민화, KCERN, 2018
『자기조직화하는 스마트시티 4.0』 이민화·윤예지, KCERN, 2018
『디지털 트랜스폼에서 스마트 트랜스폼으로』 이민화·주강진, KCERN, 2019
『대한민국을 위하여』 이민화, KCERN, 2019
『한국벤처산업발전사 I』 이민화, 아르케, 2006
『한국벤처산업발전사 II』 장흥순, 조현정, 오완진, 아르케, 2006
『대한민국 벤처 20년사』 (사)벤처기업협회, 2015

기사 인용한 매체

매일경제
한국경제
이투데이
서울경제
조선일보
한국일보
문화일보
프레시안
오마이뉴스
메트로신문
라포르시안
MBC라디오

초판 인쇄 2022년 5월 1일
초판 발행 2022년 5월 10일

지은이 이호준
펴낸이 정고은
기획 및 편집 방수진 최다영
디자인 손윤식 최봄미나 김시영
펴낸곳 (주)꽃길
발행처 벤처기업협회
등록번호 제 2018-000024호(2017년 1월 9일)
주소 서울특별시 마포구 월드컵로 163-3, 1층
전화 02.336.8212
팩스 02.323.8212
홈페이지 www.theflowerway.com
이메일 lineman@theflowerway.com
인스타그램 @flowerway.design

ISBN 979-11-977666-2-6 [03320]
값 24,000원

꽃길은 다양성과 유연성을 바탕으로 각 분야 창작자들이 만들어가는 크리에이티브 스튜디오입니다.